“十四五”时期国家重点图书出版专项规划项目
国家战略预警研究译丛·第二辑

战略预警情报

历史、挑战与展望

STRATEGIC WARNING INTELLIGENCE

History, Challenges, and Prospects

[美] 约翰·金特利（John A. Gentry）
约瑟夫·戈登（Joseph S. Gordon） 著
朱锐 张琳璐 译

金城出版社
GOLD WALL PRESS
·北京·

图书在版编目（CIP）数据

战略预警情报：历史、挑战与展望 /（美）约翰 · 金特利 (John A. Gentry)，（美）约瑟夫 · 戈登（Joseph S. Gordon）著；朱锐，张琳璐译 . —北京 ：金城出版社有限公司，2023.7
（国家战略预警研究译丛 / 朱策英主编 . 第二辑）
书名原文 : Strategic Warning Intelligence: History, Challenges, and Prospects
ISBN 978-7-5155-2485-6

Ⅰ. ①战… Ⅱ. ①约… ②约… ③朱… ④张… Ⅲ. ①军事情报 Ⅳ. ① E87

中国国家版本馆 CIP 数据核字（2023）第 098639 号

战略预警情报：历史、挑战与展望
ZHANLUE YUJING QINGBAO LISHI TIAOZHAN YU ZHANWANG

作　　者　［美］约翰 · 金特利　［美］约瑟夫 · 戈登
译　　者　朱　锐　张琳璐
策划编辑　朱策英
责任编辑　李凯丽
责任校对　李晓凌
责任印制　李仕杰
开　　本　700毫米 × 960毫米　1/16
印　　张　24.5
字　　数　360千字
版　　次　2023年7月第1版
印　　次　2023年7月第1次印刷
印　　刷　天津旭丰源印刷有限公司
书　　号　ISBN 978-7-5155-2485-6
定　　价　88.00元

出版发行　**金城出版社有限公司**　北京市朝阳区利泽东二路3号　邮编：100102
发 行 部　(010) 84254364
编 辑 部　(010) 64271423
交流邮箱　825994321@qq.com
总 编 室　(010) 64228516
网　　址　http://www.jccb.com.cn
电子邮箱　jinchengchuban@163.com
法律顾问　北京植德律师事务所　(电话)18911105819

编者语

当今全球局势复杂多变，安全冲突此起彼伏，不确定性与突发性相互交织，给世界带来了全新的挑战。提高战略预警能力，完善国家战略预警系统，成为各国的必然选择。

国家战略预警，指一国武装力量为防御突然袭击，运用预警技术监视别国战略进攻性武器活动态势的综合性警戒手段。它关乎一国的战略核心利益，是维护国家安全、执行战略行动的重要保障，是国家防御体系的重要组成部分，是国家战略防御和威慑力量不可或缺的重要基础。战略预警攻防兼备，以守为攻。其目的在于，及时在尽可能远的警戒距离内，准确探测识别敌方攻击，分析判断各类情报信息，发布先期警戒情报，使国家决策层尽早采取反制措施，甚至先发制人。

针对敌方的突然袭击，如何识别、预警、预判、反制、威慑、防御，是全球情报人士热切关注的问题。为此，我们特别策划了“国家战略预警研究译丛”，将该领域的国际研究成果推荐给中国读者，供读者批判性学习。丛书主要针对的是国家层面的战略预警，内容涵盖早期预警、情报搜集、情报分析、预判突袭、预先防御、先发制人、情报失误、减少不确定性等方面。我们所精选的作品，既有享有盛誉的经典著述，也有一些顶尖专家的最新研究，备受各国情报人员和国家安全学者推崇。

目前，中国已进入一个全新时代，比历史上任何时期都更接近实现民族复兴的目标。但前进的道路不可能一帆风顺，我们还面临许多重大风险挑战。我们真诚希望本套丛书，可对我国相关领域的从业者有所启迪；为维护我国国家安全、践行总体国家安全观，在理论与实践上有所探索。

目 录

前　言

本书系笔者二人设计开发美国国家情报大学（NIU）战略预警分析专业认证项目及从事项目课程教学的合作成果。该项目由约瑟夫·戈登（Joseph S. Gordon）创设并执教至今，其中，约翰·金特利（John A. Gentry）在2013—15学年加入教学团队。联合著书的想法最初萌生于开发课程内容、搜集教学资料的过程中，有憾于辛西娅·格拉博（Cynthia Grabo）所著《预警情报手册》（*Handbook of Warning Intelligence*）虽为情报文献的经典，毕竟成书早在1971年，当中大篇幅对苏联集团军事威胁的预警分析今日读来已显过时。2016年春，金特利离开国家情报大学后，我二人终于决定共同执笔，评述战略预警范畴的扩展及预警职能的全球性发展，继格拉博之后续写战略预警的发展历史，并尤以美国为例，挖掘战略预警分析在情报和制度上挑战重重的本质和原因。如此，遂成此书。

本书写作分工大体如下：由金特利负责初期研究并起草大部分初稿；由戈登对初稿进行定期审阅并提出修改建议。戈登着重收集、分析关涉拒止与欺骗（D&D）等具体领域的信息，及北约、荷兰、英国等组织或国家的预警实践信息，与此同时，负责维持与美国官方人士的必要联系。除部分专访由个人单独完成，二人均参与了与战略预警领域专家的专业探讨。

我二人对战略预警的认知因之不断深化，在此谨对为本书做出贡献的诸多人士表示诚挚感谢。金特利特别提及其本人在 1984 至 1987 年间，以美国中央情报局分析员身份参与某预警项目时，以及于随后的 1987 至 1988 年，直接在伯德麾下工作时，从时任国家预警情报官的约翰·伯德（John Bird）对预警工作的见解中获益良多。金特利的此段从业经历也丰富了本书的内容。戈登感谢前美国国防情报局（DIA）官员罗伯特·凯尔斯（Robert Kells）为国家情报大学战略预警分析专业认证项目课程设计提供的帮助，感谢其在预警方法学领域不吝赐教，并分享了可观的参考资料。此外，仍有许多人士为编写本书或直接提供宝贵观点，或推荐相关文献资料，或协助审阅部分乃至全部内容。为此，诚挚致谢理查德·贝茨（Richard Betts）、约翰·伯德、美国陆军少校克里斯多夫·布朗宁（Christopher Browning）、詹姆斯·布鲁斯（James Bruce）、戴维·布什（David Bush）、罗里·科马克（Rory Cormac）、埃里克·达尔（Erik J. Dahl）、菲利普·戴维斯（Philip H. J. Davies）、加拿大皇家海军指挥官罗里·多兰（Rory Dolan）、罗伯特·登菲尔德（Robert Dunfield）、鲍勃·德格拉夫（B.G.J.de Graaff）、托马斯·芬格（Thomas Fingar）、约翰·加农（John Gannon）、苏珊·金特利（Susan Gentry）、罗杰·乔治（Roger George）、肯尼斯·格哈特（Kenneth Gerhart）、杰伊·霍尼格斯托克（Jay Honigstock）、亚瑟·胡尼克（Arthur Hulnick）、罗伯特·杰维斯（Robert Jervis）、肯尼斯·奈特（Kenneth Knight）、凯文·洛根（Kevin Logan）、马克·洛文塔尔（Mark Lowenthal）、威廉·帕尔科特（William A. Parquette）、伦道夫·弗森（Randolph Pherson）、约翰·萨克斯（John Saxe）、约翰·托尔森（John Tolson）、格雷戈里·特雷弗顿（Gregory Treverton）、罗伯特·维克斯（Robert Vickers）、詹姆斯·沃茨（James Wirtz）、罗纳德·伍德沃德（Ronald Woodward），和更多不愿留名的慷慨人士，以及两位匿名审稿人。

感谢参加国家情报大学战略预警分析专业认证项目的学员和客座嘉

宾，感谢美国国防部国防预警系统的同仁分享专业见解和业内掌故——正是受诸位激励、启迪，方提笔写就此书，未能一一具名，实感谢不尽。

与此同时，感谢乔治城大学出版社（Georgetown University Press），感谢唐纳德·雅各布斯（Donald Jacobs）对本书的信心，以及在成稿之初的鼎力协助。感谢监制凯瑟琳·欧文斯（Kathryn Owens），编辑唐·麦肯（Don McKeon），校对安德鲁·巴斯（Andrew Buss），营销支持弗吉尼亚·布莱恩特（Virginia Bryant）、尼基塔·德苏萨（Nikita D'souza）、谢丽尔安·帕夏（Cherylann Pasha），宣传支持杰姬·贝尔哈特（Jackie Beilhart）。

本书第 4、第 11 章的部分内容与本书其他章节一贯笔法略有不同，系笔者二人以《美国战略预警情报：历史与挑战》（*U.S. Strategic Warning Intelligence: History and Challenges*）为题，原载于《国际情报与反情报期刊》（*International Journal of Intelligence and Counter Intelligence*）2018 年第 1 期（总第 31 期）第 19—53 页，经泰勒—弗朗西斯出版集团（Taylor & Francis）同意乃收录于本书。

全书内容经美国国防情报局安全官员审读，获准公开发表时不可再做修改，并应其要求免责声明如下：“书中内容均为作者及受访者个人观点，并不代表美国国防部及下辖的任何机构、组织，或美国政府的官方政策或立场。”

绪 论

战略预警是一项至关重要的情报职能，在重大威胁或机遇出现时，提醒高级决策者做出决策对其加以遏止、防御或利用。然而这一情报职能却常遭误解，或不被重视。诚然，第二次世界大战（World War II，后简称二战）以来，战略预警既有成功之时，也不乏覆舟之戒。预警职能收效显见的成功或失败，以及对国家在多大程度上有必要为波动变化的威胁情况维持专门情报预警的判断，导致该职能始终处于由倚重到轻视，由弃置到复起的好恶循环当中。创作本书的 2018 年，正值美国对战略预警的态度发生又一轮周期性触底。

本书旨在通过纵览战略预警职能的发展历史，概述重要预警分析方法的能力效用，疏解战略预警分析的难点所在，探讨对高级决策者进行警示的特殊挑战，评估全球范围内战略预警发展的一般现状，分析美国在近年以来基本摒弃战略预警而转为关注动态情报的深层原因，并借此提出笔者对在美国情报界（IC）推进战略预警相关结构性或程序性改进的建议。通过对战略预警情报的全面讨论，本书有望填补相关情报研究文献方面的重大空白，裨益全球战略预警分析人士。在全书行文中，若无另行说明，凡“预警”（warning）均指战略预警（strategic warning），而非对迫在眉睫的军事威胁发出的“战术”(tactical)预警。

预警研究文献的发展

本书成文于有限但不断丰富的文献基础之上，来源以美国、英国、以色列已发表的资料为主。预警向来是军事话题，千百年的历史记录了诸多起由于情报错误或缺乏预警等失利情形而遭受的军事突袭事件。但严谨的战略预警研究始于二战以后，很大程度上归因于美军情报部门未能对 1941 年 12 月 7 日日本偷袭珍珠港事件，及 1973 年 10 月 6 日埃及和叙利亚对以色列发动的突然袭击发出预警。[1] 随着文献成果与预警失误实例的不断积累，学者们通过分析评估前述案例及其他突发性事件，大幅提高了对预警过程的理解，以及对导致预警成败的诸多因素的认知。

战略预警研究领域的首个学术成果当属罗伯塔·沃尔斯泰特(Roberta Wohlstetter)出版于 1962 年的《珍珠港：预警与决策》(*Pearl Harbor: Warning and Decision*)，内容涵盖美国政府委员会对“珍珠港事件”的若干调查报告，以及 39 卷国会听证会记录。[2] 沃尔斯泰特以珍珠港事件个案研究为起点，全面分析突发事件和预警情报的一般机制，借以预测并防止其他意外，尤用以解决 20 世纪 60 年代困扰美国的主要问题，即预警苏联或华约对西欧发动袭击、对美实施相关核打击的可能性。沃尔斯泰特对珍珠港事件的总结归纳，迅速成为战略预警的主导理论，并沿用至今。

沃尔斯泰特认为，即使在最理想状况下，要克服基础性情报困难而做出有效预警仍非轻而易举，1941 年美国情报制度性职能失调致使预

[1] Grabo, “Watch Committee.” 本书脚注如无特殊说明，均为原注。

[2] Wohlstetter, *Pearl Harbor*. 参见中文版：《珍珠港：预警与决策》，[美]罗伯塔·沃尔斯泰特著，张魁等译，金城出版社，2020 年。——编者

警任务更为艰巨。她判断，包括珍珠港事件在内的许多案例中，即便对手并未从中使诈，美方情报人员所能获取的关于未来事件走向的准确信息仍十分有限。与之相伴的，则是大量不完整、不相关，甚至误导性或错误性信息。沃尔斯泰特将事后证明与事件走向一致的信息统称为“信号”（signal），而将与信号混淆于一处的无关或误导性信息称为“噪声”（noise），如何从大量噪声中甄别出比重极少的有价值情报，是预警分析的关键。由于往往要等到事发后，才能确定哪些数据是真正的信号，误判就时有发生，而误判则导致了预警失误。

2001 年 9 月，美国遭受“基地”组织攻击后，时任参议院特别情报委员会（SSCI）副主席的理查德·谢尔比（Richard Shelby）曾在 2002 年发表观点，认为情报分析师只需将信息“点”依序“连接”成线，即可全盘绘制未来事件的准确图像。[1] 显然，这一所谓建设近乎让五岁孩童按照标号顺序描点成线、连点成画，在沃尔斯泰特看来，既不准确也无裨益，因为预警分析师一贯要面对大量且无用数字的点，并将其绘制成未来事件的准确图像。

艾略特·科恩（Eliot Cohen）、约翰·顾奇（John Gooch）批评沃尔斯泰特预警失误难以避免的观点，认为这一“无过错”理论学派导致任何人都不应因预警失误而被追责。[2] 相反，他二人及艾米·泽加特（Amy Zegart）共同认为，官僚主义和组织文化病态是造成情报失误的主要原因。[3]

实际上，沃尔斯泰特并未在书中主张无人须对预警失误负责。克劳斯·诺尔（Klaus Knorr）、理查德·贝茨等情报分析师也认同沃尔斯泰特对预警难度的分析，认为预警永远不可能做到完美，但确实可以不断改进，研究预警表现和提高分析技术的目的在于提高情报奏效的“击球

---

[1] Gladwell, “Connecting the Dots,” 84–85.

[2] Cohen and Gooch, *Military Misfortunes*, 41. 对此观点更为严厉的批评意见还有 Betts, *Enemies of Intelligence*, 27, 185–86。

[3] Zegart, “September 11 and Adaptation Failure”; Zegart, *Spying Blind*.

率”。[1] 诚如职业棒球运动中，击球手不以完美的击打动作为训练目标，而是要通过训练，降低三击不中的出局概率，打出更多平飞球，在跑垒员位于得分位置时击中更多投球，乃至击出更多本垒打。这一观点还衍生出另一些理论，或强调改进预警分析的难度，或坚持认为过程可以被改进但不可能完美。菲利普·泰洛克分别称其为“怀疑论者”和“向善论者”[2]，亚瑟·霍尼格（Arthur Honig）将上述相同的团体分别称为突袭理论的“传统学派”（Orthodox School）和“修正学派”（Revisionist School）[3]。

与贝茨、诺尔的观点一致，本书的目标之一即通过帮助预警分析师获取更多准确的预警信息，从而改善其表现，换言之，提高“击球率”，而不是谅解可能避免的错误。[4] 诚然，战略预警面临的困境令人生畏，组织结构、制度流程、奖励措施、内部文化乃至分析师的个性特征等诸多因素都会影响战略预警职能发挥效力。不过，不论是情报组织整体，还是情报官员个人，仍有有效方法应对上述变量，如果他们想这么做的话。

另外，也有少数人认为预警分析并非问题所在，更为核心的应是如何行而有效地搜集信息，掌握随时出现的威胁。这一观点同时认为，一旦手握充分的信息，获得清晰的预警分析不过是水到渠成。戴维·卡恩（David Kahn）和艾利尔·莱维特（Ariel Levite）是其中的代表人物。[5]

埃里克·达尔更为关注战术层面的预警，对以上双方观点兼容并蓄，提出能否对军事袭击做出成功预警，不仅取决于是否充分掌握了潜在袭击的战术性信息，同时还取决于情报用户的接受度，即高级决策者能否基于

[1] Knorr, “Failures in National Intelligence Estimates,” 460; Betts, “Analysis, War, and Decision,” 85; Betts, *Enemies of Intelligence*; Gentry, “Assessing Intelligence Performance”; Marrin, “Evaluating Quality of Intelligence Analysis,” 902–4.

[2] Tetlock, *Expert Political Judgment*, 19.

[3] Honig, “New Direction,” 699–716.

[4] 罗伯特·杰维斯也有类似观点，参见“Reports, Politics, and Intelligence Failures,” 12。

[5] Kahn, “Intelligence Failure at Pearl Harbor”; Levite, *Intelligence and Strategic Surprise*.

情报做出有效回应。[1] 达尔指出："关键因素是搜集非常精确的情报，以及说服并确保决策者采取必要防范。"[2] 他还别强调，"政策制定者的接受度"源于其"相信威胁存在"，且"信赖情报有效"。[3] 在此基础上，笔者更为关注让决策者产生信赖的原因，以及情报人员应如何培养上述信赖。为此，在判辨常规军事威胁或小规模恐怖袭击之外，本书将探讨更为复杂的预警挑战。

20 世纪 70 年代和 80 年代，涌现了大量以军事突袭为研究对象的历史及理论文献成果。代表人物包括亚伯拉罕·本·兹维（Abraham Ben-Zvi）、理查德·贝茨、陈思德（Steve Chan）、迈克尔·汉德尔（Michael Handel）、伊弗雷姆·卡姆（Ephraim Kam）、克劳斯·诺尔，及艾利尔·莱维特。[4] 学者们普遍认识到，袭击的突发性可能来自方方面面，包括各方不尽相同的行为类型、技术手段以及政治动机，这赋予未来行动以意义，同时可能向预警分析师暗示未来事件的细节线索。这意味着，预警情报工作必须时刻对主体（who）、事件（what）、时间（when）、方位（where）、方式（how）等具有预警意义的问题保持警惕。与此同时，追问原因（why）能够帮助分析人士理解突袭的政治背景和动机，从而帮助决策者对其加以遏止、防御，乃至利用。

1973 年埃及和叙利亚对以色列发动的突然袭击，又称第四次中东战争（Yom Kippur War）、赎罪日战争或斋月战争，进一步拓展了与预警相关的军事突袭的理论研究。以色列情报部门未能对此次突袭做出预

[1] Dahl, *Intelligence and Surprise Attack*, 3–4. 参见中文版：《情报与突然袭击》，［美］埃里克·达尔著，赵金萍译，金城出版社，2020 年。——编者

[2] 同上，4。

[3] 同上，23。

[4] Ben-Zvi, "Hindsight and Foresight," 381–95; Betts, *Surprise Attack*; Betts, "Surprise Despite Warning," 551–72; Chan, "Intelligence of Stupidity," 171–80; Handel, "Intelligence and Problem of Strategic Surprise," 229–81; Kam, *Surprise Attack*; Levite, *Intelligence and Strategic Surprise*; Knorr and Morgan, *Strategic Military Surprise*.

警，在国内引发深度反思。时任最高法院首席大法官的希蒙·阿格拉纳特（Shimon Agranat）代表政府对失误原因展开重点调查。阿格拉纳特的调查报告将此番失利归咎于心理、认知方面，以及领导和制度层面。许多其他相关研究，特别是以色列情报分析师的研究，也都肯定了这一同样适用于其他预警案例的结论。[1]

早在二战之前，苏联就发展出一套全国通行的情报“伪装”原则，即通过在作战能力和行动计划上对敌方实施欺骗，确保己方的情报安全。[2] 埃及人正是借鉴了这一思想，在此次军事袭击中对以方成功施骗。[3] 苏联之后，俄罗斯继续沿用这一原则，可谓是孙子“知己知彼，百战不殆”“能而示之不能，用而示之不用”[4] 等古典军事思想的当代践行。

前有英军（为主的盟军）在作战地点上成功欺骗德军，从而实现1944 年 6 月诺曼底登陆，后有埃及在 1973 年对以色列施骗得手。学界也由此衍生出一个全新的研究领域——对以否认与欺骗为战术手段的拒止与欺骗的研究。“拒止”（denial），即隐瞒重要信息，“欺骗”（deception），即通过误导使敌方（有些时候也针对友军）曲解信息而使己方占得优势。[5] 具体方法如利用沃尔斯泰特提出的信号与噪声理论：成功的行骗者往往通过引入精心甄选的“噪声”来掩盖他们无法隐瞒的“信号”，“噪声”被受害者误作信号，或诱其偏离真正的信号。迈克尔·汉德尔等

---

[1] Bar-Joseph, *Watchman Fell Asleep*; Ben-Zvi, “Between Warning and Response,” 227–42; Kahana, “Early Warning versus Concept,” 81–104; Bar- Joseph, “Lessons Not Learned,” 70–83.

[2] Heuer, “Soviet Organization and Doctrine,” 42–47; Latimer, *Deception in War*, 239–67; Ziegler, “Intelligence Assessments,” 1–24.

[3] Handel, *Perception, Deception and Surprise*, 11. 埃方的分析可参见 Sadat, *In Search of Identity*; Badri, Magdoub, and Zohdy, *Ramadan War*, 1973; Asher, *Egyptian Strategy*, 91–92，以及 Bell, “Toward a Theory of Deception,” 244–79。

[4] 参见《孙子兵法》。

[5] Hesketh, *Fortitude*; Masterman, *Double-Cross System*; Daniel and Herbig, *Strategic Military Deception*; Holt, *Deceivers*.

人注意到，欺骗手段能够为发动突袭创造多方面优势，更为实力薄弱一方所青睐；而实力雄厚的一方则倾向于仰赖物质力量或技术实力取胜。[1]因此，持相同观点的学者也隐晦地指出，预警分析师特别应当警惕弱势一方，以及在国家或军事上沿袭"伪装"原则的一方采取欺骗。

巴顿·惠利（Barton Whaley）对德国的相关研究堪称该领域的经典。[2]德国向苏联欺瞒了在其西部边境陈兵数百万的真实意图，后者最终在 1941 年 6 月 22 日惨遭入侵。惠利认为，"（欺敌）策略的终极目标是使敌方完全肯定，非常果断，且全然错误"。[3]换言之，拒止与欺骗以敌方的预警分析师及其上层决策者为目标。事实上，欺骗正是军事计划的一项重要内容，所有情报部门和军事部队都对此坦然不讳，而误导预警分析师的许多欺骗行动也正是由他们一手策划的。

有鉴于此，美国情报部门在 1983 年专设机构从事拒止与欺骗研究，该机构后发展成现国家情报办公室（ODNI）下辖的外国拒止与欺骗委员会（FDDC）。委员会发布了大量裨益分析人士，特别是预警专家的专业资料，对反欺骗方法亦有所涉足。[4]20 世纪 80 年代，美国国防部（DoD）对拒止与欺骗相关研究，尤其是针对苏联的欺骗行动的非涉密研究予以经费支持。[5]由于预警与欺骗密切相关，预警专家因此必要了解拒止与欺骗及反欺骗方法。笔者同样认为，理解拒止与欺骗有助于应对战略预警分析所遭遇的困难。[6]

此外，仍有对技术培训、适业技术专长及技术水平、适业心理特征等预警分析流程中其他方面的研究，以及对情报组织或情报人员如何获得并

[1] Handel, "Intelligence and Deception," 122–54.

[2] Whaley, *Codeword Barbarossa*.

[3] Whaley, *Stratagem*, 135.

[4] Director of Central Intelligence, "Directive 3/16P"; Whaley, *Textbook of Political-Military Counterdeception*; Whaley, *Turnabout and Deception*; Spielmann, "Strengthening Intelligence Threat Analysis," 19–43; Spielmann, "Using Enhanced Analytic Techniques," 132–55.

[5] Daniel and Herbig, *Strategic Military Deception*.

[6] Godson and Wirtz, "Strategic Denial and Deception," 424–37; Heuer, "Strategic Deception and Counterdeception," 294–327.

维护高级决策者信任的研究。当中，美国国防情报局分析师辛西娅·格拉博的成就十分斐然。格拉博在二战期间以陆军文职情报分析员的身份开始情报工作生涯，于20世纪60年代调入当时刚刚组建的国防情报局，并专门从事战略预警分析。对华约组织出兵西欧做出预警是美国当时预警工作的核心目标，也是格拉博的工作重点。作为职业预警专家，格拉博发现，许多年轻分析师对预警问题的认识浮于表面，往往还未做出深入研究，就忙于着手新的任务。而由于缺乏足够经验，导致方法性错误和相似失败的反复发生，造成重复性学习。1968年8月，华约出兵捷克斯洛伐克。格拉博认为是美国情报部门表现欠佳，遂决定将自己的从业经验和观点见解写作出书，为新手分析师提供专业参考。[1] 格拉博利用工作之余的个人时间在1971年完成写作，但全部手稿被国防情报局安全官员以涉密为由不允出版。时至20世纪90年代末，在已经退休的格拉博及其他仍效力于美国情报界的多位人士的多方努力下，国防情报局对该书稿的第一部分进行了解密，后于2004年付梓出版。2010年，书稿第二部分解密。[2] 最终，在2015年，即竣稿44年、作者格拉博离世1年后，全书得以完整面貌最终面世。[3] 尽管全书大量着墨于大规模军事袭击，但仅其论及战略预警的有限篇幅已足够使之成为经典，为当前面临广泛挑战的预警工作提供了如何完成预警分析、如何实现部分预警职能的宝贵经验。

近年来，预警相关的文献成果在研究范围和研究深度上均大有进展。分析人士将心理学理论应用于对情报分析和外交决策过程的研究，来解释情报分析师及其上层决策者的认知局限和认知偏见，意义非凡。当中，

---

[1] Grabo with Goldman, *Handbook of Warning Intelligence*, xiii. 参见中文版：《预警情报手册》，［美］辛西娅·格拉博著，熊贵帆等译，金城出版社，2019年。——编者

[2] 第一批解密的部分书稿以如下形式出版：Grabo, *Anticipating Surprise: Analysis for Strategic Warning*。第二批解密的书稿在出版时补充包含了前册内容：Cynthia Grabo, *Handbook of Warning Intelligence: Assessing the Threat to National Security*。

[3] Grabo with Goldman, *Handbook of Warning Intelligence*.

代表人物有情报专家理查德兹·霍耶尔（Richards Heuer），政治学家亚历山大·乔治（Alexander George）、罗伯特·杰维斯、罗丝·麦克德莫特（Rose McDermott），以及心理学家菲利普·泰洛克。[1] 以外交决策为重心的学术研究尽管鲜少被情报文献引用，但贾尼丝·格罗斯·斯坦（Janice Gross Stein）等人为认知和误解对决策的影响、情报专家对生产者（分析师）与消费者（决策者）关系的运用给出了许多有益参考。[2] 对外交决策的研究同时指出，出于意识形态目的、政治目的或其他目的的动机偏差，不仅给预警分析制造了困难，还会削减与决策者进行情报沟通的说服力。

笔者认为，情报研究的“政治化”倾向也攸关战略预警。[3] 情报分析师为适应决策者需求而不时歪曲预警信息，（甚至有时）试图左右政策决定，这一情况也常见于其他形式的情报分析中。历史学家欧内斯特·梅（Ernest May）就曾指出，20 世纪 30 年代后期，法军情报部门通过夸大德国军事力量，为本国军队游说争取更高预算的做法，损害了在 1940 年面对希特勒进犯时的预警力度。[4]

显而易判的预警失误反而催生了大量优秀的案例研究，如对美国未能预警 1968 年春节攻势（Tet Offensive）及 1979 年伊朗国王倒台的案例研究[5]，以及涉及他国的突袭事件和小型冲突的预警失误案例的研究。各个案例在差异性之余，也表露了些许共性。[6] 近期一项对 2001 年“基地”

[1] Heuer, *Psychology of Intelligence Analysis*; Jervis, “Hypotheses on Misperception,” 454–79; Tetlock and Gardner, *Superforecasting*; Bar-Joseph and McDermott, *Intelligence Success and Failure*.

[2] Stein, *Psychology and Deterrence*; Festinger, *Theory of Cognitive Dissonance*; Janis, *Victims of Groupthink*; Jervis, *Perception and Misperception*; Janis and Mann, *Decision Making*; Kahneman, *Judgment under Uncertainty*.

[3] Rovner, *Fixing the Facts*.

[4] May, *Strange Victory*, 138, 144–45, 205.

[5] Wirtz, *Tet Offensive*; Jervis, *Why Intelligence Fails*.

[6] Hopple, “Intelligence and Warning,” 339–61; Hoffman, “Anticipation, Disaster, and Victory,” 960–79.

组织发动的“9·11”事件，及反恐（CT）和执法部门预警问题的研究表明，当代的预警挑战已经明显有别于格拉博时期。[1] 对预警失误案例的评估分析表明，方法、制度、个性因素均可能有益或有损于有效预警，这也为战略预警职能提供了有益洞见。另有分析人士从后现代视角出发，对预警问题进行研究。[2]

诚然，有观点认为预警失误的案例几乎没有研究价值。但笔者反而觉得，包括“9·11”事件调查委员会的报告在内，相当一部分对该事件的研究文献，都未免因附带政治动机而有失偏颇。[3] 这也导致公众和学界对情报工作本身产生明显误解，比如参议员谢尔比“描点成线、连点成画”的观点，或是误将战略预警与战术预警混为一谈，再或是认为“9·11”事件是一次战略预警失误。

尽管文献成果不断丰富、发展，但尚存研究空白。现有文献资料普遍关注过往的预警失误，即一国对另一国的突袭，大多数突袭在本质上仍是军事话题。与此同时，鲜有旨在提高预警成功率而对以往成功案例或情报措施进行的理论分析。[4] 笔者认为，造成这一局面的主要原因在于，预警失误能够轻易根据结果做出判定，而失败导致的政治压力迫使对失败原因或罪魁祸首做出解释；相反，预警的成功却没那么容易判定，每次成功的原因又不尽相同。何况，情报机构似乎没有对按照计划成功实施的预警实践再进行研究的必要。[5] 关于如何就可能加以利用的机会向决策者提出警示的研究，也远远少于如何就威胁做出预警的讨论。

---

[1] National Commission on Terrorist Attacks upon the United States, *Final Report*.

[2] Cavelty and Mauer, “Postmodern Intelligence,” 123–44.

[3] 对调查委员会调查报告的批评观点，可参考 Pillar, “Good Literature and Bad History,” 1022–44, 以及 Eiran, “Three Tensions,” 598–618。

[4] Bar-Joseph and McDermott, *Intelligence Success and Failure*; Easter, “Soviet Intelligence and the 1957 Syrian Crisis.”

[5] 中央情报局等美国情报机构对本机构的成功预警实践做出过一定研究，但据笔者所知，研究成果均未解密公布。此外，情报机构一般不会对其上级单位的失败进行讨论。

部分研究认为，特定的个性类型尤其擅长预警分析或戳穿欺骗陷阱。乌里·巴尔·约瑟夫（Uri Bar-Joseph）、辛西娅·格拉博、菲利普·泰洛克等人的研究均对该课题有所涉及，也为笔者所重视。[1] 相似内容还出现在国家危机时期针对领导力问题本质、原因、后果的研究中。尽管军队和企业往往会为物色培养未来的高级领导人投入不菲资源，但仍不免常常出错。初级阶段表现优秀的领导者所具备的重要个性特点，可能并不满足高级别的领导力要求。个人在面对危机时的表现，长期以好的或者不幸的方式令国家、史学家，甚至其本人感到意外。[2] 同样，在预警分析领域，许多优秀的动态情报分析师或研究分析师并不能成为优秀的预警分析师。这也是情报机构当下普遍面临的难题，因为动态情报问题的分析师通常同时肩负重大战略预警责任。

在此之外，本书对非政府组织及企业的类战略预警实践亦有所涉猎。鉴于战略预警在职能和范围上仍在不断演化，新兴领域各行为主体的预警活动也被纳入本书框架。

全书梗概

本书从职能性质、履职表现、困难挑战等方面，对以美国情报界为代表的国家级情报部门的战略预警职能进行综述，同时探讨战略预警的演变本质。我们试从历史中汲取经验教训，对预警情报分析做出理论性概括，为职业预警分析人士和非专业人士提供有益参考。[3] 本书并不旨在提出任何学说或对所陈观点试验论证。

本书将预警情报分析视为相对独立的思维阶段或情报学子学科进行研

[1] Bar-Joseph, *Watchman Fell Asleep*; Grabo, *Handbook of Warning Intelligence*; Tetlock and Gardner, *Superforecasting*.

[2] Cohen, *Supreme Command*.

[3] Marrin, "Preventing Intelligence Failures," 655–72.

究，基于相关情报文献，对分析预警过程、成功或失败结果的已有研究成果进行总结，归纳并评估直接用以解决预警问题的技术手段和与预警情报相关的其他技术方法，以预警失误的事后调查等案例研究为观点提供论据，试图填补现有文献资料中的部分空白，并最终呈现战略预警情报职能的现状。

第 1 章详细定义预警及全书内容涉及的相关概念。其他章节内容分别对应副标题“历史、挑战与展望”：第一部分包括第 2 至 4 章，回顾主要情报预警实体的历史实践和机构发展，浅析三个重大失误案例及一个成功案例，讨论战略预警机构通常采用的结构形式，并借此引出本书其余各章将要探讨的话题；第二部分包括第 5 至 11 章，从实践挑战出发，探讨预警情报人员如何应对困难、解决问题，以及预警流程如何不断演进；最后一部分是第 12 章，评估战略预警作为传统国家情报服务角色的现状，分析全球范围内各预警机构的能力表现为何各有不同。我们进而推测战略预警情报在未来几年的前景，提出以结构性改革增强预警情报对国家级决策的支持效果。

第 2 章内容提及四个案例。其中，三则预警失误案例分别为（一）苏联情报机构未能说服斯大林相信德军计划于 1941 年举兵入侵；（二）德军未能对盟军 1944 年 6 月经诺曼底登陆进军西欧做出预警；（三）以色列未能预见第四次中东战争。因为对各案例中双方的想法、攻方的欺敌计划及其成功实施均有较充分的了解，故选此三例，希望能为读者提供更具启发性的参考。这几则案例也常被用以论证预警相关实践的复发模式及其情报表现。本书还将在其他章节中援引上述各例，说明笔者对预警情报的部分观点，并阐述改进建议。

在第四则可谓“成功”的预警案例中，美国在 1990 年 10 月发布的《国家情报评估》（NIE）报告确对南斯拉夫转型做出了预判，却并未因此改变乔治·H.W. 布什总统的政策。本书将着重分析布什政府为何未就高级领导人完全理解的准确预警信息采取行动。

第 3 章介绍预警组织通常的五种类型，进而从本质上提供了预警结构理论，并继续援引第 2 章的各个案例，解读各类型的特征及其重要性。其他章节的阐述也部分基于第 3 章论述的五种组织形态。

第 4 章通过梳理美国、英国、荷兰和北约组织解决预警问题的方法，回顾各自预警系统的发展历程。不同国家或国际组织解决预警问题的方法反映了各自战略预警的职能和内涵，以及各自不同类型组织结构或情报实践方法的影响和效果。从本章节所述各例可见，实际应用中的预警系统并不能完全划归第 3 章中的某一类型标准，而是可能具备一种以上标准类型的诸多特征。

从第 5 章开始，探讨影响预警职能的主要方法性问题，重点关注直接或间接影响很多预警分析方法的问题，如威胁和机遇的内涵，应对不确定性的技巧，时间概念影响预警的不同方式等。这些问题还将在后续章节中继续出现。

第 6 章介绍威胁预警分析的“征候与预警”（I&W）方法，并评估其优势、局限和漏洞。该方法衍生的两种变体同样可为国家情报部门和企业等私营部门应用于与预警相关的更广泛领域。

第 7 章将讨论更多分析技术。除情报机构以外，政府、非政府组织、商界和学界的非情报部门也开发了相当数量的能够用于解决预警问题的重要技术方法。“水平扫描”、“监视”与“侦察”技术，美国情报界的“全球趋势”项目（Global Trends project），战略未来学和所谓的预测性情报均为政府部门的常用技术手段。威慑理论、前景理论、政治人口学、政治领导概况等社会科学的学科方法和统计学方法也可应用于预警。此外，考虑企业有别于其他行为体的特殊预警需求和体系，本书还将对商业预警方法做出探讨。

许多观察人士指出，情报分析同时受到多方面认知及心理问题影响，本书第 8 章在预警分析视阈下对此进行研究。笔者认为特定个性类型的确尤其擅长（或不宜）从事预警分析，并为此提供例证——具备某些性格特征的有经验的情报工作者的确更可能成为优秀预警分析师。

第 9 章关注传统预警部门（即国家情报部门）之外的行为体，包括各国政府内非安全部门的预警实践。此外，还将探讨非传统预警课题，如生物安全、公共卫生、地震和海啸等。

大量文献讨论情报官员在与高级情报消费者打交道时面临的挑战，第 10 章将就此探讨情报分析师处理并改进与高级决策者关系的方法步骤。

第 11 章讨论预警职能遭受的制度性、机构性阻碍。笔者认为，包括组织结构、内部文化、奖励措施在内的诸多因素攸关预警成败，正是制度性障碍导致了美国以往的预警失利，并仍在继续损害预警职能。

第 12 章将总结战略预警情报的发展历史，评估预警职能的效力，评价美国预警情报工作的现状，并预测预警工作的未来前景。尽管笔者认为，美国的预警工作很可能仍将继续挣扎，但在情报界推进制度性改进，能够帮助缓解一直以来导致预警失误的种种问题。

第 1 章
战略预警情报的相关概念

战略预警，即传统意义上就突发性严重危害向国家领导人做出警示，说服其采取并不情愿或代价高昂的措施加以应对的过程，通常被国家和情报部门作为情报工作的首要任务。[1] 以色列官方认为，战略预警及预警为动员军事后备人员提出的时机攸关国家存亡，并一直以来奉此为圭臬。美国为避免再次发生类似 1941 年日军袭击珍珠港的预警失误，于 1947 年成立中央情报局。此外，美国法律明确了情报部门的最大责任，即对迫近的国家安全威胁发出警示。[2] 长期担任中央情报局分析师的杰克·戴维斯（Jack Davis）对战略预警定义如下 :“预警分析旨在传达及时、有说服力、有助决策的情报评估，防止或限制对美国国家安全利益的损害，协助决策

[1] Betts, “Intelligence Warning,” 26; Davis, “Watchman for All Seasons,” 37; Patton, “Monitoring of War Indicators,” 55; Davis, “Strategic Warning: Intelligence Support,” 174; Hilsman, *Strategic Intelligence and National Decisions*, 46–51; Goodman and Berkowitz, “Intelligence without the Cold War.”

[2] 例如，美国在《1992 财年情报授权法案》（1992 Intelligence Authorization Act）中明确指出，“情报界的首要任务是警示全球范围内对美国利益的威胁”。参见 US Congress, House, Permanent Select Committee on Intelligence, Intelligence Authorization Act: Fiscal Year 1992, 102nd Cong., 1st Sess., 1991, H. Rep. 102–65, pt. I.。另见 Hilsman, “Intelligence and Policy-Making,” 2。

者对未来的威胁采取防御以及先发制人措施，对迫近的威胁采取行动加以抵御。”[1]

战略预警的概念随着时间的推移而显著扩展，在关注国家安全威胁之余也关注到其他类型的威胁，乃至促进国家利益的机遇。1999 年中央情报局提出：“简而言之，情报就是对周遭世界的认知和预判，是美国决策者决断和行动的前奏。”[2] 戴维斯也发表了类似观点，认为“情报分析的核心任务是对国家安全利益面临的危害向美国官方发出警示，以及对推进美国政策目标的机会做出提醒”[3]。2009 年《美国国家情报战略》(*National Intelligence Strategy of the United States of America*) 指出，情报的核心职责是“预测战略性问题的动向，发现潜在机遇并指出薄弱环节，供决策者参考”[4]。理查德·贝茨和托马斯·芬格同样主张，情报应帮助决策者尽可能充分地了解威胁和机遇。[5]

综合上述观点，不难推得战略预警情报的根本目的：向高级国家决策者告知潜在的或迫近的、对国家利益具有重大意义的事件，并建议领导者考虑就此做出决策或采取行动。考虑到不同时期、不同情境、不同国家以及不同的国家领袖对国家利益的确切定义也不尽相同，因而，上述概念中并未明确何谓“重大意义”。然而，值得注意的是，任何国家的预警情报均不会直接提出具体政策建议或做出具体政策决定。重要的一点值得重复：预警建议仍须高级领导人自己选择做出决定。

战略预警有别于战术预警，旨在为高级别政治、军事领导人的国家级

---

[1] Davis, “Strategic Warning: Intelligence Support,” 179.

[2] Central Intelligence Agency, *A Consumer's Guide to Intelligence* (Washington, DC: Office of Public Affairs, 1999), vii.

[3] Davis, “Strategic Warning: If Surprise Is Inevitable,” 3.

[4] Lowenthal, “Strategic Early Warning?,” 8. 关于情报发掘机遇的更多探讨，参见 Director of National Intelligence, *The National Intelligence Strategy of the United States of America*, August 2009。

[5] Betts, *Enemies of Intelligence*, 1; Fingar, “Intelligence and Grand Strategy,” 124–25.

决策提供支持。而后者则是为低级别官员提供支持，或警示前线部队遭受敌对势力直接袭击等状况的可能，同样具有实用价值。与许多情报专家一样，笔者并不认为情报界未能阻止2011年的“9·11”事件是战略预警失误，尽管该次事件导致多人罹难，但并未对美国构成存亡威胁（以及战略性威胁）。[1] 事实上，情报界早在事发前就曾反复而强烈警示过“基地”组织可能不日袭击美国，但由于没能确定具体相关活动或计划，而未能最终阻止其发生。[2] 因而，“9·11”事件的发生应视作美国战术预警的一次失误，加之各方对该事件的研讨已经相当充分[3]，本书将不对此事件再做详细分析。此外，在核打击相关问题上，如果事件本身仅仅具备“是”与“否”发动报复性核打击这两个决策方向，则研判事件走向更依赖技术手段的情报搜集，而非情报分析。因此，尽管此类事件确有战略性意义，但这种非此即彼的问题也不在本书重点探讨范围之内。

相比之下，1973年，以色列情报未能对埃及和叙利亚的袭击做出预警，导致第四次中东战争重挫以方武装力量，整个中东地区的地缘政治局势也因之发生明显改变，该事件可谓既是战略预警失误，也是战术预警失误。

预警是情报分析的主要职能

战略预警与基础研究情报（或称战略情报）、动态情报，以及推测情报（estimative intelligence）并列为情报分析的四项核心职能。[4]（近年来，部分情报机构出于反恐目的另设“定向情报分析”，但战术形式的情报分

[1] Marrin, “9/11 Terrorist Attacks,” 182–202.

[2] Byman, “Intelligence War on Terrorism,” 842.

[3] National Commission on Terrorist Attacks upon the United States, *Final Report*.

[4] Stack, “Competitive Intelligence,” 197; Bodnar, *Warning Analysis for Information Age*; Hulnick, “The Intelligence Producer–Policy Consumer Linkage,” 223–24.

析不在本书讨论之列。[1]）而上述职能可能互有重叠，有时还会因此导致情报机构的内部摩擦。例如，情报部门一般下设调研机构，负责掌握全球动态。[2] 与此同时，预警分析师仍可能另行调研，获得预警成功的必要信息。又如，国家级情报评估通常侧重于特定国际形势的综合判断，为决策者即将出台的政策决定提供支持。评估内容可能包含对迫近的重大威胁、重要机遇的警示，因而也可能兼具战略预警功能。[3] 动态情报重点关注刚刚过去和即将到来的几日内的短期信息，有时也因此兼备战术预警成分。战略预警分析师早已预测到的某一威胁往往会在动态情报中最终显现，让许多情报专家误以为动态情报分析同样具有战略预警作用。对此，本书将在后面的章节中详细予以反驳。笔者始终认为，尽管动态情报分析师在实践中有时发出战术警告，但不能从事战略预警。[4]

多年来的预警实践充分体现了明确上述职能的必要性。既往预警失利的局面多可归咎于一线情报分析师或情报机构的管理层混淆了各个职能的区别，例如管理层迫于政治“生产”压力而要求预警分析师撰写动态情报文章等。

四项分析职能中，战略预警最具难度[5]，原因在于：有别于动态情报，预警分析一般关注相当远期的不确定的未来。为预警分析而进行的调研不能浮于表面现象，而须挖掘潜在影响。区别于其他分析职能，预警还要求与关键决策者进行有效沟通，即情报生产者和高级消费者之间的相互信任至关重要。与此同时，预警分析师始终面对敌方（有时也来己方）的拒止与欺骗考验。施骗一方意欲采取突然袭击或任何其他手段，都必

---

[1] Byman, “Intelligence War on Terrorism,” 848–49.

[2] Kent, *Strategic Intelligence*, xx, 8, 11–29, 39–65.

[3] Ford, *Estimative Intelligence*, viii, 26, 44, 47.

[4] Davis, “Strategic Warning: Intelligence Support,” 179.

[5] 在 2017 年 7 月与笔者的交流中，马克 · 洛文塔尔同样认为预警是最具难度的情报分析。

须首先骗过对方的预警分析师，[1]二者因此长期处于互动紧密的战斗当中。詹姆斯·布鲁斯（James Bruce）称此为“隐藏者”（hider）与“寻找者”（finder）的角力。[2]从事军事欺骗研究的巴顿·惠利发现，绝大多数案例中，在战时采取欺骗的一方都取得了成功。[3]这也旁证了笔者对预警难度的判断。可见，预警专家还必须掌握揭穿骗局的反欺骗手段。[4]

常被低估的预警职能

尽管战略预警有时攸关全局成败，但情报部门并不一直以此为重心。高级情报消费者经常要求情报优先为解决重要而迫切的问题予以支持，远虑因而让位于近忧，被情报机构推迟处置，直至远虑成为动态情报中的近忧，方才引起高级决策者的关注。短暂和平的国际环境也会鼓励情报消费者、支持缩减预算的“鹰派”，乃至情报界内部反对单独设立战略预警部门的一派坚信，战略预警实非必要，或者可以由日常负责执行其他情报分析的地区性或功能性单位替代完成。此外，决策者往往将政策奏效归功于自己的决策，而将政策失败归咎于情报人员，预警实践本身的成效难以得到领导层的充分认可。而预警分析师永远只会以威胁警示传达负面消息，也难免让决策者心生不快。与此同时，既往的战略预警情报偶有成功之时，不乏覆舟之戒，历史声誉并不足以为之赢得领导层的政治支持。于是，种种原因导致战略预警在情报部门内部失去优先级，美国和英国的情报界甚至一度取消了专门的预警部门。

---

[1] Calhoun, “Musketeer’s Cloak,” 47–58; Handel, *Perception, Deception and Surprise*, 16.

[2] Bruce, “Countering Denial and Deception,” 19.

[3] Whaley, *Stratagem*.

[4] Bennett and Waltz, *Counterdeception Principles*; Bennett and Waltz, “Toward a Counterdeception Tradecraft,” 77–86. 另见 Grabo, “Soviet Deception in the Czechoslovak Crisis,” 19–34。

战略预警职能范畴

二战后不久，针对传统武装战争及核攻击等州际军事威胁的战略预警职能迅速在英、美两国发展起来。而后，预警范围逐渐扩展。当军方仍在恪守传统时，一部分情报机构率先认识到，提醒决策者对机遇加以利用也是重要的预警职能，对战略预警的定义自此显露分歧。“9 · 11”事件后，对恐怖主义不断加剧的忧虑使战略预警开始向曾经的战术预警靠拢。随着企业、非政府组织等更多行为体看到预警分析的领域不断扩展的需求，现在与预警相关的活动也发生在与传统国家安全机构截然不同的领域。[1] 本书遂以广义的战略预警为研究对象。

战略预警情报分析不仅综合了情报分析各个职能的各个方面，且尤其表现出以下两大重要特点：首先，战略预警情报关注相对远期的事件，一般以未来 6 个月至 2 年时间内，轮廓或走向尚不明晰但牵涉重大的事件为分析对象。而战术预警的时间范围要窄得多，通常以天数或小时记，仅关注日内发生的事件。这就意味着，战略预警分析所覆盖的事件在时间跨度上远远超出动态情报及战术预警。国家级评估的时间覆盖范围甚至还要更长。

成功的战略预警分析师必须在事件走向明晰以前，提前判断潜在的重要趋势，提醒决策者注意，有时甚至要早于决策者本人预见其最终采取的行动。预警分析师因此必须面对巨大不确定性做出分析，必须及时警示决策者对迫近的事件做出决策，确保政府的政策执行机制在事件发生前做出有效应对。[2] 由于不确定性长期存在，以及历史记录清晰表明对未来事件的具体性质、规模、时机的预测通常都是错误的，经验丰富的预警专家极

---

[1] Gentry, “Toward a Theory,” 465–89.

[2] Gentry, “Intelligence Failure Reframed,” 247–70.

少给出具体预言，[1] 而是根据反常的趋势或异象对未来事件做出有条件的预测，说服高级领导人保持密切监控，或在事件走向仍充满巨大不确定性的情况下采取逐步行动。为此，战略预警分析师对一旦发生则后果深远的小概率事件的指标进行监控，以专业知识和专业能力洞悉可能的或潜在的未来趋势，做出可信的预判，或给出所谓的“预知”。[2] 尽管情报尽其可能务求准确，但预警职能的不确定性致使任何声称掌握了“真相”的说法都不免令人存疑。[3]

这一过程有助于提高决策者对发展中的趋势或模式的理解。[4] 理解越是准确，越接近任何特定时间点上的“真相”，越能反映分析师的洞察力和智慧。社会学家马克斯·韦伯（Max Weber）将“理解”（*verstehen*）定义为对重大事件的性质和原因的广泛领悟。[5] 而由理解产生的隐性知识、直觉和关联信心，鼓励高级领导人做出有风险的决定，或面对巨大不确定性敢于采取代价高昂的行动。

其次，预警分析师传达预警信息必须具有说服力。不同于仅以告知为目的的其他类型的情报分析，预警情报工作旨在说服高级决策者考虑就新兴的趋势或事件做出决策。这一决策可能使国家消耗大量财力，甚至付出流血牺牲的高昂代价，也可能事关决策者本人的仕途，或伴生有其他心理

[1] 情报分析中预测的作用总结，参见 Jensen, “Intelligence Failures,” 267–70。另见 Tetlock and Gardner, *Superforecasting*; Gazit, “Estimates and Fortune- Telling,” 36–56; Jervis, “What’s Wrong with Intelligence Process?,” 28–41; and Pillar, “Predictive Intelligence,” 25–35。

[2] Fingar, *Reducing Uncertainty*; George and Bruce, “Intelligence Analysis,” 2; Davis, “Strategic Warning: Intelligence Support,” 178; Davis, “Paul Wolfowitz,” 35–42.

[3] 中央情报局总部大楼正厅镌刻着《圣经》当中的名句：“你们必晓得真理，真理必叫你们得以自由。”（《约翰福音》8:32）

[4] Treverton, *Intelligence for an Age of Terror*, 11, 54.

[5] 对此概念的情报学运用，参见 Petersen, “What I Learned,” 17–18。另见 Handel, “Intelligence and Problem of Strategic Surprise,” 250。

压力，[1] 因此，为说服其做出这一可能并不情愿的决策，务必要确保情报人员将预警信息传达到决策者。

在 1984 至 1988 年间任美国国家预警情报官的约翰 · 伯德反复向笔者金特利强调，充分搜集、合理分析、沟通说服是预警分析的核心构件，三者相辅相成，不可偏废。在伯德看来，就预警信息的重要性向决策者进行沟通说服是其中最艰难的一环，预警职能至此往往举步维艰。[2] 伯德的继任者中，玛丽 · 麦卡锡（Mary McCarthy）也公开发表过类似观点。[3]

预警信息的说服力表现为，接收信息方在已知分析有不确定性的前提下，仍理解预警信息的含义及重要性。鉴于拟定行动纲领或试图让决策者做出具体决定并非预警人员的职责，说服力并不与任何具体决策直接相关。

要使预警具有说服力，情报人员必须与领导人建立信任关系，当信任足以使决策者相信所得情报可靠，就能够促使其决心做出在智力和情感上艰难的决策。[4] 信任因此也是战略预警的关键构件，由多方面要素组成，包括情报消费者对信息质量的信心，对信息生产者的信心，以及双方必要的谨慎。一方面，谨慎的消费者不希望情报人员为干预决策，而向媒体泄露其隐忧或意图。[5] 另一方面，托马斯 · 芬格补充认为，谨慎的分析师也不会向消费者或其同僚透露任何闭门谈话的内情。[6] 情报生产者与消费者彼此应保持相互信任，一旦缺乏信任，将对预警职能造成比其他职能更致命的危害。

[1] 决策者逃避艰难抉择的原因分析，参见 Posner, "Thinking about Catastrophe," 7–19; and Belden, "Indications, Warning, and Crisis Options," 182。

[2] 美国国家情报委员会（NIC）前主席约瑟夫 · 奈（Joseph S. Nye Jr.）也发表过类似观点，参见 "Peering into the Future," 91。

[3] McCarthy, "Mission to Warn," 23.

[4] McDermott and Bar-Joseph, "Pearl Harbor and Midway," 949–62; Priess, *President's Book of Secrets*, 42, 45, 62, 66, 74, 87, 193–94, 201, 225–26, 271, 281, 289.

[5] Davis, "Policymaker's Perspective," 9, 11.

[6] Fingar, *Reducing Uncertainty*, 43–44. 参见中文版：《减少不确定性》，［美］冯稼时著，陈枫译，金城出版社，2020 年。——编者

罗伯特·盖茨（Robert Gates）在成为中央情报总监（DCI）前，曾在1980年对历任总统质疑中央情报局分析结果的原因进行总结，[1] 在此引作参考：盖茨强调了信任，及情报人员应当“与白宫及（国家安全委员会的）官员建立并保持密切的私人关系”的重要性。[2] 为此，情报人员必须培养马丁·皮特森（Martin Petersen）倡导的“服务心态”，[3] 尽管很难做到。美国国务院情报与研究局（INR）职业情报分析师鲍曼·米勒（Bowman Miller）的阐述更为精辟：

> 信任是情报生产者与消费者之间的通行货币。来自政策与决策层的信任不能被给予，只能靠赢取。产生信任的基础是以往持续为消费者提供的及时、相关而有用的信息，包括事前的预警，结果的推测，以及更全面理解当前问题和局面的关键见解。情报机构或分析师的终极目标是“在场”参与关键决策的讨论和制定，或至少以评估意见影响决策内容。[4]

也就是说，想要有所建树的情报人员必须向与之建立了私人关系的决策者提供知识型服务，[5] 即满足“客户”（client）需求，包括帮助其识别推进国家政策的机会。国家情报委员会（NIC）前主席格雷戈里·特雷弗顿也青睐“客户”，而非常用的“用户”（customer）或“消费者”（consumer）[6]，因为这一说法更强调不同专业之间平等共事，而非执行“交易”。[7]

“客户”概念的运用增加了情报的相关性。当然，长期以来，在美国

[1] Gates, “Opportunity Unfulfi lled,” 17–26.

[2] 同上，23。

[3] Petersen, “What I Learned,” 16–17.

[4] Miller, “U.S. Strategic Intelligence Forecasting,” 690.

[5] Kerbel and Alcott, “Synthesizing with Clients,” 11–27; Davis, “Strategic Warning: Intelligence Support,” 174.

[6] 为作区分，本书将client译为客户，customer译为用户，consumer译为消费者。——编者

[7] 在2017年6月23日致金特利的电子邮件中，特雷弗顿如是写到。

情报界也有另一种显著的声音——谢尔曼·肯特（Sherman Kent）等人担心这可能折损分析的客观性。[1] 然而，笔者从既往的情报历史来看，政治化只是偶发现象，只有当情报分析师试图迎合高级情报官员或决策者时，才更可能导致政治化。

为了更清楚地说明有效预警的难度，不妨将我们自己代入国家政治领袖的角色：我们有自己的政治理念和符合这一理念的治国方案，有有限的执政时间来达成目标并建立遗产。我们有想要袒护和偏爱的选区和选民。我们经受了大选考验方才爬上高位。我们有自信的底气。同样，我们有忠实可靠的顾问团队和依靠与各国领袖个人关系建立起的丰富消息源。就在此时……情报部门某个甚至可能早就秘密投诚于主要反对党的无名之辈送上消息，告诉我们需要做出可能严重打乱计划或有违初衷的决定。如果预警准确，我们当然必须行动。可情报部门对自己的判断尚无十足把握，我们无从确定能予以信任。所以，恐怕最好的做法就是等待形势进一步明朗。

预警成败的判断标准

综合上述情境，以及伯德的观点，本书提出如下标准，用以评估战略预警情报职能的执行表现。

预警成功的内涵包括：(一) 妥善管理已搜集掌握的情报资产，从中获取充足信息做出与预警相关的合理判断；(二) 对上述信息进行精准评估，或得出具体预测，或通过对新兴情况和机遇的分析，减少决策者面临的不确定性；(三) 通过及时而有说服力的沟通向决策者传达相关信息和判断，确保其理解预警的事实成分和判断成分，进而做出是否采取行动、采取何种有效行动的知情决策。拒绝采取行动也视为一种决策。需要重申

[1] Kent, *Strategic Intelligence*.

的是，情报人员在说服沟通中应恪守适度原则。包括美国在内，多数国家的政治文化明确禁止情报官员推荐政策选择。

很多时候，尽管分析人士已经就未来事件的走向得出了准确结论，但未能说服决策者做出决定或采取行动，导致决策者拒绝接受预警信息，造成“情报失误”。[1] 中央情报局前高级情报官约翰·麦克劳林（John McLaughlin）回忆，他的一位同事在面对情报失误的指控时，曾当面向某前国务卿申诉，早已警告过对方战事迫在眉睫，但这位国务卿对此的回应是：“你的确告诉过我，但你没有说服我。”[2] 吉米·卡特（Jimmy Carter）总统也曾忽视过尼加拉瓜总统安纳斯塔西奥·索摩查·德瓦伊莱（Anastasio Somoza DeBayle）陷入麻烦的预警，在后者彻底倒台后，却怪罪情报界明确信息后未做出预警。[3]

情报人员有责任确保决策者理解他们的预警。为此，预警须克服决策者或决策团队的先入之见。预警分析师须在把握分寸不逾矩的同时，坚持沟通，达成理解。让决策者本人成为决策者自己最信赖的“情报分析师”，最终做出行动与否的决定。[4] 充分而准确的沟通比恼人的重复更容易达成理解，高效的情报专家不仅深谙此道，而且总是能够洞察在决策最终敲定前体面离场的最佳时机。这也是情报生产者与高级消费者之间必须保持尊重和互信的原因之一。

由于各国设立情报机构的目标不尽一致，不同政治与官僚环境中各情报机构的职能不尽相同，优秀的预警分析师懂得如何为满足不同消费者需求，而调整沟通方式和说服手段。这就意味着，有效的预警技术手段不可避免地受到决策者的影响，因此，预警分析师必须充分了解其消费者。[5]

---

[1] Gentry, “Intelligence Failure Reframed.”

[2] McLaughlin, “Serving the National Policymaker,” 91.

[3] Hulnick, “Indications and Warning,” 597.

[4] Marrin, “Why Strategic Intelligence.”

[5] Petersen, “What I Learned,” 13–16.

与许多人一样，伯德也十分重视预警的时效性："迟来的预警等同于消遣。"[1]理解并留心及时预警信息的高级决策者，能够利用包括外交和军事资产在内的一切国家资源针对威胁采取威慑、预防、避免、遏止或缓解措施，减少隐患，降低防御成本，加快战后复苏，以及把握和利用机遇。但政策选择、施政手段或行动成效，并不能判断预警情报工作成功与否。

对具有战略意义的迫近事件的预测，应尽量促成及时而有效的回应，无需苛求完全准确。[2]因此，成功的预警分析师往往会就应当关注且可能发生的事件向决策者发出警示，同时，概括说明事件的不确定程度，判断对手实施威胁性行为的能力，确保决策者就此采取部分或初步行动，并可以根据更多信息或后续分析再行决定是否扩大或取消现有行动。[3]如果决策者的行动使对方打消了原本的意图，这种有条件的警示就是成功的。

本书讨论的预警相关概念与其他预警研究基本无异，但笔者特别强调对重大机遇的分析也应是预警分析的重要内容。机遇预警有助于获取决策者的信任并打通与决策者的沟通渠道，从而增进威胁预警的说服力。机遇预警同样具有相当的难度，须对本国政府及外国情报问题具备详尽了解。笔者认为，机遇预警不仅要求情报人员完整而准确地传达对新兴局势的最佳评估，还必须明确，决定仍须由决策者而非情报人员做出，而决策者的决定实际上受情报信息及国内外政治因素综合影响。对情报专家的普遍误解是认为一旦决策者并未采取与预警信息直接一致的行动，就意味着预警失误，但这一看法未免失之偏颇。[4]

明显的预警失误一般可归入以下两类：(一) 未能对实际威胁发出预警，并因此引发极大的关注和忧虑；(二) 预警的极端事件实际并未发生。

[1] 在 2017 年 2 月 17 日与金特利的电话沟通中，约翰 · 伯德如是说。

[2] Saffo, "Six Rules for Effective Forecasting," 122–31.

[3] Davis, "Strategic Warning: Intelligence Support," 175.

[4] Pillar, "Intelligence, Policy," 15–27; and Miscik, "Intelligence and the Presidency," 57–64.

第一类失误往往一目了然，可能导致暴力和伤亡，如珍珠港事件等。第二类失误尽管不太为人注意，但事实上更为常见，代价也是多方面的，包括不必要的决策成本及时间消耗，在财政或外交上代价不菲的补救措施，以及对预警职能的信誉损伤。尽管信誉成本有时被认为是增强警惕性的必要代价，但信誉损伤也会严重损害预警职能。[1] 过分夸大或毫无根据的威胁预警通常被称为“狼来了综合征”，有时也被称为“小鸡综合征”[2]。

上述两类错误在学术上也有正式名称，常用于统计：未能发现实际存在的现象为“Ⅱ型错误”，或“漏报”；“发现”了实际并不存在的现象为“Ⅰ型错误”，或“误报”。[3] 鉴定Ⅰ型错误比鉴定类似珍珠港事件的Ⅱ型错误难度更大。名誉扫地的 2002 年美国《国家情报评估》报告，错误判断伊拉克仍在继续有威胁的大规模杀伤性武器计划，就属于误报。[4]

但是，与其他形式的情报分析相比，战略预警的实际效果很难评估。预警成功甚至可能表现为情报失误。譬如，一位或多位国家领导人在完全理解预警信息的情况下，仍可能因犹豫不决或选择失当，而造成看似由预警失误导致的政策后果。[5] 又如，领导人委派的国家机构（通常是国防和外交部门）或无意或蓄意，而未做出及时或充分的回应。[6] 再如，决策者因另有顾虑或其他议程而拒绝接受合理预警信息，做出与情报预警不一致的决定。即使政策结果并不理想，高级领导人仍会有意识地做出他们认为合理的决策。

---

[1] Donovan, “Escaping New Wilderness,” 737; Lowenthal, *Intelligence*, 166.

[2] “狼来了综合征”在诸多情报文献中均被反复论及。“小鸡综合征”得名于童话故事中乱嚷“天要掉下来了”的小鸡角色。对假警报损害预警职能的分析，参见 Vickers, “State of Warning Today,” 10–11; Betts, *Surprise Attack*, 95–101; and Kam, *Surprise Attack*, 186–89。

[3] 情报学对上述概念的使用，参见 Jones and Silberzahn, *Constructing Cassandra*, 34–35; Betts, “Fixing Intelligence,” 57。

[4] Chang and Tetlock, “Rethinking Training of Intelligence Analysts,” 910.

[5] Gentry, “Intelligence Failure Reframed,” 254.

[6] 同上，255。

即便是明显的预警分析失误，也恐怕不是乍看上去那么简单。如果发出的警示促使决策者采取了补救措施，且措施致使对方因原本意图不再可行或不再可取而放弃行动，也可视为预警成功。这一"预警悖论"，或"预警双关"，或迈克尔·汉德尔所谓的"自否预言"，一旦实现，就是登峰造极的成功之作,尽管因更难于界定而不免有"狼来了综合征"之嫌。[1]历史学家（和情报机构）有时采取反事实推论法对此加以验证，如能充分确认预警及相关措施导致其他行为体行动计划的更改，即可证明预警成功。例如，1980 年 12 月，中央情报局曾收到波兰陆军上校李夏德·库克林斯基（Ryszard Kukliński）线报，称苏联准备采取类似 1956 年在匈牙利及 1968 年在捷克斯洛伐克的方式，动用军事力量阻挠波兰。卡特总统遂警告苏联勿要做出进攻行径。[2] 后来，罗纳德·里根（Ronald Wilson Reagan）总统更是警告苏联领导人勃列日涅夫，如进攻波兰，将对其实施"最严厉的经济制裁"。[3] 虽然不能确定苏联是否因慑于卡特的警告或里根更为直接的威胁，而最终没有公开采取军事干预，但鉴于类似局面下苏联的过往行径，未予行动即意味着预警成功。对此，詹姆斯·沃茨评价说，在国土安全领域，即使最温和的预防措施也能取得相当的成功。[4]

情报搜集过程偶尔会提供确凿的证据，证明预警引发的补救措施挫败了有计划的攻击或其他行动。例如，1940 年 11 月英国情报部门通过拦截德军通信，向英军发出调动防空部队保卫伍尔弗汉普顿，以抵御德军空袭计划的预警，英军随后果然如是执行。[5] 然而突袭并未如期而至，军队为

---

[1] *Handel, Perception, Deception and Surprise*, 55; George and Wirtz, "Warning in an Age of Uncertainty," 218–19; Marrin, "Evaluating the Quality of Intelligence Analysis," 898–900.

[2] Weiser, *Secret Life*, 194–228, esp. 217.

[3] Andrew, *For the President's Eyes Only*, 462. 另见 MacEachin, *U.S. Intelligence*, 2, 6, 48, 50, 61, 98, 134–35。

[4] Wirtz, "Indications and Warning," 550–62.

[5] Jones, *Wizard War*, 153.

此指责情报不力。直到后来，信号情报（SIGINT）发现，德国正是因为照相侦察机发现了英军增防，空军指挥官方才取消了空袭计划。[1] 因此可以说，在该案例中，英国情报实现了战术级别的预警成功。

美国的情报机构本可以在 1941 年 12 月再次缔造“预警悖论”式的经典。负责指挥珍珠港袭击行动的日本海军司令接到的指令是，如果日方舰队在发动偷袭前被美军发现，则行动中止。[2] 假使一架美国侦察机刚好从日军舰队上空飞过，让日方以为美军可能已经充分动员并做好了自卫准备。那么整支舰队很可能就此掉头，哪怕美国情报官员根本还没搞清楚他们驶离本土到这么远的地方做什么。

预警分析还可能因影响政策决策，进而间接影响国家利益。例如，1967 年，美国情报分析师精准预见了阿以战争（Arab-Israeli War），认为以色列将先发制人，并很快赢得胜利。情报界因此建议本国高级领导人不必理会对方提出的增加军事援助的要求，哪怕以色列人坚称华盛顿当局如不增援，势必造成以方灾难性败局。[3] 可以说，此次预警评估帮助美国节省了不必要的军事资源开支。

机遇预警有时与威胁预警密切联系。对领导者而言，机遇预警在鼓励其采取行动应对威胁的同时，也能找出意图制造意外的行为体本身可为己方利用的弱点。[4] 对于专业预警分析人士而言，机遇预警还具有帮助巩固情报消费者的积极作用。一贯负责不断传达负面消息，甚至难免不时制造“狼来了”式极端错误的预警分析人士，一旦失去决策者的青睐，也将随之失去决策者对其预警信息的重视。然而，尽管机遇预警有助于挽回消费者的好感，但许多从业人员却抱持规避态度，认为该类预警很容易越界，从而造成政策倡导。美国前高级政策官员詹姆斯 · 斯坦伯格（James

[1] Jones, *Wizard War*, 153.

[2] Morgan, “Examples of Strategic Surprise,” 53.

[3] Grabo, “Watch Committee,” 378–79.

[4] Breakspear, “New Definition of Intelligence,” 678–93.

Steinberg）对此表达过如下观点：

决策者寄望于情报界为其发掘有助于实现目标的事实。与部分批评人士的印象相左，大多数决策者并不会抵触可靠且及时的负面消息，因为他们毕竟知道，仅凭对负面消息视而不见的态度，并不能让不利的事态发展自行消解，当然也就无法取得成功。但决策者通常认为，情报界应仅仅扮演负面消息或预警的传达者角色，即提醒政策制定部门一切阻碍目标实现的障碍，而不是寻找机遇或建言如何对目前局势善加利用。可惜，很多分析人士将机遇预警等同于政策“支持”，为此违背了分析的客观性，以及政策中立的神圣准则。[1]

但笔者并不认同斯坦伯格，这种分析人士的观点是错误的、功能失调的。[2]

尽管反对的声音广泛存在，情报界及其他情报机构仍然应定期提供机遇预警。马克·洛文塔尔提供了一个成功机遇预警事例，显然来自一个分析小组：情报支持让小布什总统富有洞见地通过与利比亚领导人卡扎菲的谈判，在 2003 年中止了后者的大规模杀伤性武器计划，是一次由情报分析机构做出的成功的机遇预警。[3] 此外，也是由于美国情报对印度、巴基斯坦两国 1990 年之间战事一触即发的局势判断，促使乔治·H.W. 布什总统派遣当时的副国家安全顾问罗伯特·盖茨前往化解危机。[4]

---

[1] Steinberg, “Policymaker’s Perspective,” 95. 罗伯特·布莱克威尔（Robert Blackwill）与之观点相仿，参见 Davis, “Policymaker’s Perspective,” 11。另见 Miller, “U.S. Strategic Intelligence Forecasting,” 688; Rice, “Rethinking the National Interest,” 2。

[2] 类似观点还可参考 McLaughlin, “Serving the National Policymaker,” 83–84, 88; Kringen, “Serving the Senior Military Consumer,” 113; and Davis, “Kent- Kendall Debate,” 100。

[3] Lowenthal, *Intelligence*, 6th ed., 181.

[4] Davis, “Strategic Warning: Intelligence Support,” 180; Hersh, “On the Nuclear Edge.”

因此，预警情报历史产生了连续不同种类的表现，而非完全成功或彻底失败的二分法记录。诚如理查德·贝茨所言，很少有全盘失败的预警工作，就像突然袭击也并非全然于意料之外一样。[1]

预警情报表现的历史记录从根本上是不均衡的。未能对存在的威胁发出预警的失败显而易见，也的确得到了大量研究。但是，由于预警悖论的存在，预警的成功要么没那么明显易判，要么被当作是政策的成功，而忽视或轻视了情报工作的贡献。至于错过的机遇预警甚至无迹可寻，无法得知多少次有效机遇预警或其重要性的机会被错失。与此同时，即使是情报机构，受限于各种情报成功的机制很难识别，也很难做出详细的审查，因此，相比于对预警失误的反省，对成功的研究文献几乎是沧海一粟。

战略预警旨在揭开无解之谜

战略预警好比对国际事务的重大谜团占卜预言。至少早在 20 世纪 80 年代，美国国家情报委员会主席弗里茨·厄尔斯（Fritz Ermarth）就已经意识到，情报问题由三部分组成——**秘密**（secrets）、**拼图谜题**（puzzles），以及**无解之谜**（mysteries）。委员会的另一任主席约瑟夫·奈随后进一步推广了这一理论。[2] 在厄尔斯提出的框架下，试图窃取**秘密**属于间谍的工作，而非预警分析师的职责。

拼图谜题因为一般都存在有可知的答案，而被归入情报分析问题，尽管这些答案恐怕不易甄明。许多从事图像分析、反恐分析等专业领域的分析师就经常试图解决**拼图谜题**。例如，很难确定潜在对手部署的新导弹系统的命中精度，即量化圆概率误差（CEP），因为面前的这幅拼图多个零片不全，或部分零片可能被有意损坏、染色。又如，追踪策划袭击的恐

[1] Betts, *Enemies of Intelligence*, 19; Betts, *Surprise Attack*, 88–92.

[2] Nye, "Peering into the Future." 其他观点参见 Jones and Silberzahn, Constructing Cassandra, 29–30。

怖分子的行动很是困难，等等。分析师们可能无法解决任何特定的拼图谜题，但这样的拼图谜题是可被解决的。我们认为，战术预警通常都会涉及拼图解谜，战略预警分析师有时也难免要应对类似谜题。

长期以来最为困扰战略预警分析师的问题，始终是尚无客观答案的分析性**无解之谜**。[1] 相关的行为体可能尚未得到任命或做出关键决定，他们需要与尚未决定对其后来的决策或行动是否予以支持的政治或官僚行为体保持合作。诚如格雷戈里·特雷弗顿所言，这类谜题的对象通常是非物质性的，是关于人及其行动，对其任何预测永远取决于该行为体后来的决定，谜题因而并不存在任何确凿的答案。[2] 保罗·皮勒（Paul Pillar）则认为，如果决策者尚未决定采取行动，或相关决策过程“难以捉摸”，则该谜题无解。[3] 不可预见的事件，包括缺乏足够的准备、恶劣的天气或盟友的冷落，可能会改变曾经看似坚定的计划的时机或实现。现多以“复杂系统”指代上述由周遭事件引发的情境不确定性。[4] 特雷弗顿认为，战略预警分析的目的，（特别是第 6 章所讨论的征候与预警分析方法，）就是找到将无解之谜转化为拼图谜题的方法。[5]

无解之谜久已有之，相关研究再现了情报分析师长期以来为攻克难题或成功或失败的实践努力。例如，大量文献均记录了美国情报分析师对苏联是否会在 1979 年出兵阿富汗的辩论。[6] 喀布尔政府在此前的两年时间里早就已经处于激烈的动荡之中。期间，美国的情报界一直监控苏联的军队调拨、公开言论及其他数据，试图预判苏联会对在其看来糟糕且不断恶化的局势作何反应。诉诸武力可能改善阿富汗的政治局势，但恐将显著损害东西方关系。分析师就莫斯科是否会采取重大军事举措解决问题展开了

[1] Ford, “US Government’s Experience.”

[2] Treverton, *Intelligence for an Age of Terror*, 3, 18–19.

[3] Pillar, *Intelligence and U.S. Foreign Policy*, 7.

[4] Kerbel, “Thinking Straight,” 27–35; Jervis, *System Effects*.

[5] 格雷戈里·特雷弗顿在 2017 年 4 月 6 日与笔者二人的探讨中表达了这一观点。

[6] MacEachin, “Predicting the Soviet Invasion.”

广泛的辩论，却未就苏联接下来可能的行动达成共识。于是，尽管情报界在实时资料中持续报道了相关事件，甚至发布了三份关于1979年阿富汗局势的《警示备忘录》，这是当时传达预警事件的一种形式，然而，直至1979年12月24日苏军正式举兵，美国的情报界都没能正式“宣布”武力干涉可能发生。[1] 因此，仍有很多人认为这是一次预警失误。

权且承认失败，但是什么的失败呢？是没能搜集到苏军**秘密**计划的失败吗？还是分析师们未觉察到对方行将使用武力的指标而没能解决**拼图谜题**的失败？目前我们已经知道，苏联的高层领导们数月以来同样一直在争论接下来该如何行动，直到12月12日才最终下定决心采取武装干涉，此时，距离实际发动军事行动的时间只剩下不到两周时间。[2] 也就是说，美国的情报问题在1979年的大部分时间里都是一道**无解之谜**，直至苏共政治局最终决意军事干预的一刻，苏联人的政治决定和军事计划才成为可能被窃取的秘密，苏军的准备和部署才成为可能被解决的拼图谜题。因此，苛求情报分析师们在12月初甚至更早就向领导人做出军事进攻的预警，无疑是苛求他们对苏共政治局内部激烈辩论的最终走向做出精准判断，这是哪怕身为政治局成员都不可能做到的。不止如此，情报分析师们还得揭穿欺骗行动的本质，准确破译苏军根据最终政治决定做出的应急计划中有关军事准备的内容。[3]

明确的预警判断远不止是对正在发生的重大事件的报道，动态情报资料中通常包含的适度分析，应该对政治局成员集体的思想状态以及可能做出的最终决定予以评估。既然情报分析师们没能做到如此，当苏联向阿富汗迅速派出几支师级部队，高级情报用户们所流露的惊讶也就在情理之中了。这几支部队的确使苏联在当地的影响势力大幅扩张，但苏军仅拿出了

[1] 相关《警示备忘录》的信息，参见匿名资料“National Warning Intelligence,” 13–15。

[2] MacEachin, “Predicting the Soviet Invasion,” 27.

[3] Dailey and Parker, *Soviet Strategic Deception*.

整体武装力量中微不足道的一部分，实在不足以平息阿富汗的事态。许多分析师认为，苏联以区区几个师发动进攻的行为近乎愚蠢，这一点最终在近十年后苏联人被迫撤兵时得到了印证。1979 年，道格拉斯 · 麦凯钦（Douglas MacEachin）以战略预警参谋部负责人的身份参与了此次工作，他后来写道："分析师们得出了正确的答案，是苏联人自己搞错了。"[1] 而分析师们自己对此次失误的评价恐怕更为犀利。美国情报界分析师们借此再次重温了一个深刻的教训：大国的领袖一样会犯错，从而未能做出对其国家或自身最有利的事情。

理查德 · 贝茨对此看法略有不同，在 1998 年写的一篇文章中，他把预警挑战划为两类，并分别定义如下：

> **事实性技术预警**（*Factual-Technical* Warning）：通常具备直白而科学的特征，本质上取决于对信息的**搜集**。主要问题是侦测目标对象实时的行为。
>
> **偶然性政治预警**（*Contingent-Political* Warning）：更主观、更微妙、更不确定，本质上取决于对数据的**分析**。主要问题是解决美国可能面临的利益危机发生的方位、原因和时间。[2]

贝茨提出的偶然性政治预警与本书提出的无解之谜异曲同工。贝茨总结说，在冷战后的世界里：

> 威胁不再是单一、巨大而明确的，而可能以更为温和、朦胧的方式多方并存……即预警工作的目标对象是多重的。如此一来，很难再将古巴导弹危机或中途岛战役单纯划归为事实性技术预警案例。预警工作过去以来面临的更大挑战来自小国突发的种种偶然性政治因素，尽管这些因素在战

[1] Dailey and Parker, *Soviet Strategic Deception* 30.

[2] Betts, "Intelligence Warning," 26–35.

争时期或冷战阶段可能被认为是次要的。由此，至少应该肯定，在新的不安定地区，尤其是暴力冲突频发地区，美国应着意培植更多专业力量，在人力情报（human intelligence）方面加大投入。[1]

同样，谢尔曼·肯特在 1964 年确认了其所谓不确定性的两类划分："本身可知但我方不知道的事情，以及……任何一方都不知道的事情。"[2]

确定相关背景条件、政治文化、重要人物的关键性格特征及其他变量，能够帮助分析师对无解之谜做出合理的初步判断。决策者渴望得到有根据的情报评估，因为这类信息往往涉及重要且紧迫的问题。今时今日，战略预警关注的问题可能涉及，中国政府能否在 2025 年实现制造强国战略目标的同时保持政治稳定，或者，朝鲜是否会把对邻国或美国使用核武器的威胁付诸行动。尽管很难保证对种种无解之谜始终能够做出精准判断，但这恰恰是战略预警分析自始至终都在追求的目标。

[1] Betts, "Intelligence Warning," 26–35.

[2] Kent, "Crucial Estimate Relived," 113.

第 2 章
四则经典预警案例

本章以四则案例研究阐释战略预警蕴含的多个重要方面。前三则为未能对重大军事袭击发出预警的失败案例——1941 年纳粹德军入侵苏联和 1944 年的诺曼底登陆，均对未能准确评估局势或接收预警信息的对象国构成了存亡威胁，而以色列未能预见到的第四次中东战争不仅令本国四方骇震，甚至根本性地改变了中东政治格局。各案例的相关历史资料中一并记载了情报机构和决策高层暴露的缺陷，以及发动袭击一方的欺骗行径。袭击者显然对对手的情报机构和领导层不乏了解，有效地利用了这两个群体的偏见和弱点。相对完整的记录使案例中主要交战国情报组织的动机和行动在动态互动中有迹可循。巴顿·惠利认为，在他所研究的 1914 至 1968 年间的 70 起全面战争案例中，二战期间的两则案例是最具规模且综合程度最高的战略欺骗。[1]

在第四则案例中，美国情报界在 1990 年 10 月对南斯拉夫行将解体的预警，可谓是在战略层面做出了出色的情报分析，却未对政策造成影响。乍一看来，这无疑有违合理分析应能够提高决策水平的一贯观点。但是，

[1] Whaley, *Codeword Barbarossa*, 224.

在本案例中，乔治·H.W. 布什总统及其政府没有对这条不受待见的预警信息做出回应其实另有原因。笔者认为，鉴于政府高层理解并接受了情报信息，这仍是一次成功预警。对于这一政治性的预警和名义上的成功，我们探讨其取得的成效和存在的问题，将截然有别于分析军事性的预警失误。

本书在后续章节中还将对预警专家及受其支持的决策者在以下四则案例中遭遇的种种困境详作分析，包括探讨认知和动机偏差，在噪声中甄别相关信号的问题，情报体系的结构设置对分析和决策的影响，以及预警信息纵然准确仍可能缺乏说服力的原因等。

巴巴罗萨计划

1941 年 6 月 22 日清晨，大约 300 万来自德国及其盟友的士兵大举进攻苏联，几乎是历史上代价最为高昂的一次预警失误。苏联几近全线崩溃，其欧洲部分被德意志帝国揽入囊中。尽管苏联最终幸免于亡覆，但大部分地区惨遭摧毁，2700 万苏联人命丧于战火。尽管斯大林收到了无数条内容精准的预警信息，希特勒的险恶用心在 1941 年 6 月已经呼之欲出，然而这位苏联领袖对德军计划突袭和已有军事准备的种种有力佐证始终选择视而不见。德国人成功迷惑并骗过了斯大林，令其做出错误决策。[1] 导致苏军一时震愕于硝烟四起，竟几乎全无准备。

希特勒长期以来一直蔑视苏联社会主义，并且正如他在 1925 年首次出版的《我的奋斗》（*Mein Kampf*）一书中所写的，在他看来，苏联人手上的欧亚大陆及其得天独厚的自然资源，是德国发展壮大所需要的。1933 年掌权后，希特勒中止了德国与苏联在 20 世纪 20 年代达成的多项合作协议。1939 年 8 月，希特勒与斯大林另缔新约，以双方外长签约代

---

[1] Whaley, *Codeword Barbarossa*, 170–87.

表名之为《莫洛托夫—里宾特洛甫协定》(Molotov-Ribbentrop Accord，又称《苏德互不侵犯条约》或《苏德条约》)，将波兰一分为二，默许了苏联在波罗的海诸国和比萨拉比亚的利益，而德国则完全不必担心 1939 年 9 月 1 日入侵波兰会引起苏联人的反对。[1] 作为波兰的盟友，英法两国不得不对德宣战，却并未在 1939 年发动大规模对德战争，而是急于武装自身，并尽可能找到和平的方式来应对希特勒的野心。[2]1940 年春天，德军以横扫丹麦、挪威、荷兰、比利时乃至法国的决定性胜利结束了这场“虚假战争”(Phony War)，迫使原本驻扎在欧洲大陆的英国部队撤回本岛，临危受命的新任首相温斯顿 · 丘吉尔誓要战斗到底。

尽管在 1939 年苏德达成了瓜分战利品的协议，且苏联同意向德国提供大量食品供给及其他原材料，但双方关系依旧相当紧张。斯大林深知 1937 至 1938 年的肃反运动后，己方武装部队、情报界和外交使团尚未完全恢复元气。因此，他希望在苏联重新集结起足够自保的军事力量前，避免与德国正面冲突。斯大林叮嘱苏联官员履约满足对德国的物资供给，并下令部队无视 1940 至 1941 年间德军在苏联领空的侦察飞行，[3] 生怕惹恼了希特勒，会令其抬高价码，要求更多物资、更优条款，或对莫斯科提出任何更为过分的要求。

与此同时，在 1940 年夏秋两季对英不列颠之战（Battle of Britain）中，德军企图在军事上征服英国的努力遭受挫败，入侵不列颠群岛的“海狮行动”(Operation Sea Lion）计划失利。尽管德国没能迫使英军投降，也没能诱其退出战争，希特勒还是在 1940 年 12 月 18 日签发了第 21 号指令（Directive No. 21)，德国武装力量遂领命开始着手准备在 1941 年入

[1] Whaley, *Codeword Barbarossa*, 12–15.

[2] May, *Strange Victory*.

[3] Whaley, *Codeword Barbarossa*, 32; Bar-Joseph and McDermott, *Intelligence Success and Failure*, 68, 81.

侵苏联的巴巴罗萨计划（Plan Barbarossa）。[1] 尽管希特勒本人深谙情报之道，却从未在下达这一指令前就其计划的成功前景问询过情报机构，情报服务因此局限于为德国提供与军事行动相关的战术和行动层面的规划支持。[2] 直至后来，德国的经济分析师才指出，希特勒计划止步于乌拉尔（Urals），在西伯利亚保留可被掌控的苏军残部，这并不能彻底摧毁苏联的战争能力。即使希特勒实现了他最初的领土征服目标，苏联人仍有能力继续抵抗。[3]1941 年初的观点原本可以改变希特勒关于对苏作战的看法。

为总结这次预警失误的经验教训，必要回答三个主要问题：(一）苏联的情报对德军的入侵计划有何了解，又据此向斯大林提供了什么信息？(二）斯大林缘何未听信于情报人员，而失于做出正确的判断或采取明智的行动？（三）德方的欺骗行径何以致使苏联情报失利、政策失误？

首先，必须指出，苏联的情报机构对德国的作战计划知之甚详 [4]：苏联的境外情报机构在 20 世纪 30 年代末期搜集了大量相关信息。1942 年更名为总参谋部情报总局（GRU，格鲁乌）的苏军第四指挥部，及国家安全人民委员部（NKGB）对外行动处，也得到了不少资料。(苏联国家安全人民委员部是国家安全委员会的前身，后者还有一个更为响亮的名字，即“克格勃”。）苏联在共产国际（Comintern）和英德等国的共产主义党派内部均安插有间谍，德国的共产党后来被希特勒一手摧毁，而英国的共产党则一直恪尽职守地不断向莫斯科输送情报信息。格鲁乌在东京的高级特工理查德·佐尔格（Richard Sorge）握有德国驻日使馆的内部线报。[5] 格鲁乌和国家安全人民委员部还组成了联合行动组，活跃于西欧诸国，被德国情报界称为“红色乐团”(Rote Kapelle)。此外，设立于瑞士、成员

---

[1] Kahn, *Hitler's Spies*, 445. 参见中文版：《希特勒的间谍》，［美］戴维·卡恩著，张岭、郭牧天译，金城出版社，2021 年。——编者

[2] 同上。

[3] 同上，456–57。

[4] Dvoinykh and Tarkhova, “What Military Intelligence Reported,” 76–93.

[5] Andrew and Gordievsky, *KGB*, 175–78, 239–40, 264–65.

以反对纳粹的德军将士及政府文职官员为主的一个军事网络，也是消息灵通的信息源。[1] 在欧洲大陆之外，国家安全人民委员部同时还掌握英国政府内部多个部门的内线消息，“剑桥五杰”（Cambridge Five）[2] 就曾向苏联透露过英方对德军计划的评估分析，以及他们对苏德两方的政策态度。苏联有一个信号情报部门，接收来自驻外大使馆的报告，以及许多国家的评估和威胁警告，包括美国等中立国家，后者驻柏林大使馆从反纳粹德国官员那里得到了很多有力的情报信息。此外，苏联情报机构得知，德国内部安全薄弱，这使得许多反纳粹德国人能够向苏联和其他政府的代表报告希特勒各方面的计划，这些政府反过来又向莫斯科示警。[3]

英国政府也曾反复提醒苏联方面，希特勒意图不轨。在一封 1940 年 6 月 25 日的信函中，首相丘吉尔告诫斯大林，希特勒对权力无厌的贪念就是对英国和苏联的威胁。[4] 不过，丘吉尔的预警是基于他本人对希特勒性格的评价，并非基于任何情报报告。事实也正是如此，在那之后的数月时间里，英国联合情报委员会（JIC）对希特勒是否会进犯苏联一直存疑，这些文件被掩身于英国政府内部的苏联间谍所掌握，斯大林于是理所当然地认为，英方的所谓告诫不过是挑唆苏德开战的阴谋伎俩。[5] 然而，到了 1941 年，英国情报部门接连发布了一系列内容越来越具体的预警，其中相当一部分内容就来自于截获德国敏感通信的“超级机密”（Ultra），情报方面对德军意图的分析逐渐印证了丘吉尔此前的判断。1941 年 6 月 12 日，在苏德战争最终爆发的前十天，英国联合情报委员会向本国政府发

[1] Andrew and Mitrokhin, *Sword and Shield*, 102.

[2] 这当中的特工包括隶属于军情六处的金·费尔比（Kim Philby），供职于外交部的唐纳德·马克林（Donald Maclean）和盖伊·伯吉斯（Guy Burgess），军情五处的安东尼·布兰特（Anthony Blunt），以及先后在内阁办公室和外交部履职的约翰·凯恩克罗斯（John Cairncross）。

[3] Dippel, “Jumping to the Right Conclusion,” 213–27.

[4] Whaley, *Codeword Barbarossa*, 24.

[5] Levite, *Intelligence and Strategic Surprise*, 144.

出了正式预警——德军将不日入侵苏联。[1] 这一先见近乎于战略预警的成功。如果斯大林当时能够采信他所收到的预警信息，十天时间的备战很可能大大提高苏军的防御能力，降低战争损失。

巴顿·惠利在 1973 年归档整理了 84 个单独的案例记录，无一不显示，斯大林从包括前述消息源在内的各种渠道，都接收到明确的预警信息。[2] 而情报历史学家克里斯多夫·安德鲁（Christopher Andrew）和前克格勃间谍奥列格·戈德尔维斯基（Oleg Gordievsky）在 1990 年发现，从 1973 年后解密的资料来看，这样的预警信息实际“不下百条”。[3] 然而斯大林竟从未采纳过其中的任一。不止如此，斯大林甚至拒绝向己方总参谋长朱可夫元帅（Marshal Georgy Zhukov）和一切高级军官透露内情，哪怕后者根本无权在未得斯大林本人明确许可前下令接管戒严。[4] 尽管掌握更多自治权限的海军已在入侵前提早进入了警戒状态，但更为重要的陆军及其领导人却对德国人的进攻感到措手不及。

德国人当然明白，他们从芬兰到黑海，在苏联边境陈兵数百万的事实不可能一直不被发现。于是，他们制订了全盘的欺骗计划，诱使斯大林误解其真实军事动向，并有意毁谤他们知道的、已经泄露的准确信息，从而混淆视听。[5] 惠利总结了德军互为补充的四个说辞，与此前战略欺骗一样，希特勒亲自筹谋参与其中 ：

1. 德军在东欧的部署属于“海狮行动”入侵英国的准备工作，刻意远离英国的布防，旨在避免英军的飞行侦察和轰炸袭击。为此，德

---

[1] Ford, *Estimative Intelligence*, 49.

[2] Whaley, *Codeword Barbarossa*.

[3] Andrew and Gordievsky, *KGB*, 260.

[4] Volkogonov, *Stalin*, 372–402.

[5] Stolfi , “Barbarossa,” 195–223; Latimer, *Deception in War*, 71, 132–44; Barros and Gregor, *Double Deception*; Bar-Joseph and McDermott, *Intelligence Success and Failure*, 69–70.

军最高统帅部（OKW）须确保部队在前期要看起来像是在后方地区备战，而全无组织进攻的意思。由德国宣传部长约瑟夫·戈培尔（Joseph Goebbels）负责向媒体释放相关消息，以为辅助。

2. 德军在此区域集结是出于抵御国人担心的苏联攻击。
3. 德军在此区域集结是出于入侵巴尔干诸国的需要。1941 年 4 月、5 月间，德、意军队确实挺进巴尔干半岛，似乎佐证了东线其他部署也是出于同样目的。
4. 德军在此区域集结是出于向莫斯科施压，要求其纠正做法或做出让步。[1]

德国人采取了多种方式向外界散布欺骗性信息，包括制造谣言。其中政府授意的谣言不仅包括有意透露准确描述的攻打苏联计划，还包括假意声称在 1941 年 5 月与苏联缔结军事同盟这种完全不实，甚至近乎荒诞的报道。[2] 多起谣言由德国的安全部门纳粹党卫队保安处（SD）一手炮制。大量不准确的谣传反而中伤了反纳粹德国官员等内部消息人士的准确线报。

总而言之，德国人制造了三种类型的谣言：伪装成未经证实谣言的准确信息、虚假信息，以及可靠推测。谣言制造了大量后来被罗伯塔·沃尔斯泰特称为“噪声”的内容，德国人通过设计“噪声”掩盖真实计划的“信号”。这样一来，往往不到入侵最终发动的一刻，“信号”不会被甄别出来。唐纳德·丹尼尔（Donald Daniel）和凯瑟琳·赫比格（Katherine Herbig）称这种欺骗为“模糊性递增”（ambiguity increasing），或“A 型欺骗”。[3]

巴顿·惠利认为，在 1941 年德军发动入侵前，任何一个称职的情报

[1] Whaley, *Codeword Barbarossa*, 170–75.

[2] 同上，180–87。

[3] Latimer, *Deception in War*, 71.

分析师，如果能在当时掌握他后来收集整理到的大部分情报信息，就至少能就希特勒的真实意图做出以下五个合理假设：

1. **单边战争假说**（Unilateral war hypothesis）：希特勒将不考虑苏联的外交或军事预期，而执意发动战争。
2. **最后通牒假说**（Ultimatum hypothesis）：苏联如果拒不接受德方最后通牒的要求，则希特勒将发动战争。
3. **虚张声势假说**（Bluff hypothesis）：希特勒无意发动战争，而是以军事示威谋求苏联人更大的让步。
4. **权变应急假说**（Contingency hypothesis）：希特勒无意发动战争，而是为落实"海狮行动"，确保东境无虞。
5. **先发制人假说**（Preventive war hypothesis）：希特勒预料苏联会对德作战，而打算先下手为强。[1]

斯大林相信了其中的第二种假说。而现实则印证了第一种假说。斯大林犯下弥天大错，很大程度上可以归因于德国人的欺骗行动。并非只有他一个人这样想，全球绝大多数情报分析人士几乎都误判了希特勒的意图。甚至精明如美国驻莫斯科大使劳伦斯·斯坦哈特（Laurence Steinhardt）和《纽约时报》的记者们也附和了斯大林的观点。[2] 事实上，在1941年初，有广泛证据都与最后通牒假说相当吻合，这也意味着斯大林的判断看起来更为合理。至于以丘吉尔为代表的准确预判到德军行动的人，他们当中大多也不过是基于多年来对希特勒本人性格的认识，而并非是从直接关乎德军入侵计划和军事准备的情报数据中得出结论。对此，英国高级外交官罗伯特·范西塔特（Robert Vansittart）赞同丘吉尔的观点，他这样解释自己与官僚机构的判断分

[1] Whaley, *Codeword Barbarossa*, 223.
[2] 同上，180。

歧："预言很大程度上取决于洞察力。在我看来，情报机构不免缺乏洞察力，当然，在他们看来，也可能是我过于依赖洞察力。但答案是我更了解德国人。"[1]

斯大林本人的偏见和顾虑也影响了他对希特勒真实意图的准确判断，这一点被德国人抓住，并在欺骗行动中巧为利用。[2] 后来的情报理论学家将之归纳为思维定势和认知偏见。[3] 例如，斯大林对阴谋论笃信不疑，而根据克里斯多夫·安德鲁和奥列格·戈德尔维斯基的观点，他尤其耽溺于三点：(一) 基于马列主义的信仰，认为资本主义与社会主义之冲突不可避免，英国人的预警是要挑唆苏联与德国开战，从而借他人之手摧毁苏联社会主义；(二) 认为希特勒会向苏联发出最后通牒；(三) 认为德国前线将帅过分"陶醉"于 1939 年和 1940 年来凯歌高奏的战场局势，因而才擅自做出挑衅之举。[4] 惠利认为，德国人也许在最开始并没有计划制造"最后通牒"的谣言，但当他们意识到斯大林可能很容易上钩时，就干脆如法炮制了一起。[5]

此外，斯大林还饱受自己一手制造的其他情绪和制度问题的困扰。他几乎不信任任何人，包括麾下的情报人员，而在 1937 至 1938 年肃反运动中险些被他完全葬送的海外情报机构，时至 1941 年，尚未恢复元气。[6] 同时，他被很多人当作是偏执狂，虽然他所有的忧虑并非都是空穴来风。斯大林有过敌人，但他的恐惧未免杯弓蛇影。[7] 他不信任己方情报机构的德国线人，即便他了解对方的身份和背景。他还经常对情报官员或内线消

---

[1] Watt, "British Intelligence," 268.

[2] Bar-Joseph and McDermott, *Intelligence Success and Failure*, 74–83.

[3] Heuer, *Psychology of Intelligence Analysis*.

[4] Andrew and Gordievsky, *KGB*, 267–69.

[5] Whaley, *Codeword Barbarossa*, 180.

[6] Haslam, *Near and Distant Neighbors*, 85–88.

[7] 同上, 84; Bar-Joseph and McDermott, *Intelligence Success and Failure*, 88–90。

息人士出言不逊，仅仅是因为对方报告的信息令他不快。[1] 就在战争爆发前不久，他还在告诫内务人民委员部（NKVD）的外国情报行动负责人帕维尔·米哈伊洛维奇·菲京（Pavel Mikhailovich Fitin）："除了威廉·皮克（Wilhelm Pieck，因是共产党员而为斯大林青睐）之外的一切德国人都不可委以信任。"恪守本分的菲京对此表示遵从。[2] 斯大林难以相信德国人会在苏联重整旗鼓之前就率先发动进攻，他原以为这一切要等到 1943 年才会发生。克里斯多夫·安德鲁和瓦西里·米特罗欣（Vasili Mitrokhin）二人认为，斯大林更相信希特勒，而不是丘吉尔。并且，与惠利观点一致，他二人也认为是德国人察觉了斯大林的顾虑，并通过精心散布的信息，强化了斯大林对丘吉尔的怀疑。[3]

霸王行动

1943 年，德国的情报机构和希特勒遭遇了严峻的预警困境。西方同盟国此前就承诺要开辟第二条战线，以缓解苏联对德作战的压力。而到了这时，英、美、加三国集结在不列颠群岛的军事力量已呈明显上升之势。德军情报机构和希特勒本人都十分清楚，了解盟军向欧洲西北部的进军计划尤为关键，遂对此问题投入了大量研究。德方的情报机构包括统领陆海空三军军事搜集与分析机构的国防军情报局（Abwehr，阿勃韦尔，反间谍军事情报机关），以及最终统领"盖世太保"秘密警察和纳粹党卫队保安处等政府安全警察组织的帝国中央安全局（RSHA）。[4] 二者都肩负对外情报职责。

---

[1] Andrew and Mitrokhin, *Sword and Shield*, 93.

[2] Andrew and Gordievsky, *KGB*, 265.

[3] Andrew and Mitrokhin, *Sword and Shield*, 91, 93.

[4] Kahn, *Hitler's Spies*, 6. 德国国防军情报局"阿勃韦尔"的早期发展简史，参见 Whaley, "Covert Rearmament in Germany," 3–39。

德国当时的政治及军事核心由希特勒和部分高级军事将领组成。除希特勒的众多其他头衔，他本人还是负责重大军事决策的三军主帅。其他高级将领则包括，最高统帅部（OKW）陆军元帅威廉·凯特尔（Wilhelm Keitel）和阿尔弗雷德·约德尔（Alfred Jodl），西线总司令陆军元帅格尔德·冯·伦德施泰特（Gerd von Rundstedt），B 集团军群（下辖驻法国北部和比利时的第 15 集团军和包括诺曼底在内的驻法国西北部第 7 集团军）司令官陆军元帅埃尔温·隆美尔（Erwin Rommel）。而为此核心提供军情支持的情报分析组织则包括，由阿历克斯·巴龙·冯·罗恩纳（Alexis Freiherr von Rönne）上校领衔、总部设在柏林以南的措森镇的国防军西线外军处（Foreign Armies West），以及由弗里德里希－阿道夫·克鲁马赫（Friedrich-Adolph Krummacher）上校领衔、隶属于最高统帅部的情报团队。[1]

情报工作于当时的德国高层而言，不可不谓熟稔。伦德施泰特和隆美尔都是经验老道的军队指挥官，而希特勒在此前的许多场合都曾卓见成效地施展过他的情报手腕。[2] 希特勒对情报搜集部门带来的消息表现得如饥似渴，麾下的情报分析部门则以讨他欢心的评估报告竞相邀宠。[3] 德国人当然了解出其不意的重要性，他们研究了对手过去的行动，盟军此前就曾在登陆西西里等军事行动中成功实施了欺骗，而这次，德国人认为，盟军很可能再次发动突袭。用海军元帅卡尔·邓尼茨（Karl Dönitz）的话来说，对手“在竭力掩饰自己的主要目标，意图尽可能攻吾之不备”[4]。因此，从 1943 年末开始，德军的情报工作目标就是突破盟军的保密和欺骗手段，破解其真实计划，警示高层及时做好有效的固定防御准备，充分调遣战略

---

[1] Kahn, *Hitler's Spies*, 486–87.

[2] 同上, 537–38; Whaley, *Codeword Barbarossa*; Whaley, “Covert Rearmament in Germany”。

[3] Geyer, “National Socialist Germany,” 310–46.

[4] Kahn, *Hitler's Spies*, 488.

储备力量，趁盟军在欧洲大陆稳住阵脚之前快速予以反击。若盟军一旦登陆成功并开辟第二条战线，对德军将造成毁灭性打击；而德军如能在海滩上就击溃盟军的登陆部队，对对手的打击也是近乎毁灭性的。鉴于行动可能的规模和重要意义，此次情报工作要回答的确是战略预警问题无疑。关键情报问题是，盟军将在何地、何时，以多少兵力发起这一攻势？[1]

为确定盟军的意图，德军动用了几乎全部情报搜集手段：位于葡萄牙、瑞士、瑞典等敌对国或重要中立国的人力资产；海军信号情报机构使用的信号情报，从 1935 年就破译并读取英国皇家海军加密通信；驻外使馆的外交搜集；以英格兰东南部为重点的空中侦察；与轴心国盟友意大利、日本互通有无；对英国广播公司、报纸等公开媒体信息密切监控；在本土加紧审讯抵抗运动中与盟军特种部队暗通消息的法国战俘。[2]

到 1944 年春天，德国的情报部门已经准确判断到盟军基本完成了备战。情报人员警示本方高层，对手随时可能发动攻势，但再难预警更为精准的时间。[3] 从作战序列（OB）来看，集结在英格兰的武装力量足够实施两次登陆作战，德方对此的估计是，对手会首先采取牵制性佯攻，将德军的预备军力调离主要攻击目标，然后才会正面发动进攻。德国的情报部门和高层双双认为，盟军会选择在距离更近的欧洲西北部登陆，即法国、比利时或荷兰的沿海地区，因为这将更便于以英国从大后方向前线及时补给，而驻扎在英格兰东南部的空军力量也随时能策应进攻。然而，德国人仍然无法确定确切的攻击方位或时间。

德军一直受此"方位"问题困扰，直到希特勒最终断定，盟军将以加莱海峡为目标，也就是加莱城附近法国北部和比利时最接近英格兰的沿海地区。希特勒遂于 1943 年 11 月 3 日签发第 51 号指令（Directive No.

[1] Hughes-Wilson, *Military Intelligence Blunders*, 16–37.

[2] Kahn, *Hitler's Spies*, 507.

[3] 同上，506, 508–10。

51），要求全军照此预期做好防御准备。[1] 他笃信，盟军会顶着德军强大的防御压力而坚持选择在尽量靠近英格兰的地点实施登陆，一方面尽量缩短部队在开阔水域的行驶距离，另一方面，从英格兰东南部起飞的飞机飞行时间将比其他可能的着陆点更短，停靠时间也会相应增加，周转时间也会更短。因此，盟军空军可以向德国目标投放更多弹药。德国军方其他高层的想法与之类似。于是，军政高层早早就做出了自己的情报分析，并达成了共识。而情报官员迟至后来，才附和了这一判断。

1944 年最初的几个月很快过去，希特勒的判断似乎没什么问题。德军派驻英国的情报特工和信号情报人员在英国东南部发现了盟军新的大型编队——“第 1 集团军群”（FUSAG），据悉就是登陆加莱海峡的主力。而另一小支率先从英格兰南部出港向诺曼底进发的兵力，则肩负着混淆焦点的任务。空中侦察、新闻报道和无线电广播也纷纷印证了搜集的信号情报和更为隐秘的人力情报（HUMINT）。德国人还悉心观察了盟军的侦察活动并研究了对手以往的空袭模式。盟军对加莱地区及通往该区域的铁路沿线实施了大规模空袭，让德国人进一步肯定了自己的判断，他们不相信对手会把如此大手笔的军事投入浪费于佯攻。[2] 此外，德军的 V-1 巡航导弹就部署在加莱海峡，随时可能开火，目标直指英国。希特勒有理由相信，这也必然是盟军要力图阻止发生的。1944 年 5 月和 6 月上旬，情报官员逐渐认同了希特勒的判断，独立来源的多方证据似乎都指向了同一方向。罗恩纳因此在 6 月 6 日诺曼底登陆刚刚发起时就断言，第二轮进攻必会紧随其后。[3]

德国人明白，即使是旨在转移注意力的进攻也可能是危险的。在盟军登陆后，伦德施泰特旋即命令自己的战略预备部队以两个步兵师团向诺曼底第 7 集团军增援。但希特勒拒绝了伦德施泰特再增派一个装甲师的要

---

[1] Kahn, *Hitler's Spies*, 489。

[2] 同上，497–98.

[3] 同上，514–15。

求，而是把第 15 集团军全军及战略预备部队的大部分兵力集中于保卫加莱，准备抵御接下来的主攻。

然而，不论是加莱海峡，或是其他任何地方，再没有等来盟军的第二次登陆——一切按照盟军的欺骗计划如期上演，[1] 甚至直到 1944 年秋天，在得知所谓军群名义上的指挥官乔治·巴顿（George Patton）中将因与军方高层发生口角而被“降职”至诺曼底的美国第 3 集团军之后，德国人还在为不存在的“第 1 集团军群”忧心忡忡。碍于希特勒的坚持，德军直到 7 月下旬才开始将集结在加莱海峡的师团分散派往诺曼底。[2] 而彼时，随着登陆部队规模不断扩大，盟军最终抢滩成功，并开始向德国本土挺进。外界普遍认为，盟军的此次欺骗行动确保了他们能在最开始成功上岸，为滩头阵地争取了额外的安全空间，确保了登陆行动的成功，乃至整个战局的胜利。

因此，核心问题是，为什么德军的专业情报官员和老谋深算的军政高层竟至于被完全蒙在鼓里？为什么他们对对手并非意料之外的行骗细节如此失察？

我们不妨首先来了解一下德军的情报实力：情报工作至少可以说是称职的。[3] 显见，希特勒是理解情报工作原则的，在此前，他还富有想象力地成功策划了对苏联的欺骗行动。[4] 德军 1940 年的情报工作和作战计划相得益彰，接连攻下法国和挪威。[5] 德国情报不但拥有相当规模的搜集资产与情报人员，且后者充分了解对独立来源的各渠道情报采取谨慎分析是何等重要，可谓是深谙谍报与反谍报之道。他们知道，盟军一直在试图瞒天过海，而对手的欺骗行为此前的确曾在西西里奏效过。盟军在备战诺曼

[1] Smith, “Overlord/Bodyguard,” 550–68.

[2] Kahn, *Hitler's Spies*, 517.

[3] Cubbage, “German Misapprehensions.”

[4] 同上，494, 537–38; Hesketh, *Fortitude*, 10。

[5] May, *Strange Victory*, 348, 368–70, 456–58; Claasen, “German Invasion of Norway,” 114–35.

底期间，又通过无线电通信释放了不少假消息，比如，虚构了一支驻扎在苏格兰、将对挪威实施打击的“英国第 4 集团军”(British Fourth Army)。但德军情报人员识破了陷阱，并未上钩。[1] 情报人员甚至正确推断出，盟军会将大陆对岸参与抵抗运动的战士招至帐下，于是动用了纳粹党卫队保安处的力量破译了英国广播公司的加密播送信息，并掌握了进攻发动的时间。只不过当德国信号情报团队将截获的信息上报至诺曼底的一位守军指挥官时，后者并未向属下士兵发出警示。[2]

然而，德国的情报部门及赖其支持的高层最终还是没能幸免于分析性失误，这些失误虽非罕见，但也反映了德国独特的领导和制度背景。第一个问题是希特勒认为自己才是首席情报分析官，并明确流露出情报报告和评估应吻合其判断的期许，导致麾下部属只提供他所期待的情报内容以为逢迎。[3] 希特勒以言语辱骂和调离原职解决试图进谏的部属，借此清楚地表达他想要什么，而他也基本能如愿以偿。他试图将自己代入盟军决策者的角色，把这种靠“镜像思维”得出的一己之见作为分析判断的依据。[4] 他尤其关注他本人所钦佩的盟军指挥官的动向，认为盟军上下必亦唯其马首是瞻。除此之外，还有冯 · 罗恩纳上校有意为之的估算偏差。鉴于希特勒早前对东线的苏军兵力估计不足，恐其在西线重蹈覆辙，因此，当罗恩纳上校收到美、加军队抵达英国和英军组建新编队的报告时，他在此前对盟军军力的估计数字上做了叠加，从而充分夸大了德国对盟军作战序列的估算，两次登陆由此看来确有其事。[5] 此外，德军内部的官僚争斗也相当紧张，就在盟军发起登陆的进攻前夕，1944 年 6 月 1 日，国防军情报局阿勃韦尔被对头死敌帝国中央安全局吞并重组。

---

[1] Kahn, *Hitler's Spies*, 501–2, 504–5, 510.

[2] 同上，513。

[3] Kahn, *Hitler's Spies*, 538。

[4] 同上，506。

[5] 同上，495–96。休斯 – 威尔逊（Hughes-Wilson）认为罗恩纳当时的战斗序列估算比之戴维 · 卡恩的推测甚至有过之而无不及，参见 *Military Intelligence Blunders*, 31。

盟军的表现，特别是英国人的努力，让德国人在欺骗行动中越陷越深。这次异常成功的欺骗行动在情报史上书写了光彩夺目的一页。德军的情报机构和希特勒本人都对盟军将以加莱地区作为进军西欧的主攻目标深信不疑，驻扎在距离实际登陆区域东北方向 160 英里处的师团，和法国西南部波尔多地区的一个装甲师，在 9 月以前一直保持原地警戒待命。而盟军则趁此喘息之机在诺曼底站稳了脚跟。事实上，盟军只是在主要登陆地点这一个问题上动了手脚，但仅凭此一点，已经足以成功欺骗并实现登陆。这一类型的欺骗通常被归为“误导性变体”或“M 型欺骗”[1]。

英国人较为完整地保留了当时的记录，比如“超级机密”截获的情报就曾告诉英国人，德国情报官员与指挥官对刻意营造的信息作何反应。此外，德军也留下了大量文献记载，以及战后对被俘德军指挥官员、情报官员的采访记录等等。[2] 从中不难发现英国人如何实现了这一壮举，以及德军情报官员又是如何对已有信息做出严重失准的评估。

英国早年的反情报行动为 1944 年的骗局的成功夯实了基础。德国在战前安插在英国的双面间谍曾一度掌舵英国国家安全局（MI5，又称军情五处）的工作。二战爆发后，其他政府情报机构迅速组建双十字委员会（Twenty Committee，也作 XX Committee 或 Double Cross Committee），对德国部署的人力情报网络采取反制。到 1942 年，英国政府已经不仅基本清除了本国领土范围内的敌方间谍，还将其中很多人化为己用。[3] 这一阶段性成就也让英国人意识到，在进攻作战时对德军实施欺骗行动大有机会。但是，英国高层依然耐心等待局势慢慢回潮，直到 1943 年方才授权双十字委员会，着手于以欺骗手段为盟军大举挺进欧洲西北部提供辅助。双十字委员会遂与新晋成立的伦敦控制部（London Controlling Section，盟军的战略欺骗研策部门）联手，潜心策划欺敌行动。

---

[1] Latimer, Deception in War, 71; Daniel and Herbig, *Strategic Military Deception*, 5–7.

[2] Bell, " 'Die deutsche Spionage ist auf Zack,' " 49–59.

[3] Masterman, *Double-Cross System*; Hesketh, Fortitude.

在 1943 年 11 月德黑兰会议期间，丘吉尔曾对斯大林说："真相在战时何其宝贵，需要谎言做保镖时刻护卫其左右。"[1] 英国由此制订了辐射全球的欺骗计划，即"保镖行动"（Operation Bodyguard）。1944 年年中，该行动发起了一系列欺骗行动，包括对地中海等区域其他盟友的军事活动予以支持。[2] 当然，"保镖行动"的最杰出功勋是以"坚韧南方行动"（Operation Fortitude South）保障了盟军顺利突破诺曼底，挺进欧洲。

情报团队的履职能力，"超级机密"的窃敌成果，再加上盟友的协助和相当的运气，英国人几乎无往不利。虽然在德国的情报记录中，他们犯了一些错误，但在英国人看来，对手是足够称职的，不少英国人甚至认为，除了阿勃韦尔等少数机构，德国的情报工作相当值得肯定。[3] 英国人因此从未敢小觑对手，生怕错行一步都会让欺骗计划全盘落空。也就是说，在双十字委员会和后来的伦敦控制部策划的欺骗行动中，运用了情报分析间谍技术，在英国人看来，德国的情报机构对此也是知情的。

英国人对目标受众苦心剖析。后来，牛津大学史学教授的休 · 特弗雷 – 罗珀（Hugh Trevor-Roper）等人将德国的情报机构、军事行动机构，乃至自视为高级情报分析师的希特勒本人都列入研究范畴。[4] 根据他们认为的目标的个性特征、政策偏好、对情报分析的"思维定势和认知偏见"，制定了欺骗策略。[5] 譬如，让德军误以为登陆作战将在加莱地区和挪威发生的关键因素就是无中生有的"美国第 1 集团军群"和"英国第 4 集团军"，英方为此分别"任命"了希特勒敬重的巴顿中将和此前曾在驻柏林国防武官任期内与希特勒打过交道的索恩（F. A. N. Thorne）中将率队领

---

[1] McIntyre, *Double Cross*, 3.

[2] McIntyre, *Operation Mincemeat*.

[3] Hesketh, *Fortitude*, 10; Masterman, *Double-Cross System*, 109, 112, 146, 187–89.

[4] Hesketh, *Fortitude*, 4; Kahn, *Hitler's Spies*, 486.

[5] 关于欺骗与反欺骗的探讨，参见 Bennett and Waltz, "Toward a Counterdeception Tradecraft"。

军。[1] 双十字委员会行动人员艾文·蒙塔古（Ewen Montagu）如是形容英方如何使欺骗信息与行骗的目标受众相互匹配：

> 这是耗费巨大时间、精力的工作，同时也趣味盎然。好比是设计好一整套纵横填字游戏和智力拼图的混合体，然后看对方何时能破解线索，把碎片拼凑成功。区别于以往的是，对手这一次如若成功，奖励将悉归我方所有。因为我们对阿勃韦尔的工作效率并不抱持任何幻想，所以必须确保谜题不至于太难解开。[2]

按德国人的要求，无论是常规的情报分析，还是他们认为仍在为其效力的特工，都只得针对提出的问题作答，而不得随意提供个人其他见解。[3] 掌握了对方这一情报操作流程的英国人顺势为之，奉上了指向定向结论的信息。在“超级机密”破译了包括情报机构在内的大部分德国政府部门使用的恩尼格玛密码机后，英国人通过监控德国通信，密切研究德方如何看待“为其效力”的人力情报资产的报告。英国人通过向他们已知深受德方信赖的特工释放显著相关的情报信息，使德方彼此独立的消息渠道的情报能够整合。即使这其中的多数渠道并不为英方掌控，英国人仍可以借助“超级机密”，随时根据德国人对情报搜集资产整体的采信程度，调整向外释放的欺骗信息。

盟军在欺骗行动中提供的数据，覆盖了情报分析师引以为据的所有情报来源：受德军掌控的特工如实提供的情报报告中星罗散布的欺骗信息；子虚乌有的军队编组间，通信兵利用军用无线电装置的军事通信；为德军航拍侦察精心布置的空军飞机和海军登陆艇模型；英国本土和国际媒体报道中的新闻创作；身着英美两国作战服、佩戴假臂章的所谓“美国第1

[1] Hesketh, *Fortitude*, 72–74; Hughes-Wilson, *Military Intelligence Blunders*, 25.

[2] Montagu, *Beyond Top Secret U*, 60.

[3] Masterman, *Double-Cross System*, 112.

集团军群”……由相互独立的情报报告构成的权威性信息来源，即便是能力过人的情报分析师，也往往求之不得。而英国人相信，对手能够从种种零散的信息中推导出想要的信息，并且还相信，相较于从明确的信息中直接获知盟军计划，德国人恐怕更信赖他们自己通过分析判断得到的结论。[1]

诚然，英国人后来发现，对方的分析师错失了不少他们拱手奉上的线索，反倒是在双十字委员会看来不甚重要的信息上投入了极大的热忱。[2]不过，从“超级机密”斩获的信息，战后对德国战犯的问询，及缴获的文件资料来看，德国人果然没有深究，就匆匆得出了英方唯一期待的错误结果——对登陆地点的错判。[3]

此次欺骗行动主要由一批出色的组织和男性负责落实，辅助保障团队也有少数女性参与其中，部分女性以双重间谍身份加入行动。整个执行团队很少见到专业情报面孔或隶属其他部门的政府人员。在攸关国家存亡的危急关头，执行团队网罗学者、律师、诗人、业余魔术表演者等不同身份背景的人共同为国效力，向双十字委员会和伦敦控制部提供智力支援，将充满创造性的想象力转化为强大的战斗力，并赢得了盟军参谋官和丘吉尔首相等一干政治领袖的信任。[4]他们的行事方式独特，有别于惯常的政府官员。本书将在第 8 章中继续探讨成功的战略预警人员和欺骗者的性格特征。

巴德尔行动：第四次中东战争

1973 年 10 月 6 日，埃及和叙利亚的武装部队对以色列突然发难，令

[1] Handel, *Military Deception*, 25.

[2] Bell, “Toward a Theory of Deception,” 244–79.

[3] Hesketh, *Fortitude*, 174–90, 351–60; Masterman, *Double-Cross System*; 83–84.

[4] Hughes-Wilson, *Military Intelligence Blunders*, 18.

以国大惊失色。一向以提供准确及时的战略预警见长的情报机构，此次竟有负众望。尽管阿拉伯人最终在军事层面输掉了战争，但仍然重创对手，并一举改变了中东的政治气候。埃及人迫使以色列人重启外交对话，最终于 1979 年签署《埃以和约》（Egypt-Israel Peace Treaty），己方的政治、军事诉求至此基本得偿所愿。以下，笔者将浅析以色列的预警如何失误，埃及的欺骗行动如何误使对手预警出错，以及这次的失败教训对战略预警有何启迪。

这场战争源起 1967 年 6 月以军大破埃及、叙利亚、约旦三国军队，横扫一众阿拉伯国家小型特遣队，以色列国防军（IDF）遂占领埃及西奈半岛、叙利亚戈兰高地，东耶路撒冷和约旦河西岸原属于约旦的领土亦悉归以方所有。[1] 当以色列人为压倒性的胜利而欢欣鼓舞时，阿拉伯世界，特别是埃及，却陷入了重重困境：惨败之后，如何重树国家威严，重拾军队信心，重新收复失地？此番损兵折将，令埃方军事实力大为削弱。而刚刚得胜回朝的以色列人又岂肯就到手的战略要地做出谈判让步？在随后的 1969 至 1970 年，埃及与以色列又卷入了消耗战（War of Attrition）中，两方在苏伊士运河隔岸开炮对轰，彼此展开空袭，但埃及人并未从中讨得任何便宜。[2]1970 年 9 月 28 日，埃及总统迦玛尔·阿卜杜尔·纳赛尔（Gamal Abdel Nasser）暴亡。

接替纳赛尔的埃及新总统安瓦尔·萨达特（Anwar el-Sadat）系武官出身，执政基础极为薄弱，上台之初就面临严峻考验。[3] 到了 1972 年，国内压力与日俱增——政治上未能收复西奈，经济上因无限期关闭苏伊士运河，加之失去了西奈的油田，发展几乎停滞。与此同时，阿拉伯国家的捐助者们则早已厌倦了长久以来僵持不下的政治局势，不愿再无止境地继续贴补埃及。为突破内忧外困之境，萨达特于 1972 年 10 月 28 日向军队

[1] Bar-Joseph and McDermott, *Intelligence Success and Failure*, 188–91.
[2] Adamsky and Bar- Joseph, " 'Russians Are Not Coming,' " 1–25.
[3] Sadat, *In Search of Identity*.

高层授意，决定对以色列采取军事行动。[1] 面对不容乐观的现实处境，萨达特只有两个选择：一则，重回消耗战的老路；二则，发动局部战争打破埃以外交僵局，为以方归还所占阿拉伯领土创造谈判条件。[2] 鉴于消耗战代价高昂而效率低下，第一个选项很快被排除。而考虑到埃军的弱势和局限，以及与以军的实力差距，萨达特和为推行计划而刚刚任命的军事领导层将竭力发掘对手的短板，尽可能避免将己方直接暴露于强大的以色列国防军面前。[3] 萨达特随后又说服叙利亚加入其中，作为策应。

埃及的首要任务是确定以色列的优势和可为本方利用的国家层面的短板（不只是军事短板）。艾哈迈德·伊斯梅尔·阿里（Ahmed Ismail Ali，后来第四次中东战争的陆军总指挥）将军受命制定军事方案。据他判断，以色列具备空中力量优势，且能够从美国获得即时而充分的援助，但对手仍有四个显著的战略性弱点，可为他在作战和欺骗计划中利用：

1. 从以色列本土到苏伊士运河沿岸的漫长通信线路（补给线路）——此为军事考量；
2. 无力承受过久的持续作战——国家经济因素导致以色列严重依赖动员以工人阶层为主的预备役力量；
3. 无意承受过大的生命损失——国家政治因素；
4. “以色列人深入骨髓的自矜”——认知、情感、文化层面的困扰，这也是当中最为致命的因素。1967 年的旗开得胜，令不少执政高层以及以色列国防军在 1973 年低估了埃及人的实力。[4]

---

[1] Heikal, *Road to Ramadan*, 208–10; Asher, *Egyptian Strategy*, 51–52.

[2] Badri, Magdoub, and Zohdy, *Ramadan War*, 1973, 17.

[3] 同上，15–22。

[4] Badri, Magdoub, and Zohdy, *Ramadan War*, 19。另见 Shalev, *Israel's Intelligence Assessment*, 26, 32, 54–55。

埃及人须得面对以色列众所周知且超群出众的国家安全策略，迎难而上，制定出自己的政治、军事策略。首先，以色列旨在成为比其潜在的阿拉伯对手的常规武装力量总和更强大的存在。其次，以色列人威胁将对任何来自阿拉伯国家的武力挑衅采取大规模报复，由此产生了相当的威慑力。再次，以色列人拥有在当时看来极为出色的情报力量作为保障，具备充足的预警时间，动员大部分的后备役武装力量。以色列人认为，鉴于本国国防军部队结构、该国的小规模、动员程序以及可能的阿拉伯威胁，48至72小时提前预警，即可确保迅速有效地击退来自任何方向的重点进攻。萨达特相信，只要让以色列人在上述方面失误，就能迫使其调整外交立场，从而左右战争的政治后果。而这正是他的主要目标。

萨达特的局部战争策略就是要善用己方有限的的军事资产打击以方短板，进而实现目标。埃及人一直坚持，必须对以色列空军（IAF）基地实施打击，方能破坏其空中力量。但苏联方面并未给1967年元气大伤的埃及空军提供更多战斗补给，在1973年10月以前，也仅是援助了数量不多的远程飞毛腿导弹。缺乏纵深打击能力的埃及人遂决定依靠突袭，先攻克前以色列国防军参谋长哈伊姆·巴列夫（Haim Bar Lev）建造的巴列夫防线（Bar Lev Line，以色列国防军自1967年以来沿苏伊士运河修筑的碉堡工事）进入西奈，再向前推进八至十公里，然后掘壕固守，抵御以色列国防军的反扑。[1]运河的东岸埃军将依靠苏联在1967年战后援助的两类武器——AT-3“萨格尔”（Sagger）单兵便携式反坦克导弹抵御以色列的坦克，和发射装置部署在西岸的SA-2、SA-3、SA-6防空导弹系统，可以保护部队在西奈半岛达成浅近的突破。有新型武器傍身，埃及人计划给以色列的空中和地面力量放放血，尽量拖长战线，直戳对手的两大痛点。若能经受住以军的反扑，无疑将为归还西奈半岛的谈判奠下良基。而在此之前，除了要直面对岸守军的防御火力，河道的纵深、湍急的水流、陡峭的

[1] Bar-Joseph, *Angel*, 155.

崖壁也提高了埃军横渡运河的技术难度。而成功渡河，再成功御敌，不仅会极大地恢复民族自尊，还会以骁勇善战的阿拉伯斗士形象回敬以色列人的轻蔑。

萨达特将这一计划概述为“一场局部的全面战争”[1]。本质上，萨达特是计划以名义上的战术“防御性”武器主动进犯，进而追求具有战略意义的重要目标。这一富于创意的设计全然出乎对手意料。当是时，以色列军事情报人员和政治高层对阿以冲突的印象，还框限在 1956 年和 1967 年的坦克大战阶段。

埃方的欺骗策略是在标准的欺骗手段上稍加变化，增加对方的防范难度。具体说，就是让以色列人对埃及军事活动水平和节奏的认知产生一种“新的常态”，一旦以方警惕销钝，就很难觉察到埃军实则在为袭击行动进行最后的备战。[2] 据某参与了对以作战规划的将军透露，埃军曾多次组织演习和局部动员，甚至仅 1973 年内的军事动员就多达 22 次。[3] 是年 9 月下旬启动的最后一轮“演习”事实上完成了埃军的全部作战准备。将突然袭击伪装成军事演练，埃及人可谓在苏联情报“伪装”原则的启发下又得精进。[4] 整番欺骗计划设计合理，且执行到位，最后的成效在以色列人的震愕中可见一斑。[5] 按唐纳德·丹尼尔和凯瑟琳·赫比格的归类总结，该计划与德国当年的“巴巴罗萨计划”同属于“模糊性递增”，即“A 型欺骗”。[6]

在以色列当时的情报体制下，以色列军事情报局（希伯来语首字母缩写为 AMAN，阿曼）既是情报搜集机构，也是以政府主要的统筹性情报

---

[1] Asher, *Egyptian Strategy*, 10.

[2] Sheffy, “Overcoming Strategic Weakness,” 809–28.

[3] Asher, Egyptian Strategy, 92–93; Shazly, *Crossing of the Suez*, 206–7.

[4] 埃及在 1973 年对苏联情报原则所做的适配性改编，参见 Asher, *Egyptian Strategy*。

[5] 以方的评估可作为补充参考。另见 Handel, *Perception, Deception and Surprise*。

[6] Latimer, *Deception in War*, 71.

分析机构。[1] 以色列情报特务局（Mossad，摩萨德）作为非官方的对外情报机构，主要从事情报搜集工作。以色列外交部没有单独的分析团队。因此，由阿曼的分析团队即研究处，与空军等部队军事情报机构配合，并负责向以色列国防军高级指挥官和国内政治高层提供军事威胁的预警。1973 年，阿曼研究处麾下在册人数逾 400 人，其中 185 人拥有军官职位，包括职业军官约百人，义务兵役军官 50 人，国防军文职雇员 30 人等。[2]

阿曼监控包括埃军演习在内的埃及和叙利亚两国动向，在 1973 年累计发出战略威胁预警至少 11 次，指出阿拉伯军队的活动并非出于训练或防御目的。[3] 在 1973 年 4 月和 5 月间，以色列情报机构就埃及和叙利亚的军事活动发出示警，以色列国防军在 1973 年第三次组织动员，但埃、叙两国始终按兵不动。由此引起的"狼来了综合征"削弱了后来的情报预警力度，高层们不再轻易听信类似的预警。[4]1973 年 10 月 5 日，就在埃及人发起袭击的前一天，以色列军事情报局局长（DMI）伊莱·泽拉（Eli Zeira）还向总理果尔达·梅厄（Golda Meir）汇报，自 9 月底、10 月初以来的观察发现，阿拉伯军队活动确有不断增加之势，大抵是慑于以色列国防军的威力而做出的防御努力，并无主动进犯之虞，况且阿拉伯方面空军力量不济，也不太可能发起恶性袭击。[5]

泽拉并不认为阿拉伯人会主动出击，原因是多方面的：首先，以色列驻埃及人力情报人员尚未发回任何战争预警。泽拉笃信现有的驻外情报部署足够获得及时预警，确保部队有时间调兵遣将。而以色列的情报力量的确不凡，就在 10 月 5 日当天，战争打响前，摩萨德最得力干将阿什拉

[1] 以色列当时的情报界总况，参见 Shalev, *Israel's Intelligence Assessment*, 1–13; Doron, "Israeli Intelligence," 305–19; Kahana, "Early Warning versus Concept," 81; Hershkovitz, " 'Three- Story Building,' " 765–84。

[2] Shalev, *Israel's Intelligence Assessment*, 5–6.

[3] Bar-Joseph, "Israel's 1973 Intelligence Failure," 12.

[4] Betts, *Enemies of Intelligence*, 36.

[5] Bar-Joseph, "Israel's 1973 Intelligence Failure," 12.

夫 · 马尔万（Ashraf Marwan，后被证实是埃及前总统纳赛尔的女婿）掌握并发出了战事警告。[1] 除了杰出的人力情报，一条“秘密情报搜集渠道”也是泽拉的信心来源，很明显，以色列人在 1973 年初就掌握了埃及的机要通信线，足以从中得到确凿的预警信息。可惜阿曼并未提前料到大战将即，该渠道因此一直未曾启用。[2]

其次，以色列的情报源早前曾向阿曼提供了埃及于 1967 年战败后不久制定的整体军事方案。该方案在 1972 年底萨达特废旧立新前，确被埃及确立为战争计划。方案中，埃军计划借助苏联的力量重建空军，采取传统武力征服手段击退以军，夺回西奈，内容符合常规军事思路。然而，鉴于苏联人拒绝更换埃及的空中力量，援埃的飞毛腿导弹也屈指可数。以色列人据此认为埃及 1967 年后的战争方案已完全脱离现实，并认为埃及人也会得出相同结论（事实也的确如此）。在以方看来，近年内，埃及都不会对以构成可观的战略性威胁。尽管马尔万曾有线报称埃方在 1972 年底调整了方案内容，但泽拉并未采信。[3]

1967 年底对埃军军力的逻辑分析认为，其纵深打击能力全赖苏联援助，缺乏发动大规模战争的可行选项。随着时间的推移，这一观点逐渐僵化为阿曼内部的一种刻板认知——既然苏联没有出手帮助埃及重组空军，埃军就不可能对以色列采取任何重大军事行动。前以色列国防军情报官员达尼 · 亚瑟（Dani Asher）认为，1967 年战后所做的可靠报告和合理分析令这一认知更为具象，很快在 1971 年发展成为没有任何异议的一种假定。[4] 观点成为了“观念”（Concept/Conception）。[美国情报分析师称为“分层”（layering）[5]。] 泽拉和持相同看法的情报官员由此产生了一种“思

[1] Bar-Joseph, “Question of Loyalty,” 667–85.

[2] Bar-Joseph, “ ‘Special Means of Collection,’ ” 531–46.

[3] Bar-Joseph, *Angel*, 58–162.

[4] Asher, *Egyptian Strategy*, 48–50.

[5] Lowenthal, *Intelligence*, 6th ed., 163.

维定势”，认为埃及军力孱弱，无法依靠打赢全面的常规战争重夺西奈。可在他们看来，只有全面的常规战争才唯一有可能对本国的核心利益构成威胁。（而以色列国防军认为，埃及和叙利亚偶尔的越境滋扰则不具备生存威胁。）因为埃及人也清楚自己的能力上限，所以战争不会发生。

观点变成观念，观念又渐变成一种经验，一种理论，一种范式，乃至一种信条，阿曼内部秉持这一观念的情报人员甚至据此处理新的情报信息。而彼时，主导阿曼情报思路的两大错误信条是：（一）在具备压制以色列空军的纵深打击能力前，埃及不会对以色列作战；（二）叙利亚不会撇开埃及单方面发动大规模袭击。[1] 阿曼早在 10 月 6 日前数周就发觉了埃、叙两军的备战迹象，但在泽拉的授意下，以色列国防军的情报分析师们未予重视，视为或是常规军事活动，或是埃及人称为代号“解放 41”（Tahrir 41）的一次例行操练。在以色列政治、军事、情报组织体制中，泽拉作为军事情报局局长，是以色列国家情报评估的负责人，因此，泽拉的观点占了主导。

然而，尽管泽拉和阿曼涉埃军事问题首席分析师尤纳·班南（Yona Bandman，时任阿曼第 6 工作组组长，该小组主要负责埃及、苏丹和北非的情报工作）二人都坚称埃及人不足为虑，部分情报高官和军政高层却与之意见相左。[2]1973 年 4 月，摩萨德从马尔万和约旦国王侯赛因等多条渠道得到预警，埃、叙两军正在积极备战。[3] 在 4 月 18 日与梅厄总理会面时，摩萨德局长兹维·扎米尔（Zvi Zamir）和以色列国防军参谋长戴维·埃拉扎尔（David Elazar）双双表达了忧虑，国防部长摩西·达扬（Moshe Dayan）断定阿以必有一战，梅厄总理本人也不乏担忧，内阁遂授

[1] Shlaim, “Failures in National Intelligence Estimates,” 352; Asher, *Egyptian Strategy*, 48–50.

[2] Bar-Joseph, *Watchman Fell Asleep*, 48, 64; Sheffy, “Early Warning,” 420–37.

[3] Bar-Joseph and McDermott, *Intelligence Success and Failure*, 191; Bar- Joseph, Angel, 165–69.

权军队准备应战。[1]4、5 月间，以色列国防军提高了警戒级别，以色列高层也在公开场合警告埃及切勿轻举妄动，并斥资约 7000 万以色列镑（当时约合 1000 万美元）用于战前动员和加强战备。[2] 然而，运河两岸始终风平浪静，令人不禁怀疑情报部门工作不力，“狼来了综合征”旧疾复发。事实上，萨达特似乎有意于 5 月 19 日动手，但彼时叙利亚尚未做好万全准备，而以色列的应战准备和公开言论，促使萨达特在最后关头放弃了原来的计划。[3]

为此，可以说，以方的情报预警以显著奏效的补救措施至少在一定程度上成功打消了埃及人的进犯之念，但这一次的预警成功并未得到官方的充分认可——又落入了典型的“预警悖论”。[4] 这次的插曲反而削弱了以色列人的嗅觉，令其忽视了埃军还在为 10 月继续备战。[5] 以色列的人力情报来源也不免受到影响，譬如与阿、以双方均保持有定期接触的侯赛因国王，在 9 月下旬的表现就比 4 月更为谨言慎行。[6] 此外，后来公开的资料显示，埃及和叙利亚两国直到 10 月 3 日（也就是实际开战前 3 天）才就统一行动时间取得共识，并未给以色列的各情报来源留下太多时间，纵然是马尔万也不过是勉强在战争打响前才得知实情。[7]

在 9 月底埃及开始启动“解放 41”军事演习时，以色列人并未意识到对方这次所谓的防御备战和常规操练实则拉开了真刀真枪的战争帷幕，加之 4、5 月间的反复预警均未见真章，对似乎未发生事件的定期预警，导致包括泽拉和班南在内的许多以色列高层，因此主观轻视了 10 月初新

---

[1] Bar-Joseph, *Watchman Fell Asleep*, 66–73.

[2] Handel, Perception, Deception and Surprise, 30, 42. 据伊弗列姆・卡哈那（Ephraim Kahana）统计，军费开支高达 1300 万至 1800 万美元，参见 Kahana, “Early Warning versus Concept,” 86。

[3] Bar-Joseph, *Watchman Fell Asleep*, 34; Bar- Joseph, *Angel*, 169.

[4] Stein, “Military Deception, Strategic Surprise,” 99.

[5] Doron, “Israeli Intelligence,” 314.

[6] Bar-Joseph, *Watchman Fell Asleep*, 237.

[7] Handel, *Perception, Deception and Surprise*, 12; Bar- Joseph, *Angel*, 194–205.

的情报预警。[1] 他们套用此前“狼来了综合征”的经验，抱着先入为主的“观念”，将埃及人 9、10 月间与日俱增的军备迹象大而化小，生动诠释了“确认偏误”（confirmation bias，指过于关注支持自己主观观点的信息，而忽视与之有违的其他信息）的心理障碍。泽拉丝毫不担心埃及人会有异动，因不想冒险削弱系统，因此他并未启动那条“特殊搜集渠道”。[2] 但泽拉让高层相信，特殊搜集渠道早已投入使用，这对当时的情形而言，无异于雪上加霜。[3]

一直对泽拉等人的“观念”力求审慎的参谋长埃拉扎尔和国防部长达扬一改 4、5 月时的忧心忡忡，到 9 月的时候，他们甚至开始相信是自己此前判断有误，[4] 在以色列情报机构“狼来了”的冒失表现和埃及人竭力营造的与世无争的“新的常态”中，日显麻木。尽管阿曼内部不乏埃及人不日将兵戈相向的“杞人忧天”，但以泽拉为代表的以色列官方直到 1973 年 10 月 6 日早上才意识到战争真的有可能发生。而当天，埃及和叙利亚就双双发难，没给以色列国防军和政治高层留下任何调兵遣将的预警时间。

虽然埃拉扎尔已于 10 月 5 日下令常规军提前戒备，但以色列国防军能够迅速投入战斗的兵力依然有限。结果导致此役死伤惨重（2689 人阵亡），折损大量飞机、坦克，在开战之初，以军戎马仓皇，节节败退，无法及时组织反攻，因而付出了比预期更多的时间和更为高昂的代价。[5] 战争后来以以色列国防军击退来犯的叙利亚和埃及军队而告结束，双方各自咽下战术上的失败苦果。然而，情报预警失误引发的震惊，战争初期的逆转性颓势，及战争导致的人力财力严重受损，在以色列国内引发政治危

---

[1] Bar-Joseph, *Watchman Fell Asleep*, 111.

[2] Bar-Joseph and McDermott, *Intelligence Success and Failure*, 192–93, 202–3, 210–11.

[3] Bar-Joseph, *Angel*, 205–7.

[4] Bar-Joseph, *Angel*, 94; Gelber, “Collapse of Israeli Intelligence’s Conception,” 520–46。

[5] Bar-Joseph and McDermott, *Intelligence Success and Failure*, 185.

机，国际政治环境随之按照萨达特期待的方向发生转变。以色列人决定与埃及谈判议和。1978 年 9 月，萨达特与时任以色列总理梅纳赫姆·贝京（Menachem Begin）以美国总统吉米·卡特的宾客身份现身马里兰州戴维营，展开对话。两国最终于 1979 年签署正式和约，以色列归还西奈半岛，埃及人重获民族自尊。

和许多过度重视军事考量的预警分析师一样，泽拉和班南身陷以军事目标为导向的狭隘视阈，从根本上未能看清萨达特面对的国内政治局势，未能看到他此次举兵背后的政治动因，误解了对手的政治和军事意图，也误读了对手的策略。[1] 他们套用了文不对题的作战条令，总结了不合时宜的近期经验。鉴于萨达特身处的政治、军事环境以及有限的资源，他们却没有对相关问题刨根问底，也没有想象或者评估埃及可能采取行动的情景。因此，最终有负预警的使命。

此外，这则案例也反映了情报机构的组织结构和体制内的其他制度安排对有效战略预警的影响。泽拉身居军事情报局局长要职，被公认为是以色列国家情报评估（含战略预警）的总负责人。然而，诚如所见，他的结论错误且武断。乌里·巴尔·约瑟夫和罗丝·麦克德莫特认为，泽拉在这次事件中表现了异常强烈的“认知闭合”（cognitive closure，即为消除未知造成的焦虑、紧张等不安因素，而寻找确定答案结束模糊和混沌状态）需求，急于根据事件可能的走向做出坚定不移的决策。[2] 他的结论得到了阿曼一小撮人的支持，包括班南和研究处头目阿里耶·沙莱夫（Aryeh Shalev）。而阿曼内部其他人基于充分证据，认为以色列必须对埃及可能的来犯做出应对的观点遭到了压制。泽拉限制他们与阿曼之外的人沟通交流，对那些执意向其他军事组织的情报人员表达类似担忧的军官一律规诫。换句话说，泽拉等人在等级森严的军事组织内凭借自身的权力压抑异见，而阿曼作为以色列政府唯一从事情报分析的部门，无异于放大

[1] Shalev, *Israel's Intelligence Assessment*, 73.

[2] Bar-Joseph and McDermott, *Intelligence Success and Failure*, 212.

了这一做法的影响。[1] 阿曼研究处主理埃及政务情报的第 2 工作组组长朱西亚·卡尼亚泽尔（Zusia Kaniazher）和负责叙利亚情报的第 5 组组长阿维·雅里（Avi Yaari）均推断大战将近。[2] 持此相同观点的还包括阿曼第 848 信号情报组组长等许多从事情报搜集的军官。[3] 雅里向北方司令部的情报官员哈加伊·曼恩（Hagai Mann）中校表达了他的担忧，不过也同时告诉对方，阿曼并未发出预警。但曼恩还是说服了北方司令部的总指挥伊扎克·霍菲（Yitzhak Hofi）少将，对后备军力进行了动员。然而，当泽拉得悉此事时，立刻责令沙莱夫严肃斥责雅里的做法，沙莱夫奉命行事，[4] 闹得阿曼人尽皆知，再无情报或行动人员胆敢僭越。

至于其他预判到战争的以色列人，或原本就不在决策位置，或被刻意边缘对待。例如，以色列海军情报官员曾上报过他们认为存在威胁的埃军动向，可是这些人并不能参与军队动员的决策过程。[5] 还有另一个更为著名的例子，南方司令部总部的一个低级情报官员本雅明·西曼－托夫（Binyamin Siman-Tov）中尉虽然掌握的信息远少于阿曼的分析师，却在是年 10 月 1 日交出了一篇简报，直指埃及的活动有遮掩战备的欺骗之嫌，并为此援引了八项指征，佐证战事迫近。而他的上司戴维·格达利亚（David Gdalia）中校显然也抱着和泽拉、班南同样的“观念”，打消了下属的顾虑，撤回了报告。最终这份备忘录没能送到特拉维夫的阿曼分析师手上。[6]

为此，乌里·巴尔·约瑟夫总结了以下五方面的问题，尽管这些问题只出现在整个情报系统的个别部门，但最终导致了以色列情报系统全局性的失误：

---

[1] Handel, *Perception, Deception and Surprise*, 55.

[2] Bar-Joseph, *Watchman Fell Asleep*, 91–92.

[3] Bar-Joseph and McDermott, *Intelligence Success and Failure*, 199.

[4] Bar-Joseph and McDermott, *Intelligence Success and Failure*, 105.

[5] 同上，99–100。

[6] 同上，135; Hughes-Wilson, *Military Intelligence Blunders*, 246–47。

- **首先，预警响应过程的特殊障碍**[1]。巴尔·约瑟夫认为，埃及以多次演习和反复调兵为典型的欺骗活动，制造出“狼来了”的氛围，削弱了以色列情报和决策人员的敏感度，忽视了对方出于战争意图的备战迹象。以方自负于情报搜集和分析能力，且对敏感信息进行了严密的划分。政界高层担心，在未确定阿拉伯人的行动具有敌意之前就进行动员，在外界看来未免有挑衅之嫌，而引发与美国等其他国家不必要的外交紧张。此外，以色列国内正值大选，执政党工党（Labor Party）此前能够胜选的部分原因就在于声称为以色列带来了前所未有的安全局势。军事动员明显无益于这一说法。
- **第二，官场争风和官僚阻碍**[2]。阿曼不仅内部纷争不断，还要应付与同门对手摩萨德的竞争。为此，泽拉在与高层研判阿拉伯人的意图时，有意将摩萨德头目扎米尔排除在讨论之外。政府的政策给予阿曼在国家预警职能上的垄断地位，其他可能做出贡献的参与者，如摩萨德和外交部的官员，也因此基本被排除在情报分析的相关讨论之外。泽拉和与他意见相同的拥护者力排众议，限制不同意见流出阿曼，对外制造同声一辞的表象，而实际上，这种观点上的一致性在阿曼内部并不存在。
- **第三，“群体迷思”**[3]。艾文·贾尼斯（Irving Janis）提出的小团体“群体迷思”现象在本案例中其实并不显著，但确实反映了拥护泽拉“观念”的小团体处置他者反对意见的过程。[4] 在对待怀疑论者的不同声音时，泽拉、班南等少数派采取了偏狭和坚决抵制的态度。[5]

---

[1] Bar-Joseph, *Watchman Fell Asleep*, 236–40.

[2] Bar-Joseph, *Watchman Fell Asleep*, 240–42。

[3] 同上，243–48。

[4] Janis, *Victims of Groupthink*.

[5] Handel, *Perception, Deception and Surprise*, 56.

- **第四，个人心理问题**[1]。泽拉和班南显然是落入了“确认偏误”，倾向于抱着已有的信仰看待新的信息，选择启发推理（heuristic reasoning）的捷径。本书第 8 章将就此问题及其他心理症状再做探讨。
- **第五,“人为因素”**[2]。在这次可谓传奇的预警案例中,主角们展露了各自不同的个人特性，许多对其他场合也许有相当裨益的个性却在本案例中引发了重大预警失误。由于以色列军事情报体系的建制，及情报服务国家高层决策者的方式，上述特点被一再放大。尤其是泽拉所表现出的过度自信、不愿接受判断阿拉伯人意图时的不确定因素，以及对阿曼内部其他意见的打压态度，构成了以色列国防军预警失误的主要原因。以以色列时任最高法院首席大法官希蒙·阿格拉纳特为首的阿格拉纳特委员会，对第四次中东战争前的预警失误展开了调查，在该委员会的事后分析报告中，泽拉无疑就是灾难发生的罪魁祸首。[3]

其他人的调查也得出了类似的结论。[4] 本书稍后的章节还将针对有别于巴尔·约瑟夫见解的内容另作探讨。[5]

以色列预警工作所处的体制环境明显偏重于军事威胁预警职能，并且单纯依赖等级森严的军事指挥系统作为唯一汇报渠道，只有当高层能够做出合理判断，或能够兼听低级官员的少数派意见时，这样的体制环境才可能正常运营。然而在 1973 年的案例中，上述条件均不具备。相似的境况

---

[1] Bar-Joseph, *Watchman Fell Asleep*, 236–40.

[2] 同上，248–51。

[3] Agranat Commission, “What Went Wrong on October 6?”

[4] Asher, *Egyptian Strategy*, 52–55. 另见 Stein, “Military Deception, Strategic Surprise,” 107–18。

[5] 巴尔·约瑟夫的观点，参见 Bar-Joseph, *Watchman Fell Asleep*, 235–51。不同观点的分析，参见 Shalev, *Israel's Intelligence Assessment*。

在其他案例中也曾重复出现，并导致预警失误，后文内容对此亦有涉及。迄今，同样的问题仍然是军事情报组织需要重点克服的。

美国第15-90号《国家情报评估：南斯拉夫的变局》

1980 年，约瑟普 · 布罗兹 · 铁托（Josip Broz Tito）逝世，他漫长的执政生涯随之落下帷幕。南斯拉夫失去了长久以来的向心控制，积弊已久的经济和政治问题日益凸显，在 80 年代日渐分崩离析。作为地理位置和政治立场均居于东西方中间地带并领衔第三世界的国家，南斯拉夫的重要性不言而喻，因此受到美国情报界数十年持续的关注。1990 年 10 月，美国情报界患于问题不断加剧，由中央情报局、国防情报局（DIA）、国家安全局（NSA）以及国务院情报与研究局等机构再次针对南斯拉夫做出《国家情报评估》，并提交了题为《南斯拉夫的变局》（*Yugoslavia Transformed*）的最终报告。[1] 与其他多份《国家情报评估》报告一样，该报告履行了战略预警职能。

评估预判南斯拉夫行将解体并走向暴力冲突，但报告几乎没能引起乔治 · H.W. 布什总统和政府方面的任何反应。[2] 背后的原因是什么呢？是情报界没有将信息传达至高层，还是没能说服高层对预判予以重视？答案可谓二者皆非。也就是说，参考本书前文的定义，这是一次成功的预警，是政府高层在理解了预警信息后，选择了不作为。以下案例研究将重点关注高层有此决定的原因。

评估对未来事件的分析和预测异常准确。其中，波斯尼亚将爆发大规模暴力冲突的预判显然无误——据不同估计，1992 至 1995 年间的内战夺去了 10 万至 20 万人的性命；对科索沃局势将演变为暴力的预判虽然言之

[1] Director of Central Intelligence, *Yugoslavia Transformed*.

[2] Treverton, *Intelligence for an Age of Terror*, 137; Treverton and Miles, “Unheeded Warning of War,” 506–22.

过早，但后来还是应验了。评估报告的撰写者们展现出对南斯拉夫前景走向的深刻认识和敏锐洞察，将专业知识转化为精准的分析判断。

布什总统的政府高层并未驳回评估对南斯拉夫相关事件重要性的判断，但是报告对美国对外政策没有形成明显影响。原因有下：其一，布什总统和国务卿詹姆斯·贝克（James Baker）彼时正另有所虑。布什在1990年秋天正努力争取国内政治和国际军事的支持，以便经联合国批准，迫使伊拉克从科威特撤军；其二，布什和贝克担心动荡中的苏联一旦解体，会对区域稳定造成负面影响，为此奔走于各共和国分离派领导人间斡旋调停；其三，布什和贝克均认为，鉴于客观的地理位置，欧洲更有责任出力化解南斯拉夫的危机，出身得克萨斯州的贝克谨遵本州俚语教诲“我们跟这事儿没关系”（贝克原话为“We have no dog in this fight.”），恐生“耗子”之嫌。[1]

评估同时指出，美国和其他外部力量均无力阻止南斯拉夫走向解体，若引起国内意见分歧，还可能造成政治上的不利局面。换言之，情报界认为美国并无机会在解决这一棘手问题上发挥任何建设性作用。政府的重大外交投资，几乎没有可能获得任何有意义的回报。鉴于此，同时出于对情报界意见的尊重，高层放弃徒劳是为理性决策。[2] 虽然情报界并没提供具体政策建议，但明确指出美国的政策不会影响事件走向，含蓄劝谏当局对愈演愈烈的危机视而不见。

在《国家情报评估》报告之外，部分政治评论人士认为，南斯拉夫解体是向好的结果，国际社会应协力促成此事，而非予以阻挠。尽管彼时政府正致力于分离瓦解苏联，但并不乐见南斯拉夫走向分裂。政府担心支持南斯拉夫的民族自决可能连带导致苏联的其他共和国提出相似要求，对区域稳定以及俄罗斯以外的更多国家的核武器控制造成负面影响——由于美方的部分努力，这一核扩散的担忧最终没有成真。

---

[1] Holbrooke, *To End a War*, 26–27.

[2] Treverton and Miles, “Unheeded Warning of War,” 4.

因此，这份《国家情报评估》报告几乎没有激起任何政策回应，致使部分美国情报官员以为评估是失败的。但笔者持相反意见，原因有三：第一，情报人员表达的失望集中表现了一个观点，即情报界既已发出警示，决策者本该采取相应行动。这可以视为是部分情报官员错误的自大。一直以来，美国政治文化核心都是以情报提供决策信息，而不直接提出具体政策建议或做出具体政策决定。以前如是，目前亦然，是决策者制定政策，而绝非情报人员。

第二，彼时的外交政策显然反映了政府其他方面的考量，诸如，插足南斯拉夫危机恐致难民流向周边国家，加剧与欧洲盟友的紧张关系；而国内政治氛围反对美国在任何涉南斯拉夫问题上劳师动众，出兵干预很可能导致无关国家核心利益的无谓伤亡。种种因素均在告诫布什和贝克，不宜在南斯拉夫问题上过多强调美国的角色。

第三，评估断言美国的任何外交举措难以取得明显成效。如前文所述，决策者希望情报就可能推进国家及个人利益的途径提出建议，纵然是针对威胁的预警提醒也可能暗含采取有效补救措施的建议。而显然，在本案例中，情报评估排除了存在机遇的可能性。对外交政策效果无效的判断的确合理，但诚如格雷戈里·特雷弗顿和雷纳亚·迈尔斯（Renanah Miles）所见，《国家情报评估》报告并未评价对美国的影响。因此，它错失了任何可能采取外交行动的机会。[1]

后记：美国后来还是逐渐插手南斯拉夫解体。从南斯拉夫涌入西欧的难民人数急剧上升，对美国的欧洲盟友们构成问题。克林顿总统提出“解除与打击”政策，倾向波斯尼亚穆斯林，解除联合国对交战各方的武器禁运，同时对塞族军队实施空袭打击。1995 年末，美国在俄亥俄州代顿市促成“和平”谈判。是年 12 月，约 2 万兵力的北约维和部队进驻波斯尼亚。可以说，南斯拉夫的这场危机最终还是在多方面严重影响了美国的利益。

---

[1] 关涉欧盟和“阿拉伯之春”的相似评估，参见 Arcos and Palacios, “Impact of Intelligence”。

案例研究总结

上述案例研究说明了预警情报以下重要方面，后续章节笔者将再做深入探讨：

个体的心理因素至关重要。心理学家认为，人类大脑的局限性和人的倾向性是阻碍清晰思维的实质性因素，这在前述案例中已被反复印证。案例中的以色列国防军情报分析师对阿拉伯人的战争潜力日益形成“观念”并耽溺其中，抗拒新信息的输入，和另一则案例中的斯大林一样，均不幸深陷“确认偏误”。各案例更为普遍的共性是分析师在提出相关问题、学习和接受新的信息方面，表现了能力差异。

领导人的观点至关重要。除了所有人类都要面对的认知问题外，领导人的眼界和偏见也会影响他们对情报信息的接受程度。斯大林和希特勒的偏见阻碍了两人对 1941 年和 1944 年敌对行动的有效应对。而丘吉尔对希特勒的政治理解，则让他比英国情报机构更早预见德国对苏联的入侵意图。当然，丘吉尔也不乏错误。而希特勒也曾正确判断到西方对德国 1939 年和 1940 年扩张行径的可能反应。可见，同一领袖人物在不同场合也可能有大起大落迥然不同的能力表现，原因不能一目了然，但值得细思体味。

领导人的全盘境况至关重要。斯大林清楚，经历了肃反运动的苏联要重构防御能力尚需时日，因此意欲拖延与德国正面开战的时间。乔治 H.W. 布什总统彼时也另有所虑，而第 15-90 号《国家情报评估》报告对于解决当时的外交和国内政治困境帮助有限。上述案例对情报工作的启示是，应始终谨记，情报只是纷繁时局中高层接收信息的渠道之一。情报人员应不矜不伐，尽量理解领导人的需求，进而提供更为有用的预警及其他情报信息。

专业的情报能力至关重要。前述三则与军事事件相关的案例中，采取欺骗手段的一方均通过对行骗目标的研究，深刻掌握了对手的体制架构、情报观点、技术专长，以及关键人物的个性特点等信息。在本章节全部四则案例中，情报人员在预警分析和评估分析上的专业表现均发挥了举足轻重的作用。美国《国家情报评估》报告的编撰者们无疑对南斯拉夫知之甚深。阿曼涉埃问题的情报分析师们也其实早就看破了萨达特的计划，若非受到片面的分歧性意见压制，完全具备足够时间提前发出预警。

情报体制至关重要。情报机构的组织结构会有助于或有碍于情报工作发挥创造性，而创造性对形成“搜集—分析—预警—决策—行动”无缝衔接的完整流程不可或缺。尤以希特勒为典型的以个人为中心的组织结构，核心人物将攸关组织运转，即领袖的洞见能够确保工作顺利，但其在所难免的错误也将导致情报失误。以色列国防军在 1973 年实行的等级严明的情报分析架构，导致先入为主的“观念”压制并取代了其他更为准确的观点。在另一个截然相反的案例中，双十字委员会对一支兼容并包的业余情报团队予以机会并委以重任。

情报人员的素质至关重要。优秀的情报官员多是异常聪明之辈。中等能力的人受训后进入情报领域，工作方式仍不免被对手预判，因而很容易成为对手行骗的目标。前述案例中，在国家危难时刻，本身已经相当杰出的双十字委员会又招募了一群“绝顶高手”参战服役，欺骗计划顺利落实。相较之下，德国的情报官员只能勉强算是称职罢了。

对手非但通晓上述全部，甚至所知更多。这也是本书继续讨论的原因。

第 3 章
政府预警体系类型

第 2 章的案例分析提及各国用来进行战略预警的不同制度安排，或安常履顺，运营良好；或抱薪救火，适得其反。各国在情报机构设置和其他制度安排上也不尽相同，并出于或利或弊的原因，而做出周期性的改变。

本章节将对组织架构和制度安排，及其攸关预警情报职能表现的特点继续探讨。可以说，没有完美无瑕的制度安排，不同体系各有千秋。基于实质性和政治性双方面原因，在高层想方设法发挥预警职能或追求其他目标的同时，预警情报的机构体系也在随之不断演化发展。尽管有观点认为，情报机构不论组织架构，只要领导人物优秀，都能有效运转。诚然，优秀的领导人物能够保障良性的组织运作，但领导人物却很难保证其个人从始至终百无一失。

尽管彼此或有重叠，但政府预警体系可基本归纳为以下五类：(一) 领导高层兼任首要预警分析师的体系；(二) 各个情报分析师均参与预警分析，即“凡情报分析师皆为预警分析师”(Every-Analyst-a-Warning-Analyst) 的 EAAWA 体系；(三) 专职专司的独立预警体系；(四) 兼揉(二)(三) 的混合型体系，即由高级别的预警专员履行预警职能；以及(五)“整体政府”(whole of government) 体系，即预警不再仅是情报机构的职能。在第 4 章中，将通过实例分别介绍上述各理想体系类型衍生变体的具体执行表现。

国家首脑兼任预警分析师

有些国家首脑本身就是本方的预警分析师。第 2 章中，希特勒以德军首席情报分析师自居，情报机构的分析职能被人为削减，仅负责提供原始信息。诚然，各国领导人决定接受或拒绝情报机构提供的信息和评估，本身就可视为是一定意义上的“情报分析”行为。但笔者这里是指领导人履行了通常应属于专业情报分析范畴的职责。这一做法有其优势，但也有明显的弊端。

情报工作往往长期受生产者（分析师）与消费者（决策者）关系困扰，这在美国表现尤为典型。从积极意义来看，高级政治决策者同时兼任首要情报分析师，从根本上避免了信任问题的产生。有些时候，睿智而经验老道的领导人的确能够做出比专业情报官员更优且更快的判断。希特勒曾经就是如此。[1]

但是，这样的制度安排仍是弊大于利的。领导人物，顾名思义，自然有远超情报分析职能之外的更多其他责任，尽管可能对部分区域性问题或特定领域内问题具有洞见，但鲜有人真能被称为专家。此外，领导人表达观点的方式通常更为强硬，特别是专制型领导，几乎不会为分析破绽、认知偏见或个人成见而自察自省。通过相关外交决策过程的文献不难发现，国家级的领导人经常错误地以历史类比时局，误解了历史之所以为“历史”的意思。然而，历史的经验教训恐怕并不适用于解决新的情势问题。[2] 与此同时，领导人物与普罗大众一样不可幸免于人的“思维定势和认知偏见”。

[1] May, *Strange Victory*.

[2] Khong, *Analogies at War*; Miller, “Graveyard of Analogies,” 446–76; Neustadt and May, *Thinking in Time*, 34–57.

就像在第 2 章德国和苏联的案例中，领导人的弱点往往会被对手揪住并加以利用，以有针对性的欺骗计划博取军事优势，或在其他方面谋占上风。[1]

德国典型的领导型分析师角色在其他更多时候隐晦表现为由领导人决定是否接受预警信息，以及如何使用这些信息。领导人的上述决定取决于本人对情报报告完整性、有效性、说服力的分析判断，以及撰写报告或传递信息的人是否可靠可信（这里所说的信任是多方面的）。有些国家的强势领导人倾向于在得到的情报评估的基础上，自己做出理性分析，有些领导人会因为偏见或失职而拒绝情报，也有些领导人更愿意直接采纳专业情报的判断结果。在第 2 章中，英国首相丘吉尔比联合情报委员会更准确地预判到希特勒意图入侵苏联。整个二战期间，丘吉尔一直在本国情报事务中扮演着积极角色。[2] 他曾在 1941 年对属下表示："与其等待（联合情报委员会的）集体智慧做出评估，我更希望自己看到原始的（信息）……进而更早形成自己的观点。" [3]

在上述制度体系中，领导人不仅是决策者也是事实上的情报分析师，欲为之提供有效的情报分析，须兼顾其多方利益和偏好、其个人见解和偏见。一旦顾此失彼，则会严重削弱预警工作的说服力；而一旦丧失说服力，则不论信息搜集和分析工作如何出色，战略预警都将注定失误。

凡情报分析师皆为预警分析师

常见的情报制度安排是将预警职能赋予所有分析师。[4] 在 EAAWA 体系中，每位分析师可通过常规渠道上报在调查研究、分析评估或动态监控时发现的威胁性活动和可为利用的机遇。国家系统中仅有唯一主要情报分

[1] Gentry, "Warning Analysis," 64–88.

[2] Jones, *Wizard War*, 100–102, 124.

[3] 同上，205。

[4] 该观点业已陈腐，参见 Hilsman, *Strategic Intelligence and National Decisions*, 100–108。

析机构（如 1973 年的以色列阿曼），或同时存在多个情报机构（如美国），均可能采用这一类型的体系设置。[1] 英国的联合情报委员会的内部架构可视为从 EAAWA 类型衍生出的一个变体。[2]1943 至 1944 年的德国军事情报体系也与之类似。许多情报能力有限的小国也采用了 EAAWA 体系，这些小国通常没有重大预警需求，或不设正式预警机构，或无力负担专事预警工作的人力成本。

EAAWA 体系在实践中衍生出两大主要变体：其一为"有限的 EAAWA"，即在设立专门预警机构的同时，仍由所有分析师共同兼负预警责任，以美国中央情报局为代表，[3] 与后文将要介绍的混合型体系一脉相承；其二为"绝对的 EAAWA"，即所有分析师既已负预警责任，则不必也不应再专设预警机构，这也是美国情报界目前的主流趋势，与混合型体系不相一致。

两种变体都有一个共同优势，情报机构认为重要且值得监控的任何问题均属于"预警分析师"的业务范畴。倘使每个分析师都对其责任主体具备相当的了解，就能够发挥分析师的个人专长或调动全机构的专业合力，应对任何预警问题。倘使分析师本人或其上级主管保持与重要消费者的定期交流，就能够巩固生产者与消费者的信任关系，进而强化预警信息的说服力。在一些信息渠道丰富的情报专家看来，这一结构体系能够充分履行预警职能。

但"绝对的 EAAWA"有重大缺陷。首先，分析师们疲于应对撰写调研报告或收集整合碎片化动态情报等任务，缺乏精力和动力再深究预警相关问题。最后期限和忙于生产可能会妨碍研究和反思，而这对于在

[1] Davis, "Strategic Warning: If Surprise Is Inevitable," 1, 7; Davis, "Strategic Warning: Intelligence Support," 174–75, 179; Shalev, *Israel's Intelligence Assessment*, 4–10.

[2] Goodman, "Learning to Walk," 40–56; Davies, "Twilight of Britain's Joint Intelligence Committee?," 427–46.

[3] McLaughlin, "Serving the National Policymaker," 87; Petersen, "What I Learned," 16.

新出现的问题成为常识之前识别它们至关重要。此外，预警问题牵涉的时间跨度远远超过短视的动态情报，如果分析师所属的情报机构重点关注并优先处理动态情报，则难免忽视甚至漏报相关信息。罗伯特·杰维斯将美国2002年针对伊拉克大规模杀伤性武器得出的错误的《国家情报评估》报告归咎于这一偏颇，指出美国的情报界因过分关注动态情报而“缺乏时间和动机重新审视核心假设，探索替代选项，结论形成的过程中更具自我意识”。[1]

第二，任何由分析师上报的预警信息必须经历（管理层）常规审阅和（其他相关涉事系统）协调会商的流程，相当耗费时日。尤其是争议性信息，在上述一个或者多个环节中都可能被淡化、模糊处理，损失清晰度和可信度，无法再充分引起情报消费者的重视。如果预警不享有优先处置地位，或对预警情报的政治奖励流于齿牙余论——二者所指恐怕是一回事——则可能造成拖延审阅、搁置发布，甚至是彻底疏漏。辛西娅·格拉博早在几十年前就提出了“最准确的预警判断往往产生于少数派”[2]的观点。然而，会商环节的设计恰是为了防止少数派意见擅权，哪怕少数派真的具有先见之明。

第三，专题文章、调研报告、连续或定期发布的动态情报跟踪中的预警信息常常“迷踪失路”，不知去向。换言之，对上述资料的读者而言，这些信息显得并不新鲜，或并不重要。连续或定期发布的情报通信一般面向多个情报受众，当中反而不会有人专门关注或感到有责任对问题做出响应。预警信息因此无法传达到决策层，或与决策层的情报需求失之交臂，决策层也会因此错失基于情报支持决策具体事宜的机会。此外，绝大多数情报流程不具备反馈机制，情报分析机构很难知晓是否说服了关乎事态发展的高层官员。因此，如果机构不能另辟蹊径，预警信息极有可能根本无法传达到关键受众。这当中也有例外，美国的《总统每日简报》（PDB）就专门针对总

[1] Jervis, “Reports, Politics, and Intelligence Failures,” 45–46.

[2] Grabo, *Handbook of Warning Intelligence*, 423.

统的情报需求，且以强大的反馈机制为保障。[1]

第四，情报消费者和生产者是否存在相互信任关系，决定了预警信息是否具有可信度。根据实践经验，可信度进一步决定了预警信息的说服力。然而，按照美国情报界现行的惯例，一般不会对预警报告注明主要责任作者，换言之，对情报消费者而言，得到的预警信息可能来自任何分析师或任一分析机构。然而，情报机构暗示（甚至有时公开声称），所谓机构的“品牌资质”本身就是可信度的保障，这一判断显然有悖于鲍曼·米勒（Bowman Miller）的观点：情报生产者**本人**面临的挑战是在政策制定过程中，应当保持“在场”，这是任何情报**机构**永远无法做到的。[2]

第五，由于重大预警事件较少发生，预警常被管理层轻视，或并不享有优先处置地位，或言管理层可能不太重视对预警分析尤有裨益的分析技术。因此，哪怕分析师们在入行之初接受过有关预警原则的基本培训，也不太强调或善用预警分析方法和沟通技巧。必要的学习决定分析师是否具备足够的专业能力和从业信心，而后者又决定产出的预警信息是否具备充分的说服力。与此同时，组织优先级则决定制度奖励结构，排位靠后对预警工作而言意味着管理层不太愿意为学习环节支付太多时间。尽管“磨刀不误砍柴工”，但情报分析师及其管理层似乎忽略了应不时采取适当的激励措施的必要性。

第六，事实上，情报机构根据专业领域划分下设的分析办公室和下属分析师的业务范畴。也就是说，分析师各司其职，未必兼具专业的预警能力、开阔的视野和对预警分析而言尤其重要的好奇心。此外，由于政治原因，分析师即使在跟踪某一线索时，仍无权涉足非本人责任范畴的其他业务领域。越是大体量的高度专业化的组织机构越重视“僭越”问题。以美国情报界为例，出于官场政治的“地盘”保护意识，系统内部的每个人都应谨记恪守本分。但是如此一来，也培养了不少不太可能做出出色预警的

[1] Priess, *President's Book of Secrets*.

[2] Miller, “U.S. Strategic Intelligence Forecasting,” 690.

平庸之辈。

而这一问题大有愈演愈烈之势，特别是当下的多数美国情报机构过分热衷于一时热点，就像幼儿足球比赛中一味追逐皮球而忽略阵型位置的孩童，部分情报分析机构因主观倾向而罹患“五岁儿童球赛综合征”，导致情报研究的覆盖范围出现疏漏，甚至被管理层有意留白，为来日危机埋下伏笔。情报搜集机构也存在相似弊病，情报界将此对热点问题趋之若鹜的倾向性表现惯称为“群蝇逐臭”。[1] 然而，疏漏和空白，就是未来情报失误的祸根。在这方面，比起其他机构，美国中央情报局和国务院情报与研究局的“阵型位置”表现要更为稳健周密。

第七，在线性组织机构（即常规意义上的有明确上下级关系、采取由下至上汇报和信息流转机制的情报机构）内，预警可能被少数人“掌控”。这些“少数人”不论是过于重视，还是过于轻视，都可能在官场政治规则下屏蔽其他观点，延迟集体决策，使分析性信息变得无关紧要。例如，1973 年，阿曼第 6 工作组的班南中校因一己之见，否定了其他分析师对恶化中的事态发出的警示。同样，1950 年，在判断中方是否会插手朝鲜战争问题时，负责跟进中国问题的美方分析师偏信中国政府更可能出兵收复台湾省，其擅权表现淡化了中国军队在相关区域活动的报告，更将其他预警意见按下不表。[2]

独立预警体系

另一种截然相反的方式是设置专职专司的预警机构，即官僚机构“掌控”预警。譬如主要的国家军事系统：20 世纪五六十年代的美国观察委员会（Watch Committee of the United States，在第 4 章中将详细介绍），美国国防预警网络（DWN），澳大利亚防务预警系统（ADWS），加拿大武装

[1] Lowenthal, *Intelligence*, 6th ed., 95.

[2] Grabo, “Watch Committee,” 367.

部队情报司令部等。[1] 英国国防情报局的预警职能也内置于本国国防体系，但不参与联合情报委员会发布的预警分析报告——详见第 4 章。

澳大利亚防务预警系统隶属于国防情报组织（DIO，澳大利亚本国的军事情报机构）。根据国防情报组织的宣传手册，防务预警系统的使命是“针对可能损害澳大利亚国家利益的情境，做出及时、相关、预测性警示。防务预警系统的目的是对可能不利于澳大利亚国家利益的特定预警问题进行评估，并尽可能提供最早的变化征候（indication），而非提供时事评估”[2]。

有别于前述各国，比利时、荷兰两国的预警系统独立于本国国防部之外，并尤其关注反恐情报。比利时于 2006 年 7 月 10 日通过《威胁性分析法案》（Act Governing the Analysis of Threats），并据此设立国家威胁评估协调中心（OCAM），该法案明确要求国家相关部门，包括两大情报机构、财政部、外交部、海关和警察局根据具体时间框架要求，向该中心上报相关原始信息，以便得出及时的威胁性评估。[3] 根据法案第十四条规定，中心有权向未与其共享相关信息的情报人员追究相应的刑事责任。[4]

成立于 1999 年的欧盟局势研究中心在 2012 年更名为欧盟情报分析中心（INTCEN），以“情报分析，早期预警和态势感知”[5] 为己任。局势研究中心本身的直属情报团队规模很小，自 2002 年以来，主要基于联盟成员国提供的情报报告，从事整合分析，为联盟和成员国领导人提供情报评估。法国、德国、意大利、荷兰、西班牙、瑞士、英国等都是该中心

---

[1] 非公开资料源：加拿大预警条令文件《加拿大三军联合出版物Ⅱ》（*Canadian Forces Joint Publication 2*）。

[2] 资料来源为未注明日期，源自国防情报组织公开发行的澳大利亚国防部纸质手册（系笔者 2016 年 8 月收集所得）：*Australian Defence Warning System: Providing Strategic Warning*。

[3] Lefebvre, “ ‘Belgians Just Aren’t Up to It,’ ” 8–9; Lasoen, “Indications and Warning in Belgium.”

[4] Lefebvre, “ ‘Belgians Just Aren’t Up to It,’ ” 8.

[5] Jones, “Secrecy Reigns.”

“内线俱乐部”成员。[1]2010 年，中心被纳入欧洲对外行动局（European External Action Service）。

凡制度安排，难免皆有利弊。独立预警体系的主要优势在于其专事预警任务，能够吸引和培养认同预警理念、有志于专门从事预警工作的情报专员。从笔者本人的经验及其他文献资料来看，正是上述理念和志向让他们从一般的情报分析师中脱颖而出。此外，官僚机构设置使独立预警体系不仅在定向情报搜集时享有优先权，且有渠道与关键情报消费者建立个人或制度联系，无疑将极大地裨益预警情报工作。

当然，这一制度安排同样具有劣势：第一，专职分析师未必具备解决如持续性预警问题等其他课题所必需的业务能力，还可能缺乏甄别异常性现象、重视分析性见解的经验智慧。在组织结构上独立于其他部门而单独存在，迫使预警机构必须依靠一己之力完成有效预警，无法向业内其他情报分析机构借力。当高层领导人希望加强预警或其预测职能时，对于任何小型预警机构而言，这都是个艰难的挑战。工作不力的情况，在美国情报史上不乏例证。荷兰和比利时两国为解决这一问题，选择通过立法强制要求其他主要情报机构与预警机构共享信息。

第二，对预警持怀疑态度的其他机构可以通过忽视或拒绝提供预警官员需要的合作或专业知识，很容易使预警职能边缘化。如果预警管理层或者分析师很生硬粗暴，这很容易做到。美国很多预警专员的态度很容易冒犯业内同行，譬如单方面宣称线性分析机构认为的“分内之事”属于预警课题，实非必要。分别隶属于预警和分析机构的双方一旦意见不和，往往会加剧危害。所谓道不同不相为谋，因业内各人或各机构间冲突危及预警职能，是独立预警系统不得不面对的风险。预警机构需定期与其他分析机构进行跨部门协作，或须整合会签分析结果，工作交集导致冲突在所难免。在针对偶发问题、争议问题或重大问题的情报工作中，上述冲突还可

[1] Jones, “Secrecy Reigns.” 1。

能进一步升级。为此，有些预警官员宁愿独立工作，似乎孤独的卡珊德拉[1]们有时候宁愿乐享孤独。

第三，独立预警机构仅向少数高层上报预警信息，本国其他情报消费者无法知悉，只能指望消费者之间彼此通报。以澳大利亚防务预警系统为例，根据公开资料，该机构的汇报对象“战略和军事高层，其他高级国防决策者及其团队”，仅仅是澳大利亚国家安全体系中的一小部分。[2]类似的问题也出现在美国，一些预警机构以国防为工作重心，负责向国防部长、参谋长联席会议主席等少数高层和军事组织提供威胁性预警情报，不针对民用机构提供威胁或机遇预警。[3]过度聚焦于少数消费者的需求会限制预警分析的视野，而无法预计其他不测，甚至造成更严重后果。这一问题在军事预警机构中尤为凸显，很多国家的军事预警情报工作目前仍局限于军事威胁预警问题。

第四，预警通常以重大问题为工作对象，而重大问题多为偶发问题，且发生概率和时间间隔不可预测。如果情报机构以“产品”为考核业绩的核心标准，则预警机构在业绩表现上将远远落后于其他职能机构。如果情报机构奉行“不生产，就出局”的原则，特别是重视动态情报、重赏“多产”分析师及其管理层的做法，会迫使预警机构转型为变相的动态情报生产机构，定期、按时生产“预警”信息。美国和英国就曾经要求过本国的预警机构至少每周提交一次报告。在消费者想了解持续性预警问题，想偶尔知道实时报告时，这是有意义的。但是，将“预警”变成常规程序或将预警机构变成变相的动态情报机构，无疑将最终葬送预警机构的信誉。确实，这种预警机构通常缺乏线性分析机构的专业知识，阻碍了他们生产竞争性动态情报的能力。最终，只撰写动态情报的预警官员的能力也可能削

---

[1] 在希腊神话中，人们对特洛伊国王之女卡珊德拉（Cassandra）关于希腊人木马屠城和特洛伊家亡国破的预言听而不闻。——编者

[2] *Australian Defence Warning System*.

[3] Landers, “Defense Warning System,” 21–31.

弱分析师原本的战略预警分析能力，进而削弱预警系统的整体实力，仍免不了“出局”的最终下场。20 世纪 60 年代的美国观察委员会就是如此（详见第 4 章内容），甚至于新近成立的五角大楼联合参谋部 J2 情报部（Joint Staff J-2）——美国国防预警网络的核心机构仍受此问题困扰。

混合型预警情报体系

混合型体系以专业的业务能力重点解决预警问题，并兼顾研发相关分析方法，兼容了有限的 EAAWA 和独立体系两种类型的优势，同时尽量规避二者的缺陷。混合型体系通常以小规模的专职预警机构为中心，统筹协调预警职能，与业内其他分析机构保持经常性、广泛性互动。中心机构可根据预警需要，要求其他分析机构提供实质性业务支持，督促其就中心机构提出的预警课题做出相关分析。预警信息可由各线性分析机构发布，也可由中心机构整合发布。中心机构的主管以高级情报分析师身份负责管理运营整个预警“系统”，包括组织相关调研和开发以预警为重点的分析方法。中心机构享有的预警权限一方面确保其有权要求向其他分析机构征集相关情报，另一方面也从制度上保障了高级情报专家与关键决策者之间持续的互信关系。混合型体系的巨大优势让笔者认为，即便不能确保万无一失，也足以保障长期良性运转。

该类型系统的主要缺陷在于，首席预警官员本人的个性可能左右全局，攸关成败。因此，掌权整个预警系统的情报高层（及其团队）必须兼备作为出色预警分析师和作为优秀情报管理层的必要能力，具备与其他可能并不完全认同预警关切的分析机构保持建设性协作的能力。对美国预警实践历史的总结（详见第 4 章）展现了多位国家预警情报官（NIO/W）的不同个性特点。此外，混合型预警体系还可能具有不同的表现形式。

混合型体系在约翰·伯德的任期内一直卓有成效，充分说明该制度架构一旦良性运转就能行之有效。约翰·伯德是中央情报局的职业情报分析师，在 1984 至 1988 年出任国家预警情报官。伯德的麾下团队虽然人数非众，但不可多得：一个事业至上、出身于国家安全局的助理预警情报官和两个专职情报分析师（其一即笔者金特利）常驻中央情报局总部办公室；另有一支由多位军职分析师和国防部文职分析师共同构成的五角大楼国家危机预警团队（NWS）。伯德很清楚，他没有足够的人员或集体性知识，来涵盖所有重要情报议题。他因此指派团队中的国防部人手首要负责军事相关议题，指派直接听命于他的三人关注更广泛视阈下的全球动向，从中搜索攸关国家利益的潜在预警课题，并据此展开相关调研。这三人更为重要的使命是与美国国家情报委员会、本国情报界，特别是从事相同课题研究的业内人士，保持密切联系。一旦这其中有谁发现可能引发关切的任何问题，则向伯德发出警示，由伯德本人亲自调查。当伯德认为该课题足以引起预警关切时，通常会授意相关国家情报官或其他线性分析机构对外发布预警信息。甚至会在信息发布后，动用自己广泛的人脉资源，帮助情报生产者将信息传递到高级消费者。少数时候，预警信息也会由伯德本人发出。对此，伯德一直坚持通过与对方直接沟通，跟进事件发展、在电子邮件普及使用前，亲自致电或登门拜访是他常用的沟通手段。伯德的行事风格以谦逊著称，完成有效预警的信息生产者能够享有应得的功绩和嘉奖，而不必忧虑渔人得利。不同于其他一些高层，伯德麾下的团队从不存在贪功起衅的内部争斗。伯德因此广为人爱戴，高级消费者也乐于经常向他征询意见。他还具备优秀预警情报官员的魅力和威信，一旦他开口说话，其他人则欣然拱手听命。反观很多国家级别的预警情报官，工作不力的原因则大多可归咎为个人性格。

日本的情报预警系统也采纳了混合型体系。在过去相当一段时间内，日本并没有从事战略预警的正规实体机构，直至近年才设立了机构。[1]2008 年，为应对威胁本国领土的朝鲜导弹，日本首相安倍晋三重组

[1] Oros, "Japanese Foreign Intelligence-Related Activities," 241.

并加强了日本的情报力量。[1] 新系统包含五大核心情报机构，包括防卫省和外务省的相关机构，公安调查厅，国家警察厅，和内阁情报调查室。其中，内阁情报调查室是内阁官房的组成部分，受内阁情报总监领导。[2] 内阁情报调查室与内阁情报委员会定期合议，内阁情报委员会由决策部门和情报机构的高层组成，决定情报的优先级别和将之分配至各情报机构。内阁情报总监与首相定期会面（每周约两次），向后者提供情报调查简报，简报作用相当于美国的《总统每日简报》。

内阁情报调查室肩负重要情报分析职能，负责生产情报评估报告，报告作用相当于美国的《国家情报评估》。安倍在 2008 年的重组强化了内阁情报调查室的情报职能，为其增配资深分析师，增加如根据内阁情报总监的指令进行全源分析等额外职责，并指定内阁情报总监和内阁情报委员会作为联系枢纽，增进日本情报界和决策者之间的生产者与消费者互动。[3] 根据日本本国人士估计，截至 2012 年，内阁情报调查室的情报团队或已发展至 170 人之规模。[4] 除通过内阁情报总监向首相本人提供动态情报和评估情报，内阁情报调查室也负责产出预警情报。鉴于安倍重组情报界的初衷，内阁情报调查室可能以威胁性预警为工作重点，但并不意味着不具备相当水平的机遇预警能力。[5]

“整体政府”体系

“整体政府”体系的特点是，包括情报机构在内的政府各个官僚机构均参与预警情况的研判和应对。没有明显的情报生产者或消费者角色。所

[1] Kobayashi, “Assessing Reform,” 717–33.
[2] 同上 , 718。
[3] 同上 , 723–25。
[4] Kobayashi, “Assessing Reform,” 718。
[5] 同上，722, 730。

有参与的机构共同致力于发掘高层领导可能关注的问题，与此同时，参与方很可能成为有效应对措施的一部分。该体系的优势在于，能够调动更广泛的搜集渠道和更全面的业务专长找到蕴含重要预警意义的议题。相较于以国家安全为工作重点的传统情报机构而言，该类型体系更有能力判别更广泛的威胁和机遇。

该体系类型建于政府各机构间密切的工作关系之上，换言之，取决于政府机构之间是否存在合议制度或本国是否有合议的工作惯例。小国的官僚机构之间关系和业务更为紧密，因此更可能采纳“整体政府”体系。鉴于该体系对各部和机构间密切工作关系的必要性，不足为怪，仅有少数国家能够在国家层面实现预警情报与行动相结合，比如英国。从广义上来讲，新加坡也是一例。不过，该类型的各种变体似乎也都能维持良性运转。

英国的联合情报委员会系统是最早采取“整体政府”体系的最著名的案例。联合情报委员会通过整合英国各情报机构的搜集、评估结果和政策制定机构的意见，形成能够全面反映情报机构、政策机构和内阁办公室观点的最终评估报告，即整个英国政府全盘工作中的国家安全重心。上述国家级评估报告内容包含预警问题。尽管这一系统一直处于不断变化的动荡之中（详见第 4 章），但仍能够协调政府的情报机构和行动机构，就国家立场取得一致。[1] 美国情报系统的显著特点是，将情报环节与决策环节截然分开，但英国的情报系统却相反，反而有意地模糊了二者的界限。

近年来，新加坡围绕“风险评估和水平扫描项目”(RAHS)，发展出一套迥然不同的“整体政府”模式。本书第 7 章还将深入介绍该情报分析机制的详细内容。[2] 这项举措源于两次重大意外事件：2001 年 12 月，政府抓捕恐怖组织“伊斯兰祈祷团”(Jemaah Islamiyah) 成员；2003 年 3

[1] Goodman, “Learning to Walk”; Davies, “Twilight of Britain’s Joint Intelligence Committee?”

[2] Quiggin, *Seeing the Invisible*; and Tan Kwan Chong et al., “Risk Assessment.”

月，受传染性非典型肺炎（SARS）威胁，政府隔离受感染病患。[1] 为应对此类突发意外，新加坡政府遂引入上述机制，不增设任何机构实体，但共享各方信息和意见，帮助政府发现并有效应对威胁。

该计划的特点是以分析师构成网络，监控新兴事件并分享分析见解。该计划旨在集全政府乃至全社会之合力，确保国家更早发现威胁，更好把控风险。[2] 计划鼓励对新兴事件采取角度新颖的考量，并分享分析见解，即鼓励通常所说的“协作”。通过将具有不同“思维模式”的人彼此联系起来，新加坡希望能克服“烟囱式”弊端。“9·11”事件调查委员会认为，这是导致美国情报界未能阻止恐怖袭击发生的原因之一。

该计划的其中一部分特点值得探讨：首先，这种机制的关注重点是威胁性事件，致力于识别并解决分析的拼图谜题，非无解之谜。为此，计划的实质更接近于绝大多数的军事预警系统。其次，该计划显然是在全政府范围内通行的机制，由政府高层设计并落实，非情报举措。新加坡人认为更广泛的视阈至关重要，为此采取了与英国类似的做法，弱化了情报“生产者”和“消费者”的差异性，但似乎并未因此而危及情报分析的客观性——维护客观性，是美国情报刻意与消费者保持距离的重要原因。再次，该计划有赖于业务领域完全不同的机构间相互合作，当中的部分机构甚至不被认为是国家安全建制的常规构成部分。笔者推测，新加坡政府选择这一体系类型是因为国家和政府规模都相对较小，为本国政治文化空间所允。但相同类型很难被别国复制，尤其是在规模更大的政府内，各机构往往更强调自身的政治独立性。

缺失预警体系

也有部分国家因为情报机构本身力量单薄，不被重视，甚至形同虚

[1] Quiggin, *Seeing the Invisible*, 199.

[2] 同上。

设，而并不具备预警职能。既往的研究很少探讨国家情报能力低下的原因，不过，从部分针对国家情报机构的研究成果来看，所在国的制度或是造成有效预警缺位的原因。例如，斯蒂芬·列斐伏尔（Stéphane Lefebvre）的研究报告指出，20 世纪 90 年代的波兰尽管存在情报设置，但是很多官方人士认为，情报机构无法向政治高层自证，能够为其提供包括战略预警在内的任何情报支持。[1]

总结

本章节介绍的五种战略预警体系可视为国家情报机构预警机制的不同变体，当然，预警职能也可能采取上述类型以外的其他制度安排。实际上，自“9·11”事件以来，全球情报机构愈加关注反恐课题，“战略”情报愈发意味着信息和分析，可以挽救部分生命免受“恐怖”袭击。因此，战略预警越来越靠近一直以来的战术预警，（在未来更是如此，）要求包括执法机构、国内情报机构和美国国土安全部（DHS）等更多方力量共同参与。在美国，由联邦、各州、地方政府自治的代表组成“融合中心”(fusion center)，通过共享并整合信息，开展以反恐为重点的情报工作。由此可见，与预警相关的组织模式的多样性在不断发展、演变。

[1] Lefebvre, “Poland’s Attempts to Develop,” 481.

第 4 章 预警系统的演变发展[1]

对预警组织历史沿革的研究可谓少之又少。尽管不乏介绍美、英两国预警机制的公开资料，但皆未厘清二者历史。[2] 本章节述及美、英两国预警系统的发展，并在前章节的体系类型框架内，评估其业务性能特征。此外，本章节还将概括介绍荷兰近年来发展出的以反恐为工作重点的预警系统，以及北约以军事威胁为导向的预警系统。虽然北约借鉴了美国国防预警系统的分析方法，但其预警职能作为主权国家联盟的政治职能，在结构上有别于任何国家的预警组织。

美国的预警系统

纵观美国以预警为工作重心的组织发展历史，结构和程序不断演变，业绩表现时优时劣，甚至大相径庭，战略预警工作受到重视的程度也呈现周期性变化。在有些历史时期，当存在可被感知的重大威胁

[1] 本章源自笔者二人联名发表的《美国战略预警情报：历史与挑战》（*U.S. Strategic Warning Intelligence: History and Challenges*），原载《国际情报与反情报期刊》（*Journal of Intelligence and Counter Intelligence*）2018 年第 1 期（总第 31 期）第 19—53 页。

[2] 迄今尚无关于美国预警历史的权威出版物问世。在本书创作时，相关分类历史的某非专项课题研究，也同期在进行当中。

时（特别如整个 20 世纪 50 年代），格外强调战略预警；然而，在其他一些时期，当预警工作显得并非必要，甚至徒劳无益时（如 20 世纪 70 年代初和 2010 年以降），非但不受重视，相关业务部门甚至被阶段性关停。从觉察危机而产生预警需求，到预警力量受此鼓励而发展壮大，再到久劳无功则盛极而衰，预警力量日渐萎缩，直至新的危机出现，因预警力量不济而黯尝败绩，又可能产生对预警工作的新的需求，再次进入下一轮周期循环。这种往复也旁证了预警分析在实践和制度两个维度皆困难重重：管理高层对预警工作的重视程度和结构安排攸关预警职能的业务表现；与此同时，内部政治压力随时可能迫使专门预警机构就地解散；为尽可能有效发挥预警职能，行政主管部门须得在工作流程、规章政策、激励机制等方面做出更多努力；然而，半个世纪前的覆车之戒，未必就能确保后事不重蹈前辙。以下案例研究涵盖美国预警的主要三方面构成：情报界正式、专门的预警结构，美国国家评估办公室（O/NE）《国家情报评估》报告中的预警内容，以及遵循 EAAWA 体系的实践。其中，前两方面内容在不同程度上或有重叠，原因既反映出冷战时期国家对战略预警予以优先重视的客观事实，也反映了彼时领导层的个人主观意愿。

早期发展

珍珠港事件的情报溃败，促使美国在 1947 年成立中央情报局，从总体上强化了本国的情报能力。然而，直至 20 世纪 40 年代末，冷战局势不断升级，美国才成立了首个专门从事战略预警的正式机构。[1]1948 年，中央情报局的三个分析师在英国情报机构的协助下，着手研究能够判断敌对国家潜在敌对行动的“指标”（indicator），并将

[1] 这部分主要借鉴了辛西娅·格拉博关于“观察委员会”的观点，在该委员会存续期间（1950 至 1975 年），格拉博本人一直为之效力。

之编制成表。[1] 分析师们希望依据军事动员等重要信号，权衡敌方的意图和能力。这一工作组吸纳了不少其他机构的人士加盟，规模不断扩充，逐步发展为后来的观察委员会。情报官员通过仔细核阅所得情报报告中的相关征候，判断美国本国或美国更广泛的利益攸关方，如盟国和友邦，是否会遭受苏联迫近的打击。这一方法而后逐渐发展为“征候与预警”分析方法并沿用至今（详见第 6 章）。在战后不久，美国曾很快与一些盟友建立了预警情报关系，目前仍与其中很多国家保持这种协作。[2]

1949 年 1 月，美国陆军情报部（G2）也启动了类似的努力，针对苏联的军事活动，增设情报征候研究部（IIF）。1950 年 4 月，中央情报局和情报征候研究部的分析人士关注到朝鲜半岛的局势。美国陆军曾在情报评估的正文中指出“半岛上的敌对行动随时有可能爆发”[3]。果不其然，这则预警信息被高级决策者忽略——早期的经验教训充分说明，预警人员必须要与决策高层进行直接而有说服力的沟通。[4] 观察委员会在当年 6 月 15 日得出的结论是，本国在全球范围内最可能与苏联阵营产生冲突的高危地区中，朝鲜半岛位列顺位第五。[5] 然而，不论是情报征候研究部，还是观察委员会，都没能预见到 1950 年 6 月 25 日朝鲜战争的爆发。[6]

朝鲜战争的爆发使美国政府对辛西娅 · 格拉博提出的“情报征候业务”[7] 产生了更浓厚的兴趣。1950 年 8 月，国防部增加了情报征候研究部的人员配备，不仅将其他军种的情报人员纳入其中，还特邀中央

[1] 有关英国情报援助的历史信息，参见“Nightwatch: A Brief History of Indicators Analysis,” October 12, 2012, Public Intelligence Blog, http://www.phibetaiota.net/2012/10/nightwatch-a-brief-history-of-indicators-analysis/。

[2] Landers, “Defense Warning System”; 就此，笔者也曾向许多预警专家证实了解。

[3] Grabo, “Watch Committee,” 366.

[4] George and Wirtz, “Warning in Age of Uncertainty,” 216; Voskian and Pherson, *Analytic Production Guide*, 22–25.

[5] Andrew, *For the President's Eyes Only*, 187.

[6] Ford, “US Government's Experience,” 45.

[7] Grabo, “Watch Committee,” 366.

情报局、联邦调查局和国务院的情报人士加入联合行动，并将该部门正式更名为美国联合情报征候委员会（JIIC）。委员会仍沿袭此前惯例，由一名陆军准将主持每周例会，形成的周报在政府内部各部门间广泛传阅。[1] 然而，人员规模扩大后，委员会仍没能对中国在东北地区的军事集结及早发出警示，1950 年秋天的半岛局势受此影响深远。[2] 格拉博对此观点如下：

> 面对新的证据却不愿改变先入之见，恪守僵化的作战序列标准而低估对方的军事实力和军事能力——以上两点，成为一直以来一再阻碍美方及时预警的两块绊脚石。尽管在当时看来，这不过是部分研究人员一时固执己见的分析缺陷，或者说是一时的“一次性问题”，但日后证明，同样的问题实则广泛而普遍存在。随着时间和经验的积累，从事情报征候研究的分析师将逐渐意识到，只有取得上级的鼎力支持，自己的分析意见才有可能被考虑采纳。在根深蒂固的官僚作风面前，一己之见或一己之力都无异于螳臂当车。[3]

尽管措辞略有差异，但格拉博的观点不外乎再次归纳了屡次预警失误的一般性特征。虽然联合情报征候研究委员会在 10 月对中国将采取重大军事行动发出警示，比中方的实际行动提前了 10 天。但是，这则预警信息同样没能引起太多重视。华盛顿当局显然更倚重麦克阿瑟（Douglas MacArthur）将军更为乐观的看法，以及他在东京的远东司令部总部提供的情报评估。[4]

---

[1] Grabo, “Watch Committee,” 366–67。

[2] Unsinger, “Three Intelligence Blunders in Korea,” 549–61; Mobley, “North Korea’s Surprise Attack,” 490–514.

[3] Grabo, “Watch Committee,” 367–68.

[4] Grabo, “Watch Committee,” 368; Bar-Joseph and McDermott, Intelligence Success and Failure, 143–83。

在中方出兵后不久，美国情报顾问委员会[1]认为，不再需要两个并存的预警委员会，遂决定保留联合情报征候委员会的编制，但于1951年1月将其更名为观察委员会。[2]新的观察委员会在接下来的四年多时间里，仍继续接受部队军事管辖。在整个朝鲜战争期间，观察委员会以战争相关的军事情报为工作重点，在实践中基本复制了其他情报机构的动态情报活动方式，而忽视了其他课题——这一错误后来也曾再犯。

1954年，在美国空军的敦促下，情报顾问委员会在五角大楼增设全国征候中心（NIC）为观察委员会提供支持，借此强化本国情报预警职能。至此，观察委员会的宗旨——即全国征候中心的使命，就是对美国及其盟友面临的军事威胁和可被其他国家利用的形势发出警示。[3]与此同时，改由中央情报局副局长（在20世纪50年代，该职位一般由高级军官担任）或中央情报局其他高级官员以主席身份主持观察委员会工作。虽然观察委员会没有参与机遇预警的权限，不负责提示决策者可能促进美国利益的机会，但是，当局含蓄地授意委员会，负责排查美国和西方国家是否存在可被对方利用的漏洞。在实际工作中，观察委员会的这项预警业务遭遇了国防部的阻挠，对方拒绝与其分享相关信息。迫于政治阻力，委员会不再从事有关盟友国家和潜在对手相对位置的净评估工作。该预警职能后被国防部长办公室下辖的受安德鲁·马歇尔（Andrew Marshall）指挥的净评估办公室（ONA）在1973年接替。[4]马歇尔的传记作者描述他的办公室旨在"为国防部长及其他高级国防官员提供新兴战略问题的早期预警，或提示先于对手获得竞争优势的机会"[5]。

全国征候中心和观察委员会在20世纪50年代的数次危机形势中履行

[1] 情报顾问委员会（Intelligence Advisory Committee，IAC），国家级的高级别情报委员会。

[2] Grabo, "Watch Committee," 369–70.

[3] 同上, 368。

[4] Krepinevich and Watts, *Last Warrior*.

[5] 同上, 247。

监控职责，包括法越战争，1956 年华沙武力干预匈牙利，以及最终导致美军 1958 年出兵的黎巴嫩内战局势。1956 年 10 月，观察委员会在事发前 36 小时对英、法、以三国将联手攻打苏伊士运河发出预警。[1] 时任美国总统德怀特·艾森豪威尔（Dwight Eisenhower）因此迅速做出有力外交回应，严词谴责诸盟友行径。此外，美国与苏联就柏林地位问题的矛盾也在观察委员会的监控范围之列。全国征候中心于 1958 年组建专门委员会负责监控柏林局势，直至 1961 年 8 月柏林墙修筑前昔。在对上述种种危机的监控和跟踪过程中，全国征候中心与本国情报界内的动态情报分析人士保持了充分协作。

在格拉博看来，全国征候中心成功监控并准确预警了古巴导弹危机期间苏联方面的行动，“堪称观察委员会和全国征候中心的巅峰表现”[2]。不同于格拉博的赞誉，绝大多数对美国 1962 年情报表现的评估意见，强调评估过程的失误，以及虽以航拍摄影形式的战术搜集成功，但为时已晚，战术军事预警工作更是乏善可陈。

20 世纪 50 年代末至 60 年代初，观察委员会始终是高级别的情报组织，由二星或三星级武官军人或同级文职官员挂帅，麾下成员来自中央情报局、国务院、1961 年新设的国防情报局、国家安全局和联邦调查局。其中，国防情报局代表军方，向委员会派驻观察员。委员会下辖的全国征候中心也具备与之相当的高水准人员配置。据格拉博回忆，全国征候中心的核心团队由高级军官或文职分析师构成，人数始终“约 13 人”[3]。包括其他支持性团队在内总人数约有 30 人。[4] 下设 24 小时全天候“观测中心”，随时监测情报征候清单中重点相关项的活动信号流量。部分分析师

[1] Grabo, “Watch Committee,” 370.

[2] 同上，376。

[3] Grabo, “Watch Committee,” 373。

[4] Patton, “Monitoring of War Indicators,” 57.

也从事现存和潜在的新兴预警课题的调研。[1]

彼时，预警工作的关注点还相当局限。分析师的工作首先是发现军事袭击的征候。相关研究表明，突然袭击如欲成功，必然在关键信息上采取拒止与欺骗手段。这些关键信息包括对手意图（即是否有计划发动袭击），发动时间，目标地点，投入军力和袭击“风格”（即以何种方式实施打击）等。[2] 因此，预警分析师的工作是为更准确判断上述要素而寻找方法。

观察委员会和全国征候中心也有与动态情报机构类似的例行操作，一般以周为单位定期发布“预警”报告。[3] 并在此基础上，开发了征候与预警方法。[4] 该情报方法连同预警职能逐渐发展成制度化的惯例，每个主要军事指挥部都在下辖的情报机构中嵌入了类似全国征候中心机制，借此为本部指挥官提供情报支持，并与更广泛的国防预警系统保持互动。

观察委员会在美国政府内部享有相当高的地位，在危机形势下，无需再与情报界内其他部门协调意见，能够自主做出分析决断，且得出的预警信息在一小时内即可上报至白宫。[5] 工作成果以总统情报清单形式上呈，相当于约翰·肯尼迪总统时期的《总统每日简报》。[6] 在 1963 年 11 月 22 日肯尼迪遇刺后，中央情报总监约翰·麦科恩（John McCone）立即呼吁观察委员会调查密谋行刺的征候。[7]

20 世纪 60 年代，攸关美国国家利益的威胁在全球扩散，观察委员会和全国征候中心内部就应该跟进哪些议题而展开辩论。这些议题与预警人员谑称为“捕熊夹子”（beartrap）的章程相一致，即受命重点攻关

[1] Ramsey and Boerner, “Study in Indications Methodology,” 75–76.
[2] Davis and Grabo, “Strategic Warning and Deception,” 32.
[3] Patton, “Monitoring of War Indicators,” 55–68.
[4] Ramsey and Boerner, “Study in Indications Methodology.”
[5] Patton, “Monitoring of War Indicators,” 58.
[6] Priess, *President’s Book of Secrets*, 26.
[7] Andrew, *For the President’s Eyes Only*, 308.

与苏联相关的威胁。在监视苏联等社会主义国家之余，观察委员会在此期间也密切关注老挝、朝韩、中东地区、南越和泰国的形势，以及 1962 年中印边境冲突等。[1] 全国征候中心在 60 年代末的主要精力集中在东南亚地区，再次与从事动态情报分析的机构发生大量业务竞争。

在越南人先后抗法、抗美的两次战争期间，美国情报机构对越南的情报评估工作都不尽如人意。[2] 美国陆军文职情报分析师乔治 · 艾伦（George Allen，后供职于中央情报局）透露，他在 1954 年初的情报评估报告中指出，越南独立同盟会（Viet Minh，简称越盟）有计划、有能力对奠边府（Dien Bien Phu）的法国驻军采取行动。但这一观点未被观察委员会主席采纳，导致委员会没能就法国即将遭受的军事打击发出预警。[3] 在美国与越南交战期间，情报工作集中于应对传统战术层面的军事问题。使用征候与预警方法的情报机构往往会得出意想不到的结论。然而，专项调查小组对此期间情报工作的评价认为，美方针对 1968 年 1 月春节攻势的战略预警确实产生了一定的成效。[4] 部分作战单位根据己方搜集到的情报和评估分析结果，已经于事发前做好了充分的迎战准备。美方在越南当地春节期间取得了威胁预警的成功，也产生了“机遇”情报成功：第 4 步兵师在掌握了对手的作战计划后，有效打击了中部高地，特别是越南波莱古（Pleiku）周边的守军部队。[5]

诚然，专项调查小组也指出，总体而言，军方在情报工作和响应能力双方面存在明显缺憾，这两大弱势也一直为批评人士所诟病。格拉博发现了对越作战期间阻碍及时、有效预警分析的障碍，归纳如下：

[1] Grabo, “Watch Committee,” 376; Davis, “Watchman for All Seasons,” 38.

[2] Ford, *CIA and the Vietnam Policymakers*.

[3] Allen, *None So Blind*, 60–61.

[4] Director of Central Intelligence, “Intelligence Warning of the Tet Offensive.” 其他观点，另见 Moyar, “Hanoi’s Strategic Surprise,” 155–70。

[5] Director of Central Intelligence, “Intelligence Warning of the Tet Offensive,” 6.

- 过分倚重作战序列为评估部队调遣和部署的依据；
- 面对新情势时，重新分配分析资源的速度低下（对越作战期间，没有指派专人对作战序列之外的敌军调遣情况跟进分析）；
- 认为现成的非涉密信息“级别过低”而不愿采纳；
- 过分倚重涉密信息渠道，哪怕这些渠道并未产出任何情报；
- 过度关注动态数据，而忽视了更为长远的基础性情报研究；
- 视对手的公开言论为“纯粹的宣传蛊惑”；
- 所谓动态情报和军事情报“专家”们不愿考虑其他专家基于情报征候做出的不同判断；
- 特别是在消息未得充分证实前，惰于向高层传递任何负面消息。[1]

上述障碍在此后的其他案例中仍然反复出现。美国情报界在1967年的表现倒是可圈可点，不仅预见到以色列与其阿拉伯邻邦间的潜在武力冲突，而且准确预判了战争的后果，甚至于整个情报界迄今仍陶醉于彼时大获成功的欢欣之中。

然而随后的1968年，观察委员会就在捷克斯洛伐克的问题上栽了跟头。是年，持续数月的“布拉格之春”运动引发了莫斯科和东欧方面的担忧，为免捷克斯洛伐克就此抛弃社会主义制度，以苏联为首的华约组织遂出兵干预。[2] 克格勃第一总局[3] 辖下D分部与苏联军方共同制定的军事欺骗行动，虽然受到观察委员会的密切监视，但委员会并未正式发出武装进攻的预警。[4] 格拉博将此次情报失误的分析性错误归纳为：

---

[1] Grabo, “Watch Committee,” 377.

[2] Valenta, *Soviet Intervention in Czechoslovakia*.

[3] 系苏联国家安全委员会负责对外情报侦察的部门。——译者

[4] Latimer, *Deception in War*, 262–64; Grabo, “Soviet Deception in the Czechoslovak Crisis.” 第一总局于1959年下设D分部，该部后发展成为A行动组，参见Heuer, “Soviet Organization and Doctrine,” 28。

- 普遍认为，经 1956 年镇压匈牙利起义一役，一个更为“成熟”的苏联将不至于重蹈覆辙；
- 未能认识到苏联领导人对捷克斯洛伐克局势的重视；
- 普遍认为，缓和苏美关系的重要性足以打消苏联领导人采取公开军事行动的念头；
- 忽视或轻视了诸多关键细节，不少微小但重要的情报征候，尤其是有关对方军事准备的征候，淹没于接收到的海量信息之中；
- **过度强调动态情报报告，而忽略了对积累的征候做出深度分析**（强调为笔者所加）；
- 未能将军事和政治两条线索充分结合，因此未能更清晰、充分掌握苏联的决策过程；
- 动态情报反复提及苏联宣称其军事行动是为“演习”，未考虑到对方是在以声明掩盖军事准备的真相；
- 因苏军延缓了行动发起前三周的军事动作，致使美方放弃了警惕，预警判断的力度亦受此削减。[1]

格拉博注意到，虽然不少分析师都准确解读了苏军的行动，并预见到了苏联的干预行径，但是，他们就像 1954 年的乔治 · 艾伦一样，没能说服观察委员会及全国征候中心分析团队中其他的多数派。根据后来的公开资料可知，苏共政治局迟至 8 月 20 日方才做出武力干预的最终决定[2]，也就是说，数月以来，情报分析师都在就一道无解之谜争辩其结果，而并非解决拼图谜题。对华约组织此番行动指涉存在分歧，导致情报报告在措辞上折衷，不足以形成明确的预警信息。格拉博因亲历了上述种种分析性错

[1] Grabo, “Watch Committee,” 379–80.

[2] 洛赫 · 约翰逊（Loch K. Johnson）透露，该决定在 8 月 20 日做出，参见 Johnson, “Glimpses into the Gems,” 356。但根据伊里 · 瓦伦塔（Jiri Valenta）的报告，武力干预的决定是 8 月 17 日做出的，参见 Valenta, *Soviet Intervention in Czechoslovakia*, 145。

误在20世纪五六十年代多次复发，遂决意就此提笔著书。[1]

格拉博认为，由于种种原因[2]，全国征候中心和观察委员会在70年代初由盛转衰。全国征候中心曾享有独立起草并迅速发布明确预警报告的充分自由，直至观察委员会在某次情报失利后做出决定，要求在任何报告发布前对全国征候中心的预警信息进行必要审阅和编辑。1963年，取代情报顾问委员会而行使职权的美国情报委员会（USIB）出台规定，要求任何预警报告未经情报界内部充分讨论则不得发布。这一规定致使全国征候中心的分析意见再打折扣，措辞进一步向官僚话术折衷。动态情报分析师希望全国征候中心不要提出任何他们此前没有提及的内容，因此全国征候中心的产品与动态情报别无二致。全国征候中心与观察委员会无论是否有重要的预警信息需要传达，都采用每周生产计划，预警信息的可信度因此受损。美苏关系在20世纪70年代初实现阶段性缓和，双方一改50年代剑拔弩张之势，进入和平共存之状态，于情报界高层而言不必再担惊受怕，对威胁性预警机构的需求亦随之下降。结果导致，这支负责执行全国征候中心监控职能的称职堪任的情报团队，一时成为情报界其他机构竞相争夺的人力资源。

然而，在此之后，预警失误仍未免于频频发生。观察委员会曾在1973年10月6日上午举行会议，结论认为埃以的边境争端不致引发重大敌对冲突，但第四次中东战争随后爆发。这次失败和后来发生在塞浦路斯的另一次危机事件，促使美国情报界在1974年启用《警示备忘录》（Alert Memorandum）[3]机制，作为专门的预警手段，与高级情报消费者易为混淆的动态情报以示区别。但实际效果微乎其微。1975年3月，中央情报总监威廉·科尔比（William Colby）决定撤销观察委员会，以规模更为精简的战略预警团队（SWS）取代全国征候中心。新团队采取跨

[1] Grabo with Goldman, *Handbook of Warning Intelligence*.

[2] Grabo, “Watch Committee,” 381–85.

[3] Betts, *Enemies of Intelligence*, 49–50; Anonymous, “National Warning Intelligence.”

部门协作的运作方式，集结了五角大楼内多个部门的人手。

同期，国防部仍保有以五角大楼联合参谋部 J2 情报部和作战指挥部下辖的情报部门为核心的单独预警系统。[1] 由国防情报局指派专员予以支持，但并未对从事预警工作的国防情报官员做出妥当安置。此前，位于国防情报局总部的主要分析部门鲜少与在五角大楼办公的本局人员有所往来，彼此的嫌隙和隔阂导致双方不太可能在预警问题上实现任何重大合作。[2] 作战指挥部的预警团队仅以职责范围内的问题为攻关对象。

联合参谋部的“体系”很大程度上取决于同一时期 J2 情报部的偏好，也受到彼时通行的技术预警系统的影响。情报部的人事更迭，往往连带对预警职能进行机构重组或更名。譬如，1961 年开始启用的全球征候与预警系统（WIMS）最早脱胎于早期的美国空军部系统，在 20 世纪 90 年代前后被国防部的国防征候与预警系统（DIWS）取代，后者又随后更迭为 1992 年的国防自动预警系统（DAWS）和 2008 年的全球联合预警工程(JGWE)。此后，国防预警职能一度被砍，前期记录被弃，直至 2012 年，又以国防预警网络（DWN）的形制复起。但不论具体机构形式如何变化，基本人员仍由国防情报局从当前情报团队中向 J2 选派，当然，也不乏军方人士参与。这一阶段的国防预警体系以征候与预警方法为核心分析流程，通过自动化系统完成相关信息的存储、处理和预警信息的传递。

与观察委员会一样，国防预警工作最初只针对与国家间“硬碰硬”[3] 的战事冲突相关的军事威胁。因 20 世纪 90 年代 J2 对人道主义问题、自然灾害和非常规战争提高了关注，国防预警也开始重视更广泛领域的课题，譬如监控 80 年代末和 90 年代初南斯拉夫解体、1992 年索马里持续

---

[1] 这部分信息由罗伯特 · 登菲尔德提供。1987 至 1993 年间，登菲尔德曾以美国陆军军官身份在联合参谋部 J2 情报部供职。

[2] 该结论基于笔者 2014 至 2018 年间与多位国防部预警情报人士的交流所得。

[3] 观点出自笔者 2017 年 5 月 13 日与罗伯特 · 登菲尔德的交流。

干旱引发的饥荒情况等。[1] 通常而言，国防预警工作一般只针对已知性威胁，而不涉及新兴的预警课题；一般以动态情报类定期报告形式发布预警信息；所发布内容一般并不会与情报界其他机构协商，而仅在国防部内部传阅。[2]

随着预警组织机构的演变发展，政府相关部门也在试图改进预警分析的方法。为此，美国国防部高级研究计划局（DARPA）为提升预警效力，在内部研发的同时，也对相关学术研究提供资金资助，其中包括开发通过衡量国际军事承诺判断新兴威胁的预警方法，及开发更精准预测有预警要义事件的预警系统。[3] 高级研究计划局在 20 世纪 70 年代还资助了南加州大学的一个威胁识别项目。[4]1977 年，两位计划局的分析师建议整合预警系统。[5] 但种种努力都未见明显成效，更不可能取代基础性的征候与预警分析方法。情报界为提高系统内各机构间沟通协作的速度和水平，在工作流程和技术手段上也下了功夫，成果包括建立国家行动及情报监控人员网（NOIWON），实现中央情报局、国防情报局、国家安全局、国务院情报与研究局的各行动中心，以及联合参谋部 J3 作战部、白宫战情室可随时就国家安全问题召开紧急会议。[6] 数十年后，美国国防部高级研究计划局仍在继续从事技术手段的研发，对情报分析水平的总体改善发挥了一定作用。

预警与评估流程

负责根据评估结果发布预警信息的美国国家评估办公室也曾遭受由被

[1] 观点出自笔者 2017 年 5 月 13 日与罗伯特·登菲尔德的交流。

[2] Richelson, *US Intelligence Community*, 415.

[3] Martin, "Measurement of International Military Commitments," 151–80; Andriole and Young, "Development of an Integrated Crisis Warning System," 107–50.

[4] Martin, "Measurement of International Military Commitments."

[5] Andriole and Young, "Development of an Integrated Crisis Warning System."

[6] 同上，182–83。

倚重到被轻视，由弃置到复起的好恶循环。谢尔曼 · 肯特曾指出，情报评估是在不确知的情况下做出的行为，评估职能与预警职能作用基本相当。仅有的区别在于，如前所述，原则上预警内容包含了作为或不作为的行政决策建议。情报评估和战略预警都主要服务于高级决策者的需求，为重大决策予以情报支持。二者皆以具有战略要义的课题为攻关对象，旨在攻克无解之谜，而非拼图谜题。美国《国家情报评估》报告与观察委员会属同时期产物，设计初衷也是为避免再次发生类似珍珠港事件的情报溃败。此外，1950 年在朝鲜半岛接连出现的不力局面也迫使美国在预警和评估方面做出反省。[1]

时任中央情报总监沃尔特 · 比德尔 · 史密斯（Walter Bedell Smith）于 1950 年 10 月下令创设国家评估办公室。11 月，评估办公室正式启用。草创团队由资深的高级情报人员构成，首任总监威廉 · 兰格（William Langer）曾是哈佛大学著名历史学教授，二战时期曾任美国战略服务办公室（OSS）情报分析总监。副官谢尔曼 · 肯特，曾是耶鲁大学历史学教授，也曾在战时效力于战略服务办公室。[2] 彼时，正值肯特的著作《战略情报：为美国世界政策服务》（*Strategic Intelligence for American World Policy*）刚刚出版问世。该书影响力至今未衰。肯特随后成为兰格的继任者，在 1952 至 1967 年间出任国家评估办公室总监一职，麾下团队由深受决策高层信赖的将级退伍军官、前大使、高级文职情报分析师等构成。其中，资深成员、中央情报局前高级情报分析师哈罗德 · 福特（Harold Ford）曾评价说，各成员杰出的情报才干和与政治高层的密切联系，构成了国家评估办公室成立初期的主要优势。[3]

尽管在编制上，国家评估办公室是中央情报局下辖部门之一，但评估

---

[1] Ford, *Estimative Intelligence*, 26, 44.

[2] Kent, *Strategic Intelligence*. 参见中文版：《战略情报：为美国世界政策服务》，[美] 谢尔曼 · 肯特著，刘薇、肖皓元译，金城出版社，2012 年。——编者

[3] Ford, *Estimative Intelligence*, 83–84.

办公室直接听命于中央情报总监本人。评估办公室的分析团队与情报界其他部门的分析人士和情报消费者保持密切往来，评估判断结果接受外部专家审核。事实上，美国情报界近年又恢复了外审制度，却声称是一种“创新”，可见情报界制度记忆之衰退。[1] 评估办公室重视并强调客观分析。因为机构本身相对独立，评估办公室的情报产品最初只须提请美国情报顾问委员会及后来取代顾问委员会的美国情报委员会审阅，这一点维护了评估结果的客观性，报告结果无需为迎合各方意见而采取折衷，规避了在后来的各机构协作过程中常犯的“最小公分母综合征”。基于上述原因，大多数观察人士对国家评估办公室在 20 世纪 50 年代有关苏联、中国、中苏交恶等重大问题的评估表现予以肯定。[2]

但是，国家评估办公室严重忽视了一个具有重要战略预警意义的问题——1962 年苏联在古巴的核弹布置。国家评估办公室确实留意到是年苏联在古巴的活动日密，先后四次发布评估报告。其中，最后一则报告，第 85-3-62 号《特别国家情报评估》（SNIE）报告，发布于 9 月 19 日，距离古巴导弹危机最终爆发不过一个月时间。报告探讨了各种可能性，结论认为，苏联人有所动作，不过是出于保护新生社会主义政权免受美国侵袭之目的。鉴于美方确曾试图刺杀菲德尔 · 卡斯特罗（Fidel Castro），策划猪湾事件，甚至彼时肯尼迪政府仍在进行推翻卡斯特罗政权的诸般尝试，[3]《特别国家情报评估》报告的这一分析似乎也在情理之中。报告称，部署核弹和潜艇基地确能使苏联从中受益，但“在古巴的领土范围内建设能够对美实施打击的核武力量，并不符合美方现阶段对苏联政策的推断”。[4] 然而，就在随后不久，美国的侦察机就真的在该区域发现了核弹。

[1] Ford, *Estimative Intelligence*, 85。

[2] 同上，85–87。

[3] Andrew, *For the President's Eyes Only*, 251, 253–57, 275, 286; Horelick, “Cuban Missile Crisis,” 363–89.Kent, “Crucial Estimate Relived.” Wohlstetter, “Cuba and Pearl Harbor.”

[4] Kent, “Crucial Estimate Relived.” Wohlstetter, “Cuba and Pearl Harbor.”

航拍侦察斩获的情况并不能说明国家评估办公室判断有误，但的确可以说苏联人做出了超乎于《特别国家情报评估》报告预测结果的不寻常举动。鉴于意外发现苏联导弹的事实，第 85-3-62 号《特别国家情报评估》报告被普遍认为是一次重大预警失误。

谢尔曼·肯特而后在中央情报局内刊《情报研究》(*Studies in Intelligence*) 上发表了一篇最初属于涉密内容的文章[1]，解释他及其团队之所以做出失准的判断。这一举动在情报机构中实属罕见，但内容堪可谓精彩——对情报失误丝毫不加以自我防卫式的掩饰，也拒绝内部事后分析和大多数调查委员会“事后诸葛亮”式的偏颇。[2] 一言以蔽之，肯特认为，“我们忽视了苏联向古巴部署导弹的决策，正是因为我们不相信赫鲁晓夫会铸此大错”[3]——这句话后来一直被反复引用。肯特同时还总结说，情报分析本身固有的难度致使任何评估和预警都难逃一错。在肯特看来，彼时罗伯塔·沃尔斯泰特对珍珠港事件的分析十分中肯，他甚至先于理查德·贝茨（1978 年）提出了有些情报失误在所难免的观点。[4]

诚然，情报评估实非易事，航拍侦察确认了苏联在古巴部署战略导弹，这总算使美国的情报界收之桑榆，最终确保肯尼迪总统在与苏联交涉时得到了充分的情报支持。但是，《特别国家情报评估》报告令国家评估办公室的威望大打折扣。国家评估办公室自进入 60 年代后，声誉江河日下，原因是多方面的 ：受管理层的人事安排决定，队伍业务素质下滑 ；情报人员与主要情报消费者的联系日趋淡薄 ；在与其他政治机构的官场争斗中，缺乏技巧，不擅竞争 ；在情报界内部，并不被视作独立情报实体，而

[1] Special National Intelligence Estimate 85-3-62, “The Soviet Military Buildup in Cuba.” *In CIA Documents on the Cuban Missile Crisis*, 91–95, at https://www.cia.gov/library/center-for-the-study-of-intelligence/csi- publications/books-and-monographs/Cuban%20Missile%20Crisis1962.pdf.

[2] Allen, “Warning and Iraq’s Invasion,” 33–44.

[3] Kent, “Crucial Estimate Relived,” 118.

[4] Wohlstetter, *Pearl Harbor*; Betts, “Analysis, War, and Decision.”

被当作中央情报局的鹰犬，常常招致怨怼；在情报机构间增加了对情报信息的协调整合流程后，国家评估办公室评估信息的清晰度和质量都受到折损；尤以前述 1962 年 9 月的特别报告为典型，《国家情报评估》报告的“击球率”不断下跌。[1] 加之时任美国总统理查德·尼克松对情报工作的总体成效不满[2]，中央情报总监威廉·科尔比遂裁撤了国家评估办公室的设置。[3]

为继续解决国家评估办公室未竟之问题，科尔比在 1973 年 10 月组建美国国家情报官（NIO）团队，成员规模稳定在 15 人左右，基本为负责特定区域情报问题和新兴功能性课题研究的高级分析师。国家情报官作为关键情报消费者的可信顾问，与这些重要的情报客户保持密切联系，对本人业务范畴内的情报问题履行预警和评估职责。美国国家情报官团队的出现，令早已是桑榆晚景中的观察委员更加日暮途穷。

1975 年，为彻查情报界机构行为不当的有关指控，国会两院分别成立委员会，目前的情报监督委员会也正是在此后不久应时而生。美国众议院常设特别情报委员会（HPSCI）的附属评估委员会在 1978 年 8 月提交报告，建议强化预警情报职能，并为此增设美国国家预警情报官（NIO/W）职位——具有跨部门权职的国家级预警职官。[4]

中央情报总监斯坦斯菲尔德·特纳（Stansfield Turner）在 1979 年组建美国国家情报委员会（NIC），由委员会主席、副主席加强对各个国家情报官各自独立行动的协调统筹。国家情报委员会的设立，为国家情报官的统筹领导工作提供了制度依据，也提高了情报官团队的权重地位，有助于国家情报委员会尽责履职。

---

[1] Ford, *Estimative Intelligence*, 97–104; Betts, *Enemies of Intelligence*, 41; Johnson, “Glimpses into the Gems,” 341–54.

[2] Andrew, *For the President's Eyes Only*, 350–96.

[3] Ford, *Estimative Intelligence*, 82.

[4] McCarthy, “National Warning System,” 5–19; Snider, *Agency and Hill*, 203–4.

国家预警情报官

同年，在众议院常设特别情报委员会的前述报告以及委员会对另一起预警失误（伊朗国王意外垮台[1]）的调查分析报告发布后不久，中央情报总监特纳签发第 1/5 号局长令，在既有的情报分析方法的基础上，创建新的国家情报预警系统，并增设国家预警情报官[2]职位。该指令同时明确规定了国家预警情报官的职责所在，包括统筹区域性预警情报活动，协调从属于其他部门的预警情报官，并对以下问题制定规范：

1. 此处之所谓“**预警**”，内涵包括为使总统、国家安全委员会（NSC）、国家的武装部队免于因对本国国家安全构成重大意义的外国事件而承受任何措手不及的意外，由美国的情报界所采取的情报措施及所生产的情报信息。它包括战略预警，而非战术预警。
2. **战略预警**所指的情报信息或情报内容，关涉以美国或有美方参与事件为目标的敌对行动威胁。该类情报或信息可能取得于敌对行动发起前的任何时刻，但不包括战术预警。
3. **战术预警**指通告本方，敌人已发起敌对行动。从攻击发动之日起至攻击目标达成之时止，其间随时可能接收到战术预警。[3]

上述各定义迄今仍在继续沿用。值得注意的是，其中，对“预警”的定义是使国家及军队高层免于因“构成重大意义的事件”而遭受“意外”的规避行为。从实践角度出发，当时的国家预警情报官和国家情报委员会须兼顾威胁预警及机遇预警，优先解决国家高级决策者的需求，但关注视阈并不局限于此，撤掉了过去局限于苏联问题的“捕熊夹子”。与此同时，

---

[1] Jervis, *Why Intelligence Fails*, 15–122; Bar-Joseph, “Forecasting a Hurricane,” 718–42.

[2] Available at http://fas.org/irp/offdocs/dcid1–5.html.

[3] Available at http://fas.org/irp/offdocs/dcid1–5.html.

则仍基本采取独立运作模式，仍以军事威胁为重点。

新的预警系统很快迎来了实践的检验。彼时，苏联对阿富汗政府内部反对势力潜心制造混乱的不满情绪日益加剧，引发美国情报界持续关注，但莫斯科当局将如何就这一在苏联方面看似不断恶化的政治时局做出反应仍不甚明朗。美国在1979年的大量动态情报分析都聚焦于苏联的下一步行动，但情报界并未因此而强调苏军12月发兵阿富汗的潜在可能。美国国家安全委员会曾要求就苏军是否会做出出兵行径进行预警分析，作为回应，情报界在1980年10月发布了长达73页的报告，总结指出情报界采用的“征候与预警分析系统”运转良好，能够发布三份《警示备忘录》，其中有一份于9月发布，两份于12月发布。在第二份备忘录于19日签发后仅一周时间，苏联人就举兵开进了阿富汗，[1] 但是报告认为，征候与预警分析方法对苏联方面的军事行动基本做出了正确解读。负责这个“预警问题”的官员是通过正式程序对特定区域预警（详见第6章），理应是通用部队的国家情报官，而不该由新晋的国家预警情报官承担。[2]

通常情况下，每一任国家预警情报官都具有以下资产与责任。他们均拥有自由调动其个人情报分析团队的条件，及必要时直接向中央情报总监和高级决策者发布预警信息的权限。其中，国家预警情报官的个人团队由从事独立情报分析的分析师构成，并与其他线性分析机构的专家或国家情报官协作。至于国家预警情报官的具体职责，则一般包含向国家情报官反映其预警忧虑，在自身职责范围内传递生产的预警信息，视情提升预警相关的搜集工作优先等级。尽管各位预警情报官的工作方式不尽相同，但基本仍属于混合型体系的变体范畴，即以小型专职预警办公室为核心，与主要从事动态情报分析的分析部门定期交流。除强化与动态情报分析的协作，早期的国家预警情报官与五角大楼的国家战略预警团队的关系也十分紧密。20世纪70年代后期，美国国家战略预警团队的负责人一直是中

---

[1] Director of Central Intelligence, “Soviet Invasion of Afghanistan.”

[2] Director of Central Intelligence, “Soviet Invasion of Afghanistan” 1.

央情报局的道格拉斯·麦凯钦。1980 至 1982 年，该职位由约翰·伯德担纲[1]。国家战略预警团队后更名为五角大楼国家危机预警团队，成为国防情报局的重要军事组织，但业务重心有别于 J2 的动态情报分析。国家危机预警团队和 J2 情报部均强调相关线性分析机构应对其发布的预警信息予以重视，但二者的实际情报受众大相重合。危机预警团队的重心在于军事威胁，而国家预警情报官则就更为广泛的军事乃至公共议题（包括威胁与机遇），与政府内部其他部门的高级情报消费者保持密切沟通。[2]

首位国家预警情报官理查德·雷曼（Richard Lehman），系中央情报局职业情报人员出身，曾任美国国家情报委员会主席。雷曼处事谨慎，一般不轻易签发预警信息[3]，而是倾向于静待事态进一步明朗后，再做判断。但也往往会因为过于谨慎而延误了高级决策者及时做出充分应对的时机，从而违背预警的目标。雷曼与国家战略预警团队的分歧也常因此而起，相比之下，后者在预警问题上工作作风更为激进，甚至不惜通过非正式的个人关系向关键决策人物传递信息。[4] 曾同样担任过国家预警情报官的约翰·伯德对自己的这位前辈评价如是 ：“追求永不犯错，即永不正确。”[5] 在伯德看来，美国的情报部门失于在 1979 年发出正式预警，在很大程度上正是归因于雷曼保守的作风。[6]

雷曼的继任者，国家安全局的戴维·麦克马纳斯（David MacManus）同样是职业情报人员出身。据悉，麦克马纳斯曾参与撰写 1984 年的《国家情报评估》报告，研究苏联方面会如何回应北约 1983 年代号“优秀射

[1] 有关战略预警团队的具体运作方式，参见 DIA memo S-0656/DIA/DN-1A, Overview of the Strategic Warning Staff," December 8, 1978, at https://www.cia.gov/library/readingroom/docs/CIA-RDP83B01027R000300140009–4.pdf。

[2] 1987 至 1988 年，约翰·金特利曾在时任国家预警情报官的约翰·伯德麾下效力。彼时，伯德的核心办公室可谓精兵强将，成员仅包括一名副手和两名分析师。

[3] 一位前高级预警分析师曾在 2017 年 2 月向笔者金特利如是透露。

[4] 同上。

[5] 在 2017 年 2 月 17 日与金特利的电话沟通中，约翰·伯德如是说。

[6] 同上。

手”（Able Archer）的核对抗演习。除此之外，在其 1981 至 1984 年履职国家预警情报官期间，未留下更多记录。至于 1984 年的《国家情报评估》报告及其争议性评价，本书第 6 章将再做讨论。

第三任国家预警情报官约翰·伯德在其任职的 1984 至 1988 年间，采取了一种后来被公认为高效的混合型预警体系。伯德认为，预警工作在多部门协同参与时，更易于取得成功。[1] 他因此注重与其他研究不同领域或地区问题的国家情报官和其他线性情报机构互通有无。首先，他本人坚持与国家情报官们定期会商。在他看来，须就预警提出的问题与情报消费者持续进行沟通和跟进的角色，是专注于相关课题的国家情报官，而非国家预警情报官抑或其个人团队，因此更应该由前者亲自发布预警信息。其次，他和他的个人团队成员也会向线性情报机构的分析师和管理层就相关课题讨教观点。这样一来，不仅有效地规避了突发性预警问题，也避免了线性分析机构因业务重叠或职能冲突而可能产生的不满。伯德十分体谅预警工作给采取线性工作流程的线性情报机构造成的难度，尤其是问题中的具体数据或信息常常不甚明确或存在争议。他因此常常推功揽过，总是将正确的预警归功于其他线性情报机构，而在预警发生错误时，他只是说那些愚蠢的分析师搞错了，主动揽责保护线性分析机构。

美国的情报界内部，各个机构之间因为各自的不同视角，对同一问题仍可能存在不同的解读。而伯德的处事风格，则是以职业的工作态度就事论事，从不针对任何个人[2]。他十分精准地意识到，自己身为国家预警情报官的职责是，在线性情报机构可能有所遗漏时发出提醒，他因此会格外留意各个部门之间的观点冲突[3]，并凭借他个人对人类基本心理的认知和对官僚政治的理解，尽可能降低冲突造成的伤害。

此外，伯德也意识到明智管理下属的重要性。他尽可能降低下属出错

[1] 在 2017 年 2 月 17 日与金特利的电话沟通中，约翰·伯德如是说。

[2] 同上。

[3] 同上。

造成的影响，予其支持和掩护，令其从错误中学习经验。伯德认为，战略预警是能够通过实践培养的技能，这一观点也被许多经验丰富的预警人士所采纳。

身为国家预警情报官，伯德需要关注的情报课题相当广泛，远不止于军事威胁预警。在他本人看来，职业生涯中最为成功的一次预警就是及时提醒了国家财政部和社会公众，某个攸关美国的国家即将发生的金融危机[1]。另一次，则是成功提醒华盛顿当局及时出手，通过外交手段使处于冲突边缘的某两国悬崖勒马。

时任中央情报总监的威廉·凯西（William Casey）十分重视情报工作的预警职能，甚至越过了国家情报委员会主席——国家预警情报官的名义上级，要求麦克马纳斯和伯德直接向其本人汇报工作[2]。凯西时不时就会把伯德叫进办公室讨论工作，如果问题紧要，他甚至会向时任美国总统里根直接请示，获取批复[3]。而对于不时来自其他国家情报官的抱怨，凯西始终力挺麦克马纳斯和伯德，称如果没有时不时惹恼同僚，反倒是国家预警情报官在渎职了。但是，凯西也难免成了伯德个人职业生涯最大一次败北的原因——因为前者听信了中央情报局分析办公室的结论，伯德始终没能说服凯西提醒里根对来自某国的不断升级的外部环境威胁予以充分重视。然而后来的证据充分表明，中央情报局在这一问题上还是太过于乐观了[4]。

1988 年中期，查尔斯·艾伦（Charles E. Allen）从伯德手中接过接力棒。艾伦在肯定前任工作高效的同时，认为伯德过于“低调”，团队也过于精简，导致任期内国家预警情报官核心办公室规模大为萎缩[5]。为此，

---

[1] 在 2017 年 2 月 17 日与金特利的电话沟通中，约翰·伯德如是说。

[2] 同上。

[3] 同上。

[4] 同上。

[5] 在 2017 年 3 月 17 日与戈登的沟通中，查尔斯·艾伦如是说。

艾伦与伯德曾经的下属、美国国防预警情报局国家危机预警团队的资深专家约翰·麦克雷里（John F. McCreary）开始联手扩充核心团队的人力。二人从五角大楼内的其他部门征召了约 10 到 12 名分析师，其中不乏一些被原机构希望踢出来的情报人员，但艾伦的这一举动引起了当时的联合参谋部 J2 情报部的反对，拒绝为艾伦的新增人马提供额外的办公空间。[1]

显然，艾伦的行事风格与伯德大相径庭。他自诩“会因为特立独行而惹上麻烦”，但他“并不在乎”是否“惹怒别人”[2]。艾伦回忆到，“我们不按套路出牌”[3]。这让艾伦没少招惹同僚们的反对，包括直属上级国家情报委员会主席本人，经常“想撕掉”他呈上来的报告[4]。不过艾伦与美国军方人士的关系始终一团和气，并凭此时刻掌握着友军的动向。事后评价起来，艾伦认为自己敢于打破常规、突破传统的工作方式是富有成效的。他对自己职业生涯的遗憾并不在于离经叛道而惹来的麻烦，而是某次麾下的一个海军少校把一份关于俄罗斯对立陶宛军事威胁问题的备忘录过早送到了时任国防部副部长保罗·沃尔福威茨（Paul Wolfowitz）的手上，从而产生了“负面影响”[5]。和许多预警官员一样，艾伦每周都会按时发布预警报告，但他并不知道这些报告有没有人翻阅。此外，艾伦善于逆向思维和换位思考，大胆启用“魔鬼代言人”与“红队”技术（一般指模拟行动中的“攻方”），从敌方角度出发，对情报观点或行动方案提出质疑，从而审视并排查己方弱点，假设并预判敌方反应，发现并排除失败可能。这一结构化分析技术（SATs）后来在整个美国情报界得到推广，用以帮助情报分析人士规避常犯的分析性失误。

艾伦主要针对军事威胁，适当兼顾机遇预警分析，主要关注较短时间

[1] 在 2017 年 3 月 17 日与戈登的沟通中，查尔斯·艾伦如是说。
[2] 同上。
[3] 同上。
[4] 同上。
[5] 同上。

跨度内的近期情报议题，也参与以三至五年为时间跨度的《国家情报评估》报告。[1] 艾伦对自己职业生涯较为得意的情报成果包括，在团队海量研究基础上，成功预警 1990 年伊拉克对科威特的军事威胁，以及成功预警印度和巴基斯坦两国的紧张局势，确保美国采取有效外交应对。[2]

其中，对伊拉克行将入侵科威特的预警颇有些罗生门的意味。包括艾伦和联合参谋部 J2 情报部在内的美国情报机构，均已在 1990 年伊拉克举兵前监察到伊军的军事集结，并就此向美国军方指挥官发布了预警。但是，乔治 · H.W. 布什政府的文职高官们对事情后来的走向却显得相当意外。[3] 为此，艾伦曾在公开场合发声，替自己及麾下团队的情报人员辩护，表示他们已经完成了应尽的职责，也发出了及时的预警，但声明中并未提及与之对接的任何政府高层。艾伦曾在戈登面前提到过理查德 · 哈斯（Richard Haass）的名字，后者当时代表国家安全委员会与艾伦对接工作。[4] 前国防部预警官员丹尼尔 · 兰德斯（Daniel Landers）印证了艾伦的说法，认为预警系统运转得当，美军分战区作战指挥部得到警示，中央司令部亦提高警戒级别，对相关军事活动的情报态势展开追踪 [军事术语为（Watch Condition 或 WATCHCON)][5]。而艾伦任国家预警情报官时期的副手玛丽 · 麦卡锡（Mary McCarthy）反倒觉得，发出的预警没能引起领导高层的重视，就仍然是一次预警失误。[6] 当事人哈斯后来承认，的确接收到过艾伦发出的预警，但不到最后一刻，始终没敢相信其中的内容。[7]

众说纷纭的事实进一步说明，说服力攸关预警成败，而预警信息不止

---

[1] 在 2017 年 3 月 17 日与戈登的沟通中，查尔斯 · 艾伦如是说。

[2] 同上。

[3] 笔者从与罗伯特 · 登菲尔德 2017 年 5 月 13 日的交流中获悉；另见 Russell, "CIA's Strategic Intelligence in Iraq," 194–97。

[4] Allen, "Warning and Iraq's Invasion."

[5] Landers, "Defense Warning System," 25.

[6] McCarthy, "Mission to Warn," 19.

[7] Haass, *War of Necessity*, 1, 59.

需要说服军方高层，同时需要传达到所有与之相关的决策高层。对于国家情报官而言，向外“扩展”一直是核心职责，与文职高层和军方决策者均需建立密切的个人关系。[1] 负责监管 1993 至 1995 年间《国家情报评估》报告的美国国家情报委员会时任副主席格雷戈里·特雷弗顿（后升任委员会主席）曾在 2009 年写道：国家情报委员会最大的工作成果是与高级情报消费者保有紧密联系的国家情报官，比其产出的《国家情报评估》报告更具价值。[2] 鉴于预警信息往往隐含要求决策者承担成本，因此与情报消费者保持良好的关系就显得尤其重要。

特雷弗顿认为，预警机构在 20 世纪 90 年代充分履行了两大职能——其一，预警为其他国家情报官和线性分析机构评估的问题提供了“第二个制度性视角”[3]。尤其是当国家情报官抑或线性情报分析机构无暇前思后想从长计议的时候，预警官员正好补充了额外的视角，提供了不同的数据和分析方法。其二，国家预警情报官作为预警分析的焦点，是情报预警功能的“啦啦队”。上述两点也是混合型预警体系的核心特征。

与此同时，美国国防部的预警系统也再次悄然生变。全新的国防预警系统（DWS）通过五角大楼的国家危机预警团队与国家预警情报官在不同时期展开不同程度的合作[4]。20 世纪 80 年代末期，时任国家预警情报官约翰·伯德与国家危机预警团队始终保持着不温不火的工作关系。进入 90 年代，预警委员会开始每周例会，由伯德的继任者艾伦主持召开，其中包括国防预警系统。国防预警系统由国防情报局派驻联合参谋部 J2 情报部的情报人员、军方机构、联合司令部及分战区司令部（现称作战指挥部）的情报部门、驻韩美军及部分海外军事情报机构共同组成[5]，该系统

---

[1] Davis, “Sherman Kent’s Final Thoughts,” 1.

[2] Treverton, *Intelligence for an Age of Terror*, 11.

[3] 格雷戈里·特雷弗顿在 2017 年 4 月 6 日与笔者二人的交流中如是说。

[4] Landers, “Defense Warning System.”

[5] 同上，21–23。

的情报研究重点仍集中于军事威胁，主要服务于作战指挥部的军事指挥官等情报消费者。

美国对预警的重视伴随苏联在 1991 年解体而逐日下降。[1] 针锋相对的两极格局土崩瓦解，美国一家独大，成为一时风头无两的世界霸主。美国国防部甚至在 2000 年发布的战略构想《2020 联合愿景》一文中吹嘘，美国即将制霸所有军事竞争对手，取得"全方位统治"[2] 地位。

幸而时任中央情报总监罗伯特·盖茨意识到世界局势的动态变化，有感于阿富汗入侵科威特事件暴露的问题，盖茨于 1992 年委任专项工作组[3]，研究改进情报预警工作，完善战略预警职能。该工作组经调研得出的结论是，过去以来，制度性根源导致预警工作并不充分，宜予纠正。前国家预警情报官玛丽·麦卡锡将工作组的意见总结有三："国防部以外的其他情报机构普遍**视预警情报评估为日常情报分析工作的副产品，未予足够重视**；预警工作本身缺乏问责；所谓的'预警系统'在现实中几乎仅仅是一个空洞的概念，令人对其效力尤感忧心。"[4] 一言以蔽之，专项工作组严肃批判了升级版的 EAAWA 型战略预警体系。

盖茨的专项工作组就上述问题提出整改意见，让专门从事特定领域或地区问题研究的专家，与国家预警情报官麾下专门从事预警的专员协同作业，并继续由国家预警情报官充当中央情报总监的预警问题首席顾问——麦卡锡称此为"综合性预警系统"[5]。在此前的调研中，专项工作组发现，国家预警情报官与平行的线性分析机构各自为政，情报工作缺乏相关性。换言之，所谓的混合型预警体系内部各个部门并没能充分"混合"。为此应强化国家预警情报官的角色，比如擢升其成为国家情报委员会副主席

[1] Goodman and Berkowitz, "Intelligence without the Cold War."

[2] Chairman of the Joint Chiefs of Staff（参谋长联席会议）, *Joint Vision* 2020.

[3] McCarthy, "National Warning System," 5–19; Director of Central Intelligence, "DCI Task Force Report."

[4] McCarthy, "National Warning System."

[5] 同上。

（VC/NIC）或国家预警情报委员会副主席（VC/NIC/W）等情报要职[1]，但这一建议最终未能兑现。杰克·戴维斯因此评价整改实际效果并未削弱其他线性情报机构的优先权[2]。事实上，在笔者看来，整改在其他方面的收效也微乎其微。

20 世纪 90 年代苏联解体后，美国国会立即大幅削减情报界预算，并相应裁减了情报分析机构的人员规模。与此同时，盖茨指示，情报分析应以生产更多“可行性”情报为导向。中央情报局遂向动态情报倾斜，不再以服务于调研或战略性分析以及预警为重点[3]。情报分析部门只得相应减少对持续性动向的监控和人手。然而，这种关注远期趋势发展的监控恰恰是形成有效战略预警的前提[4]。

不同于情报界中许多人将预警视作冷战遗存的看法，国防预警系统在保留其预警职能的基础上，将监控低强度冲突（如 1992 年开始的波黑战争），以及政府垮台、内战冲突、战略性武器控制不力、武器扩散、恐怖主义、毒品贩运等可能影响政权稳定的诸多威胁因素纳入任务范畴[5]。

尽管国家预警情报官、国家情报官，乃至许多其他情报分析机构，都会在情报成果中定期为决策层提供促进美国国家利益的机遇预警信息，但是，国防预警系统仍然心无旁骛于威胁预警[6]。情报界中以国防部情报部门为主，但不限于此部门的许多情报人员仍然坚持认为，本国长久以来的政治文化标准是要求情报机构避免直接参与决策，任何机遇预警的尝试都与之相悖。出于这一原因，国防预警系统放弃了与文职高级情报消费者增

[1] Director of Central Intelligence, “DCI Task Force Report,” 10.

[2] Davis, “Strategic Warning: Intelligence Support,” 175.

[3] Vickers, “State of Warning Today,” 12.

[4] Davis, “Strategic Warning: Intelligence Support,” 179.

[5] 笔者从与罗伯特·登菲尔德 2017 年 5 月 13 日的交流中获悉；另见 Landers, “Defense Warning System,” 25–26。

[6] 笔者从国防部多位预警分析人士处获悉。

进关系的机会。

1994 至 1996 年的国家预警情报官玛丽·麦卡锡，据说是征候与预警分析方法的忠实拥趸，并因此主要从事已知性威胁、重大威胁的预警，及签发《警示备忘录》。麦卡锡提前对 1995 年墨西哥金融危机做出了准确预判，却始终不能说服美国政府部门相信危机迫在眉睫[1]。作为艾伦的继任者，麦卡锡的工作方式反而更接近伯德，不仅与其他国家情报官保持了密切的沟通，经常向其他分析部门讨教意见，且从不会独揽预警成果的功劳，而更多扮演辅助者的角色[2]。1996 年，麦卡锡进入美国国家安全委员会，从情报生产者的身份转为情报消费者，而为之提供消费产品的，恰是其继任者——新任国家预警情报官罗伯特·维克斯。

麦卡锡与中央情报总监直接领导的美国国家反恐中心（CTC）达成书面协议，鉴于反恐预警本质上更接近战术预警，因此，双方经协商一致，决定由国家反恐中心负责与反恐课题相关的预警工作[3]。自此协议以降，反恐中心的情报分析部门陆续发布了大量与恐怖主义相关的报告文件，包括对“基地”组织和奥萨马·本·拉登的研究报告等。此外，反恐中心与隶属于国家安全委员会的反恐安全工作组（Counterterrorism Security Group）定期沟通协作[4]。情报成果由反恐中心主任理查德·克拉克（Richard Clarke）定期汇报克林顿和小布什两任总统。反恐情报工作建诸大量情报搜集、分析之上，且分析多以实战角度出发，笔者因此认为国家反恐中心与国家预警情报官就此预警职责做出的分工是合理的，而后来“9·11”事件的战术预警失误，也并不应归咎于国家预警情报官在反恐问题上的角色缺失。不过“9·11”事件调查委员会也批评反恐中心没有充

[1] 格雷戈里·特雷弗顿在 2017 年 4 月 6 日与笔者二人的交流中如是说。

[2] 笔者从 2017 年 6 月 11 日与罗纳德·伍德沃德（Ron Woodward）的电话交谈中获知。

[3] 笔者从 2017 年 2 月 8 日与罗伯特·维克斯的交谈中获知。

[4] Pillar, “Good Literature and Bad History,” 1027–29.

分使用预警分析方法。[1] 与麦卡锡的做法相似，联合参谋部 J2 情报部也将反恐情报职责移交给了国防部的其他部门。目前，美国的反恐议题主要由国家反恐中心负责。

罗伯特·维克斯在 1996 至 2004 年任职国家预警情报官，是在该职位上任期最长的一位。他本人以及核心分析团队均出身自中央情报局。维克斯在其任期内采取了与其他国家情报官通力合作的工作方式，生产出一系列预警产品，不仅本人因此收获了高质量的情报业绩，也为整体预警工作收获了口碑。在维克斯每月发布的预警报告中，通过与其他国家情报官的协作，对关键预警议题的相关情报指标做出深度解读[2]。此外，他每周发布一页《观察清单》(Watch List)，提出值得关切的重要议题。周报和月报的内容均由维克斯根据与中央情报局、国防情报局、国家安全局、国务院情报与研究局（State/INR），以及国家图像解译中心[3]的电话会议成果编制。上述各机构合称国家预警委员会（National Warning Committee）。维克斯一般会在获得委员会多数票时，发布预警信息[4]。自 1999 年起，维克斯开始按季度发布《暴行观察名单》(*Atrocities Watchlist*)[5]。

此外，维克斯还启动了预警年报制度[6]，汇总在他看来在下一年度应予关切的预警项目。这份文件在美国政府内部各相关部门及美国的不少盟友之间广泛传阅。维克斯及其团队对少数议题表现出异乎寻常的重大关切，并进行了更为详尽的预警评估，相关评估报告作为国家情报委员会的

---

[1] National Commission on Terrorist Attacks upon the United States, *Final Report*, 346–48.

[2] 笔者从 2017 年 2 月 8 日与罗伯特·维克斯的交谈中获知。

[3] 1996 年 10 月 1 日，美国国家图像解译中心（National Photographic Interpretation Center，NPIC）并入国家图像与测绘局（National Imagery and Mapping Agency，NIMA），后者于 2003 年更名为美国国家地理空间情报局（National Geospatial-Intelligence Agency，NGA）。

[4] 源于国家预警委员会某时任成员。

[5] Albright and Cohen, *Preventing Genocide*, 24–25.

[6] 同上。

官方分析成果对外发布，但报告级别在《国家情报评估》报告之下。这些议题一般涉及“持续性”预警问题，比如朝鲜半岛的长期局势。某国家预警情报官曾对维克斯的这一研究提出反对[1]，称自己的职能范围遭人僭越。但这件事最终仍以维克斯顺利发布其评估报告而告结。维克斯还发布过不少《警示备忘录》。直到现在，《警示备忘录》仍然是美国情报界对外发布预警信息的正式机制。

维克斯把与其他国家情报官的沟通交流认为是确保自己充分履行个人职责的必要环节——盖茨专项工作组 1993 年的建议因此在实践中得以兑现，定期审查由其他国家情报官主持编制的关涉预警议题的《国家情报评估》报告草案[2]，并出席国家对外情报委员会（National Foreign Intelligence Board）为此召集的会议。他的个人团队也会积极与相关的线性分析机构采取合作。尽管工作流程与前国家预警情报官伯德十分相近，但维克斯只从事威胁预警，对他而言，机遇预警难免与决策层走得太近[3]。他认为，线性机构的日常份内职责应该提供“机遇分析”[4]。

纵观 20 世纪 90 年代末的美国情报界，从事预警情报分析的人手少之又少。以中央情报局的情报处（DI，现已由 Directorate of Intelligence 更名为 Directorate of Analysis）为例，当中仅一人兼职负责本部门全部预警工作。这位分析师尽管也列席国家预警委员会会议，但首要任务仅仅是将情报处生产的预警信息，传达给负责编制《高级情报主管公报》（*Senior Executive Intelligence Bulletin*）和《总统每日简报》这两份主要情报刊物的情报工作人员而已[5]。无独有偶，1998 年的国务院情报研究局

---

[1] 笔者从 2017 年 2 月 8 日与罗伯特 · 维克斯的交谈中获知。

[2] 笔者从 2017 年 2 月 8 日与罗伯特 · 维克斯的交谈中获知。另见 National Commission on Terrorist Attacks upon the United States, *Final Report*, 346–48。

[3] 同上。金特利作为伯德麾下曾经的一员，亦有同感。

[4] 金特利从 2017 年 7 月 3 日与罗伯特 · 维克斯的电话交流中获知。

[5] 笔者从 2017 年 2 月 8 日与罗伯特 · 维克斯的交谈中获知；金特利曾经在伯德麾下任职的经历也印证了这一说法。

和国家图像与测绘局也分派各自唯一预警专员代表本机构出席国家预警委员会会议。委员会各成员部门当中，仅国防情报局和国家安全局的会议席位多于一席。与往年境况相比，国防情报局的预警人手也被大为缩减[1]。

2001 年 9 月，“基地”组织袭击美国得手后，传统的预警机构在事件面前显得举足无措，人们对预警职能的幻想一一破灭，对恐怖主义的担忧与日俱增。许多人错误地将“9·11”事件归咎于战略预警失误，事实上，情报部门早已就本·拉登及其同伙有意在美国本土发动打击而反复发出过警示，反恐情报工作的本质并非战略预警，而是战术预警[2]。

2003 年，维克斯就其预警报告对高级情报消费者们进行了调研，得到的反馈是，他们并不需要《观察清单》周报跟进“热点”话题，因为这些话题已经在他们的关注之列。消费者们的期望是，预警情报能够就他们当时并不知道但后来可能愈发重要的议题发出警示[3]。维克斯认为，军方的作战指挥部大概是所有情报消费者中最热衷于《观察清单》的了[4]。

约翰·加农，1997 至 2001 年时任美国国家情报委员会主席。尽管在加农口中，维克斯是一个“了不起的”国家预警情报官，甚至加农还会经常向维克斯征询预警意见。但事实上，与许多高级决策者一样，他也并不会仔细研读维克斯呈交的周报[5]。一般情况下，维克斯及其团队会将对预警议题的研究成果汇总于每周一上午向加农汇报[6]。加农发现，维克斯的情报分析能力十分出众，他的存在对于线性情报分析机构而言，无

[1] Vickers, “State of Warning Today,” 12.

[2] Davis, “Strategic Warning: If Surprise Is Inevitable,” 6; Sirseloudi, “How to Predict,” 369–85; Aid, “All Glory Is Fleeting,” 72–120; Marrin, “9/11 Terrorist Attacks.” Parker and Stern, “Bolt from the Blue,” 301–31.

[3] 笔者从某预警官员处获知。

[4] 笔者在 2017 年 2 月 8 日和同年 3 月 16 日分别对罗伯特·维克斯和约翰·加农进行过采访。

[5] 笔者从 2017 年 3 月 16 日与约翰·加农的交谈中获知。

[6] 金特利从 2017 年 7 月 3 日与罗伯特·维克斯的电话交流中获知。

疑是一块必要的试金石，挑战后者不能自察的集体视角和不合时宜的传统观念[1]。

维克斯认为，1998 年印度核试验和后来的“9·11”事件当属其任期内两次预警失误。国家反恐中心和前任麦卡锡的协议让国家情报委员会免于承担关涉恐怖主义的预警职责，也遮掩了他在“9·11”事件上的战术预警不力。但是，在印度的问题上，中央情报总监乔治·特尼特（George Tenet）告诫维克斯要承担责任。加农则证实，线性分析机构因为听信了维克斯认为印方不会付诸行动的判断，而推咎于他[2]。不过，维克斯的超长任期并未终止于上述任何一次失误，这也从旁说明，预警职能如果履行得当，仍然能够在困难时期继续发挥效力。

2004 年，美国情报界高层要求刚刚走马上任的国家预警情报官肯尼斯·奈特（任期 2004 至 2010 年）对预警职能重做评估。奈特重新审读了大量涉密及公开的预警文献，深度走访了在职及前任高级情报官员、高级决策者，与一支由已卸任的政府高官和情报学界专家构成的顾问工作组共同组织专题研讨会，广泛听取了包括养老基金经理人、风险咨询公司代表、保险公司高管在内的从事过“类预警”工作的外界人士的从业感受[3]，从中总结出国家预警系统的改善措施——更新预警指令；恢复预警界与决策高层的沟通和互动；采取更为与时俱进的现代化情报手段；从过分注重短效危机监控和动态情报重新回归长期性战略预警；拓宽预警工作的关注视野，从而更好应对新兴威胁和挑战。上述措施建议连同其他建议被写入首任美国国家情报总监（DNI）约翰·内格罗蓬特（John Negroponte）2006 年 6 月签发的《第 201 号情报界指令》[4]文件

---

[1] 金特利从 2017 年 7 月 3 日与罗伯特·维克斯的电话交流中获知。

[2] 笔者在 2017 年 2 月 8 日和同年 3 月 16 日分别对罗伯特·维克斯和约翰·加农进行过采访。

[3] 笔者从 2016 年 11 月 30 日与肯尼斯·奈特的交流中获知。

[4] ICD 201, “National Foreign Intelligence Warning System.”

中。2006 年 4 月之前的国家预警系统由一名国家预警情报官、一支战略预警分析团队、一个战略预警委员会构成[1]。显然，奈特比他的前任们眼光更为长远，在自己的任期内，他一直与国家情报委员会新组建的战略未来学（Strategic Futures）分析团队共同致力于长线议题的研究，并希望情报分析师参考未来学的理念，提高预警技术。不过，与历任国家预警情报官一样，奈特任职期间的主要重心仍落在短期情报议题上[2]。

奈特延续了伯德和维克斯的工作方法，尝试与情报界内的其他专家和国家情报官协作[3]。他倾向于联合其他领域的国家情报官共同完成预警产品，非常时期还会以自己的人手支援同僚的工作。在出现与其他预警情报官意见相左的极少数情况下，他才会选择直接与国家情报总监或国家安全委员会沟通意见。奈特从私营部门的实践中汲取可为政府预警所采纳的方法。此外，奈特每季度召集并主持情报界各机构代表开会，互通有无。

然而奈特面临的外部挑战可谓前任们所未见，在他任内，战略预警职能遭受重大损伤。举例来说，2003 年开始，美国陆续卷入两场战事，致使国防情报重心向战争工作倾斜。国防情报局很快就放弃了对新手分析师从事军情分析的必要培训，声称支援战争需求的任务太过紧迫，没有充足时间培训出能够生产相关情报支持的分析师——这无疑是一次很不周详的草率决定，最终被国防情报局自己亲手推翻[4]。类似的错误不仅出现在国防情报局一个机构上，整个国防部在 2009 年也没能避免因短视而废除了已有的战略预警系统。作为一直以来从事军事威胁预警的最重要机构，国防部的这一失策之举甚至影响了时任国家情报委员会主席

[1] Davis, "Strategic Warning: Intelligence Support," 175.

[2] 戈登从 2017 年 6 月与某前预警官员交流中获知。

[3] 笔者曾多次与肯尼斯·奈特本人、其团队某情报成员，以及其他情报官员交流过相关话题。

[4] 国防情报局后于 2010 年重新恢复了从事军事能力分析的部门及相关职能。

托马斯·芬格的判断，怀疑自己的委员会是否还有必要继续保有独立的预警职能部门[1]。2008 年 6 月，《第 207 号情报界指令》签发并重申，由“美国国家情报委员会履行战略预警职能，并主管国家对外情报预警系统（NFIWS）、国家预警系统及国家预警委员会（NWB）工作”。[2]

在“9·11”事件和 2002 年关于伊拉克大规模杀伤性武器的《国家情报评估》报告失误发生后，美国国会在 2004 年颁布《情报改革与恐怖主义预防法案》（Intelligence Reform and Terrorism Prevention Act），要求情报界的任何判断须以具体情报报告为依据。据此，为规范分析师的“情报技术”，国家情报总监办公室签发《第 203 号情报界指令：分析标准》（ICD 203：Analytic Standards），内容对何为“分析判断”、何为“基础情报”——即法案要求之“报告”予以明确区分[3]。所有这些标准都在要求基于证据的结论，事实上却忽视了这样一个事实，即包括战略情报分析在内的所有出色的分析，必须不止于如实“报告”具体事实。这些标准经常与预警信息不一致，这些信息必然更多依赖推测性分析[4]。囿于上述所谓情报技术标准，正式预警成果得到的成绩单往往不尽人意。换言之，一项旨在改善情报分析工作的改革实则并未奏效[5]。

2008 年，美国国防部长办公室针对国防情报局职能再次签发新的指令，要求情报局及同国防部下辖的联合参谋部 J2 情报部提供预警，并继续维持征候与预警系统（Indications and Warning System）正常运转[6]。该

---

[1] Gentry email communication with Thomas Fingar, December 21, 2016; George and Wirtz, “Warning in Age of Uncertainty,” 222–23.

[2] ICD 207, “National Intelligence Council.”

[3] ICD 203, “Analytic Standards,” June 21, 2007. A revised version was published in January 2015 at https://www.dni.gov/fi les/documents/ICD/ICD%20203%20Analytic%20Standards.pdf.

[4] 笔者从 2016 年 11 月 30 日与肯尼斯·奈特的交流中获知。

[5] 同上。

[6] Gordon England, Department of Defense Directive 5105.21, “Defense Intelligence Agency,” March 18, 2008, para. 6.3.5, http://www.esd.whs.mil/Portals/54/Documents/DD/issuances/dodd/5105 21p.pdf.

指令旨在提醒国防情报局，美国的国家安全和技术优势正在面临越来越严峻的威胁[1]。

芬格认为，在他2005至2008年任国家情报委员会主席期间，情报界对预警职能的支持力度大规模萎缩，包括国家预警情报官在内的许多预警分析师，越来越难以获得情报界其他线性分析机构的帮助[2]。约翰·加农也认为，情报界中绝大多数人把预警视同“异类”，而绝非能够协助线性分析机构或完成总体情报任务的同壕战友[3]。负责欧洲地区事务的国家情报官罗杰·乔治和美国海军研究生学院（Naval Postgraduate School）的詹姆斯·沃茨等人，则站在专注于特定领域或地区问题研究的国家情报官和线性情报分析机构的角度，认为国家预警情报官多年以来始终感到工作受到来自同僚的重重阻力，因为在他们这些同僚看来，预警情报官“剽窃他人成果，对不甚了了的专业问题夸夸其谈，远逊于国家情报委员会的领域内专家，以及情报界其他分析机构的情报专员”[4]。

芬格和部分高级官员认为，线性分析机构的分析师有能力兼顾预警职能，或者说，芬格们认可升级版的EAAWA预警体系[5]。此外，芬格还认为，由于预警专员不是特定领域情报问题的专家，所生产出的分析成果未免流于业余[6]。他因此将预警职能交给国家情报委员会的长期评估小组，并提醒从事特定领域或地区问题研究的国家情报官强化各自的预警职能[7]。芬格的上述态度更加清楚地说明，专业的预警人员应具备可观的专业储备、出色的判断能力、卓越的沟通交际能力，以及适当的个人资历。

---

[1] 同上，para. 6.1.12。

[2] 金特利从2016年12月21日与托马斯·芬格的电邮交流中获知；此外，同时期的多位前高级情报官员均反馈过相同问题。

[3] 笔者从2017年3月16日与约翰·加农的交流中获知。

[4] George and Wirtz, “Warning in Age of Uncertainty,” 223.

[5] 金特利从2016年12月21日与托马斯·芬格的电邮交流中获知；此外，同时期的多位前高级情报官员也反馈过相同观点。

[6] 金特利从2016年12月21日与托马斯·芬格的电邮交流中获知。

[7] 同上。

据了解，接续芬格使命的克里斯托弗·科基姆（Christopher Kojm，国家情报委员会主席，任期 2009 至 2014 年）对预警职能的看法与之相近[1]。据此不难推断，尽管奈特竭尽所能，仍难挽狂澜于既倒，眼看着预警职能的机构角色在其任内继续衰颓。

梅丽莎·阿普尔盖特（Melissa Applegate），国防情报局职业情报官，2010 至 2011 年任职国家预警情报官。阿普尔盖特主张预警工作应属军事议题，并因此将预警职能推派给军方的作战指挥部[2]。她废弃了部分曾由奈特主持的跨部门委员会交流机制，轻视与同僚机构协作的态度比其前任们有过之而无不及，预警职能的角色地位显而易见地进一步恶化。[3]

表4.1　美国历任国家预警情报官（1979—2011）

国家预警情报官	曾属机构	任期	备注
理查德·雷曼	中央情报局	1979—1981	同期兼任国家情报委员会主席
戴维·麦克马纳斯	国家安全局	1981—1984	
约翰·伯德	中央情报局	1984—1988	
查尔斯·艾伦	中央情报局	1988—1994	
玛丽·麦卡锡	中央情报局	1994—1996	
罗伯特·维克斯	中央情报局	1996—2004	
肯尼斯·奈特	国防情报局	2004—2010	
梅丽莎·阿普尔盖特	国防情报局	2010—2011	上任后不久，该职能岗位即被取消

[1]　笔者从 2017 年 4 月与某前国家情报官的交流中获知。

[2]　笔者从 2017 年 6 月 11 日与罗纳德·伍德沃德的电话交谈中获知。

[3]　笔者与多位现职及已卸任官员多次交流过相关话题。

独立的国家级战略预警职能的废止

因此，2011 年 1 月时任国家情报总监詹姆斯·克拉珀（James Clapper）下令撤销国家预警情报官一职，也就不令人意外了。至此，情报界不再保留单独的预警机构设置。据说这一决策极大程度上是受某个一直主张沿用升级版 EAAWA 体系的高层人物的影响[1]。甚至国家预警情报官这一职位的命运很可能早在阿普尔盖特赴任前就已经注定了。借 2013 年 5 月签发的《第 900 号情报界指令》暨《综合性情报任务管理方法》(Integrated Mission Management)，克拉珀废除了此前的《第 201 号情报界指令》，委婉地委派新近增设的国家情报经理（NIM）承担情报预警职责，并予其在适当时可就每人负责的特定领域问题，更紧密地整合整个情报界的搜集与分析，包括预警分析在内[2]。《第 900 号情报界指令》指出 ："整合（国家情报经理结构）的方法同样适用于动态情报和战略情报产品，以及为支持预警而采取的流程和行动。"[3] 但指令语焉不详，预警的职能范畴仍未有清晰界定[4]。受此克拉珀决策指示，绝大多数预警线性分析机构均遵循了升级版 EAAWA 体系的预警分析方法。

在几乎同一时期，国家情报总监办公室缩减了情报界从事反欺骗工作的人手。一直以来，美国政府十分重视拒止与欺骗。20 世纪 70 年代，在军方仍保有独立的拒止与欺骗研究职能的基础上，国防部增设专门机构针对性应对他国的欺骗行动[5]。1983 年，正在与苏联进行谈判的里根总统给情报界提了两个问题[6]：(一）对手是在讲真话还是在骗人，以及（二）我们是怎么知道的？为寻答案，中央情报局采取了若干步骤——组织召开一次大规模会议，为情报分析师研判拒止与欺骗制定专项培训，并由中央情

[1] 据知情人士、某前高级情报官员透露。

[2] ICD 900, "Integrated Mission Management," at https://fas.org/irp/dni/icd/icd- 900.pdf.

[3] 同上。

[4] 同上。另见 George and Wirtz, "Warning in Age of Uncertainty," 223–24。

[5] 2017 年 7 月与某情报人士交流所得。

[6] Heuer, *Rethinking Intelligence*, 30.

报局主持成立拒止与欺骗分析委员会（DDAC）解决国家层面的拒止与欺骗[1]。拒止与欺骗分析委员会主要以对手针对美国的情报搜集情况，及外国情报机构针对美国情报分析师和决策者所采取的欺敌手段为攻关对象。苏联解体后不久，委员会曾一度解散，随后又于 1992 年以相同的名称重新组建[2]。1995 年，拒止与欺骗分析委员会更名为外国拒止与欺骗委员会（FDDC）。同年，专司科学和技术问题的国家情报官劳伦斯·格什温（Lawrence Gershwin）受命成为委员会主席，直至 2014 年，并在期间一直兼任科学和技术领域的国家情报经理[3]。

詹姆斯·布鲁斯（James Bruce）是拒止与欺骗分析委员会前副主席，长期从事拒止与欺骗问题研究。在他看来，在 20 世纪 90 年代乃至 21 世纪初，情报界在拒止与欺骗问题上的情报成果和效率其实颇有进步[4]。詹姆斯·伍尔西（James Woolsey）时任中央情报总监，也坚决主张重新强化情报工作的拒止与欺骗职能。外国拒止与欺骗委员会因此延续了此前的职责使命，继续主持反拒止与欺骗的情报研究、搜集、分析工作，生产相关成果，并组织应对国外拒止与欺骗方法的专题培训[5]。委员会打破了情报界分析对拒止与欺骗问题的固有看法，不再局限于《国家情报评估》报告等手段，而是专门针对拒止与欺骗方法对情报人员进行专业训练。委员会在美国情报界中肩负起反欺骗情报工作的核心统筹角色[6]。

布鲁斯评价情报界的拒止与欺骗工作在 2005 年前后达到巅峰之后，景况旋即下滑。出于所谓的增加其他情报工作投入的目的，外国拒止与欺

[1] Heuer, *Rethinking Intelligence*, 30–31; Bruce and Bennett, “Foreign Denial and Deception”。

[2] Director of Central Intelligence, “Directive 3/16P.”

[3] Bruce, “Countering Denial and Deception,” 22.

[4] 同上，22–23。

[5] 关于政府资助的反欺骗情报课题研究情况，可参阅 Daniel and Herbig, *Strategic Military Deception*; and Dailey and Parker, *Soviet Strategic Deception*。

[6] 戈登从 2017 年 5 月 15 日与某情报官员交流中获知。

骗委员会的人员编制开始严重缩水。2012 年委员会再次缩编。到 2018 年时，人手可谓已经捉襟见肘[1]。委员会主席职务不再由国家情报官级别的高层担任，委员会在情报界得到的资源也相应减少。据布鲁斯统计，2015 年时，美国的中央情报局、国防情报局、国家安全局已经悉数割弃原拒止与欺骗资产[2]。可以说，国家情报总监克拉珀解除了预警"寻找"的使命，而他的总监办公室破坏了情报界理解欺骗性"隐匿者"如何运作的能力。

克拉珀在 2014 年委任了一项针对预警职能的尽职审查，由其总监办公室的某名成员和联合参谋部 J2 情报部预警办公室牵头。尽管对各种选项先后展开了多番讨论，这支被国家情报总监办公室誉为"猛虎行动队"的情报界审查小组，仍然无法就最终审查报告应予何具体建议达成一致。2017 年初，审查小组索性直接发布了一篇由美国兰德公司[3]的分析师们撰写的战略预警问题综述。文章篇幅不长，但内容多是些陈词滥调，并无新意[4]。果然，这篇用来充当报告的综述没能说服克拉珀回归混合型预警体系（由一个类似国家预警情报官或专司预警的国家情报经理领衔，由专业预警情报人员构成，与国家情报委员会及其他线性机构密切互动的预警体系）。

于是，在克拉珀任期内，情报工作仍坚持预测性情报方针，这也仍是当前情报分析师七大核心任务目标之一[5]。2014 年发布的《美国国家情报战略》再次明确，以"预测性情报"为指导，以威胁预警和机遇预警为核心情报职责。国家情报总监办公室随后也对内印发了多份文件，提出把

---

[1] Bruce, "Countering Denial and Deception."

[2] 同上，23。

[3] 兰德公司（RAND Corporation），以军事课题为主要研究方向的非盈利综合性战略研究机构。——译者

[4] George and Wirtz, "Warning in Age of Uncertainty," 226; Cozad and Parachini, "(U) Strategic Warning."

[5] Director of National Intelligence, *National Intelligence Strategy*, 2014, 7.

“预测性情报”作为所有分析师应该掌握的情报手段之一[1]。有别于国家情报总监办公室的观点，其下辖的情报高级研究计划署（IARPA）认为预测性情报是“及时且准确预报”的产物，但笔者须指出，这一定义的内容仅仅是预警任务的一个组成部分[2]。

克拉珀下调预警工作优先等级的做法在国际上产生了相当反响。就在此后不久，至少有一个盟友国家也跟风终止了运行中的预警项目，另一盟国则效仿美国，降低了预警职能的优先级。不过这两个盟国后来都一定程度地恢复了战略预警职能和独立的预警机构设置，且保留了“预警”的说法，而没有采纳“预测性情报”的概念。

也就在这一时期，2011 年 10 月，马丁 · 邓普西（Martin Dempsey）将军走马赴任参谋长联席会议（Joint Chiefs of Staff）主席，上任之初就拿着辛西娅 · 格拉博的《预警情报手册》讨要他的预警人手，迫使国防部成立专门委员会研究恢复战略预警职能[3]。依从委员会所呈报告之建议，国防部长办公室和时任国防情报局局长罗纳德 · 伯吉斯（Ronald Burgess）中将在 2012 年分别发出指令，在五角大楼内恢复设置联合参谋部 J2 情报部预警办公室，并对国防部其他机构增加预警相关职责[4]。新成立的预警办公室代号 J27，从属于 J2 情报部，为表对预警职能予以充分重视，委派一名高级别主管主持日常工作。

国防部新成立的预警系统应用了既有的征候与预警分析方法等预警分析技术，并在此之外继续研发新的预警条令[5]。J27 预警办公室负责掌管美

[1] 戈登本人阅读过上述文件。

[2] Intelligence Advanced Research Projects Activity website, accessed February 18, 2017, https:// www.iarpa.gov/index.php/about-iarpa.

[3] 据某联合参谋部 J2 情报部情报人员证实。

[4] 戈登本人曾是专门委员会成员。在委员会敦促下，国防情报局于 2012 年 7 月 16 日出台《第 3000.001 号指示》，但原文内容涉密，目前尚未公开。

[5] Joint Chiefs of Staff, Joint Staff J2, Defense Warning Staff, J2 Warning, (U) *Defense Warning Network Handbook*; George and Wirtz, “Warning in Age of Uncertainty,” 225.

国国防预警网络的日常运行，该网络由国防部下辖的从事情报工作的相关机构组成，情报界部分非国防部分支也参与其中，各组成机构通过该网络与美国盟友国家的军方情报机构相互协作。国防预警网络目前仍保持上述机构构成，网络内最高决策机构是国防预警委员会（Defense Warning Council），由网络内各组成机构分别委派代表，并受 J2 情报部统筹指挥。国防预警网络以追踪持续性预警问题（即由于制度设计而归由防务性情报持续监控的问题）和发现新兴性预警问题（即日后可能对国家整体情报工作及其方针产生影响的问题）为己任[1]，此外，原则上也为机遇预警提供情报支持，并为此参与利益攸关方[2]的圆桌讨论。根据 2014 年时的工作手册，国家预警网络侧重攻关以下四类持续性军事威胁预警问题：

1. 重点关注军事武力冲突，包括国家间战争等传统军事问题，以及网络战争等非常规性冲突；
2. 监控国家的内部冲突等不稳定因素，如政变、解体、内战，乃至人道主义灾难等；
3. 跨国或非常规的功能性威胁，如恐怖主义、网络安全、流行疫病、大规模杀伤性武器扩散、太空空间争夺，以及经济问题等；
4. 对美国及其盟友构成的存在性威胁，如对手使用大规模杀伤性武器发动袭击等。[3]

国防预警网络系统内的各组成机构对各自职能范畴内事务负有预警职责。在机构设置和制度层面，全部预警问题则“归属于”美军作战

[1] Treverton, *Intelligence for an Age of Terror*, 145.

[2] 笔者在 2014 至 2018 年间，曾就相关话题走访过数位国防部预警人士。另见 Joint Chiefs of Staff, Defense Warning Staff, J2 Warning, *(U) Defense Warning Network Handbook*, 43。

[3] Joint Chiefs of Staff, *Defense Warning Staff*, J2 Warning, *(U) Defense Warning Network Handbook*, 48.

指挥部的责任范畴，作战指挥部有责任确保相关问题得到各个情报搜集渠道的充分支持。此外，这一“所有权”也给予了作战指挥部根据实际备战情况和掌握的军事资源，就解决相关问题指派专人或专门机构的责任——非军事机构的战略预警工作并不具备这一特征。这样的制度安排与国防部的常规操作一脉相承，但有别于前国家预警情报官时期的更为广义的国家预警职能。

但这一系统在 2014 年内就发生了变化。J2 情报部减少了 J27 预警办公室的人员配备，将 J27 作为（体量很小的一个）分支科室并归辖动态情报办公室。国家预警网络遂很快开始涉足动态情报问题，却忘了让观察委员会在 20 世纪 60 年代栽了跟头、令国家预警情报官职位晚节不保的原因恰恰都是以动态情报取代战略预警。更为雪上加霜的是，改编后的 J27 尽管仍在负责把控预警流程和工作原则，但已经丧失了独立发布和传达预警信息的权限。2017 年，原 J27 预警办公室、现动态情报办公室预警分析科的科室主管在行政级别上从 GS-15 级降至 GS-14 级。联合参谋部在机构设置和制度层面下调预警人员的行政级别，再次说明战略预警工作愈发不被重视[1]。这与美国盟友国家日益强化战略预警职能的做法形成鲜明对比。

小结

截至 2018 年年中，在写作本书时，美国战略预警工作和反欺骗工作仍然各自为政，外界对两厢工作成效优劣的评价也双双处在周期性探底阶段[2]。就战略预警而言，受“预测性情报”思想指导，以国家情报总监办公室为首的情报界进一步强化了 EAAWA 体系。而平行结构中的国防部麾下国防情报部门则坚持保留独立的预警机构设置，沿用本部门专用情报话术。中央情报局继续无视预测性情报方针，将混合型预警体系贯彻到底。2017 年 2 月 1 日，代理国家情报总监迈克尔 · 邓普西（Michael Dempsey）

[1] 笔者在 2015 至 2017 年间，曾就相关话题多次与 J27 办公室成员交流。

[2] George and Wirtz, “Warning in Age of Uncertainty,” 215.

以备忘录形式（而非正式的情报界指令）罕见地针对预警工作下达专门指示，具体内容延续了《第900号情报界指令》的要求。

美国情报界在过去几十年的战略预警中尝试过多种不同方法，从中既反映出全球局势的变化，也反映了情报高层工作理念的变迁，可大致划分为如下三个阶段：第一阶段，即20世纪40年代至70年代，高级别预警机构主要关注与苏联的战争可能。第二阶段，即国家预警情报官时期，尤以伯德和维克斯（可能还要算上麦克马纳斯和麦卡锡）为代表，主张采用混合型预警体系，与其他国家情报官或线性分析机构保持密切而高效的沟通协作。同时期的奈特也曾试图效仿这一方式，但可惜并未奏效。艾伦和阿普尔盖特更倾向于依赖单独的预警力量，独立生产预警情报。相比之下，伯德和维克斯的方式显然最为有效。第三阶段，即克拉珀时期，混合型预警分析体系被不断强化的EAAWA体系所取代，在机构设置和制度安排中，战略预警职能的优先级被不断调低，导致情报工作的成效大打折扣。笔者认为，致使克拉珀做出这一举动的部分原因可能是，后来的几任国家预警情报官都没能展现出令整个情报界为之信服的工作能力。

多年以来，国家预警情报官的工作表现一直受到每任个人风格的影响，从中不难归纳出一些常见的管理风格。如，首任国家预警情报官雷曼以过于谨慎的态度处理预警问题，反而使本该提早做出的预警判断丧失了题中之义，一旦事件的走向显而易见，迟到的预警便失去了价值。伯德和维克斯重视与同僚的合作，认为不论是否采信了他们或者其他国家情报官或线性机构传递的预警意见，他们自己的工作表现都应该是令人满意的。以艾伦为代表的另一类国家预警情报官及其团队——奈特和阿普尔盖特也同属此类——常以更加强势的态度处理预警问题，甚至刻意与其他国家情报官或线性分析机构保持距离，原因一般无外乎：(一)他们在发出预警信息前，没有就内容征求线性分析机构以及专门负责该问题领域的同僚们的意见；(二)他们发出的预警信息内容过于激进，形势判断过于武断，情报结论尚存疑问，甚至有时被证伪。“狼来了综合征”的后果就是引来同僚乃至情报产品目标消费者的不满[1]。厘清美国预警系统上述发展历史，就不难得到这样一个关键经验：预警人员的个性特征及其与其他情报人员、情报消费者的基本关系是攸关战略预警职能成功与否的决定性因素。

英国的预警机构

英国的预警系统完全从属于本国军职、文职一体化的情报组织结构[2]。英国现代情报组织结构的出现，以 1935 年英国军种间情报委员会（ISIC）成立为标志[3]。1936 年，军种间情报委员会更名为联合情报委员会（JIC）。在关注到纳粹德国崛起的情势后，英国军方参谋长开始指挥联合情报委员会以军事情报为重点开展工作。二战期间，由联合情报工作组（Joint Intelligence Staff，JIS）就联合情报委员会委员批准通过的情报分析成果起草评估报告。联合情报委员会的职责范畴在 1945 年和冷战开始时先后再次扩充，机构地位进一步提高，成为英国所有重大外交决策的支持部门。此外，联合情报委员会直接领导英国联合情报组织（JIO）工作，该组织囊括了英国当时全部的情报机构。1957 年，联合情报委员会及其组织的职权由军方的参谋长划归英国内阁办公室（Cabinet Office）。联合情报委员会主席由外交部（Foreign Office）任命，另由国防部（MoD）委派轮值主席，即后来实际上的委员会副主席，以此保证两大机构在联合情

[1] 源于金特利的个人经历，以及笔者与国家情报官等与前述国家预警情报官有工作交际的情报人士的交流。

[2] 本章节关于英国情报界的内容由已退役的英国情报官员约翰·托尔森协助审校，部分片段或采纳了托尔森的建议，或直接根据笔者 2017 年 9 月 1 日与托尔森的单独交流整理成文。

[3] Davies, *Intelligence and Government*, 13.

报委员会中的力量均势[1]。在20世纪，衔命担纲联合情报委员会主席职位的大多为外交官员，不过近几年，开始不乏出现秘密情报局（SIS，军情六处）、国防部、内政部（Home Office）等国家机构、非外事机构人士的面孔。

在二战尚未爆发时，直至战后的相当一段时间里，联合情报委员会的成员主要来自军方三个分属于英国皇家海军（RN）、陆军（British Army）和皇家空军（RAF）的各军情报服务局（SID），他们贡献了这一时期的主要情报成果。1946年，联合情报局（JIB）接管战时负责经济情报、地理情报、后勤情报的若干机构的情报职责[2]，加入联合情报委员会，扩充了委员会的情报力量。1952年，联合情报委员会增设科技部门。1964年，之前独立运作的军事机构陆续并归国防部，各军事情报分支遂与联合情报局合并，统一归入英国国防情报组（DIS）帐下。有别于专门为军方提供情报支持的情报服务局，联合情报局服务的情报消费者横跨政府各个部门，因此也消耗了国防情报组在成立早期大约三分之一的整体预算[3]。国防情报组以世界范围内各个国家的全面防御能力和全谱军事意图为研究目标，研究内容从通过武器系统和平台的研发、生产、出口及部署情况，评估对象国国家经济和国防经济状况及前景，再到通过作战序列和作战能力分析，评估对象国的军事效能[4]。部分英国情报学研究人士因此认为，本国的国防情报组在职能上更接近美国中央情报局分析处的前身机构——情报处（DI/CIA），二者同为分析部门，且研究视阈比仅仅局限于军事情报

[1] Davies, "Twilight of Britain's Joint Intelligence Committee?," 429.

[2] "Defence Intelligence," UK Ministry of Defence website, https://www.gov.uk/guidance/defence- intelligence; Dylan, Defence Intelligence and the Cold War.

[3] 金特利通过2017年9月1日与约翰·托尔森本人的交谈获知；此外，另见Davies, "Estimating Soviet Power," 818–19; United Kingdom Government, *National Intelligence Machinery*, 11。

[4] 金特利通过2017年9月1日与托尔森本人的交谈获知。

课题的美国国防情报局更为开阔[1]。

2009 年，国防情报组正式更名为国防情报局（DI），在继续为军方提供情报支持的同时，兼顾国防部的防务性情报需求，在国家整体情报工作层面，仍属于联合情报委员会的一环[2]。时至今日，以对外防务及安全课题为己任的国防情报局一直是英国规模最庞大的情报分析部门。自 20 世纪 90 年代初，当时还未改称国防情报局的国防情报组在已有的约 500 人团队基础上，接连吸收了皇家空军联合空中侦察情报中心（JARIC）、英国军事调查总局（Directorate General of Military Survey）、当时所有为文职和军职人员提供情报培训的部门，以及部分低级别的防务情报机构。在 2017 年时，在编人员已超过 4000 人[3]，各成员机构听从联合部队情报组（JFIG）指挥官统筹调度。

联合情报委员会作为内阁办公室的组成部分，对内阁大臣负责[4]。委员会成员构成不仅来自情报生产部门，也来自政府内各情报消费部门，包括委员会主席，负责监管情报搜集工作的委员会“协调员”（coordinator），秘密情报局（军情六处）局长，国家安全局（SS，军情五处）局长，政府通信总部（GCHQ）主管，国防情报局局长，主理国防和安全事务的外交和联邦事务部（FCO）部长助理，国防部政策司司长，财政部、贸易与工业部（Department of Trade and Industry）、内政部高层，联合情报委员会专事分析的评估组（Assessments Staff）主管，以及负责保持委员会顺畅运转的联合情报委员会秘书长[5]。联合情报委员会的部分会议有美国中央情报局、澳大利亚国家评估办公室（Office of National Assessments）、加拿大情

[1] Freedman, *Official History of Falklands Campaign*, 155; Davies, “Estimating Soviet Power,” 819, 835.

[2] Davies, *Intelligence and Government*, 25–26; Davies, “Problem of Defence Intelligence,” 797–809.

[3] 通过与托尔森本人的交谈获知。

[4] United Kingdom Government, *National Intelligence Machinery*, 15.

[5] Davies, *Intelligence and Government*, 35–36.

报评估秘书处（Intelligence Assessment Secretariat）的代表出席[1]。联合情报委员会的汇报对象是由一众内阁大臣组成的最高安全及情报事务小组，该小组在保守党和工党执政时期分别被称为情报和安全委员会（CIS）、安全和情报委员会（CSI）[2]。

联合情报委员会的职责是研究对英国政治、军事及经济利益构成直接或间接外部威胁的事态发展，进行早期预警[3]。委员会汇总政府各部门（如外交和联邦事务部、财政部、内政部等）的重点情报需求，决定其优先级，通过具有年报性质的《国家情报要求及要点》（National Intelligence Requirement and Priorities Paper）文件，指导并敦促情报搜集机构针对性展开工作[4]，并由联合情报组织集体决定[5]，其中哪些情报课题是具有前瞻性预警意义的。

多年来，联合情报委员会的评估组始终维持在二十席左右规模，这些评估专员或称分析师一般抽调自联合情报组织各成员机构，负责起草情报评估报告，包括适时的预警评估等。评估组专员在编制评估报告时，密切沟通政府各部门内的工作对接人。评估组所产出的评估成果，连同联合情报组织尤其是国防情报局、外交部等其他分支产出的情报成果，均呈交联合情报委员会进行校验和必要修改，最终获批的报告成果再分发全国各相关单位。按照美国情报界惯用的话术和定义，这些成果涵盖动态、评估，以及预警情报[6]。从这一角度来看，联合情报委员会事实上发挥着与美国国家情报委员会类似的作用，有限的区别在于，英国联合情报委员会评估

[1] Davies, *Intelligence and Government*, 36。

[2] Davies, "Twilight of Britain's Joint Intelligence Committee?," 429.

[3] Davies, *Intelligence and Government*, 38–39; Aldrich, "British Intelligence during the Cold War," 152.

[4] Davies, "Twilight of Britain's Joint Intelligence Committee?," 430.

[5] Goodman, "Creating Machinery for Joint Intelligence," 66–84.

[6] Goodman, "Avoiding Surprise," 265–92; Mobley, "Gauging the Iraqi Threat," 19–31.

组的业务主管有权直接发布紧急性或共识性报告，而无需通过委员会[1]。

联合情报委员会的两大核心成果主要由评估组完成，分别是《每周情报调查》（*Weekly Survey of Intelligence*），也称“红本”，内含敏感情报资讯，仅供本国高层阅览；以及《每周情报综述》（*Weekly Review of Current Intelligence*），也称“灰本”，内部传阅范围比红本更广[2]。20 世纪 60 年代，联合情报委员会向北约司令部提供《周情回顾》（*Weekly Situation Review*）[3]，这种包含预警信息的临时性报告作为“即时评估”（Immediate Assessments）发布。近年，联合情报委员会也负责以非正式文本为英国首相提供情报简报和相关建议。

联合情报委员会的评估基于“共识性规则”，因此，生产出的评估报告可视为是委员会全体成员的一致性意见，不会出现任何机构或部门声明对此结论持不同意见的情况。在这一点上，不同于内部经常发生意见分歧的美国国家层面的情报评估流程[4]。英国人各方协商一致的“共识性规则”不同于美国人避犹不及的“最小公分母综合征”，情报协作无需以任何一方折衷意见为代价，相反，评估报告反映出所有成员与起草者的判断性意见和不确定性分析。

正如大多数情报组织一样，英国的联合情报委员会也会随时局发展和时间推移，通过内部调整，保持与时俱进。但相比于其他国家情报机构，调整的幅度略显保守。直至近年，改革步伐才开始加快。以 1968 年为例，联合情报工作组改编为委员会评估组（Assessments Staff），以本组独立生产出的评估报告直接递交情报委员会，无需再行协调委员会其他成员机构的意见。评估组从白厅（Whitehall，英国政府机关所在地）抽调分析师，

[1] 通过与托尔森的交流获知。

[2] Davies, *Intelligence and Government*, 176.

[3] Joint Intelligence Committee, “JIC Watch Manual,” INT 42(74)1, unpublished draft document, January 31, 1974, 2. Davies, *Intelligence and Government*.

[4] Joint Intelligence Committee, “JIC Watch Manual,” INT 42(74)1, unpublished draft document, January 31, 1974, 2. Davies, *Intelligence and Government*, 45。

轮岗时间一般为二至三年；评估组（据2017年统计，人员总数约达60）一般再下分为三或五个分组[1]。1964年，动态情报组（CIG）组建而成，不设固定席位或专职预警职位[2]，采取流动岗位制，由政府各部门的专家根据地区性专题或功能性专题组成临时专家组，审阅评估组的相关报告成果。20世纪80年代中期，数个专题动态情报组关注的地区性和功能性议题包括：中东、远东、西欧、北爱尔兰、中南美洲、撒哈拉以南非洲等地区问题，与苏联集团、恐怖主义、核扩散相关问题，及经济问题等[3]。

动态情报组的机制也并非一成不变。由委员会评估组的副组长兼评估报告执笔起草人主持各动态情报组工作。如情况必要，再由外交和联邦事务部、国防部（一般情况下为国防情报局，偶尔也可能由相关政策部门出面代表）、秘密情报局、国家安全局、政府通信总部等机构委派代表作为情报组补充成员。因此，可以认为，评估组的分析师及小组副组长们属于联合情报委员会评估职能的核心架构。

联合情报委员会在20世纪80年代时还设有进行情报观察的值勤职能分支，即委员会值班室（Watch Room）。由（仅仅）五个退役军官组成，保证值班室连续不间断运转，每班次由一名值勤情报官（duty intelligence officer）单人值班[4]。值班室的首要任务是监控并报告具有预警要义的新兴事态，尤其关注来自社会主义阵营的军事威胁[5]。此外，值班室会整理收到的报告，确保联合情报委员会的分析师及时得到感兴趣的报告。直到90年代初期，苏联不再被视为威胁，值班室也顺势取消。2001年9月后重启。国防情报局的情报监控中心有时也会与联合情报委员会发生意见分歧，例如，国防情报组曾先于联合情报委员会关注到阿

[1] Aldrich, Cormac, and Goodman, *Spying on the World*, 295.

[2] Freedman, *Official History of Falklands Campaign*, 154–56; Davies, *Intelligence and Government*, 25–26.

[3] Davies, *Intelligence and Government*, 41.

[4] Davies, *Intelligence and Government*, 48–49.

[5] Joint Intelligence Committee, *J. I. C. Watch Manual*, 1962, 3.

根廷对马尔维纳斯群岛的意图[1]。

在 1964 年国防情报组出现之前，国防部的预警机制具体为，通过各军情报服务局向对应军种的参谋部传递预警信息，进而通过联合情报委员会参与国家层面的战略预警。在国防情报组成立之后，战略预警成为情报组优先级最高的任务。尽管科学、技术、经济情报办公室业绩显著，但是自 1965 年年中起，战略预警工作开始接受情报服务总局（DS Int）统一领导，总局系原三军情报服务局合并之结果，负责掌管一切政治、军事相关的情报研究。

对潜在对手的军事行动或对他国国防力量的重大变化提供及时而准确的预警信息，始终是国防情报组的情报分析师和情报搜集机构所面临的最严苛挑战。20 世纪六七十年代，预警职责在很大程度上落在从事特定领域或问题研究的情报机构上。这些情报机构按照国防情报组的职级链条层层向上汇报，向情报组高层发出警示，再由这些高层抉择国防系统、泛情报界（特别是联合情报委员会）乃至政府其他机构中谁该是这些预警信息的消费者、谁该被知会，以及该如何知会。彼时，尚无预警团队或已成定式的预警产品。

直到 70 年代末，国防情报组才为预警找到了一种系统化方式，并开始与从事特定地区或职能研究的线性机构相剥离，为预警单独分配分析资源。这种源自美国征候与预警分析方法的工作方式，后来一度被错误地等同于给出“预警”的概念。该方法目的是提高国防情报组的履职能力，首要任务是预警来自以苏联为首的华约组织的不断加剧的军事威胁。

在日本突袭珍珠港后，英国的国防情报组织纷纷开始与美国加强合作，为战略预警寻找更好的工作方法。由于战略性突发事件层出，这种合作在整个 20 世纪后半叶一直延续。英国人也随时留意着发生在美国预警机制内的改变，譬如，美国全国征候中心的成立，国家预警情报官职位的

[1] Falklands，英国称“福克兰群岛”，位于南大西洋。阿根廷依照西班牙语 Islas Malvinas 称之“马尔维纳斯群岛”。——译者

设立，以及国家危机预警团队的组建。80 年代早期，美国的国家危机预警团队因失于预见伊朗国王倒台一事，曾邀请英国情报界共同开发战略指标。以上种种，连同己方的成功或失败，英国国防情报组在收获经验的同时，不断完善自己的履职表现[1]。

尽管在许多内部人士看来，国防情报组太过后知后觉，但终于还是借鉴了美国的经验，为预警引入结构化工作方式。在诸多为此而奔走努力的情报人士中，传奇人物陆军中校德里克·斯特林（Lieutenant Colonel）是英国征候与预警分析系统得以发展的幕后中坚。他还发展了被称为“斯特林项目”（Project Stirling）的预警系统，接替征候与预警分析系统。20 世纪 90 年代初期，英国预警工作的重心仍围绕华约组织。国防情报组征候与预警分析小组特此增员一人，专门负责开发和维护征候与预警分析系统，预警选定的“世界其他国家”对英国国家利益构成的威胁，如对马尔维纳斯群岛（阿根廷），英驻塞浦路斯岛军事基地（土耳其），直布罗陀（西班牙），以及中国香港问题。1980 年约瑟普·布罗兹·铁托去世以后，一份关于南斯拉夫的征候与预警清单被证明具有不可估量的价值，其预警了南斯拉夫 20 世纪 80 年代的四分五裂，以及 1987 年斯洛博丹·米洛舍维奇（Slobodan Miloševi）上台执政等等一系列事件。

但是进入 90 年代，英国的情报工作开始折戟。不论是在英国，还是在美国，兑现“和平红利”的愿望同样令人心旌摇曳。但是英方缩减国防情报组人员编制所产生的压力，还是迫使国防情报组裁减了长期监控俄罗斯、阿根廷、直布罗陀、洪都拉斯与伯利兹等不少问题的情报分析人手。尽管从一开始，这些情报专题的人力就并不充裕。在尚未培养出解决持续性问题的分析能力，或甚至缺乏征候与预警分析方法要求的情报研究的情况下，越来越多的地区性问题专员被期待独立提供预警。90 年代，为应对伊拉克问题和随后出现的前南斯拉夫问题，支持英国在联合行动中的必

[1] 金特利通过 2017 年 9 月 1 日与托尔森本人的交谈获知。

要角色，国防情报组的工作重心开始由战略预警向动态预警倾斜。

时至 90 年代末，国防情报组履行预警职能的专员已经只剩一人。相关情报产品变得更加宽泛，很难得到对预警问题内容详尽、方法科学的情报分析，只有个别或被高度关注或牵涉敏感细节的问题才可能被专门研究。对这些个别案例而言，预警职责落回到专门从事对应地区或职能问题研究的情报团队上，只得在国防情报组仅剩的唯一预警专家的帮助和指导下，通过征候与预警分析方法勉力招架。然而，2006 年，这唯一的预警岗位也没能保住，征候与预警的责任完全转移给了国防情报组的动态情报报告小组。与此同时，一套由国防情报组托管的半自动指标预警机制，即“斯特林项目”，被国防部的核心涉密信息技术网络所采纳。动态情报小组的主要日常任务是与分析小组协商，审查和更新预警信息。这一时期的国防情报组在征候与预警分析方法的运用和资源分配双方面表现触底，致使英国无法与“五眼联盟”（Five Eyes）[1] 或北约其他盟友有效分担预警责任。

2010 年，国防情报局即前国防情报组开始重整其核心预警功能。一方面在待业或兼职情报人员中征召临时性人手，另一方面利用新的结构化分析手段对“基于指标的预警”予以补充。本国的部分观察人士认为，英国之所以能够很快恢复情报预警职能，充分得益于同一时期美国为盟国伙伴提供的关于战略预警问题的情报培训。[2]2017 年，英国国防情报局再次拥有了全职的预警岗位。

尽管预警职能在国内遭受了重重阻力，多年以来，英国国防情报组仍然为北约的情报预警做出良多贡献。包括，承担了北约持续性预警问题相当大的工作比重，以支持相关情报组织，并积极发展和现代化北约的分析方法（如识别“新兴预警课题”）、流程，以及服务北约情报消费者的能力。此外，国防情报组发挥了在地理位置上更靠近北约总部布鲁

[1] 五眼联盟成员包括澳大利亚、加拿大、新西兰、英国和美国。——编者

[2] 金特利通过 2017 年 9 月 1 日与托尔森本人的交谈获知。

塞尔的优势，就突发性预警问题为北约高层等内部人士随时提供及时的情况简报和情报建议。特别是在1999年北约对南斯拉夫发起相关军事行动前和军事行动执行过程中，国防情报组的及时情报取得了里程碑式的工作成效。

不论是国防情报组，还是国防情报局，在其发展过程中，总是会遇到何为最佳“预警”组织方式的争议。就像在美国情报界，主张征候与预警分析方法的人会认为必须采取这种可量化、有条理的情报方法，方能令战略意外（strategic surprise）最小化。而地区问题分析师则自矜于对本国的渊博积累和深刻理解，因此可以为重大变故做出最及时的预警。又有观点认为，征候与预警分析方法过于机械而失于灵活，没能把文化因素或局部政治因素充分考虑在内，然而领导人或领导层在决定发动战争时，又不得不顾及到这些无形因素。征候与预警分析方法充其量只能说是新手分析师的参考指南，或言是避免出现不作为或不称职表现的保险机制。在结构化分析技术出现后，国防情报局内部的争论反而更难有结论。结构化分析技术使国防情报局更加难以向消费者解释“预警”意味着什么。用征候与预警作指代“预警”的做法由来已久，很难清楚地解释征候与预警只是一种分析方法，属于“基于指标预警”的一种变体，有效但并不唯一。

20世纪90年代开始，托尼·布莱尔、戈登·布朗、戴维·卡梅伦等三任首相先后对英国情报做出结构上和流程上的调整，产生的影响应当说尚未完全显现。2010年，一个全新的机构——国家安全委员会（NSC）[1]宣告成立，重点解决根据情报信息判断得出的威胁。菲利普·戴维斯（Philip Davies）基于多年来对英国情报的观察，认为近年来的一系列改革措施已经影响到了联合情报委员会，乃至更多联合情报组织的工作流

[1] “National Security Council,” UK government website, https://www.gov.uk/government/groups/national-security-council.

程[1]。不过多数人认为，产生的变化和影响是积极正向的[2]。

根据情报委员会现有结构和职能，一次预警工作的流程基本如下：任何被国防情报局分析团队、值班室或任何联合情报组织内的任何情报人员认定为新兴事件的情况，将上报委员会评估组相关的分析团队，很可能直接交给某个专员处理。在征询政府其他部门相关专家意见后，评估组分析师完成“预审草案”（Preliminary Draft）评估，呈交动态情报组，并由后者审阅批复。动态情报组的实际工作由评估组副组长主持[3]。在完成上述“审阅和协调”流程（套用美国情报话术）后，草案的修订本经评估组组长签批，上呈联合情报委员会正式会议讨论。经委员会批准后，预警信息可以“红本”条目或以“即时评估”消息单独对外发出[4]。上述流程确保政府作为整体，对新兴的威胁情况做出最佳预警判断，同时也反映出审阅和协调流程中可能出现的其他观点和声音。在预警信息形成后，国防情报局可将上述预警传达至国防部内部的军方，传递给相关盟友——此处所言盟友一般包括澳大利亚、加拿大、美国，和北约的其他成员国[5]。

与其他国家的政府一样，英国政府会阶段性审查本国情报组织的表现，特别是当认为存在重大情报失误的情况下，并公开发布一些发现报告。1951 年，英国政府对联合情报委员会的情报工作进行了首次审查。职业情报人员道格拉斯 · 尼科尔（Douglas Nicoll）主持了另一次相关审查，审查报告被称为“尼科尔报告”，在 1982 年 3 月经联合情报委员会审阅通过。但随后不久，马岛战争（Falklands War）爆发，促使政府再次要

---

[1] Davies, “Twilight of Britain’s Joint Intelligence Committee?”

[2] Devanney and Harris, *National Security Council*; Bangham and Shah, National *Security Council and the Prime Minister*, http://thewilberforcesociety.co.uk/wp-content/uploads/2012/04/TWS-National-Security-and-the-Prime-Minister-George-Bangham-Sarang-Shah.pdf.

[3] Davies, *Intelligence and Government*, 41.

[4] Goodman, “Avoiding Surprise,” 285–86.

[5] Goodman, “Avoiding Surprise,” 285–86.

求对情报工作做出审查，并催生了“弗兰克斯报告”。这种以审查人员姓名命名审查报告的习惯也沿用了下来。2003 年，伊拉克战争爆发，事后报告被命为“巴特勒报告”[1]。“弗兰克斯报告”首次公开披露了联合情报委员会的工作细节。官方正史、解密的政府文件，及其他一些研究则继续为了解英国的战略预警补充了更多信息。从中可了解到英国情报的情报重点、分配给预警的有限资源，预警分析既往成功和显见失误的历史，以及英国情报工作者从这些失误中汲取到的经验。

在 1950 年朝鲜战争、1973 年第四次中东战争、1968 年华沙组织成员出兵捷克斯洛伐克，乃至 1982 年马岛战争等问题上，英国的情报机构并没有比美国的同行们更有作为的表现。特别是没能对马岛战争做出预警，绝对是一次情报工作的重大失误。当然，英国的情报工作也取得过可观的成效，譬如联合情报委员会在 1956 年苏伊士运河危机问题上就交出了可靠的情报评估。此外，本国学界认为，针对 1962 年古巴导弹危机的精确预报不是美方单方面的努力结果，也应对其中英国情报的贡献予以肯定[2]。但英美两国的情报学研究对各自情报失误的原因分析有所差异。

“尼科尔报告”的部分解密内容，在批评联合情报委员会的同时，给出了十分具体的改进意见，对辛西娅·格拉博等情报分析人士的预警职能提出了不同却十分有益的洞见，报告对联合情报委员会的影响力一直延续至今，为此，值得以更多篇幅详加探讨。

尼科尔主张联合情报委员会应优先解决苏联敌对行为的预警[3]，他本人因此更强调军事方面的威胁预警，而不是机遇预警。

尼科尔对英国的情报搜集和分析工作基本予以肯定，认为联合情报委

[1] 弗兰克斯勋爵（Lord Franks）领衔的六人顾问委员会通过审查完成了《马岛战争情报工作回顾（1983 年）》（*Falkland Islands Review*，又称“弗兰克斯报告”）；巴特勒勋爵的《大规模杀伤性武器情报工作回顾》（*Review of Intelligence on Weapons of Mass Destruction*，又称“巴特勒报告”），于 2004 年公开发布。

[2] Aldrich, Cormac, and Goodman, *Spying on the World*, 4.

[3] Goodman, “Avoiding Surprise,” 278.

员会情报失误的主要原因在于其程序缺陷，批评委员会评估报告所采取的结构和格式无益于新兴威胁的预警，反而使这些预警问题埋没在《每周情报调查》等本质上属于动态情报报告的文件中。用尼科尔本人的话来讲，目前的预警缺乏对新兴的威胁和问题的"汇总性整理"，因此无法向情报消费者充分通报事态的发展，导致问题不断恶化，威胁不断加剧，最终演变成"即时评估"中的危机预警[1]。综上，尼科尔认为，基于现有的情报产品组合，为确保预警信息被情报消费者成功接收，预警内容不仅应对相关问题予以分析，还应实时反映问题的发展动态。

尼科尔留意到联合情报委员会没有专职的预警分析师，遂建议，当有证据显示出现了潜在的负面干扰时，应指派专人——并特意说明是"一名情报分析师"——对此情报课题展开深度研究，尤其要"仔细整理"与新兴事态相关的"潜在干扰源"的政治、军事活动[2]。但是，在他看来，联合情报委员会缺乏担此大任的足够人手[3]。笔者认为，尼科尔所言是在倡导英国的情报界应专门培养与预警相关的专业能力。相比之下，由于美国的情报界掌握着更为充裕的资源，不仅有独立的预警机构设置，而且已经率先实现了尼科尔的期待。尼科尔的报告同时建议，EAAWA 体系的适用范围**不应超出**联合情报委员会评估组，判断潜在预警问题及其发展走向的工作始终应交由专人完成。

尼科尔发现，一再困扰英国避免意外的努力的分析及分析相关的错误，可归结为以下六种（个别概念在措辞上或有别于美国情报界的惯用话术）：

1. **镜像思维**（mirror imaging）：假设约束英国政府的因素同样会约束其他国家的领导层。尼科尔对此具体解释是，英国的情报界错误地相信，如果英国会因为国际舆论的反对而不敢轻易使用武力，那么

[1] 同上，285–86。

[2] Goodman, "Avoiding Surprise," 286, 291.

[3] Goodman, "Avoiding Surprise," 286。

他国行为体也会出于同样的原因放弃动武。

2. **判断转移**（transferred judgment）：设想他国行为体对彼此的军事平衡会得出与英国相同的评估，并进而对双方的战争前景做出与英国相同的预判。这与镜像思维假设有相似之处，但并不完全相同，反映出在明确意识到与对手就相同问题持不同角度的情况下，仍缺乏“设身处地”理解他国行为体处境的能力。
3. **持续重复**（perseveration）：认为在危机事件发展初期所做出的判断仍然有效。尼科尔强调，保持开放的思想、根据新的信息适时调整之前的判断是十分重要的。该概念基本等同于其他情报文献中使用的“确认偏误”（confirmation bias）概念。
4. **蓄意战争论**（war as a deliberate act）：没有认识到战争是深思熟虑后的行动。发动战争意味着此前长时间的考量和准备，当对手在备战时，就有可能发觉新兴的威胁性情势，并提早开始情报工作，而不用到对手已经开始军队部署时才有所反应。如此，就能极大增加对同一事件的预警频次。（辛西娅·格拉博就美国的预警失误尤其指出这一点。[1]）
5. **关注不足**（coverage）：联合情报委员会评估组发现，对低优先级领域的事件很难做出及时预警。原因在于，配备给这些领域的情报搜集力量较弱，有时甚至不足，不能使后续的情报分析环节对事态予以关注或重视。
6. **欺骗**（deception）：尼科尔发现，攻方一定会竭尽所能欺骗。这意味着情报分析师应始终谨记：他国行为体可能使诈[2]。

总体而言，英国的预警体系也经历过美国同僚们相似的成败和地位浮沉，国防情报局（及其前身国防情报组）阶段性设立预警职能专岗，倾向性从事军事预警问题，但自机构成立以来，多年间始终如一地为英国联合

---

[1] Grabo, *Handbook of Warning Intelligence*, 266–79.

[2] Goodman, "Avoiding Surprise," 272–74.

情报委员会提供预警信息。然而，委员会评估组的运作一直遵循 EAAWA 体系。笔者一致认为，从类型上讲，英国的预警系统属于混合预警体系的一种变体，即使联合情报委员会的整体设置又可视为“整体政府”体系的一种变体。

荷兰的威胁预警系统

处在政治及军事盟友的地理包围圈中的荷兰，似乎并不需要再单独建设军事威胁预警系统。但是荷兰开发了一套综合性国内威胁评估系统，使政府机构借此与上至国家高层、下达普罗大众的广泛信息消费受众达成沟通[1]。系统的核心实体，国家安全和反恐协调会（NCTV）成立于 2004 年，以恐怖主义为首要关切，曾用名“国家反恐协调会”（NCTb）。2012 年，国家危机中心（National Crisis Centre）并入国家安全和反恐协调会，使协调会具备了全面预警各类型威胁的职责。同年，政府计算机应急响应小组（Government Computer Emergency Response Team）编入协调会，使人员规模达到约 300 人[2]。至此，荷兰国家安全和反恐协调会的主要任务是，防止出现社会混乱或减少出现社会混乱的可能，提高应对社会混乱的能力，从而保障国家安全稳定。国家安全和反恐协调会由国家协调员（National Coordinator）领衔。现任协调员迪克 · 朔夫（H. W. M. Dick Schoof）经常会在公众前露面。与他国情报机构的传统军事威胁预警系统相比，荷兰的国家安全和反恐协调会及其协调员肩负着更为宽泛的责任。

国家安全和反恐协调会向公共安全与司法部部长汇报，但协调会

[1] 本章节内容是基于荷兰乌得勒支大学（University of Utrecht）B. G. J.（鲍勃）德格拉夫所提供之信息。

[2] Bob de Graaff, PowerPoint presentation, “Terrorist Threat Levels in the Netherlands and Risk Communication to the Public,” June 7, 2016.

享有独立发布预警的权限。协调会辖下没有情报搜集资产（asset），其分析部门负责评估协调会通过各种消息源取得的信息。拥有自主分析能力使国家安全和反恐协调会与国家文职情报部门荷兰情报与安全总局（AIVD，主要应对内部威胁）和军事情报部门军事情报与安全局（MIVD，主要应对外部威胁）时有纷争。但协调会不受本国情报监管法规约束。

荷兰国家安全和反恐协调会、公共安全与司法部部长主要负责以下四个威胁预警系统，各系统分别为应对不同问题而创设、分别拥有不同信息受众群体、分别使用不同标准术语描述威胁等级：

1. **B&B 系统**（*het systeem Bewaken en Beveiligen*），即“**监控防范系统**”（Surveillance and Protection System）：用以保护政府机构、国家设施、关键人物的核心系统，2002 年在政治人物皮姆 · 富图恩（Pim Fortuyn）被刺后建立。该系统可识别威胁，并通报相关责任部门就威胁状况予以应对。系统的重点保护对象包括王室成员、政府要员（含议会议员）、各国大使、外国驻荷兰使馆及部分国际组织（含军事组织）等。由国家安全和反恐协调会的监视与保护署、民警和军警系统，以及皇室及外交使团保护署（DKDB，职能与美国特勤局相近）承担对应安保职责。B&B 系统采取五级警示，依次为：不严重（not severe），和缓（moderate），一般（average），严重（severe），非常严重（very severe）。
2. **DTN 系统**（*Dreigingsbeeld Terrorisme Nederland*），即“**恐怖主义威胁评估系统**”（Terrorist Threat Assessment）：荷兰最为名声在外的预警警示系统，一般就监测到的威胁等级每三个月进行一次通报，通报对象包括荷兰本土及其海外利益攸关方。该系统受荷兰编剧、专栏作家提奥 · 梵高（Theo van Gogh）遇刺一事所促，于 2005 年建立。此后不久，伦敦发生恐怖袭击。DTN 报告属于全源（all-source）评估，内容囊括国家情报与安全总局、国家军事情报与安全局，及本国警务系统的信息及分析，以及出自英国联合反恐分析中心（JTAC）等外国反恐机构的评估意见。秘密级（secret-level）报告呈交本国行政部门、立法部门、国家级领导层，作为国家层面反恐政策的重要依据。机密级（confidential-level）报告呈交执法部门、负责落实反恐政策的国家及地方官员。机密级报告的英译版传阅参与反恐行动的各欧洲盟国。报告篇幅一般至少为六页。DTN 系统自投入运行以来一直采取四级警示，依次为：低限度（minimal），有限性（limited），实质性（substantial），决定性（critical）。

3. **ATb 系统**，即“**反恐警示系统**”（Counterterrorism Alert System）：2005 年 6 月建成，向公共事业、交通运输、工业、财政金融、抗洪防汛等相关产业等十五个关键性经济部门通报威胁等级。由国家公共安全与司法部部长具体定级，提高警示级别意味着要求相应经济部门的代表及相关公职官员，采取对应警示级别所要求之适当措施。ATb 系统目前采取四级警示，依次为：标准（standard）威胁，低等级（low）威胁，中等级（moderate）威胁，及高等级（high）威胁。
4. **航空安全系统**（Aviation Security System）：国家安全和反恐协调会的监视与保护署、民航安全署（Civil Aviation Security Department）是该系统主要责任方，负责沟通政府其他部门和各航空公司，预警并应对与航空安全相关的威胁性事件。

其中，B&B 系统和 ATb 系统均使用了将特定威胁发生的可能性，与发生威胁的后果危害性进行合并分析的特殊风险评估方法。国家安全和反恐协调会的分析师首先对威胁的发生可能和后果危害分别制表，以 3 乘 5 矩阵，对受到威胁的目标进行三项分类——判断威胁的打击目标是人（含一个或几个），是物（实体建筑、设施等），还是整体（社会大众），并对威胁潜在的严重性进行五档分级。威胁的综合评级是基于威胁的严重程度和目标的相对价值所做出的主观判断。根据行为体的潜在意图、实施打击的潜力、计划采取实质性打击行为的证据，可基本判断出威胁发生的可能性。国家安全和反恐协调会目前已经针对不同等级的威胁开发了相当具体的参考指标，实践操作接近于标准的征候与预警分析方法[1]。

综上，荷兰的预警是判断性的，并兼具战略性。尽管，具体威胁性事件的个案及其应对措施可能是战术性的，但预警研究不以迫近的战术威胁为目标，而以趋势为评估对象。援引荷兰国家安全和反恐协调会的一位分析人士的话，协调会的分析成果是“非经数学计算得出的可能性推理”。[2]荷兰国家系统拥有全国性信息受众，这一点反映出随着恐怖主义的政治性影响日益凸显，传统上认为确实具有战略要义的预警问题，以及包含（至少对政客本人仕途发展而言）具有战略性影响的小规模威胁的战术预警问题，正在发生结合，以反恐为重点的战略预警越来越受到全球性关注。荷兰公众对本国预警系统的实际效果予以肯定，认为目前的系统比美国国土安全部早年设计的威胁等级更有公信力。

北约的预警系统

诚如任何一个国家的必然需求，由国家构成的联盟同样需要掌握覆盖方方面面的信息和评估。国际组织的不同架构和结盟目的决定了它们对预警情报的需求和从事预警研究的能力。北大西洋公约组织在自身的制度框架内，设计了通过共享情报对成员国提供帮助，和通过保护敏感国家情报来源对情报搜集予以保障的多种方法。北约自成立以来，始终重视预警工作，反映出联盟的政治结构和缔约初衷——应对苏联及其盟军的军事打

[1] Bob de Graaff, PowerPoint presentation, “Terrorist Threat Levels in the Netherlands and Risk Communication to the Public,” June 7, 2016.

[2] Abels, “Dreigingsbeeld terrorisme Nederland,” 539.

击[1]。在苏联解体和华约解散后，北约的预警系统也经历了与美国国防预警相似的发展，拓宽了原本的关注和研究领域。

北约的预警机制极大地参考了美国的征候与预警分析方法系统（更多内容见本书第 6 章）[2]。冷战时期，北约的情报重点是提早预警华约组织的战略袭击，发现潜在的进攻迹象并跟踪事态发展。北约的分析聚焦于战争，这一点从预警委员会在不同时间阶段的曾用名上就不难看出：进攻征候研究委员会（Indications of Attack，1952—1979 年），征候与预警委员会（Indications and Warning，1979—1984 年），北约征候与预警系统（NATO Indications & Warning System，1984—2000 年）。在冷战结束后，北约自 1995 年开始对波斯尼亚地区和科索沃地区采取干预行动，为此再次调整预警职能，成立北约情报预警系统（NIWS，自 2000 年启用至今）[3]。北约目前承担的区域外任务和危机管理任务也同样可能触发预警关切。

北约情报预警系统首要职责是向北约的决策层及联盟各成员国的政治、军事领导人提供威胁性预警。预警委员会（特指 MC0166）每年由轮值成员国在其首都主持召开年会，集体讨论并正式确立预警问题及相关政策问题。和北约处理许多其他问题一样，预警问题及其政策必须经全体成员国一致同意后，方可获批通过。然而许多人认为这个过程太过缓慢，北约在年会机制之外，会于必要时就新出现的问题在其总部召集各方开会商议[4]。除此之外，各成员国可根据本国的意愿，对预警问题予以接受，展开监控，并后续提请联盟其他成员国认可。

对预警分析的汇总一般在位于总部所在地负责情报的副参谋长（DSCINT）办公室完成。联盟的情报副参谋长一般为二星级军官，所辖情

---

[1] Gordon, “NATO Intelligence Fusion Centre,” 645–50.

[2] 北约借鉴并发展了美国国防部的预警条令，目前仍以美国的《国防预警网络手册》为原则性指导。

[3] 关于北约预警职能发展历程的背景信息由德国上阿玛高北约学校（NATO School）的北约情报预警系统课程主任提供。

[4] Kriendler, “Anticipating Crises.”

报部门是联盟的五个国际军事参谋部（International Military Staff）之一。北约情报预警系统团队负责为情报副参谋长提供工作支持，副参谋长本人负责适时向北约军事委员会（Military Committee，联盟的最高军事指挥机构）主席、秘书长，及北大西洋理事会（NAC，联盟的最高政治决策机构）沟通预警信息。不过这一流程可能因为2016年的人事变动而正在发生变化。当年10月，军事委员会秘书长任命了首位主管情报与安全问题的秘书长助理——被称为“北约首席情报主管”[1]的德籍外交官、德国联邦安全局（BND，德国的对外情报机构）前副局长阿恩特·弗赖塔格·冯洛林霍芬（Arndt Freytag von Loringhoven）。冯洛林霍芬奉命对联盟总部现有的文职人员和军事部门进行整合，在北约总部办公地组建新的情报与安全部门。这一改革倡议由北大西洋理事会在2016年7月的北约首脑华沙峰会上提出，旨在加强北约内部的情报合作，提高早期预警和军事防范，增强联盟的整体弹性。新的情报部门将以情报工作为北大西洋理事会和北约军事委员会提供必要支持，向军事委员会秘书长提供情报建议。鉴于北约的制度改革通常十分缓慢，上述举措对北约预警工作的实际影响因此尚未显现[2]。

目前，预警问题可分为两类威胁：传统的，和跨国界的。传统威胁主要辐射一国或一地（如国家内部动荡，或州际冲突）。跨国威胁可再细分为三类：恐怖主义威胁，大规模杀伤性武器威胁，及计算机网络作战或网络威胁。MC0166（北约预警委员会）对各个预警问题具体定义，并为之征得委员会成员协商后的一致。一旦预警问题获批立项，委员会可要求成员国以自荐方式参与对具体问题的监控，并形成报告[3]。通常，志愿国自

[1] Atlantic Council, “NATO Selects German Diplomat as New Chief of Intelligence,” NATO Source, October 21, 2016, http://www.atlanticcouncil.org/blogs/natosource/nato-selects-german-diplomat-as-new-chief-of-intelligence. Julian Barnes, “NATO Appoints Its First Intelligence Chief,” Wall Street Journal, October 21, 2016.

[2] Ballast, “Trust (in) NATO.”

[3] “NATO Intelligence Fusion Centre (NIFC),” http://web.ifc.bices.org/ index.htm.

身的国家利益与同意协作的问题息息相关，它们须通过使用北约情报预警软件（NATO Intelligence Warning Software）[1]，按月及时向北约总部的预警部门更新相关问题的最新信息及评估成果。

诚如前文所述，对任何从事预警的实体而言，面临的其中一个严峻而不可逾越的挑战就是说服决策者，使之相信相关问题确有其要义，且就问题采取行动确有其必要。而北约将这一挑战的难度又提高了 30 倍——联盟想要做出的任何行动，都必须首先取得所有三十个成员国的一致认可。约翰·克林德勒（John Kriendler）在其著作中警醒读者[2]："不论预警系统的结构如何完美……预警的成功首先取决于当局的判断和远见。"而克林德勒所呼吁之"判断"和"远见"恰是北约长期以来连蹇之所在。北约的预警系统为弥补沟通的说服力，特别指派了一名高级军事预警官员专门直接对接联盟军事和文职高层。这名高级专员及其麾下人员规模十分有限的预警专家组，以联盟各成员国生产出的实质性预警判断为基础，构建了一个混合预警体系的变体。

预警在北约危机应急响应系统（NATO Crisis Response System）中举足轻重。如果多个成员国共同对某一问题予以关切，应急响应过程的第一步就是首先就可能的问题向领导层发出警示，随即触发应急响应的后续一系列操作，依次包括评估，列举可行方案，规划响应行动，执行落实，直至使事态恢复稳定。该系统的最高目标是"不战而屈人之兵"，即首先通过外交压力、经济制裁、武力威慑解决问题，必要时方才动用联盟认为适当的军事力量予以实际打击[3]。

北约自然十分清楚完成有效预警的难度和成员国彼此有效沟通预警信息的需求。德国上阿玛高北约学校（Oberammergau NATO School）为此针

[1] Lecture notes, "Introduction to NIWS," 2015, provided by NATO School Oberammergau.

[2] Kriendler, "NATO Intelligence and Early Warning."

[3] Lecture notes, "Introduction to NIWS." 另见 NATO, "Crisis Management," http: //www.nato.int/cps/en/natohq/topics_49192.htm, updated February 27, 2018。

对性设计了每年三次、每次为期一周的预警课程。课程内容与美国国家情报大学所授相似，在向学员教授基本的征候与预警分析方法基础上，解释北约特殊的组织结构、工作流程，以及北约需应对的实际问题。培训固然能够为战略预警注入新的人力，但确保胜任预警分析所要求的专业知识和经验积累并非短期培训之功。北约的预警分析师与许多成员国国内情报系统的预警分析师相同，在能力和背景方面可能千差万别。这是个严重的问题，因为大多数成员国普遍将情报视为次要职业专长。

各预警体系之比较

本章节所述三国体系及北约体系彼此差异分明。英美两国预警系统之别在于双方政府结构和组织文化有异，但是两国自二战以来，始终保持了密切合作。荷兰的系统出现得比较晚，与英美的差别在于对国内及战术层面问题更为重视。北约的预警系统主要解决联盟以军事议题为核心的需求，这是国际性军事集团本身的政治特征决定的。四种体系在各自发展进程中应新的需求出现而不断扩展职能范围，不断完善原有机制，从而更有效应对不断变化的世界局势。

四者分别体现了第 3 章所述的五种标准型预警体系的部分特征。其中，在荷兰，不仅有专门的预警办公室和由高级分析师担纲的“协调员”，为降低因预警专员缺乏特定领域专业知识的可能风险，荷兰人还构建出一套综合性预警体系，并要求国内各情报部门作为体系的情报信息源。北约的专门预警办公室人员规模较小，主要依赖成员国的情报信息输入，表现出明显的混合型体系特征。英国联合情报委员会整合处理预警报告及其他由各相关机构提交的评估分析，也属于混合型体系的一种。美国的预警系统曾阶段性设置专职预警办公室（观察委员会及全国征候中心），并使用混合型体系的变体（几任国家预警情报官使用不同的版本）。抛开美国目前的情报实践不论，上述各例均未与 EAAWA 体系强化版本接近。

第 5 章
预警的方法论问题

本书截至目前为止，已经讨论了战略预警的许多方面，但尚未系统性解决反复出现的困扰预警实践的诸多问题。回答这些问题对于学习和掌握战略预警十分关键。在理解的基础上将理论概念融入预警分析和战略欺骗的实践操作，是取得行动成功的密钥。反之，也可以相当肯定的是，缺乏对相关问题的正确理解可能会埋下行动失误的隐患。下述问题在战略预警过往中反复出现，并影响分析技术，包括情报从业者开发的征候与预警分析方法等。对这些技术的探讨还将在稍后的章节中继续。

战略预警的方向

传统上对战略预警的定义一般侧重于有形威胁，通常以一国（或多国）对其他国家构成的重大的、公开的、使用常规军事力量的威胁为重点。在相当长的一段时期内，这一定义是具有实际意义的。彼时，国家间战争十分常发。在威斯特伐利亚体系（Westphalian System）形成以前，征服者视受害者为终极生存威胁，欲灭之而后快。在二战结束后的一段时间里，人们一直难以忘却接连两次大规模国家间战争的惨痛教训，特别是二战时，对手两次都是以突然袭击的方式先后拉开欧洲战场和太平洋战场的战幕。1945 年以后，世界上的许多国家分裂成意识形态对立的不同阵营，人们不敢稍微放松对常规战争乃至后来衍生出的核战争威胁的警惕。如前所述，出于探究能够有效防止美国遭受有核对手突袭的经验教训，而非单纯的历史或社会科学兴味，罗伯塔·沃尔斯泰特开始钻研珍珠港事件的预警失误。

斯大林相信，资本主义与社会主义之争会以战争为终结。[1] 修正主义的历史也许另有写法，但是，以多数人理性客观的视角来看，在冷战初期，甚至在 1953 年斯大林去世后，苏联的领导高层始终坚信东西双方处于不言而喻的竞争状态。如果以能够承受的代价换取得有利于己方的战争结果，那么苏联人很可能会不惜一战，放手一搏。斯大林之后的苏联领袖们虽然减少了些许敌意，但仍会习惯性地反复试探西方的军事防御能力。西方国家的战略预警专家顺理成章地将来自莫斯科方面的威胁作为研究重心，此外，所关注还包括华沙条约的缔约国，以及越南等苏联的社会主义亲密伙伴。20 世纪七八十年代，东西两大阵营基本保持了均势，但这并没有改变美国人的忧虑。在他们看来，一旦苏联人认可成本与效益的交换，就很可能付诸武力。或者更有可能出现的状况是，苏联人会假借其代理人，在全球范围内插手各种国家或地区内的暴力冲突。

20 世纪五六十年代，苏联依靠一套名为“伪装”原则的精湛拒止与欺骗技巧，成功掩饰了自己的劣势，错使西方情报界相信，迅速发展中的苏联早已远远超出了单独防御之必要。[2] 为继续遮掩优势和意图，苏联人故技重施，以致 70 年代的不少西方国家都低估了他们的真实实力。[3] 苏联的拒止与欺骗手段通过种种努力使西方在长达数十年的时间里一直对苏联构成的威胁抱持误解。

---

[1] Garthoff, *Soviet Leaders and Intelligence*, 1–16.

[2] Garthoff, “Estimating Soviet Military,” 135–86.

[3] 同上。另见 Garthoff, “On Estimating and Imputing Intentions,” 22–32。

然而，即使是恰当地意识到了苏联的威胁，并为此投入了情报资源对其及其盟国进行监控，仍然是远远不够的。在冷战刚刚开始时，西方的情报界从内部挖掘并征召了一批研究社会主义阵营的顶级专家，研究改进以社会主义各国为目标对象的情报搜集、分析的方法。罗伯特·杰维斯认为，美国的中央情报局在这一时期曾拥有一批比肩权威学者的情报专家力量[1]，尽管如今的中央情报局早已不复当年盛况。专业知识和可为论证的严谨分析有助于情报界说服高层决策者对所传递的预警信息予以采纳，此外，专业知识同样也有益于改进战略预警分析流程。

在苏联的显见威胁之外，美国的情报部门仍需关注其他行为体的动向。情报人员认为，预警原则也可以应对这些情况。一个关键性的、尚未解决、持续探讨中的问题出现了：预警情报还需解决哪些问题？当高层要求针对苏联的威胁状态做出评估时，早期的观察委员会当然能够毫不犹豫地予以响应。[2] 然而，并非所有的题面都如此直白，更多情况下，潜在的种种问题以更为隐晦的呈现方式相互胶着如铁板一块，很难在一时之间逐一拆解。苏联解体后，他们发现，己方不得不继续面对由更多其他行为体——譬如 1979 年发生变革后的伊朗制造的政策困难和情报挑战。由于问题不再显而易断，判别应予预警的问题、将问题正式立项为情报工作的研究课题，就难免历经漫长的争论，判断标准也因此而不断发展更新。但例外或前所未有的情况反复发生，导致标准始终无法固定成文，客观上增加了预警分析以及预警官员和线性分析机构之间的关系复杂性。

定义具体预警问题的概念能够在预警部门内规范责任和权属。一旦被立项，对预警问题享有“所有权”的分析部门能够得到一定的独立行事权限。这些预警官员因此要面对另一系列问题：这样一个“预警问题”应该在什么时间、以什么方式、出于什么原因寿终正寝？在长期研究和动态情报生产中，一个问题何时完全“消失”，从而使线性分析机构可以对此问

[1] Jervis, *Why Intelligence Fails*, 195.

[2] Grabo, “Watch Committee,” 376.

题盖棺定论？终止对不再具有预警意义的问题的研究是必要的。否则，就会重新出现美国预警工作中常犯的错误，使原本的预警机构继续为不再重大的问题往返徒劳，沦为贩卖这些无关问题动态监控情报的地方。如不适时终止，这些昨日之问题就会不断积压、越来越多，直至淹没应予关注的明日之挑战。1953 年以来，美国的情报部门始终在关注朝鲜半岛的局势，这一预警担忧无疑是合理的。然而，当问题的优先项已经得到解答，决策层对事态已经充分了解，甚至线性分析机构对接下去的情报工作已经妥善接管的情况下，如果问题的“所有权”归属部门出于不愿割舍既有权限的官僚原因，或具体从事预警的分析师出于个人偏好的主观原因，对问题抱住不放，就会导致一时的预警拖延成为持久但并不必要的工作。解决这一困局的一个可行方法是预警问题“日落条款”（sunset provisions）[1]——规定预警工作及相应权限在超出规定时长后自动失效，如需延期，须经过与该问题立项时类似的正式审批流程。情报界时有这样的操作。

何谓“威胁”

战略预警惯以威胁为工作重点，但“威胁”的定义却有很多种。能否从中选择与预警更为贴切的定义来指导预警，攸关成败。格雷戈里·特雷弗顿观察发现，威胁一般来源于如下两类[2]：“与构成威胁的行为体一起出现的威胁”，或“不明来源的威胁”。冷战时期，西方的战略预警人员可以轻易将矛头对准苏联集团。但时至今日，这种泾渭清渭敌我二分的状态已经一去不返。政治、经济、公共卫生、环境不断受到更为宽泛而非主观的威胁。预警因此惟有不断适应变化中的世界，战略性威胁预警的边界变得不再壁垒分明。

如果说风云变幻之中对军事情报而言还剩下什么守常不变的真相，那

[1] Lowenthal, *Intelligence*, 6th ed., 171–72.

[2] Treverton, *Intelligence for an Age of Terror*, 22–23.

就是威胁始终由能力和敌意双方面构成，其中敌意也曾被习惯称作“政治性预警”(political warning)[1]。尤其是军事情报人员往往会更深切地体会到，评估“意图”的难度远远大于评估“能力”——后者尚能通过大型武器等显性的物质性概念予以定义。甚至许多情报人员还会错误地认为，情报本来就应该只关注（或言首先关注）能力，即被一部分人称作“军事性预警”（military warning）[2]的内容。他们的误解还包括，认为必要分析“最差情况”，原因是该情况一旦发生，危害最大；认为军职人员根本不该尝试评估对方的意图，因为他们中大多不擅政治和心理分析；以及，认为过度或重复性预警无伤大雅，最后一个错误对预警而言最为有害，因为有效预警赖以成功的可信度恐因此而大打折扣。

军事能力一般被等同于现有军事力量的产物，因此预警情报在开始时难以避免地陷入军事性结构评估，执着于厘清对手的作战序列。[3]按照既往惯例，作战序列数据包括作战单位的数量和类型、主要作战设备及军事基地的信息，所有这些独立的信息部件都是能够识别、计算、评估的。因此它们属于情报意义上的秘密和拼图谜题，而非预警所应该解决的无解之谜。作战序列数据库中一般还可能包含有助于理解对手军事能力的其他一些信息，如对方领导层的性格特征、当前军事条令、团体及单兵部队训练状况、部队整体备战状态和士气等。尽管研究作战序列的分析师很可能自恃以上评估结果皆客观公正，然而这些相关因素的信息恐怕并不确凿，无形因素很少享有与物质性军事资产同等的重视。由于情报界内各机构之间缺乏重要数据的友善共享，一般情报机构通常不进行净评估，军事分析师因此会基于对本方军事力量的结构性理解，粗略估算与对手或盟国的军力平衡。

---

[1] Grabo, *Handbook of Warning Intelligence*, 169–98; Shalev, *Israel's Intelligence Assessment*, 221.

[2] Garthoff, “On Estimating and Imputing Intentions,” 24.

[3] Grabo, “Watch Committee,” 363–85.

然而，如果相信传统意义的作战序列表格能够精准描述或者测算出“威胁”，就大错特错了。本书第 2 章中的各案例研究就是最好的例证：诺曼底登陆前，英国人以欺骗手段干扰了德军的作战序列分析师，使其误以为盟军有几倍于实际的军力储备；1973 年的以色列军事情报局（阿曼）对埃及的作战序列近乎了如指掌，却仍然没有猜透对方将如何驾驭新的防空和反坦克导弹，致使以色列出现重大情报失误。[1]

通常意义上而言，没有任何可靠的公式能够计量一个国家的军事能力，乃至这个国家的任何其他“能力”。但是，个人、军队或国家政府的能力取决于三个永远相互关联的变量：(一）武装力量的使命；(二）敌方及包括交战国盟国、联合国在内所有相关第三方的行动；(三）作战环境，既指士兵们需要充分了解的自然地形和客观天气，也包括当地人口、非政府组织人员和新闻媒体。任何给定的军事力量的兴亡成败，都可能由此三个变量的具体内容决定。因此，任何没有解决这三个变量的所谓“能力”评估都显然是不可能正确的。仍然以本书第 2 章中的案例研究为据：1973 年，埃及为实现一次不同寻常的政治军事目标，在苏伊士运河畔创造性地使用防空导弹，产生了卓有成效的军事实力；假使埃及为了另一个目标(譬如占领西奈半岛)，在超出防空系统射程的情况下，使用同样的地面力量，则可能给自己惹来灾难性后果。史蒂芬·比德尔（Stephen Biddle）对此表达过类似观点，认为对于既定任务而言，作战能否成功是有形资产、部队技能、军事技术等多种因素合力的结果。[2]

错误地强调军事力量中的物质因素的现象数见不鲜。美国政治学家戴维·辛格（J. David Singer）自 1963 年开始关注战争课题，历史学家梅尔文·斯莫尔（Melvin Small）不久也加入到辛格的研究中来，这项研究后来逐渐发展成为“战争相关性研究项目”(COW Project) [3]，从回顾 1815 年

[1] Shalev, *Israel's Intelligence Assessment*, 55.

[2] Biddle, "Victory Misunderstood," 139–79.

[3] 该项目官网网址为：http://www.correlatesofwar.org/。

拿破仑战争结束后的纷繁时局和国家间战争着手，逐步扩展至部分国家内战，最终自诩开发出一套客观的、定量的国家实力评估指标，包括军费开支、国家及城市人口、军队兵力、钢铁及能源产量等。COW 项目成果还包括一套可供全球学者通过互联网在线查阅的数据资料集，内容被国际关系和情报学等学科研究广泛引用。然而，这套战争相关性衡量标准全然忽视了前述三个变量。

军情分析人士和国家领导层的战略性谬误往往是因为对双边（或二元）军事实力关系缺乏考量，使国家由错误走向战争，乃至战败。澳大利亚学者杰弗里·布莱内（Geoffrey Blainey）也得出过相似结论："战争通常始于交战国对彼此相对实力的分歧，而终于分歧的和解……当国与国准备诉诸武力，双方对战争将要持续的时长和最终的结果往往存有相互矛盾的期待。"[1] 布莱内抱着与参与"战争相关性研究项目"的不少同仁们相似的误解，认为潜在对手的实力是客观而可定量的，尽管可能在开始时被误判或误读，但最终能被交战各方准确掌握。

然而，正如第 2 章中的案例所示，一些国家经常会试图转变既定情况下的相对力量关系，而实现转变的其中一种方法，就是发动突袭。突袭能够有效地改变军事任务、敌方行动和作战环境。一旦情报人员步 1973 年阿曼之后尘而误解了对手的目标，就会从根本上误判对方达成这一目标的能力。

因此，威胁预警分析师如欲避免此类错误，就必须首先认识到，军事实力在特定任务目标的语境下有其灵活性和偶然性。这是一项具有挑战性的任务，因为有效的预警信息必须在行为体的真实意图受欺骗行径影响的情况下率先发出。在解决军事预警问题时，分析师必须对可能的冲突情形

[1] Blainey, *Causes of War*, 293–94: "wars usually begin when two nations disagree on their relative strength, and wars usually cease when the fighting nations agree on their relative strength. ...When nations prepare to fight one another, they have contradictory expectations of the likely duration and outcome of the war."

做出有效的细节分析，并评估交战对手会如何做出同样的举动。两项分析中的任何一点失误都可能极大地改变预警信息的内容或其准确性。用以展现国家实力的外交手段和经济手段会分别在不同的情况下发挥效用，因此，无论是威胁预警还是机遇预警也应该留意不对称性的存在，避免将不同领域视同一律。迈克尔·汉德尔指出，西方（包括 1973 年前的以色列）的军事传统一贯相信，战争的成功是通过战场上的胜利而取得的，而事实的情况并非如此。[1] 因此，预警分析师有必要对其他文化视角也有所了解。

优秀的分析师能够在考察更广泛因素的基础上，从不同视角分析问题。安德鲁·马歇尔，五角大楼净评估办公室 1973 至 2015 年期间的办公室主任，就借鉴了多角度分析的方法，帮助分析师做出比使用基本作战序列比较法更为准确的判断结果。他要求分析师评估国家整体武装力量中的主要武器装备系统之间的力量平衡。例如，马歇尔没有简单地将永远不可能面对面直接交火的美苏战略性轰炸机编队进行数字上的单纯比较，而是转为研究苏联的防空系统是否能够阻止美军轰炸机进入其领空。结果发现，美军的隐形技术十分过硬，而苏联试图保全其漫长国境线的努力即使不是徒劳，也必然耗资巨大。鉴此，马歇尔在 1976 年提出建议，美国应购入更多 B-1 轰炸机，继续扩大在该领域的比较优势。他的想法尽管在 1977 年被时任总统吉米·卡特驳回，但最终为下一任总统罗纳德·里根所采纳。[2] 马歇尔将净评估方法发展成为一门分析学科，研究在特定的二元语境（非军事资产存量比较）中可被利用的不对称性。

这一净评估方法直接适用于战略预警。[3] 历史表明，国家或非国家行

[1] Handel, *Perception, Deception and Surprise*, 23–24.
[2] Krepinevich and Watts, *Last Warrior*, 130–32, 181.
[3] Bracken, "Net Assessment," 91.

为体都可能随时在观望对手甚至“朋友”身上可被利用的弱点。[1] 因此，在动态交互中对潜在对手进行净评估实为必要。此外，由于行为体各有不同的风险认知和承受能力，净评估需要考虑不同国家或群体的政治文化及学习、适应能力。马歇尔尤为重视净评估中心理和政治层面因素，正如阿尔伯特·爱因斯坦反复重申的那样，“不是所有有价值的东西都可以被衡量；也不是所有可被衡量的东西都有其价值”[2]。

有意思的是，苏联的情报机构尽管在斯大林统治时期遭受巨大损失，但并未在“能力”和“意图”的把握上发生偏颇。1945 年以后，斯大林曾指示麾下情报机构要关注西方诸国的意图和计划，而非“物质性能力”。为此，情报搜集部门设法从西方国家和北约方面取得了大量文件，其中甚至不乏详实的战争计划[3]。

战略预警目的：减少不确定性，还是预测未来

战略预警通常声言以精准预言或预报重要事件（特别是重大军事威胁）为目的。据此标准，情报工作明明应该对珍珠港事件和“9·11”事件的细节做出预警。情报专家显然知道预言具体事件的难度，此种尝试往往会失败，随之而来的是对错误分析的批评。著名情报分析师约吉·贝拉（Yogi Berra）曾有言：“做出预言很难，预言未来尤甚。”[4]

预警分析师于是依照托马斯·芬格、马克·洛文塔尔等人的建议，

[1] Gentry, *How Wars Are Won and Lost*.

[2] Krepinevich and Watts, *Last Warrior*, 181: “Not everything that can be counted counts; and not everything that counts can be counted.”

[3] Garthoff, *Soviet Leaders and Intelligence*, 15.

[4] 约吉·贝拉的“It’s tough to make predictions, especially about the future.”参见 http://www.goodreads.com/quotes/261863-it-s-tough-to-make-predictions-especially-about-the-future。丹麦物理学家尼尔斯·波尔（Niels Bohr）早前也曾发出过类似的感慨：“预言十分困难，关于未来的预言尤甚。”参见 https://www.goodreads.com/author/quotes/821936.Niels_Bohr。

以提供有助于决策者减少行将发生事件不确定性的信息和分析。[1] 这种退而求其次的逻辑在于，在情报人员看来，决策者在绝大多数情况下不需要对行将发生的事件一清二楚；为实现预防、威慑、防范或利用之举，决策者只需要大致了解事态行将如何发展。情报界一般名之曰“预见”。基于这种预警的决策可以通过提高警戒状态或采取其他有节制的适度举措，初步地、不完全地为可能发生的事件做出一定程度的准备。如果后续分析证实此前预警关注的事件继续发酵，则可逐步完善准备工作、外交行动；如果后续事态发展不足为之牵肠，或初步行动已经导致其他行为体改变了原来的计划，则可认为是预警成功，不必继续进一步行动。因此，只要预警专家能够准确地觉察异动，并相对准确地评估其潜在影响范围，对战略预警而言，大可不必强求对具体事件的精准预言。[2] 但上述过程可能需要预警分析师与决策者本人就预警问题的进展不断进行沟通。

情报工作能够为决策者提供的帮助不止于此。在美国前国务卿迪安·艾奇逊（Dean Acheson）眼里，情报工作的最佳助攻表现是能够提振决策者对所做决定的信心。[3] 但这一逻辑成立的前提，是承认领导高层对自身决策能力的信心受行将发生事件的不确定削弱。事实上，领导者的信心很少见受到冲击。即便是极少数时候可能受到冲击，罗伯特·杰维斯也相信，当面对情报信息不充足、分析师对自己的判断不自信而领导人过度自信时，反而有必要发挥这种反作用力，增加他们应有的怀疑。在 20 世纪 90 年代和本世纪初评估伊拉克大规模杀伤性武器能力问题上，情报人员其实就应该这么做。[4]

然而，对未来事件的概括性预言或预见，仍然且仅仅是情报分析和

---

[1] Fingar, *Reducing Uncertainty*.

[2] Wirtz, “Indications and Warning.”

[3] Quoted in Steinbruner, *Cybernetic Theory of Decision*, 332.

[4] Jervis, *Why Intelligence Fails*, 124.

战略预警的重要组成部分之一。近年来，美国的情报界通过实验等方法一直在探究两个问题，一是如何得出更具体准确的预言，二是情报界作为一个整体如何优化预言的能力。[1] 譬如，在 2011 年，美国国家情报总监办公室辖下主要从事技术性情报研究的情报高级研究计划署，出资赞助了一个计划以四年为期限完成的考察项目，五支情报团队被要求就分立式问题作答，按照答案的准确性评予分数。[2] 由心理学家菲利普 · 泰洛克率队的小组在第一年就取得了比实验对照组高出 60% 的成绩，第二年，这一差距拉大至 78%。情报高级研究计划署遂中止了考察，开始着力研究泰洛克的小组优异表现背后的原因。泰洛克也将明星预报员们集结在一起，对其预报能力进行特征分析，名之曰“判断力优化项目”（Good Judgment Project）[3]。

应该指出的是，泰洛克的项目成果并不直接适用于说明预警所需能力问题。情报高级研究计划署在调研中设置的问题是狭义的，被调研对象对问题做出的解答也是互不关联的。这种对具体特定事件的所谓预报是区别于战略预警实践情境的，后者的典型特征是研究内容包含无解之谜，且谜题在较长时间段内始终无解，除非谜底不再与对象事件相干。情报界一般不愿意定量评估预测性分析成果的准确性，其中一个原因就是基于这一事实，即“准确性”需要经过“较长时间段”方能得到部分而不全面的验证。从事具体情报工作的人员或部门也不愿意接受这样的定量评估，一方面，定量产生的绝对成绩可能很不理想，另一方面，在与其他部门的同僚们横向比较时，会显得情报部门终日碌碌却无甚建树。[4] 不过，泰洛克对预报员的研究，特别是发现了最擅于复杂性分析的预报员们的共

[1] 包括在情报界内部针对特定课题创建“预测市场”的方法。详情可参见 Yeh, “Using Prediction Markets”。

[2] Tetlock and Gardner, *Superforecasting*, 16–18.

[3] 同上。另见 Mellers et al., “Psychology of Intelligence Analysis,” 1–12。

[4] Gentry, “Has the ODNI Improved,” 644–45. 另见 Tetlock and Gardner, Superforecasting, 17; Mandel and Barnes, “Accuracy of Forecasts,” 10984–89。

性特征，与是否有特定类型的人、教育方式、训练手段等问题相关。泰洛克对情报分析师重要特征具体成果将在本书第 8 章再行讨论。

不确定性转移

托马斯·芬格认为，情报人员的工作是向高级决策者传递对事态的理解，从而减少其不确定性，并在其他同等条件下，提高决策的质量。[1] 马丁·皮特森（Martin Petersen）也同样认为，情报分析的目的是“约束（决策者的）不确定性”，从而“确保……无论是在谈判桌上，还是在战场上，在时间和信息允许的条件下，我方都能够做出比对方更明智的最佳决策”[2]。美国情报界将这一基于高质量情报支持产生的效益称为“决策优势”[3]，即本国的决策优于他者，或本国的决策者拥有相对于他国决策者的优势。迈克尔·华纳（Michael Warner）进一步完善了这一说法，将情报支持的一般性目的总结为，将己方决策者的相对不确定性转移给动态关系中的其他各方，从而同样产生对己方有利的“决策优势”。[4]

任何一方都可能通过对己方关键行动和决策保密，或对敌方采取欺骗手段故意增加其不确定性，或诱导其产生确定却错误的判断，来左右各方决策者面对不确定性时的相对平衡。不论哪种方式，欺骗的重点都在于使目标行为体做出错误决策。根据对情报目的的这一理解，预警可以识别，威胁预警中不利于己方决策者的失衡状态，（针对不直接相关美国国家利益的威胁）提出改善不利状态的方式方法；发现有利于我且能为我

[1] Fingar, *Reducing Uncertainty*.

[2] Petersen, “What I Learned,” 18.

[3] “决策优势”（decision advantage）一词诞生于“9·11”事件之后。美国国家情报总监在 2014 年 7 月发布的《国家安全战略》报告中，率先使用了这一术语。

[4] Warner, “Intelligence as Risk Sharing,” 16–32; Gentry, “Toward a Theory.”

所用的不对称性，以及识别创造可加以利用的、有利的、不确定性的不对称方法。

预警沟通：风险性与不确定性之辨

如前所述，预警沟通的说服力与分析判断的准确性同样重要。沟通的一个关键要素是精准传达分析师对行将发生事件不确定性程度的高低。根据定义，战略预警是面对大量实际不确定性的分析判断。诚然，在预警沟通中恰当表述评估的确定性是必要的，但使用描述风险性的概率术语却可能导致确定性成为伪确定性的不良后果。[1] 举例来说，大多数人很容易理解抛硬币时获得正面的概率和获得反面的概率是一样的，硬币落在立面上的可能性接近于零，因此，正面朝上的概率或“风险性”约为50%。然而，战略预警更经常面对的是趋势或潜在事件的分析评估，这些趋势或事件的可能性、实际细节、最终后果都是未知的。预测尚未选举产生的决策者胜选后的施政方针及其影响时，或预测执政领导人受国内政局动荡影响而不断转变的态度观点时，难度在于不确定性，而非风险性。故此，在上述及类似情况下，风险的概念和描述风险概率的术语均不适用于预警沟通。

基于这一原因，不少战略预警分析师一直相当拥护弗兰克·奈特（Frank Knight，20 世纪的美国经济学巨擘）的观点，认为不确定性不同于风险性，不能使用概率术语进行描述。[2] 纳西姆·塔勒布（Nassim Taleb）持此相同观点，在“黑天鹅”事件 [3] 的分析中言辞更为尖锐地直接站在了谢尔曼·肯特的对面——后者曾在 20 世纪 50 年代和 60 年代主张在分析

[1] Lowenthal, *Intelligence*, 6th ed., 177.

[2] Knight, *Risk, Uncertainty, and Profit*. 另见 Phythian, “Policing Uncertainty,” 187–205。

[3] Taleb, *Black Swan*, 127–29.

性信息（含《国家情报评估》报告）中使用概率术语。[1] 不过，肯特的确精准地揣摩到了情报消费者希望生产者使用定量语言表述确定性判断的心理，并且承认，相比于对不确定性的描述，概率术语更适用于对风险性的讨论。无独有偶，辛西娅·格拉博在预警信息中也大量使用了概率术语，这大概同样是出于她本人对情报消费者需求的理解。[2]

"9·11"事件的发生改变了情报界对上述问题争辩的初衷。在袭击事件发生后的十年中，许多情报消费者、一部分情报生产者和学界研究者出于并不明确甚至可能错误的原因开始重申肯特的主张。[3] 未能阻止"9·11"事件发生的原因与风险性或不确定性的错误沟通无关。然而，为了应对情报消费者就对分析性信息的清晰度的牢骚不断，有些人认为应该增加概率语言改善表述。于是，情报界中急于为提防类似事件重现而有所举措的一派，开始在全系统内推行于 2015 年 1 月更新的《第 203 号情报界指令：分析标准》[4]，主张使用概率术语描述分析的确定性。包括国防情报局和联合参谋部 J2 情报部等机构也纷纷采纳了相似的政策。该政策明确了具体形容词与事件发生的风险百分比数值对应的使用规范（见表 5.1）。鉴此，情报界通过包括《国家情报评估》报告在内的所有主要情报产品发布了概率术语定义。鉴于预警信息属于正式的国家级情报产品，新政策同样适用于预警分析。

---

[1] Kent, "Words of Estimative Probability," 49–65.

[2] Grabo, *Handbook of Warning Intelligence*, 381–96.

[3] Friedman and Zeckhauser, "Why Assessing Estimative Accuracy," 178–200; Friedman and Zeckhauser, "Assessing Uncertainty in Intelligence," 824–47; and Barnes, "Making Intelligence Analysis More Intelligent," 327–44.

[4] Kent, "Words of Estimative Probability"; Director of National Intelligence, ICD 203, "Analytic Standards." The original version of ICD 203 was published in 2007.

表5.1 《第203号情报界指令》概率术语规范

几无可能	可能甚微	未必可能	机率各半	有可能	很有可能	极有可能
almost no chance	very unlikely	unlikely	roughly even chance	likely	very likely	almost certain(ly)
remote	highly improbable	improbable (improbably)	roughly even odds	probable (probably)	highly likely	nearly certain
1%—5%	5%—20%	20%—45%	45%—55%	55%—80%	80%—95%	95%—99%

注释：表中英文文字内容与数字值域同义对应。

来源：美国国家情报总监办公室2015年1月发布《第203号情报界指令》第3章内容。

同是在 2015 年，北约也开始在盟军联合出版物 AJP 2.1 号《情报程序盟军联合条令》(Allied Joint Doctrine for Intelligence Procedures) 文件中实行类似标准。加拿大、丹麦、荷兰、挪威、英国等数个北约成员国都从国家层面对各自的军事情报机构制定了与此相似的沟通指导原则。

高层的决策是否能因此受益尚未可知，但笔者认为就算有用，作用也十分有限。仅有的一点点作用至多能影响到情报评估的沟通传达，而丝毫不可能增进情报分析的质量，导致分析师发布预警信息。的确，情报消费者在无意区分风险性或不确定性时，会希望得到以概率术语表述的预警信息。但笔者仍然希望现行的情报工作方式得到扭转。与奈特同一阵营的约翰·梅纳德·凯恩斯（John Maynard Keynes）的观点比《第203 号情报界指令》高明得多："近似的正确好过精确的错误。"[1] 曾经位居要职的詹姆斯·斯坦伯格从决策者的角度也表达了与凯恩斯一致的看法："我相当怀疑这些对个体事件给出的概率，特别是其中不少事件还依赖他人尚未做出的选择的偶然性结果。在我看来，这些看似具体的数值

[1] As referenced in Goodreads at https://www.goodreads.com/author/quotes/159357.John_Maynard_Keynes: "It is better to be roughly right than precisely wrong."

反而带有伪具体性的暗示。”[1]

此外，概率对决策的影响程度时有霄壤之别，为此，有必要提醒预警分析师掌握情报消费者的态度和隐忧。对比两位同样成就斐然的高级情报消费者截然不同的观点态度，即可生动说明笔者的这一论点：1991 年年中，海湾战争得胜班师后不久，时任美军参谋长联席会议主席的科林·鲍威尔（Colin Powell）将军召集军情预警官员在五角大楼开会，复盘情报部门如何在 1990 年上半年向他有效预警了伊拉克指向入侵科威特的军备行动。[2] 鲍威尔向与会的诸位听众强调，自己很难被说服相信任何潜伏的威胁，但如果情报人员相当确信对问题的判断，就应该坚持不懈地继续尝试说服他。鲍威尔还透露，如果上限为 10 分，那么他会决定采取行动的临界值就是 7 分（负面情况发生的可能性达到 70%）[3]。百分之百把握的确定性是不被接受的，因为这样一来他会失去采取有效反击或充分防御的足够时间；与此同时，低可能性的评估则不足以说服他采取任何行动。因此，预警人员的任务就是说服鲍威尔相信他们所报告的事件已经达到了“鲍氏七级置信水平”。

相比之下，在“9·11”事件余波未平的那段时日里，任何一星半点的风吹草动，反倒都可能让时任副总统理查德·切尼（Richard Cheney）为之大张挞伐，为阻止悲剧重演而不惜一切。切尼曾叮嘱属下，哪怕巴基斯坦的科学家向“基地”组织提供核武装备的可能性只有百分之一，我们美方都不会坐视不理。[4] 这一“百分之一主义”后来还成了小布什政府基于萨达姆可能向“基地”组织提供化学武器的有限的（后被证实是不准确的）间接证据，成为 2003 年劳师动众出兵入侵伊拉克的辩护理由之一。

[1] Steinberg, “Policymaker’s Perspective,” 96: “I am somewhat skeptical of what I believe is a false sense of concreteness implied in assigning numerical probabilities to individual events, particularly contingent outcomes that depend on choices others have yet to make.”

[2] 源于笔者本人持有的关于鲍威尔讲话的未公开影像资料。

[3] 同上。

[4] Suskind, *One Percent Doctrine*, 62.

鲍威尔和切尼显然都是深谙情报之道的成熟的决策者，但二人的态度大相径庭。对预警专家而言，了解消费受众的敏感性很是重要，是 70%，还是 1%，相去甚远。在鲍威尔看来不足以打动他的预警信息，却可能在切尼眼里过于保守或后进。

每个消费者的行动临界概率都可能不同。前国家预警情报官罗伯特·维克斯一般会对发生概率达到 50% 左右的重要事件发布预警[1]，侧面透露了他本人对有效预警信息的概率阈值认定。

以正确问题为分析的先导

预警分析师往往会误解对手（或研究对象）对问题、困境、目标的判断，进而误读事态本身究竟是告急还是利好。在大量情报实践和相关文献资料中，情报专家看待问题的方式安常习故，几乎一成不变。情报机构用以解决情报问题的固定套路将“最佳实践”变成了理论上的“教条主义”，误将情报受众的需求当作了研究对象的关切。换言之，分析师一仍旧贯，不能“提出正确的问题”。而只有问题正确，才可能推导出对手在受限于（通常情况下的）实质性约束条件时，为实现非标准化目标所必须采取的战术或策略。任何技术或理论层面的突破都可能制造意外，为此，预警问题的任何方面都值得预警人员关注和警醒。[2]1940 年，德国的情报分析师向自己提出了一个问题——法国和英国政府会如何做出重大政治性军事决策，正是根据对该问题答案的判断，他们制订出了最终击败法军的作战计划。[3] 如果情报分析师预设的问题无关紧要，甚至可能误导自己对事态的看法，毫无意外只可能得出不正确的答案。更有甚者，会得到正确但不相关的“答案”。

[1] Vickers, “State of Warning Today,” 11.

[2] Betts, “Surprise Despite Warning,” 566–72.

[3] May, *Strange Victory*, 462–63.

在本书第2章对第四次中东战争的案例研究中，以色列军事情报局（阿曼）的高层及其埃及问题首席专家都认为埃方发动战争的可能性很低，因为他们不觉得埃军能击退以色列国防军，或通过高强度常规战争重新夺回西奈半岛。事后回想起来，反而能够很明显地看清原委，埃及时任总统萨达特意在通过有限的军事行动改变政治局面，使西奈半岛获得外交意义上的回归，而并未执意于要在军事上击败以色列。但这在当时恰恰是以色列军事情报人员沿用常规分析手段所没能预料到的。以色列人因此误判了萨达特面对的局面和抱持的目标，没能向自己提出正确的问题——“埃方在已知军事弱势的情况下，会如何尝试利用有限的能力尽量缩小与以方的差距、以非标准化方式实现萨达特的政治性军事目标？”于是，以色列人遗憾地将自己的视角圈限在一个狭隘且无甚紧要的问题内——“埃军能否在企图征服西奈半岛的大规模战争中取得军事胜利？”他们得出了很可能是正确的结论——“否”。然而萨达特的替代性战略使以色列的战略预警一败涂地。

以色列军事情报局（阿曼）的分析师没有提出正确的问题，并不是说他们提出了**那个唯一错误的问题**，而是应该说他们提出了众多潜在的无关或误导性问题之一。阿曼的高层在一开始就把分析方向引向了歧途，没有觉察萨达特情势的特殊本质，没能看到他的性格、他的逻辑、他的目标、他的动向，以及所有这一切背后的深意。以色列的情报人员不应该设身处地站在萨达特的立场，犯镜像思维错误，但他们本可以利用自己在埃及问题上的专业知识，理解萨达特的处境。

相似的案例如美国中央情报局已退休的情报分析师乔治·艾伦效力于美国陆军以及国防情报局时所见。艾伦评估了法国和美国在越南将近二十年的战争。他发现越南战争中，美国的军事情报工作长期以来尤为关注战术层面的信息，而不是在分析社会主义阵营的意图、战略或胜算前景等战略层面的关键性问题。[1] 美国的情报机构固步于战术问题，在

[1] Allen, *None So Blind*, 62, 125.

20 世纪五六十年代的相当一段时间里，始终未能有效评估越南局势发展的长期性影响，最终导致政治上和军事上的双重溃败。艾伦目睹了美军情报人士、林登·约翰逊（Lyndon Johnson）总统时期国家安全顾问沃尔特·罗斯托（Walt Rostow）等人屈从于政府和军方高层只想听到战争利好消息的一厢情愿，而将注意力集中在诸如敌军多少主力部队或域内多少村庄处于我方控制下等作战序列的数据问题上，对这些数据的分析比较有时能产出“利好消息”。与此同时，他们拒绝处理与政府政策不相符的问题，或者干脆误报情报数据和评估结果，或只是希望回答一些诸如“北越[1]是否将赢得战争”等的重大战略性问题。[2]根据既往的认知，美军一直以来奉行的文化都在急功近利地追求可量化的成功，使得军方长期以牺牲战略考量为代价，一味投入于战术研究。这一文化氛围成为产生有效战略预警的严重阻碍。

安德鲁·马歇尔的国防部净评估办公室可能是这当中的一个例外。马歇尔不仅要求办公室的任何情报评估工作须由专人负责，而且要求项目负责人以“提出正确的问题”[3]为起点着手工作。在严格的指导和严苛的监工过程中，马歇尔还会反复要求分析师重新审视在项目早期预设的关键性问题，确保研究进展不会偏离正轨。

英国的情报官员道格拉斯·尼科尔（Douglas Nicoll）也敦促同事注重提出恰当的问题。[4]1982 年时，尼克尔曾向英国联合情报委员会建言，对以下三个军事性威胁相关的预警问题进行研究——三者系 1968 年捷克斯洛伐克危机衍生问题，所揭示的道理可被归纳并推广于他国情报工作，尼

---

[1] 指越南民主共和国，1945 至 1976 年越南北部建立的社会主义政权，西方通称北越。南北统一后，改国名为越南社会主义共和国。——编者

[2] 艾伦著书回忆了美军高层人士、驻越（西贡）大使马克斯韦尔·泰勒（Maxwell Taylor）、总统国家安全顾问沃尔特·罗斯托等人时有的公然的政治化行径，参见 Allen, *None So Blind*, 122–23, 142, 143, 168–69, 187–88, 193–94, 236–37, 251。

[3] Krepinevich and Watts, *Last Warrior*, 39–40, 249–52.

[4] Goodman, “Avoiding Surprise,” 289–90.

科尔甚至认为，1973 年的以色列如果对下述问题有所理解，其情报工作也不至下场如此：

- 我们就对方有意暴露给潜在受害国的扩军行径了解多少？我们通过秘密渠道了解的或对方无疑暴露的军备信息又有多少？（捷克人在 1968 年七八月间恐怕一点也没有想到扩军之举正在自己周遭悄然进行。）
- 对方如此行事，是否意图仅限于心理施压？（1968 年六七月间，华沙条约多国在捷克境内舒玛瓦山组织联合军演，看似是一种对捷克心理上的施压行为。）
- 如果已集结的军队未采取任何行动而解散重回各自军事基地待命，能够产生何种效果？[1]

军事历史学家和政治学家们的某些观点偶尔也能成为马歇尔“正确的问题”的备选选项。其中，杰弗里·布莱内对史上历次重量级国家间战争的研究发现，1700 年以降的国家级领导人在决定是否诉诸武力时，主要受到以下七个方面因素的影响，但这些因素很少包括单独的作战序列数据或传统的征候与预警分析方法的指标：

1. 军事实力，以及在可能的战场上有效运用这种实力的能力；
2. 一旦开战，外部其他国家可能行为的预判；
3. 己方和敌方国内局势的预判——是否能保持统一，或是否会出现内部争端；
4. 现实苦难和伤亡后果的耐受程度；
5. 民族主义和意识形态；

[1] Goodman, “Avoiding Surprise,” 289–90.

6. 经济状况及其承受战争压力的强度；

7. 参与战争决策的个人的性格和经验。[1]

不难将上述因素转化为“问题”形式提出。

基思·克拉克（Keith Clark）认为，面面俱全的警示是无用的。因为任何警示不可能面面俱全，更不可能面面俱圆。相反，这种为免遗漏的保险操作还会损失预警的清晰度，损害其可信度和被受众接受的可能。因此，克拉克指出，“有效的情报预警的基本原则是具备选择性(selectivity)”。[2] 选择的范围必须介于“通告可能会发生不利”和“断言不利可能将发生”之间，否则预警信息的有用性可能丧失。此外，预警的内容必须具备某方面的重要性，或攸关决策者。预警的时机必须足够接近，既不宜早，也不宜迟[3]——对此，后文将通过罗伯特·杰维斯的观点再做阐释。“提出正确的问题”正是确保选择性的有效途径。

他者看法与“客观”状况之辨

纵然是最优秀的预警分析师，也难免糊涂出错，即在评估其他行为体可能采取的行动时，情报分析师基于自己所见之“客观”状况出发，而非从对象行为体所见之状况进行分析。然而，错不在镜像思维。情报分析师如能适当将自己置于他国决策者所处的心理状态、意识形态、官场地位、战略环境之中，以同理心体察研究对象的观感，就不难分析得出他者的看法。[4] 在一些案例中，这种同理心要求情报分析师从他国决策者的角度回

---

[1] Blainey, *Causes of War*, 293.

[2] Clark, “On Warning,” 18.

[3] 同上，20。

[4] 阿尔弗雷德·雷明顿（Alfred Rolington）将对世界局势的多视角解读称为“马赛克分析方法”，认为是 21 世纪情报工作的要点。参见 Rolington, *Strategic Intelligence*, 169–71。

头评估本国的政治文化、本国的政府和高层领袖，还要判断上述评估是否精准——当美国的情报界成为美国人自己的研究对象时，这样的情报分析即使没有被上层叫停，推进难度之大也可想而知。[1] 对此，笔者试举一下几例：

- 1962 年 9 月，负责撰写第 85-3-62 号《特别国家情报评估》报告的美国情报分析师认为，苏联领导人赫鲁晓夫做出在古巴部署核武导弹的可能决策属于过失性危险行为，且与苏方利益不符，他们因此判断苏联人不太可能如此行事。尽管谢尔曼·肯特事后承认上述评估结果是错误的，但仍然十分不满于对其本人及团队失于理解赫鲁晓夫行动的指控。[2] 这些情报人员没有意识到，赫鲁晓夫的算盘是他可以在 1962 年 11 月美国大选刚一结束，就通过宣布苏联在古巴完成了核导弹部队的部署，以既成事实对付一个尚未站稳脚跟的美国履新领袖。[3]
- 在 1967 年和 1968 年的早些时候，美国的情报分析师几乎不曾预见到北越会在 1968 年 1 月 30 日这一时间节点上发起如此规模空前的攻势。而极少数预见到这一步的分析师不过是觉得事态毫无疑问会以越共军事败北告终 [4]——这一预见同样是准确的。然而，绝大多数分析师没有意识到，北越打的是与赫鲁晓夫同一副算盘——趁大选之年以震惊美国公众的惊世之举达到敲山震虎的战略性政治目标。他们从未考虑到本国在受此外部冲击下可能的脆弱性 [5]，因此也就没有料想到攻势能够取得显著的战略性政治成功，即使这种成

[1] Pry, "Ideology as a Factor," 111–46.
[2] Kent, "Crucial Estimate Relived," 117.
[3] Garthoff, *Soviet Leaders and Intelligence*, 33–34.
[4] Allen, *None So Blind*, 257–59.
[5] Nguyen, *Hanoi's War*, 87–109.

功建立在惨重的军事伤亡代价上。显然，与美国人惯有的逻辑不同，越共认为军事行动应该服从于重要的战略性政治目标。而北越的欺骗行动则成功地把威廉 · 威斯特摩兰（William Westmoreland，驻越美军最高统帅）将军的目光引向了遥远的北方溪山地区，导致美国国家安全局没能提前判断出春节攻势的完整范围。[1] 同样，分析人士的失败也应归咎于美国官场文化的避讳要求，不可能像剖析对手一样对美国政府或己方人士分毫析厘，也就不可能看到北越所看到的美国政治软肋，而这处软肋恰恰成了河内当局下定决心放手一搏的关键因素。[2] 诚如在战争结束后的一次碰面时，武元甲将军对美国海军上将埃尔默 · 朱姆沃尔特（Elmo Zumwalt）所言，美国人得到了战争的胜果，他则得到了美国国内反战运动的帮助。[3]

- 美国的情报分析人士在 1979 年得出的判断是苏联人不会在阿富汗手上讨到什么便宜，因此莫斯科当局不会下令出兵。可以说，情报人员的确预见到了对阿作战的难度，却没能预见到苏共中央政治局的态度。苏联人在 1953 年、1956 年，及 1968 年先后军事干预民主德国、匈牙利和捷克斯洛伐克的做法也是出于这一相同心态。
- 1983 年，苏联人认为自己在北约一次代号为“优秀射手”的军事演习中，觉察到了里根总统咄咄逼人的攻击性和美国意欲对苏实施核打击的军备意味。美国的情报人员显然不认为北约高层有此计划，但西方的情报机构直到后来才意识到苏联人的不虞之隙。所幸由此导致的预警失误并没有造成太过严重的实际后果。[4] 究其原因，盖情报人员没有被预先告知演习的计划——当对手密切关注或充分了解的信息却不为己方情报人员所掌握时，情报分析的能力必然会

[1] Budiansky, *Code Warriors*, 267.

[2] Gentry, *How Wars Are Won and Lost*, 101–6.

[3] Sorley, *Better War*, 93–94.

[4] Adamsky, “1983 Nuclear Crisis,” 4–41, especially the Robert Gates citation on page 31.

遭削弱，问题在于，这种典型的情况居然时常发生。

把握时机

战略预警具有重要但模糊的时间维度。时间对战略预警职能的重要性可以表现在若干方面，有时则同时攸关多个方面。大量的信息输入和工作的时限压力可能导致情报分析师匆忙下结论。

为保证战略预警的有效性，情报部门须及时提供预警成果，以便政策决策流程有充分时间形成决策，政策执行部门有充足时间做好准备并实施政策。[1] 各先后环节分别所需时间多少取决于预警事件的性质、决策部门的制度、决策人士的果断，以及政府内其他相关部门的响应速率和效率，当中任何一点都可能受到预警信息清晰度及说服力的影响。大多数情报分析师都深谙一个道理，何谓能够确保充分预警的"充足时长"，在实践中并无唯一而统一的标准答案。而时间于战略预警而言的其他方面要义则很少被留意，甚至经常被误读。

有效战略预警需要把握的第一个原则是，高层人士肯花在情报问题上的时间是有限的。经验老道的中央情报局分析师马丁·皮特森就曾指出，对领导高层而言，时间远比信息更为宝贵。[2] 换句话说，分析人士即便与高层持有良好的工作关系，也不会有太长的时间窗口来传递他们的信息。因此，预警信息，以及其他各种形式的情报成果，都必须简明扼要。于是，美国的情报分析部门一度十分流行"单刀直入"的工作风格，而不再花心力斟酌信息文本的措辞。情报部门被要求产出的预警信息在简明扼要的基础上，既要包含其他角度的观点，又要说明不确定的程度，难度十分可观。

在重大事件发生之前，各个预警指标的排序并不一致。很多时候，预

[1] Gentry, "Intelligence Failure Reframed."

[2] Petersen, "What I Learned," 13.

警指标可能并不会随着重大事件的临近而变得越来越突出。辛西娅·格拉博指出，通常情况下，袭击的准备工作早在发起袭击前很长时间就已经完成了。于是，越临近袭击开始的时间，相关的活动越会减少，甚至停滞，相应的指标自然就会不升反降。[1] 这就是为什么预警分析师有时只能告诉情报消费者，袭击随时有可能发生，但他们却无法提供再多提示。不论是 1990 年伊拉克入侵科威特之前的美国情报机构，还是 1944 年 6 月诺曼底登陆前的德国情报机构，以及 1973 年 10 月早期第四次中东战争前的以色列情报机构都遇到过这种尴尬。当然，重大事件也可能因为各种原因而延迟发生，糟糕的天气状况、领袖人物一时怯场、盟军尚未完全就位等等。萨达特在 1973 年把进攻以色列的时间从 5 月一直推迟到 10 月无外乎就是在等待盟友就绪。后勤保障尚不充分、冬季气候条件恶劣、内部作战计划之争和保险起见的谨慎态度，则令希特勒在 1939 年末、1940 年初把进军法国的时间一拖再拖。[2] 反纳粹的德国陆军上校汉斯·奥斯特（Hans Oster）曾多次向西方国家的政府部门透露希特勒的计划和拖延原因，但一而再、再而三的假预警导致他的信息后来不再被这些国家的高层重视。[3] 鉴于实践中很少能成功把握袭击发生的具体时机，格拉博建议分析人士不应该预报袭击事件，而应该向高层预警对方的准备工作已经充分完成，袭击具有发生的可能。这也是军事预警工作的指导原则。[4]

对非军事问题和军事相关的技术演变的预警，可能要考查相当长时间跨度内的情况，但是预警信息的本质并非长远趋势。高层决策者往往要分神关注各种议题，日程相当紧凑，很容易把短期内不会发生的事情搁置在一旁，给更紧迫的问题让路。罗伯特·杰维斯有一个观点广为人认可——决策者接收并接受情报信息（预警信息当然也包含其中）是有一定的“时

[1] Grabo, “Strategic Warning,” 79–92.

[2] May, *Strange Victory*.

[3] 同上， 226, 283, 284, 315。

[4] Grabo, “Strategic Warning,” 92.

间窗口”（time window）的。[1] 且该窗口期通常十分短暂。决策者不会在问题变得紧要前，主动接收关于该问题的情报，只会在意识到问题、有意愿解决问题且需要帮助时，才主动期望情报输入。然而，相关决策一旦成型，解决行动一旦启动，这时再向其输入任何情报则都会被拒。

决策者在一旦下定决心后，不会想知道自己所做决定是否犯了错误。且以二战时期的一则真实案例为据：1944 年 9 月，盟军拟发起“市场花园行动”（Operation Market Garden）夺取荷兰境内莱茵河上的桥梁，推进对德攻势。就在行动前夕，情报部门报告，在英国第 1 空降师（British First Airborne Division）计划降落点附近发现了一支德国装甲劲旅。英方指挥官以现在改变作战计划为时已晚的理由，对这一信息置若罔闻。[2] 而整件事的结果也诚如情报所预报，伞兵遭受重创，行动宣告失败。

艾利尔·莱维特与杰维斯观点基本一致，言辞更显婉转。他的理论认为，决策者对预警的第一反应取决于三方面因素：（一）预警信息本身；（二）“对同一问题掌握的其他信息的多少”；（三）决策者的政治特征和性格特点。[3] 其中，莱维特认为第二方面的因素可能是“对目前局势的逻辑分析”的结果，或决策者从过去事件中习得的经验，基本等同于杰维斯所言之“时间窗口”。至于第三方面的因素，莱维特的阐释是，高层人物作为决策者的政治特征与他作为一个个体的人的性格特点具有相关性。换成杰维斯的话，可能更便于理解——决定一旦形成、决策一旦成型，额外的、非利好的预警信息即使出现，决策者也不愿再重新审

[1] Jervis, “Why Intelligence and Policymakers Clash,” 196–97.

[2] 很多情报人士都耳闻过英国陆军少校布莱恩·厄克特（Brian Urquhart）的命运，他在 1944 年 9 月做出前述对德军既有部署的预警后，被解职调离。他的经历被美国作家科尼利厄斯·瑞恩（Cornelius Ryan）写成《遥远的桥》一书，并由西蒙舒斯特出版社（Simon & Schuster）于 1974 年在纽约付梓。厄克特本人也在自己的书作中提及这段经历，参见 Urquhart, *Life in Peace and War*, 69–76。另见 Jervis, “Why Intelligence and Policymakers Clash,” 197。

[3] Levite, *Intelligence and Strategic Surprise*, 137–46.

视已经做出的决策。[1]

类似的观点还有斯蒂芬·斯科夫罗内克（Stephen Skowronek）的“政治性时段”（political time）论——领导人接收工作性信息的时间段被斯科夫罗内克称为“政治性时段”，有些情报人员也称之为“时段性风向”（climate of the times）[2]。斯科夫罗内克建议历史学家对美国历任总统在常规情况下的执政情况进行评估，这一观点与杰维斯相似，即可据此判断领导高层出于政治或个人情感原因而接受或拒绝预警信息的窗口期。

“政治性时段”的概念同样适用于对目标对象的情报分析。不论是己方、对方还是他方的决策者，都面临着约束，了解对手的领导高层在属于他们的政治性时段可能面临的约束，能够帮助预警情报分析师对对手的行动内容和时间计划形成更为准确的预警评估。在第 2 章述及苏联的案例中，1941 年时，斯大林对德军意图进攻的预警信息不甚在意，而是把目光放在了（约两年之后的）未来，认为只要等苏联的社会经济有所起色，国安实力从 1937 年阴影中恢复过来，苏联自然会有自保的实力。1973 年，以色列军界、政界高层沉迷于以色列国防军远胜于阿拉伯军队的强大实力，而忽视了预警存在的意义，以为仅凭以色列国防军的纸面实力，就足够将来自阿拉伯世界的进犯扼杀在萌芽阶段。[3]

能够前瞻多远的预警才能被视为有效的预警？决策者们一向对动态情报青眼有加。许多美国、澳大利亚和英国情报学观察人士普遍发现，政府高层对短期的、当下的形势日趋看重，导致整体情报工作处于“动态情报专制”[4] 之下，预警事件的窗口接受度（按杰维斯的定义）越来越小，甚至完全关闭。格雷戈里·特雷弗顿在 2009 年曾在自己的专著中评述当下

---

[1] Davis, “Strategic Warning: Intelligence Support,” 177.

[2] Skowronek, *Presidential Leadership in Political Time*, 27–78; Grabo, *Handbook of Warning Intelligence*, 238–46.

[3] Shalev, *Israel's Intelligence Assessment*, 125.

[4] Cooper, *Curing Analytical Pathologies*, 32; Gustafson, “Strategic Horizons,” 589.

的美国情报界“对动态情报的偏执和……有过度预警的倾向”[1]。

预警信息的时间偏好没有明确的标准答案，不过既往的情报文献可能提供了一些参考。战略预警最少仅需提前 48 至 72 小时发出，就被视作有效——以色列人认为，上述时间上的提前量足够充分展开军事动员，并有效抵御阿拉伯邻邦的大规模常规性进犯。以色列能够接受很短的战略预警时间，原因在于具备一套能够在有限时间内迅速形成决定的国家决策机制，且在以色列国防军之外另有预备役部队可快速动员。

对其他国家而言，制定和实施具有重要战略意义的政策可能需要更长时间。例如，美国自 1950 年开始发布针对一定时间跨度内事件的《国家情报评估》报告，按照当时的情报惯例，除作特殊说明，《国家情报评估》的时间跨度一般以向后预测五年为期。少部分例外，如 20 世纪 70 年代发布的《国家情报评估》第 11-3 号和第 11-8 号系列报告对未来十年的苏联战略性军事情况进行了预测评估；第 15-90 号《国家情报评估》报告题为《南斯拉夫的变局》（在本书第 3 章中曾有提及），则只是提供了对未来两年时间内的事件走势的分析，反映出情报部门认为事件在近期会发生重大质变的判断[2]；第 93-2 号《国家情报评估》报告题为《未来数月内的海地局势》（*Haiti over the Next Few Months*）[3]，所覆盖的时间跨度则更短；作为国家情报委员会全球趋势性系列分析报告在 2017 年 1 月的出品，《全球趋势：进步的悖论》（*Global Trends: Paradox of Progress*）将预测推进到了 2035 年，但在此同时，为满足当时即将掌印的特朗普政府履新后的情报需求，在报告中对五年内的相对短期局势也专门做了分析。[4]

马克·洛文塔尔建议，美国的决策高层理想的时间跨度不宜超过三

[1] Treverton, *Intelligence for an Age of Terror*, 94.

[2] Andrew, *For the President's Eyes Only*, 229, Garthoff, “Estimating Soviet Military,” 143, 162; Director of Central Intelligence, *Yugoslavia Transformed*, 8.

[3] NIE 93–2, Haiti over the Next Few Months, January 1993, at https://www.cia.gov/library/readingroom/docs/DOC_0000652921.pdf.

[4] Fingar, *Reducing Uncertainty*, 54–60.

年，这差不多是一个总统任期的大部分时间。[1] 执政政府首要关心任期内能够解决的问题，对可能换届后才会发生的事情几乎不予理会。马丁·皮特森也认为，预警工作关注的最大时间跨度应以时任政府的任期（四年）为上限。[2] 事实上，四年可能已经超越了许多部委助理部长等负责制定和执行政策的行政任命官员的任期。20 世纪 80 年代中期，罗伯特·盖茨告诉中央情报局的情报分析师，副助理部长等高级别的行政任命官员平均任期在 23 个月左右。2009 年，据格雷戈里·特雷弗顿统计，助理部长的平均任期不过一年多一点。[3]

笔者二人均为已退休的美国预备役军官，就个人所见所闻，上述逻辑在军事事务中一样通行。指挥官们更加关心自己在指挥期间而非接到新任命、调离现职后发生的事件。军事任命往往比四年为期的行政任命要短得多，军职人员关注的时间视阈也相应更窄。

专职预警官员一般关注较短的时间跨度以内的事件。1950 年的观察委员会曾预测说“在不久的将来”[4] 有与苏联发生冲突的危险，时间所指为未来六个月到一年内。国家预警情报官玛丽·麦卡锡 1994 年在本人的专著中介绍，“国家危机预警系统一般重点关注在六个月甚至更短时间范围内的威胁”[5]。在美国国防情报局发布的一系列情报成果中，不同历史阶段的预警时间跨度亦有不同：《每周预警预报》（*Weekly Warning Forecast*）前瞻未来两周内的事件，《季度预警预报》（*Quarterly Warning Forecast*）前瞻未来一年内的事件。[6] 作为作战保障性机构，国防情报局同时兼具战略预警和战术预警的职能。

---

[1] Lowenthal, “Intelligence Time Event Horizon,” 377.

[2] Petersen, “What I Learned,” 13.

[3] Treverton, *Intelligence for an Age of Terror*, 171.

[4] Andrew, *For the President's Eyes Only*, 187.

[5] McCarthy, “National Warning System,” 5–19.

[6] Richelson, *US Intelligence Community*, 415.

另一任国家预警情报官罗伯特·维克斯每周发布的《观察清单》[1] 主要汇总在未来六个月内可能变得紧要的问题。为与其他国家情报官横向协作，维克斯会在每年 1 月发布据他判断该自然年内可能突显的预警问题清单[2]，很明显，这份清单关注的时间跨度是 12 个月。近年来，美国的国防系统和北约的预警专家纷纷表示，两年已经是预警工作应予关注的时长上限，麦卡锡主张的六个月时限仍然是多数人认为合理的时间视阈。

目前，英国联合情报委员会作为一项政策，一般会就未来六个月内的前景进行评估。[3]2016 年，澳大利亚前情报人士帕特里克·沃尔什（Patrick Walsh）主张，战略预警一般应具备一到五年的时间视阈；他本人通过在五眼联盟中各国（普遍通用英语会话）的调查工作发现，在作为关键决策者的国家级领导人之下，次一两级的的国内外情报机构，在战略预警中一般会关注未来一到两年的时间范畴，执法机构关注主要的有组织犯罪组织战略层面的演变，同样需要具备一到两年的前瞻性视阈。[4] 荷兰的恐怖主义威胁评估系统则每三个月进行一次情况通报。

笔者认为，专职预警人员的合理时间视阈一般介乎六个月到两年之内，在此基础上根据预警研究的具体问题再行调整。这一时间跨度基本不会超出时任政府高层的任期，能够覆盖比大多数战术预警问题更长的范围，且不至于前瞻太远而失去决策者的注意力，因此基本可以认为属于杰维斯定义的时间窗口期内。

当然，在普遍追求简明扼要的预警信息和适当前瞻的时间视阈时，也不乏领异标新的做法。譬如，安德鲁·马歇尔及其麾下的国防部净评估办公室，不仅发布的报告篇幅可观，而且关注的时间跨度很大，特别是对于国防部长一级的高级决策者来说尤是如此。据安德鲁·克雷皮内维奇

[1] Vickers, "State of Warning Today," 12–14.

[2] 笔者从与罗伯特·维克斯 2017 年 2 月 8 日的交流中获悉。

[3] Gustafson, "Strategic Horizons," 589.

[4] Walsh, "Managing Emerging Health Security Threats," 355, 360.

（Andrew Krepinevich）和巴里·沃茨（Barry Watts）介绍，在马歇尔长达42年的任期内，净评估报告受历任部长“读者”的欢迎程度有高有低，倒是从没有过哪一任国防部长对净评估报告的编写方式提出过异议。[1]

争取行政部门的时间分配有时同样重要，不仅高层的决策流程需要参考行政部门的研究意见，且决策形成后的政策落实速度也基本由行政部门负责把控。行政部门遵照立法和预算编制周期推进工作，对于研究项目和其他决策过程，有自己的内部时间表。至于分配给预警工作的专项人力和财政资源，也同样受此时间概念约束。以美国的情况为例，预算编制过程十分繁复，但是国会年度性拨款周期，和国家情报总监办公室等部门或机构的年度决策过程同样重要。情报工作的内部优先级可能随时发生变化，因此，情报界内各个部门的工作视阈不宜超过12个月。对预警工作也无例外。宜采纳更短时间周期的另一个原因是，情报失误很容易被归咎为预警失误，很可能对被认为应为之负责的人做出惩罚性的人事调离。

商业情报理论学家本·杰拉德（Ben Gilad）相信，“竞争预警”（competitive early warning）分析应该敦促管理高层提前数月乃至数年做出决定，而不必为顺应商业环境的变化才迟至后来被动决策[2]。阿尔弗雷德·雷明顿（Alfred Rolington）主张以一到五年为期做出战略性前瞻，并在此期间内对进程中的问题经常性复审[3]。

如前所述，恐怖袭击目前日益成为情报机构更关注的重点，仅就高层人物的政治生涯而言，反恐行动的战略性意义也在日益增强。恐怖袭击曾一度被视同战术性行为，从战略性角度来看，这类事件要求的时间视阈通常很短，很多时候现有警力足以在一日内将恐怖分子抓捕归案，或完成对袭击目标的保护性部署。

预警分析师如何判断“恰当的”时间视阈？对此，必须重申了解关键

---

[1] Krepinevich and Watts, *Last Warrior*.

[2] Gilad, *Early Warning*, 141.

[3] Rolington, *Strategic Intelligence*, 168.

消费者的需求和偏好的重要裨益——更有针对性地提供情报支持、规避沟通失误。情报消费者的关注点千差万别，与政府高层相比，非官员身份的情报消费者可能会关注更长的时间跨度，如本书第 8 章中有关全球趋势项目的介绍。笔者发现，负责国家安全问题的关键性政府高层因为要经常应对反复出现的危机场面，普遍青睐短期视阈的情报预警；其他部门的政府要员则希望在他们的远期规划中，能够借助情报或“水平扫描”研究的成果，把握未来 20 年甚至更远的趋势和动向。

第 6 章
征候与预警分析方法

在前述章节中多次出现的“征候与预警分析方法”是本章节研讨的主题。笔者将述及该分析方法的开发和发展过程，评估其效用、局限和缺陷，并介绍以这种分析方法为基础演变而生的两种变体。需指出的是，使用征候与预警分析方法同样会受到第 5 章所讨论的诸多因素的影响。

征候与预警的基本方法

在二战刚刚结束的一段时间里，美国的政府和情报高层一直很紧张苏联或其他社会主义国家是否会对美国及其盟友发动大规模军事袭击，即便严重程度不比二战，但仍不容掉以轻心。情报人员意识到，他们需要提高分析流程的理性成分和严谨程度，从而更有力地说服高层决策者，他们的预警方法乃至预警信息都是可靠的。

因此，美国的情报界着手开发了征候与预警分析方法。这套突破了单纯理论层面的技术或分析方法最终成为情报工作的基础性手段，时至今日仍广为应用。英军的情报机构在二战前和二战期间也开发并使用了类似的情报方法，并在 20 世纪 40 年代末就如何使用指标清单来监控和评估苏联的威胁性军事活动为美国中央情报局提供了他们的建议。[1] 从事指标性分析的情报人员最初被称为“征候情报官”（indications officer），后来改称“征候分析师”（indications analyst）[2]，再后来，他们成了“预警分析师”——这一术语被沿用至今，笔者认为是恰当的，因为战略预警分析师除使用征候与预警分析方法或该方法衍生的变体外，还会用到其他分析方法。

参与过早期分析工作的辛西娅·格拉博对观察委员会在20世纪50年代采用指标清单的目的有如下介绍：

> 指标清单（indicator list），简单来说，就是对任何国家出于敌意或非善意初衷而准备采取的行动的汇编，所涵盖的行动可能是行为体主动规划的，也可能是行为体被预期或被怀疑将要实施的。该清单在编制时一般不曾考虑是否有搜集得相关信息的可能性，因此，反而是在不唯以清单为圣经预判未来时，该清单才可能同时裨益搜集者和分析师。[3]

格拉博所归纳为指标清单的基本特征。情报分析师在实践中则会基于这一基本清单，根据待解决的预警问题，调整指标项，从而更准确地反映实际变量（包括威胁性行为的目的、结构性实力差异、现行的军事原则，以及行为体具有情报意义的实践操作）。[4] 征候与预警分析方法随时间和实践而不断发展演进，其核心版本大有被奉为最高情报工作纲领的架势，

---

[1] “Nightwatch: A Brief History of Indicators Analysis,” Public Intelligence Blog, October 12, 2012, http://www.phibetaiota.net/2012/10/nightwatch-a-brief-history-of-indicators-analysis/.

[2] Ramsey and Boerner, “Study in Indications Methodology,” 75.

[3] Grabo, “Watch Committee,” 365; Patton, “Monitoring of War Indicators,” 62–64. Director of Central Intelligence, “Watch Committee.”

[4] Lowenthal, *Intelligence*, 6th ed., 179–80.

甚至这套方法还被推广用作满足其他目的[1]。对此，本章节将在稍后继续探讨。

美国中央情报局内刊《情报研究》曾刊发机密文章，内容详尽说明了美国情报界早期使用的预警方法。出于对遭受苏联袭击的担忧，分析人士开发了一套在 20 世纪 50 年代末被称为“征候情报”（indications intelligence）的方法，用于生产“高级的战略性早期预警”[2]。战略预警被要求在“军事行动之前”发出，内容“基于对苏联军备工作的推断性结论”，且截然区别于“行动性早期预警”（operational early warning）——后者系通过“机械性手段”（mechanical mean，或后来被归为“技术性搜集”的信号情报手段等）获取的关于行将发生的袭击的信息[3]，即今日所言之“战术预警”。

在施用于常规军事威胁问题研究时，标准的征候与预警分析方法的概念并不复杂，一个以指标为基础的预警问题的流程大致如下：首先，情报分析师判断认为，出现了可能发生或发展中的不利情况，需要予以系统性监控。在这一识别威胁的环节中，可能会用到第 5 章述及的部分标准。按照美国国防系统和北约预警系统的现行用辞，令人担忧的不利情况是一种笼统意义上的“终结状态”（end-state），仅说明了情报部门想要监控的情况的基本性质。以 A 国入侵 B 国的预期性探讨为例，当情况表明 A 国入侵 B 国成为潜在的重大问题且有相当可能性会发生，则可以就此立项为“A 国之于 B 国的预警问题”（Country A – Country B Warning Problem）。

通常，一个预警问题会被指派由一个组织或情报分析组织内若干指定的情报人员负责具体分析，被指派的负责组织一般即提出该预警问题或监

[1] Patton, “Monitoring of War Indicators,” 55–68; Ramsey and Boerner, “Study in Indications Methodology,” 75–94.

[2] 同上，55。

[3] 同上。

控该问题走向的机构。以美国国防预警网络为例，涉及特定国家的具体预警问题的“所有权”归负责该国家或相关地区实际及潜在军事行动的作战指挥部所有，因此，从责任和权属的立场出发，该预警问题会被指派由所属分战区作战指挥部下辖的情报部门负责具体分析。[1] 具体预警问题的“所有权”归属机构负责对相关情况做出分析，制定应对问题的方法，监控不利情况的发展，并视情发布事态报告或正式的预警信息。作战指挥部的指挥官员则会根据情报人员识别出的预警威胁级别，提高或降低麾下部队的警戒状态。

负责威胁性事件预警工作的机构，会首先要求预警分析师判断出 A 国如果试图入侵 B 国的若干**可能**方式，即罗列出需要在接下来继续充分研究的情境（scenario）。此时，分析师们被允许不受限制地充分发挥想象力，随后研究方向会集中到看似更为**合理的**情境上。在理想的、有实质产出的情报分析过程完结时，预警分析师能够得出对 A 国的领导高层、军队实力、军事原则、经济和社会状况，以及与 B 国的双边关系的专业评估，以此帮助情报分析机构根据对终结状态如何发展的假设，将前期所罗列的诸多待研究情境缩小到（一般情况下）三至五个。上述过程不仅要求分析师个人投入可观的研究精力，而且要求分析师彼此充分沟通讨论，采取头脑风暴或其他搜集技术，尽可能发掘出团队最好的想法。至于如何确定待研究情境的数目，则是见机行事的主观判断。把精力铺开在太多情境上，会分散精力，难于把控；而关注的情境太少，则可能会疏忽一部分可能性，从而损害情报分析的完整性。

情报机构有时会单列出若干“最差的”情境，认为此举有助于打破传统思维定势，确保决策者做好最坏的打算。但是，笔者认为，在情报分析

[1] 美国国防部将全球划分为若干战区，战区责任归属于对应的分战区作战指挥部。作战指挥部对美国正在采取或可能采取的一切军事行动负首要国防防务责任，其各自下辖的情报部门因此须密切关注责任战区内的事件及动向。

完结前预判事发可能性是不合理的[1]，因此，预警分析师一般不宜对情境做出如上假定。况且，这一做法可能使后续的情报分析乃至向消费者最终传递的情报信息产生偏倚。更为严重的负面影响可能包括财政上大量的不必要支出，以及对其他行为体的不必要刺激和可能导致的“安全困境”[2]。一旦最差的情况并未发生，则引发“狼来了综合征”，损害预警工作的信誉；而一旦最差的情况真的发生，则是一个自我应验的预言。最合理的方法是以“高冲击、低概率”（high-impact/low-probability，HILP）[3]情境替代最差情境，即由预警人员列举出数据分析不太可能发生、但万一发生则后果严重的若干情境。

接着分析师会针对每个情境，判断该情境演变为终结状态的发展路径。情境 I 可能包含人力动员、工业生产激增、高层决策，或政治宣传活动等诸多变量，各个变量之间存在时间顺序或因果关联，其中的主要事件即为情景 I 的“指标”。被确定为指标的内容须具备随所属情境的演变而以特定方式发生的可能性，与此同时，一项指标与其他指标可能在特定情况下因时间顺序或因果关联而触发相互作用，但功能上并不直接相关。譬如，外交指标就不应与经济指标相挂钩。预警分析师须对此前罗列的各个情境分别完成发展路径和情报指标的判断。各个情境之间应具有差异性，相关的指标也应该尽可能有所区别。指标可以是多样的，但应该能够基本覆盖军事、政治、经济、社会、技术等因素[4]。在正常情况下，征候与预警分析师应针对各个情境分别且充分使用功能指标或地理指标，从而确保

---

[1] Betts, “Analysis, War, and Decision,” 65–66, 74–75, 88; Handel, “Intelligence and Problem of Strategic Surprise,” 247–48; Herman, “Intelligence and Assessment,” 773–82; and Kent, “Crucial Estimate Relived,” 116. 其他观点，参见 Arcos and Palacios, “Impact of Intelligence”。

[2] 在“安全困境”中，一国出于安全目的而增强军备的行为意外导致其他行为体的防御性反应，使双方陷入军备竞赛之中。然而，这一相互作用的过程并不能够提高任何一方的安全指数。参见 Jervis, “Cooperation under the Security Dilemma”。

[3] Davis, “Strategic Warning: Intelligence Support,” 181.

[4] Grabo, *Anticipating Surprise*, 51–76.

指标的独立性和独特性，确保能够通过各种类型的情报搜集资产得到相应指标的实时相关信息。情境和指标的数目应该充分囊括合理范畴内能够触发终结状态的所有可能性。情境和指标一经确定，分析师为及时判断具体情境向现实转化的动向，可要求情报搜集资产搜集并提供相应的信息。当与某一项**指标**相关的事件发生变化时，分析师就可以基于这一**征候**，掌握情境接近（或偏离）终结状态的潜在动向。

指标应具备预测性、诊断性、无歧义、可搜集的特性。**预测性**要求指标在因果关系中一律先于预警关切的终结状态而发生。**诊断性**要求一项指标能够区别众多情境中具体出现的是哪一情境。**无歧义**要求指标本身不会造成分析师的误读或误解。**可搜集**要求指标能够被分析工作所借助的搜集资产所掌握，分析师从而能够基于一致且及时的信息了解接近或偏离相应终结状态的任何动向。[1] 反之，如果不能对攸关利害的问题搜集到充分报告，那么该指标即使具有逻辑上的合理性，仍然不是理想的选择。譬如，当情报机构缺乏与内线充分沟通的机会时，则不宜以关键内部人士的报告为指标。尽管 1973 年时，以色列可以因为长期以来掌握阿拉伯诸国政权内部的良好消息源，而理所当然地将内线消息纳入自己的指标清单[2]，但不是每个国家都能如此操作。换言之，搜集能力影响指标的选择，因此分析师须了解搜集能力至关重要。

学界同样认为指标是具有一定特性的。迈克尔·汉德尔认为特性有三[3]：（一）指标性事件的发生是所担忧事件发生的**必要**条件，即情报分析师可以确定所担忧的事件不会以其他方式发生；（二）指标是**明确而无歧义**的，即指标能够表明所担忧的事件可能按照假设方式发生，而不会发生任何不相关、无关联的其他事件；（三）指标必须以持续、有效的方式受

[1] ADWS brochure.
[2] Bar-Joseph, “Question of Loyalty.”
[3] Handel, “Intelligence and Problem of Strategic Surprise,” 20.

到情报监控。格雷戈里·特雷弗顿认为指标的特性有二[1]——唯一性和可视性。“唯一性”基本等同于前述“诊断性”特性要求，“可视性”所指无外乎可搜集性。

在选择好理想的指标，相应的情报搜集资产就位后，分析师会在对事件的监控过程中留意寻找发生变化的迹象。这些迹象可能表明危机正在迫近；也可能表明紧张的局势正在缓解、原本的问题正在消失，对预警问题的主动监控亦可随之终止。分析师一般认为，他们所选择的诸多指标在重要性上是有高低区别的，并为“关键性指标”投入更多搜集力量和分析精力。他们知道，即便某一情境在现实中的确在按照预期的走向发展，但指标可能在不同时刻、以不同方式发生变化。而在判断预警状态等级是升高还是降低时，这些分析师同样认为，“关键性指标”比其他指标更值得参考。然而，指标的数量或质量不一致，则既无必要也不足以发布预警信息。在数量和质量上的进展足以使指标状态发生明显的改变，才是发布预警信息的因素。将局势有所缓解（而非加重）的事实传递给决策者同样重要，使决策者能够腾出时间和精力集中解决其他更为重要的议题。

上述方法论在实践层面的运用，可以美国的预警分析师在 20 世纪 60 年代早期开发的情境和指标清单为例。这次开发行为是美国情报机构出于对彼时预警流程的自我省察而进行的一次评估性演习，目的在于为当时用于监控苏联及华沙条约组织军事活动的指标清单提供替代性备选方案。据目前所掌握的情况，美国自 60 年代以来在情报监控中实际使用的情境和对应的指标清单从未解密公开。不过，这次演习的公开资料中，情报人员对苏联人可能动用武力的情景提出了七种假设如下：

A. 有预谋的突然袭击；

B. 先发制人的袭击；

---

[1] Treverton, *Intelligence for an Age of Terror*, 42–45.

C.（从局部战争到全面战争）逐步升级的军事行为；

D. 局部战争；

E. 游击战；

F. 没有军事意图的外交危机；

G. 对内部分歧的军事镇压。[1]

各个情境在本质和影响上存在巨大差异。情境 F 和情境 G 甚至并不属于对西方的军事威胁。情境与情境之间的区别在于其概括性和独特性，分析师因此不会对新情报信息究竟指示了哪一个具体情境的发生产生任何异议。在这一阶段，诸如“对联邦德国的总攻会以北部还是南部为重点目标”等等问题**目前尚不在考虑之列**——这些问题只能说是情境 A（有预谋的突然袭击）的衍生。预警分析师首先要留意的是发生且发展中的情境的主要特征，这些征候很可能具有诊断性意义。

为判断出前述七种情境中会具体出现哪一个，分析师开发了共计 123 项[2] 指标。其中的 28 项用于对其中最危险的三个情境（情境 A、情境 B、情境 C）的研判，内容囊括外交、政治、经济、军事等诸多性质的活动。其中，分析师认为对“情境 A：有预谋的突然袭击”而言，重要的情报指标有：

1. 在卫星国（如华约组织成员国或其他社会主义国家）部署中程、中远程弹道导弹及相关设备；
2. 短时间内大量增加地球轨道卫星数量；
3. 远程航空兵团[3] 异常大规模的实际调遣；
4. 在前方基地重点部署坦克、远程轰炸机；
5. 在潜艇基地加强维修维护作业；

[1] Ramsey and Boerner, “Study in Indications Methodology,” 76.

[2] 同上，77–78。

[3] “远程航空兵团”（Long Range Aviation）是苏联空军的战略轰炸兵团。

6. 在水下扩大增设潜艇屏障的作业范围；[1]

分析师认为对“情境 B：先发制人的袭击”而言，重要的情报指标有：

7. 取消士兵的休假，或对士兵的行动自由做出明显限制；
8. 向作战单元发放特殊管控性武器或装备；
9. 新密码系统、传输系统的出现及推广；
10. 对西方国家主要通信系统的广泛干扰；
11. 异常大型的三军内部演习，乃至更高规格军演；
12. 加强军事区域安全管控，如出台新的旅行限制令等；
13. 空降部队异常高频的行动；
14. 从黑海、波罗的海撤回重要水面兵力；
15. 加强海军主动性防御措施；
16. 撤下大量战术性空军兵力进行维修维护；
17. 苏联的防空力量进入全面警戒；
18. 增加对主要目标对象的情报搜集力量；
19. 飞机、潜艇、水面舰艇的主动性侦察行为；[2]

分析师认为“对情境 C：(从局部战争到全面战争）逐步升级的军事行为”而言，重要的情报指标有：

20. 逐步缩减苏联集团驻西方国家外交使团的规模；
21. 社会主义阵营国家的高层与莫斯科当局及中国方面举行磋商；
22. 在苏联官方声明和政治宣传中日益流露的好战倾向；
23.（尤其在危机时刻）政治宣传主题突然转向温和；

---

[1] Ramsey and Boerner, “Study in Indications Methodology,” 77–78.
[2] 同上。

24. 实施异常严苛的审查标准；

25. 广泛兴建或扩建防护性工程；

26. 政府机构、军队及技术人员撤离原所；

27. 工业生产项目从民用改为军用；

28. 召回苏联科学家，或取消其前往非苏联集团国家的访学计划。[1]

接下来，分析师开始在指标之间进行权衡，彼此对各个指标的相对重要程度产生明显的分歧意见——当然，这种情况很常见。权衡之余，参与演习的分析师们还会向自己提出问题，上述指标是否具有诊断性，或者说，这些指标是否能准确地区分开不同情境——按照前文论述，对这一问题的答案须是肯定的方可继续。至于分析师对待同一指标的评估差异，则说明，在战略预警工作中，终结状态发生的必要或充分条件不可能一目了然。倘使得到清晰如敌军确已越境的确凿证据，反而说明问题本身已经失去了预警的意义。评估差异也同样说明，指标的相对重要性的确有高低差别，但已确定的指标可能内容尚不完整，单纯对指标数目进行统计可能产生误导。

分析师一旦认可并确定了情境和指标后，会将相关内容作为情报搜集的优先项，监控与指标相关的事件，将新闻以及情报报告所反映的实际进展情况与清单和事前（对苏联可能采取的行动）的大致推测进行对比，从中判断目标对象的活动类型和等级，并评估改变或升级的幅度和程度是否是所担忧事件的征候，在指标的状态发生变化时，恰当地发布预警信息。

一般来说，当预警分析师或机构确信所担忧事件正在或行将发生，或是危机局势正在显著改善时，责任人或责任单位就会发布预警信息。信息内容可能简短精炼，但必然包含上述关键性变化及变化的指向。预警信息的形式可以包括但不局限于书面传达、口头传递、电话沟通、电子邮件等形式，但必须确保及时且能够说服决策高层。传统上，国防部和情报界对

[1] Ramsey and Boerner, "Study in Indications Methodology," 77–78.

预警信息有各自的规范流程和形式。情报界预警一般须遵从中央情报总监或国家情报总监的指令行事，高级预警官员，如国家预警情报官，则通过私人关系渠道向高层进一步传递预警信息。

发布预警信息意味着预警问题发生了“状态”上的质变——从正常状态经历中间阶段，达到危机的定义。至于升级为危机之后、所担忧的终结状态出现之前，则几乎很难再有战略预警的空间和可能。分析师习惯上在使用征候与预警分析方法时，会使用一种颜色或符号（一般为圆圈、三角等形状）区别指代用以描述预警问题状态的情境和指标，借助不同的颜色和符号的可视化处理，对预警所关注问题的即时状态或单一情境中的多项指标加以区分。譬如，美国的情报界长期以来惯用绿、黄、红三色指示问题从正常状态升级为危机状态和随之俱增的担忧，好比路口的交通信号灯配色，因此被情报生产者和消费者戏称为“红绿灯图表”（stoplight chart）。这类图表是军事情报报告的固定组成部分，罗伯特·维克斯等国家预警情报官也用此图表汇总评估结论[1]。

预警所关注问题存在的时长不是一定的，有些可能会随时间发展而延续，有时甚至可能会在相当可观的一段时间内一直存在，在此期间，新的问题仍可能不断出现，有些新问题有时十分突发或进展迅速。国防部现在会将上述预警问题分别称作“持久性”（enduring）问题和“新发性”（emerging）问题，这两种称法虽然是新的，但背后的概念并不陌生。根据笔者的判断，现行术语要比前国家危机预警团队负责人约翰·麦克雷里（John McCreary）在 1983 年提出的“渐进性”（gradual）和“突发性”（sudden）[2] 的说法更为贴切。

“长寿”的持续性问题如冷战时期华约组织对中欧的威胁，及一直以

---

[1] 笔者从 2017 年 2 月 8 日与罗伯特·维克斯的交谈中获知，维克斯会在每周发布的一页纸《观察清单》中使用“红绿灯图表”罗列出预警工作需解决的情报课题，数量一般可能多达十几个。

[2] McCreary, “Warning Cycles,” 72.

来对朝鲜半岛武装冲突升级的担忧[1]；新发性问题则可能来自各个领域，除了新兴的军事威胁，还可能是流行疫病、网络威胁等不属于军事威胁范畴的意外发展。鉴于预警所关注的问题本身一般都会持续存在相当一段时间，像联合参谋部J2情报部、美国几大作战指挥部下辖的情报部门等关键预警机构在同期会同时监控多个预警问题。预警问题的数量还会随着时间和全球局势而浮动，J2情报部在1993年一年之内曾对104个预警问题进行监控，相关的情报指标多达385项。[2]

作战指挥部的预警部门采取了与联合参谋部J2情报部或国家预警情报官系统不同的运转方式。[3] 作战指挥部也设有类似J2的观测中心，时刻留意任何军事危机迹象，但指挥部的工作重心集中在所辖战区和职责范畴之内，辖下预警部门多雇用初、中级军官和士官从事预警工作。但这些人员在部队服役的年资不长，一般只接受过有限的预警培训，缺乏履职所需的专业背景。为此，指挥部在征候与预警分析方法的基础之上，衍生出一套更适用的方法——首先由具备充分经验的分析师确定相关的情报指标，再由初级预警人员采取“开启／关闭”的二进位制方法对指标进行监控。所谓二进位制，就是只需回答指标出现或未出现的是否问题，且不再有关键指标需要予以额外关注。这套方法有目的性地排除了分析过程中可能产生的细微差异，通过对“开启”的指标的简单计数，即可察觉问题，因此，即使是缺乏足够预警经验的人员也能操作使用。与此同时，这一方法也使得指标清单越列越长，据说某分战区作战指挥部在1990年前后曾为彼时的两个主要预警问题分别开出了多达660项和275项指标的清单[4]。直至20世纪90年代初，时任国家预警情报官的查尔斯·艾伦和国防情报

[1] Joint Chiefs of Staff, Defense Warning Staff, J2 Warning, *(U) Defense Warning Network Handbook*.

[2] 笔者从2017年5月13日与罗伯特·登菲尔德的交流中获知。

[3] 本段落部分细节由罗纳德·伍德沃德提供。伍德沃德本人曾在美国国防部负责并指导预警工作，长达28年之久。

[4] 戈登从与伍德沃德在2017年6月11日的交流中获知。

局的某高级预警官员才说服作战指挥部大幅缩减指标清单，并增加了指标之间的差异性[1]，使作战指挥部所用方法更加接近20世纪50年代华盛顿所用标准方法的最初面貌。

由于美国在整个北约组织中的角色作用举足轻重，且美国所使用征候与预警分析方法的确行之有效，因此，在20世纪80年代末，征候与预警分析逐渐成为联盟通用范式[2]。北约在整体的情报预警工作中推广了类似美国的颜色和符号标记——四象限图表法（four-part scheme）。

英国的征候与预警系统也成型于20世纪80年代，但内容稍有不同[3]：作为征候与预警分析系统基础的一系列指标，被按照内部因素、外部因素、政治因素、经济因素、地面部队、海军或空军力量等归入不同分组，并进一步按照指挥控制、通信、后勤等划归二级分组。由分析师判断这些事件或（相对于正常状态而言出现的）动向是否意味着华约组织更有能力对北约构成威胁。所有列出的指标都对应有专门的情报搜集人员。

征候与预警分析方法也被其他一些美国的友邦所采纳。比如，以色列在1973年使用的预警方法就是征候与预警分析方法的一种衍生变体。但是，由于军事情报局（阿曼）预设的情境仅仅考虑了来自阿拉伯国家的常规进攻，而没有把实际后来发生的突袭考虑在内，埃及人的欺骗计划也就没能触发任何警报[4]。以色列人彼时所确定的指标是阿拉伯国家是否有**能力和意图**对以实施常规军事打击，一旦“有迹象表明”或“有迹象指出”对手确有能力和意图，则意味着指标被激活[5]。以阿曼曾在1973年10月

---

[1] 戈登从与伍德沃德在2017年6月11日的交流中获知。

[2] 笔者从2017年5月13日与罗伯特·登菲尔德的交流中获知，登菲尔德本人曾参与这项工作。

[3] 本段落部分内容系约翰·托尔森在2017年9月1日提供给戈登。另见Hughes-Wilson, *Military Intelligence Blunders*, 1–15。

[4] Lowenthal, *Intelligence*, 6th ed., 180.

[5] Shalev, *Israel's Intelligence Assessment*, 11–12; Bar-Joseph, *Angel*, 106, 172, 222; Hershkovitz, " 'Three-Story Building' "; Jones, " 'One Size Fits All,' " 278.

初对埃及已经具备使用武力的能力予以警示，但是一直拿不准对手是否确有此意图，直至后来醒悟，为时已晚，因此被视为一次预警失误。

有限的证据显示，部分非西方国家，包括华沙条约组织成员，也开发了类似的情报工作方法，用于危机处理[1]。例如，1983 年 11 月，北约代号“优秀射手”的军事演习内容涉及核武器操作演练，致使苏联领导层开始担忧美国会否打着演习旗号，对苏实施核打击，苏联国家安全委员会（克格勃）时任主席尤里·安德罗波夫（Yuri Andropov）为此发动了苏联“ 瑞安行动”(RYAN，系“核导弹攻击”的俄语 *Raketno Yadernoe Napadenie* 词组首字母缩写，亦作 RIAN)。这是在安德罗波夫刚刚就任苏联国家安全委员会主席时设计的行动，用以对美方有规划的战争活动实施监控，向苏军总参谋部和文职高层上报[2]。克格勃和总参谋部情报总局（格鲁乌）达成一定程度的协作，在 1981 年明确启动“瑞安行动”，针对两大关键课题——美国是否**决定**发动核战争、美国是否**准备**发起核战争[3]——形成搜集、处理和分析的综合性工作组。苏联还将华约组织部分成员国的情报机构也纳入了专项工作，其中，民主德国成立的行动中心密切监控了一系列关乎美方袭击行动的情报指标，在这次行动计划中扮演了至关重要的角色。

“瑞安行动”的分析师基于对“优秀射手”演习行动的监控得出结论，认为这仅仅是一场军事演习，并最终以这一判断说服了苏联高层。相关许多细节目前尚未公开，但仅据已知信息显示，“瑞安行动”成功地承担了预警分析的职能，尽管苏联方面一直认为自己的早期预警系统力量薄

---

[1] Glantz, “Soviet Operational Intelligence,” 20, 21, 24.

[2] Fischer, “1980s Soviet War Scare,” 186–87; Adamsky, “1983 Nuclear Crisis,” 24–27; Andrew, *For the President's Eyes Only*, 463, 473; Barrass, “Able Archer 83,” 7–30; Fischer, “Anglo- American Intelligence,” 75–92; Scott, “Intelligence and Risk of Nuclear War,” 759–77; Pry, “Ideology as a Factor”; Fischer, “Scolding Intelligence.”

[3] Adamsky, “1983 Nuclear Crisis,” 19–21; Scott, “Intelligence and Risk of Nuclear War,” 765.

弱。[1] 随着北约“优秀射手”演习的结束，苏联“瑞安行动”也暂告一段落，但这一行动机制被一直保留到了 1991 年。

如果一国或一国的情报机构整体规模较小，或系统内各机构比较分散、相互割裂，或本身已经单独设置了独立的预警组织，则可能不太需要推广征候与预警分析方法。原因是多方面的。首先，上述情报机构可能客观上并不存在需要由专门的预警职能部门应对解决的威胁；其次，该国及其情报界碍于规模有限，如再另设专门机构则必然影响按工作优先级进行资源的合理配置；再次，相互分立的情报机构无法高效协作，或情报部门之间因法律制度或政策原因而必须保持相对的独立性，则该国及其情报界不具备单独设置专门机构的需求。威廉·阿格雷尔（Wilhelm Agrell）认为，其中的后两项原因就反映了瑞典近几十年情报工作的实际状况。[2]

征候与预警分析方法的优点不容忽视。首先，这是一套有效适用于大规模军事威胁情况的技术方法，这一点仅从其长期存在且被广泛采纳的事实即可得证。这套方法的有效适用性直接基于一个事实，即使用重型装备的大型国家军事部队在组织和运作方式上必然受到物理性限制、必然遵从军事组织的指导性原则，因此是能够被观测、被理解的。征候与预警分析方法能够化解一定的分析性困局，诚如格雷戈里·特雷弗顿指出，若方法使用得当，无解之谜可被转化成可解的拼图谜题[3]。该方法通过“后向预测”（backcasting）和“时间轴线”（timelines）等多种技术方式在变量之间建立预期关联。其中，后向预测是指以终结状态为起点，向前回推并预设事件；时间轴线则指预设事件发生的顺序和延续的时长。

征候与预警分析方法因此对预警专家和一般情报分析师的工作都有所裨益。这套方法使监控行动和向情报消费者解释都变得更为简单，称得上是一套相对透明的情报技术。美国国家情报评估办公室在 1962 年评估苏

[1] Barrass, “Able Archer 83,” 12, 16.

[2] Agrell, “Sweden,” 239–63.

[3] Treverton, *Intelligence for an Age of Terror*, 155.

联在古巴的行动意图时使用的也是这套方法[1]，这才有了本书第 3 章述及的那份有损声誉的第 85-3-62 号《特别国家情报评估》报告。

基于上述优势，笔者有理由相信，征候与预警分析方法在可预见的未来，仍将是针对军事威胁进行战略预警的基本分析方法。而这套方法本身的灵活性，则意味能够推广适用于非军事威胁等其他更多情况。根据美国《国防预警网络手册》，该方法同样适用于机遇预警[2]。笔者对此认为可能但不可行，机遇预警转瞬即逝的特性，使其很难有充分的研究用来确立恰当的情境或指标。

当然，征候与预警分析方法也有局限性和一些不合理的特性。首先，这套方法是以军事威胁为导向的。即便在具备适用于机遇预警或非军事威胁问题的条件时，政府也很少在工作中选用这些方法。逻辑上，该方法的确有可能随情境的推进和展开，在过程之中发现机遇预警的机会。事实上，分析人士须格外留心才可能觉察这种偶然的可能性。对此，不妨援引科林·鲍威尔将军在 1991 年的探讨作为例证（本书第 5 章亦有述及），当情报工作的注意力集中在搜寻证明事态正朝向“不利的”终结状态发展的证据时，很难在此同时留意到其中“有利的”机会。

第二，征候与预警分析方法是对特定的预设指标的研读，由于只有与特指的终结状态相关的项目才可能被预设为指标项，这套方法在本质上属于被动反应式的，因此主要适用于监控已知的、持续的、持久的预警问题。分析过程从评估显见所担忧的终极状态的特征开始，后向进行，对新发的、尚不确定的预警难题则不著见效，因此可能很难在问题恶化成危机以前有所觉察。换言之，为免亡羊补牢，对新兴问题的预警需要动用其他的情报分析技术和专业知识。而一旦新发性问题进入研判视野，就成了持久性问题，这时，情报人员又可继续使用征候与预警分析方法予以解决。

---

[1] Kent, “Crucial Estimate Relived,” 115.

[2] Joint Chiefs of Staff, Defense Warning Staff, J2 Warning, *(U) Defense Warning Network Handbook*, 43.

与此同时，具有威胁表现的持久性问题一般是显而易见的，对情报人员而言易于着手，对决策高层而言也是已知存在。相比之下，情报人员或决策高层很难会把注意力放在可能出现的新的问题上，这也是新发性问题难于被及时发现的另一方面原因。

第三，征候与预警分析方法可能被误操作或曲解。由于指标预警的基本方法不难掌握，因此在实践中存在这样一种危险，即一旦确定了指标清单，分析师就很可能局限于拟规画圆，恪守既有的指标清单，不再定期对预设事实或假设重新评估，亦不考虑是否有指标已不符事态走向而应予剔除。即便一些指标或情境在确立之初是恰当而合理的，如未经反复检验，仍然可能发展成对情报目标对象行为或本质的无人质疑，但未必如实的固化假设。第四次中东战争爆发前，以色列国防军在将概念具体化时犯下的就是这样的错误。另一个风险是，分析师可能会过分草率地借鉴甚至照搬其他预警问题的指标清单，由于对目标问题缺少充分研究，无法确保抄来的清单是否真的适用。此外，情报消费者有时会认为红绿灯图表是对复杂情况过于模糊的描述方式。对于 20 世纪 90 年代中期以前，作战指挥部适用的预警系统而言，这一批评意见不失为中肯[1]。但另一个极端是，少数消费者主观上因为图表过于简化，就轻率地认为其内容不足以置信。

第四，既定的预警问题成为官僚主义现实，因为情报机构或个人出于情感或（和）职场利益致力于解决这些问题。因此，当持久性预警问题有成为更被线性分析机构重视的动态情报问题的趋势时，就将失去作为预警议题的独特价值。对于持久性预警问题而言，一直会面对慢慢失去预警价值而沦为常规情报问题的风险；对于把控预警工作方向的情报高层而言，特别是在高级消费者的注意力很容易被热议话题带跑时，如何将工作焦点始终保持在一项课题的预警方面，而免于落入动态情报的误区，也是一直会面对的挑战。辛西娅 · 格拉博很早就曾根据自身的观察提出过预警[2]，

---

[1] 作者与情报消费者打交道的个人经验。

[2] Grabo, *Handbook of Warning Intelligence*, 15–19.

专门机构完成的预警评估要时刻提防向冗余、平庸、不受同僚待见的动态情报分析退化的趋势。

第五，征候与预警分析的方法很难用于非军事威胁问题的研判。多年以来，军事突袭的基本要素已经逐渐确立，通过非常适用于军事动员的搜集技术来追踪，并如实反映其特征；但是，其他性质的威胁或机遇预警问题尚未形成固定的基本要素。因此，如欲对非军事威胁使用征候与预警分析方法，首先需要对目标对象国家层面的决策行为展开大量研究。当然，这也是有可能办到的，本书将在后文对征候与预警基本方法的衍生变体和修正方案进行探讨。

第六，征候与预警分析方法很容易受到目标对象欺骗手段的干扰。原因在于，征候与预警的基本方法是人所共知的，军事动员流程是相当标准并容易识别的，对基本实践手段稍加改变，就很可能骗过对方的预警人员。自苏联时代起一直被奉为圭臬的“伪装”原则就是针对这一预警短板制定的。如能掌握对方预警人员使用的具体情报指标项，欺骗手段必然更容易奏效。在本书第 2 章的例证论述中，英军在 1944 年首先押中了德国的预警指标——特定区域的大流量轰炸指示该区域的战略优先性——据此，盟军针对性地在加莱海峡周边地区部署了密集火力，表明他们将攻击那里。盟军还掌握了德国人的情报工作原理，故意操纵第三方独立消息源发出信息触发对手的情报指标，通过误导达到欺敌的目的。随后，盟军借助“超级机密”项目截获德军内部通信内容，掌握了对手对散布的欺骗性信息和故意实施的欺敌行为的反应。盟军借此进一步左右了德国人更多情报指标的走向。功勋卓著的“坚韧南方行动”同样成功扰乱了对手以分立的情报指标为基础的情报分析工作。以此为鉴，情报预警工作应首先对终结状态、情境和指标内容做好保密，预警分析师应该掌握并使用适当的方法侦破对手的欺骗行为。反之，情报搜集工作则应以对手的预警情境和指标优先。

基本方法的两种变体

鉴于征候与预警分析方法的诸多优点，为解决更多问题，这套基本方法不断衍生出若干变体。在下文第一例中，某非政府组织（NGO）套用这种分析方法研判部分族群可能面临的种族灭绝威胁。第二例中，这套基础方法被发展用于解决一种新的军事威胁问题：国家陷入发起不必要的非受迫性战争，进而使国家高级决策者的操纵者受益。

对有发生种族屠杀可能的迹象实施监控

一个名为“种族灭绝观察组织”（Genocide Watch）[1] 的非政府组织基于征候与预警分析方法，对全球范围内可能出现种族屠杀迹象的动荡地区实施监控。该组织的创始人兼运营者格雷戈里·斯坦顿（Gregory Stanton）是美国乔治·梅森大学（George Mason University）的一位教授，他和他的团队开发了一套十阶指标研判方法，用于甄别可能出现的种族屠杀。套用征候与预警的标准术语，该组织只关注唯一一种终结状态（即发生种族屠杀），项目概念化的难度因此降低，监控和分析工作也因此不必面面俱到。斯坦顿因为在 1994 年之前就与卢旺达当地人有很多接触，因此深入研究了后来发生的种族屠杀事件[2],以及在此之后发生在他地的多起其他类似事件。

所谓“十阶”指十个从分析角度划分的阶段性门类，每个门类一般由若干相关指标项组成。如果某种新兴情况出现从其中一个阶段向其他阶段发展的趋势，即可说明情况恶化的程度。各阶段按严重程度用数字编号的方式，与军事情报中使用红绿灯图表的做法异曲同工，都是对事件走势的一种更直白的可视化表达。而不同于军事预警分析的是，斯坦顿指出，面对可能导致种族屠杀恶果的情况，外部行为体可以（本章节对此不再做更多说明）改善事态的发展，甚至扭转事件的走势——尽管美国情报界对以

[1] 详见该组织官网 http://genocidewatch.net/。

[2] Stanton, “Rwandan Genocide,” 6–25.

预警分析干预政策制定的做法唯恐避而不及[1]，但是，对于徒有影响国之外交和国防政策而苦于没有与内部高层沟通门路的积极分子而言，却颇值得考虑。斯坦顿对十个阶段的具体定义如下：

1. **类别化**（CLASSIFICATION）：任何文化都有按民族、人种、宗教或国籍把人划分成“我们和他们”两个类别的做法。
2. **符号化**（SYMBOLIZATION）：我们为分出的类别规定名称或其他形式的象征性符号。我们给一类人起名，以肤色或衣着区别出属于这类人的人；我们把不同的符号加诸不同群体的人，对同一群体的人使用统一的符号做出标注。事实上，类别化或符号化的做法普遍为人类所采纳，并不必然导致种族屠杀或灭亡的恶果，除非使用分类或符号的做法是非人性的。
3. **歧视性**（DISCRIMINATION）：优势群体使用法律、风俗和政治权利剥夺其他群体的权利。无权无势的群体则无法获得充分的公民权利，甚至不具备完全的公民身份。
4. **非人化**（DEHUMANIZATION）：一个群体否认属于另一群体的人的人格（humanity），视非我群体的人为牲畜、虫豸、病害。非人化克服了正常情况下人类对谋杀行为的极端厌恶。在这一阶段，报刊或广播等媒介被用于鼓吹和宣传仇恨，诋毁受害群体。
5. **组织性**（ORGANIZATION）：种族屠杀行为极少没有组织，而是通常由国家组织、利用民兵组织加以实施，再由国家推诿。有时，灭绝行动的幕后组织也可能是非官方的，或去中心化的，如分散的恐怖主义势力。特殊部队或武装民兵是接受过军事训练、配备武器的，种族灭绝式的屠杀行为是经过计划的。
6. **两极化**（POLARIZATION）：极端主义者、过激分子使不同群体彼此

[1] Gentry, “Toward a Theory.”

分裂。仇恨群体宣传两极分化。可能出台法律禁止不同群体之间的通婚或社交行为。极端主义和恐怖主义以温和派为目标，采取威吓，使其消声。行凶群体中的温和派往往是最有可能阻止屠杀行为的，当然也往往总是最先被逮捕甚至戕害的。

7. **准备阶段**（PREPARATION）：进入这一阶段，国家或行凶群体的领导层开始计划“最终解决”犹太人、亚美尼亚人、图西族人或其他目标群体“问题”。“净化”“反恐”等更为委婉的说辞常被用来矫饰意图。在组建军队、购置武器、训练正规部队和民兵组织的同时，向民众灌输对受害群体的恐惧意识——“如果我们不杀了他们，他们就会杀了我们”是惯用的借口。

8. **迫害阶段**（PERSECUTION）：在这一阶段，受害者会因为本身的种族或宗教身份而被区别和隔离。死亡名录已经拟定。在受到国家层面支持的种族屠杀行径中，受害群体的成员可能被迫佩戴有辨识性的符号化标志。受害者的财产经常被征用充公，而本人则被隔离在贫民区，被驱逐至集中营，或被流放蛮荒之地，忍饥挨饿。再然后，屠杀开始。上述行径被认定为种族灭绝政策，原因在于其初衷是蓄意毁灭某个群体的一部分。

9. **根除阶段**（EXTERMINATION）：一旦进入这一阶段，事态将迅速演变成更大规模的屠杀，即法律意义上的“种族灭绝”（genocide）。然而，对于行凶者而言，受害者既然不被视为人，那么他们的杀戮行为不过是在“根绝异类”。当屠杀行径受到国家层面支持时，武装部队与民兵组织将成为谋杀的共犯。有些时候，屠杀行径会进一步导致不同群体之间的报复性杀戮，造成双边种族灭绝的恶性循环——如布隆迪的情况。

10. **否认阶段**（DENIAL）：是种族灭绝事件的最终阶段，通常继种族屠杀之后发生并将一直持续；也是确凿指向后续更大规模的种族灭绝行动的重要指标。屠杀中的行凶者在这一阶段开始挖掘万人

> 尸坑，焚烧实体，掩盖罪证，恐吓证人，在矢口否认自己犯下任何罪行的同时，往往将所发生的一切反归咎于受害者。行凶者还会阻挠对罪案的调查，继续其统治，一旦遭到武力罢免下台，则逃亡异所，继续逍遥法外，除非被捕并最终在法庭受审。[1]

种族灭绝观察组织具有典型的非政府组织属性，表现为依赖由若干关注相同议题的非政府组织构成的协作性关系网络收集和评估“情报”信息，以及对外发布和传播预警信息。预警信息的目标是所属关系网络中的其他合作伙伴，尤其是人权观察、国际危机组织等扮演看门人角色的非政府组织，国家级政府内的要员，以及联合国相关机构等国际性组织。[2] 以上目标对象能够帮助达成组织的终极目标——促使政府采取行动。包括种族灭绝观察组织在内的不少颇有威望的倡导性非政府组织，与许多政府的高层人士有很深厚的私人关系。包括斯坦顿在内的不少非政府组织内的人士，本身就是政府官员出身，而许多政府官员在出仕前也曾经在非政府组织、学术或智库机构工作，向政府提出政策建议。

隶属于美国大屠杀纪念馆（Holocaust Memorial Museum）的西蒙—斯科约特预防种族灭绝中心同样在从事针对种族屠杀行径“早期预警信号”的全球性监控，为防止种族灭绝惨剧发生，警示相关决策者采取必要行动。[3] 该中心的早期预警项目采用的分析评估方法由两部分组成：（一）在种族屠杀历史案例的研究基础上构建模型，通过计算发生种族屠杀的危险性，进行“统计性风险评估”（Statistical Risk Assessment）；（二）汇总观察人士的专家意见，根据所形成的“专业性意见合集”

---

[1] Gregory H. Stanton, “The Ten Stages of Genocide,” Genocide Watch website at http://www.genocidewatch.org/genocide/tenstagesofgenocide.html, accessed June 1, 2016.

[2] Carpenter, “Vetting the Advocacy Agenda,” 69–102; Deibert, “Deep Probe,” 175–93.

[3] Holocaust Museum website at https://www.ushmm.org/confront-genocide/about, accessed January 26, 2017.

(Expert Opinion Pool）做出判断。[1] 纪念馆在 2008 年出版了一份篇幅堪比著作的完整报告文件，详述如何使用类征候与预警分析方法对有种族屠杀倾向事件进行预警，从而实现预防目的[2]。与许多同样在践行类预警职能的非政府组织一样，纪念馆把属于政治性议程的倡导行为与预警分析实践关联在了一起。

对政治性弱点受人利用的可能实施监控

尤常见客观物质力量薄弱的国家和非国家行为体操纵大国之行为、假以大国之名义，对冲突性事件强加干预。弱势国家或非国家行为体往往会通过发现和巧妙利用对手及相关第三方的政治性弱点来达此目的。而所谓政治性弱点，一般为道德性根源所致，是一种约定俗成的社会习惯或集体认可的行为标准，因此也被学界定义为"准则"[3]。对这一弱点加以利用的典型手段就是基于战争中对平民伤亡的厌恶情绪，和近几十年来日积月累的对军事伤亡的厌恶情绪大做文章，最早被用来掣肘有准则包袱的对手。直到 20 世纪 90 年代开始，势单力薄但野心膨胀的行为体渐渐发现，如果把冲突性事件包装成需要外部强力干预，才能幸免于平民受敌掳掠的模样，就可以假手于人，而四两拨千斤。这一手段后来更常被人称为"保护责任"（R2P）准则。如在 1994 至 1995 年间，波斯尼亚的穆斯林就一度扯痛了时任美国总统克林顿及其他几位北约成员国领导人不忍平民伤亡的敏感神经，诱使他们在 1995 年对塞尔维亚人采取措施；无独有偶，同样站在塞族对立面的"科索沃解放军"（KLA）也在随后的 1998 至 1999 年使出了相同手段。两者都通过谎报平民死亡人数、隐瞒致死原因、把对本国民众的暴行诿过于塞尔维亚等手段收获了

---

[1] Holocaust Museum website at https://www.ushmm.org/confront-genocide/how-to-prevent-genocide/early-warning-project, accessed January 26, 2017.

[2] Albright and Cohen, *Preventing Genocide*, especially ch. 2, 17–33.

[3] Gentry, "Norms as Weapons of War," 11–30; Gentry, "Instrumental Use of Norms."

相同的效果，北约入局，出手干预。

至于2011年的利比亚，“保护责任”早已是牢不可破的国际准则。试图推翻穆阿迈尔·卡扎菲政权的反叛者借此成功游说了当时的法国总统尼古拉斯·萨科齐（Nicolas Sarkozy）和英国首相戴维·卡梅伦（David Cameron）等不少西欧国家和美国的领导人，声称卡扎菲以暴力镇压和强奸妇女作为惩处反对派的手段，纵容甚至鼓励政府军倒行逆施[1]。这些指控却说服联合国安理会出于人道批准并授权了专项保护行动，不过，以道德动机为出发点的任务授权最终被北约演变成一次政权的更迭。[2]

对于从事情报工作的业内人士而言，上述案例反映出的实践困境与辛西娅·格拉博的担忧截然不同。在这些案例中，实际上在发号施令的非国家行为体诓使强势国家在不明真相的情况下采取行动。[3]“科索沃解放军”的领导人物曾在公开场合坦率承认，他们就是要利用克林顿总统对准则的敏感来打击他们的南斯拉夫敌人。克林顿的敏感性被视作可为利用的政治性弱点，科索沃设计的对敌“打击”战略旨在不伤害美国和北约的情况下，使其主动发起非受迫性战争，或言，对国家的实质核心利益没有任何促进的战争。在上述情境中，国家受到的威胁并不是来自另一国家直接的物质性军事袭击，而是受人摆布，在军事资源、政治资本和士兵性命上发生不必要的支出。

在大量的证据线索面前，如果专业预警人员对政治性弱点受他人利用的可能实施了监控，极有可能提早发现“科索沃解放军”认识到克林顿、其他北约领导人及其选民的道德弱点。[4]显然，“科索沃解放军”对克林顿进行了深入的研究，得出结论，只要刺激克林顿本人产生足够强

[1] Riley, “Deceived to Intervene,” 35–46.

[2] Kuperman, “Model Humanitarian Intervention?,” 105–36.

[3] Nicholas Wood, “A Fake Macedonian Tale That Led to Deaths,” *New York Times*, May 17, 2004, http://www.nytimes.com/2004/05/17/world/a-fake-macedonia-terror-tale-that-led-to-deaths.html.

[4] Gentry, “Warning Analysis.”

烈的道德反感，就足以诱使他下令发动非受迫性战争。以此为参考系，“科索沃解放军”遂与其同谋专门为克林顿虚构了一个令他反感的“现实”。倘使美国的情报分析师掌握“科索沃解放军”对克林顿的种种揣摩，很可能提前警示克林顿提防被人操纵，落入科索沃企图通过外部军事力量和外交介入来实现独立、达成政治目标的盘算。美国的情报分析师本该清楚地意识到准则对一国之决策可能的影响，并为此开发出相应的情报指标，包括：(一) 弱点可实现的目标；(二) 认识到相关行为体（实际存在的）弱点；(三) 弱点开始向各种形式的实质性行动转化。情报人员还应该对弱点是否已经被他者利用做出判断，以及对他者既遂或未遂的利用产生的影响做出评估。[1]

科索沃事件提出了一种利用国家或领导人的政治性弱点实现道德绑架的一般性范式，自由主义国家为此可开发出同样具有一般性的预警指标清单，对这一新兴威胁实施监控。列入清单的相关情报指标基本如下六个分组，情报人员可根据实践中的具体情况和特殊性再做修订：

1. **行为体的目标可以通过基于准则的操纵来达成**。
 a. 该行为体相较于对手，必须在物质条件上呈明显弱势，凭一己之力几乎没有军事胜算，但有能力判断某个或某些外部行为体的干预行为是否能显著促成己方目标；
 b. 该行为体不属于任何有可能提供外部援助的正式联盟机制；
 c. 外部势力受国内政治、外交压力、国际性人道主义法条、联合国宪章规定的约束，不得在未经联合国安全理事会授权、不属于本国自我防卫的情况下，出于任何政治动机对外提供直接援助。
2. **目标对象曾暴露出弱点**。某国领袖人物或某一社会整体对特定的个人、群体、国家或政治军事行为表现出强烈的**基于准则的**偏见

[1] Gentry, “Warning Analysis.” 66。

或偏袒，或某位高层人物在如下情境中表现出对干预别国事务的强烈偏好：

d. 领导人在演讲、文章或行为中流露出有基于准则倾向的政治性弱点，所使用的言辞、图像、类比、隐喻等内容成为意图实施绑架的行为体制订诓骗性行动计划的参考系；

e. 笼统地威胁通过政府性行为纠正人道主义错误；

f. 执政者的主要票仓或重要政策顾问带有强烈干涉主义倾向。

3. **目标对象的弱点被意图实施操纵的行为体了解掌握**。

g. 行为体掌握了敌方领导层乃至更为普遍的社会性弱点；

h. 行为体觉察到潜在“盟友”存在于领导高层乃至社会大众中间的弱点。

4. **利用弱点的情境机会**。人道主义危机出现，干涉主义情绪上升：

i. 平民受害或伤亡增长；

j. 来自盟国、联合国或重要非政府组织的外部压力日益增大。

5. **目标对象的弱点出现向实质行动转化的趋势**。

k. 针对相关国家和非政府组织输出舆论，宣传造势，大量使用刺激对方同情心，或自赋法律责任的言辞。罗兰·帕里斯（Roland Paris）把这种言语升级现象称为“隐喻式战争”（metaphor war）[1]。借用联合国安理会决议和国际人道法（IHL）所用语言也甚为奏效，譬如克林顿在 1999 年就尤其偏爱“种族灭绝”“集中营”“火药桶”“大屠杀”等等这般[2]；

l. 意图实施绑架、试图挑起事端的行为体“曝光”对手违反国际人道法的行为；

m. 行为体进一步夸大或扭曲对手违反国际人道法的行为；

n. 行为体直接或间接造成人员伤亡，如将平民安置在可能发生轰炸的

[1] Paris, “Kosovo and the Metaphor War,” 423–50.

[2] Paris, “Kosovo and the Metaphor War,” 435–38.

区域，向对手散布虚假情报等，目的在将伤亡或其他违反国际人道法的行为推诿、归罪于对手方面；

o. 行为体声称，为防止进一步暴行，或为惩处有国际公认罪行的肇事者，外部干预十分必要。

6. **既遂或未遂操纵行为的后果**——设置以下指标用以判断行为体成功与否：

p. 被操纵的一个或多个目标对象国对行为体的实际对手做出多方面威胁，包括：军事干预、经济制裁、其他管束，对行为体（实际的分裂主义集团）予以外交承认、军事援助，对相关地区协商派驻维和部队及其他必要人员[1]；

q. 被操纵的一个或多个对象国与行为体的实际对手开战交火；

r. 外部援助确保实施操纵的行为体的目标得偿。[2]

这一特殊的预警问题兼具不同于寻常问题的作用和难点。其中一个重大作用是，使用上述方法判断情报工作目标对象的认知和已知（如是否掌握了己方的政治性弱点），能够进一步判断其意图。这一点是仅以军事袭击等威胁事件为解决目标的常规征候与预警分析方法所不能实现的。当然，实现预警成功的难度也是巨大的，预警人员须尝试用领导人不愿接受的信息说服领导人相信，他们认为是“正义”、是“朋友”的一方实际上正把他们蒙在鼓里、玩弄于股掌之中，其难度可想而知。20 世纪 90 年代的巴尔干半岛和 2011 年的利比亚都发生了大国涉足地区事务的一幕，至于操纵手段及其效果，各方有目共睹。因此，可以预见的是，为防被他者利用，这种基于征候与预警的基本方法衍生出的情报分析方法仍将大派用场。[3]

---

[1] Kuperman, “Moral Hazard,” 52.

[2] Gentry, “Warning Analysis,” 80–82.

[3] Riley, “Deceived to Intervene.”

第 7 章
其他预警分析技术

多年来，情报机构、其他政府机构、许多私营部门的行为体和不少学者纷纷开发并贡献了适用于战略预警分析的技术手段，与征候与预警分析方法形成补充，本章节将对其中一些情报技术，特别是针对新发问题预警判断的有效方法作以介绍。种种分析方法和技术手段共同构成实战“工具箱”，可使预警人员视具体情况择其中得心应手者予问题以有效解决。

在过去的20年左右时间里，有大量关于“结构化分析技术”（structured analytic techniques，SAT）和“批判性思维方法”的论文、手册、专著陆续发表或发行面世[1]，内容旨在帮助分析师尽可能规避错误，从而改善情报分析结果。这些技术方法普遍运用心理学和社会科学的理论来增强情报分析的严谨性。包括大多数美国情报部门在内的全球众多情报

[1] Heuer, *Psychology of Intelligence Analysis*; Moore, *Critical Thinking and Intelligence Analysis*; Pherson and Pherson, *Critical Thinking for Strategic Intelligence*; Clark, *Intelligence Analysis*; Cooper, *Curing Analytical Pathologies*. 另见 Chang and Tetlock, “Rethinking Training of Intelligence Analysts,” 909。

机构将结构化分析技术作为新手分析师从业培训的主要项目[1]。不过，大部分现有的结构化分析技术基本是为线性情报机构的一般情报分析师设计开发的，并不专门针对预警专员，因此仅能适用于有限的战略预警问题。除本书前文述及的“红队”“头脑风暴”“后向预测”等方法外，已有方法在面对新发性预警问题时，普遍表露出过于简单或过度僵化的缺陷。少部分为预警专员开发的结构化分析技术（典型如征候与预警分析方法），更适用于解决具有一定特殊性的军事威胁，而缺乏普适性。为此，本章节内容旨在兼收并蓄，通过列举一系列更为折衷的问题、分析方法和理论，为应对更为广泛的预警分析难题提供参考。

理查德·贝茨认为，预警分析既不同于动态情报，亦有别于调研分析，因为线性情报机构通常使用“常规理论”（normal theory）变体，而预警分析需要采用打破常规的“例外思维”（exceptional thinking）[2]。换句话说，尽管基于既往行为模式的推断方法和传统的评估方法，可能分析大多数情报问题，但越是不同寻常的情况越要求分析师采取不同以往的思考路径，即使这样的思维转换并非易举。从众多信息中概括并提炼出简洁有力的动态情报报告的技能，更易于得到制度性和政治性奖励措施的青睐和嘉许，主动的思维转换则更为难能可贵。鉴于战略预警与动态情报的目的有别、与传统分析的视角不同、与一般情报工作的技能要求互不兼容，预警专家因此长期以来始终主张，与其简单复制或彻底取代，更应该专门设置预警职能机构，与线性分析机构或动态情报产品形成有效补充。马克·洛文塔尔也持相似观点，认为长线研究和动态分析所需技能并不相同，而战略预警要求的技能又不同于此二者任一。[3]

然而，即便存在专门设置的预警机构，情报分析工作从总体而言，仍

[1] 尽管美国国务院情报与研究局并未下达相关要求。

[2] Betts, “Warning Dilemmas,” 828–23; Betts, *Enemies of Intelligence*, 55–62. Jack Davis agreed with Betts. Davis, “Strategic Warning: Intelligence Support,” 180.

[3] Lowenthal, *Intelligence*, 6th ed., 79.

然面对如何把握从常规理论向例外思维转换的有效时机的疑问。在既往的重大预警失误中，并不乏个别对情势做出了精准评估的分析师，可惜由于未能说服同事或上司采纳他们不循常理的评估成果，他们所属的情报机构最终仍未能发出预警信息。[1] 以史为鉴，情报专家和情报学研究人士更迫切于寻找问题的答案——具体哪一种例外思维才更适于解决眼前的新发性问题？哪一位分析师（很可能是位新手）对前所未见的情势合理地使用了例外思维？当其他剑走偏锋的解题思路并未能产出正确的成果，情报机构的高层应该如何准确选择观点的内核？又应该如何以制度或流程激励前瞻性分析，而避免打压分析师的创造性，即便创造性也可能导向失准的结论？

遗憾上述问题皆无定论。为此，笔者列述如下具备贝茨等人所主张的例外思维的情报手段，可能有助于对部分案例的预警分析。

水平扫描

人们普遍认为，世界正在变得越来越错综复杂。“水平扫描”的一整套分析方法就源自这一观点，旨在追求具有战略意义上的“先见之明”。

征候与预警分析方法在实践和发展中渐成定式，被广泛认可并采纳的基本定式进一步成就了该分析方法在情报工作中的重要地位。但是，对于水平扫描而言，目前还尚未形成这样的定式，实践中使用的若干衍生变体基本遵循了水平扫描的核心思想，即分析师须保持警醒、适当发挥想象，尽可能推进前瞻（在时间和空间上）的距离极限，尽可能提早判断重要的发展趋势，尽可能为决策者争取时间，为实现有效应对提供有洞见的参考。在美国以外，越来越多的政府情报报告和商业情报报告中都不难发现对由此思想衍生出的若干方法的应用实例，非安全部门的政府官员使用相

[1] Grabo, *Handbook of Warning Intelligence*, 423.

关术语的频次甚至高过情报人员。

已有资料显示，“水平”（horizon）一词与情报分析的关联使用最早可追溯至 20 世纪 80 年代，时任中央情报局副局长罗伯特·盖茨在主持整体情报工作时，曾向当时的分析师提出，要以“超视距”（over the horizon）的方式研判美国的决策者们尚未意识到会在日后深受其扰的新兴趋势[1]。然而，当时的情报界过度看重动态情报，盖茨的建议几乎是被完全弃置一旁。

倒是英国的部分情报和非情报机构参照巴特勒勋爵（Lord Butler）关于 2003 年伊拉克问题报告的相关建议，采纳了其中一些水平扫描的方法。英国内阁办公室曾在 2008 年组建过一个战略视界工作组（Strategic Horizons Unit of the Cabinet Office）[2]，但成立不久即宣告解散。2011 年，英国政府希望了解欧元区经济困境对国家安全的可能影响，遂令本国情报部门进行水平扫描[3]。2014 年，以内阁办公室为核心，政府内部多个部门形成协作性水平扫描[4]，对引发关切的具体问题进行联合调研。

英国的环境、食品和农村事务部（DEFRA）在 2009 年提出对“水平扫描”的定义——“在包含但不限于既有的思路和规划范围内，系统性排查潜在威胁、机遇及发展可能。水平扫描可能探究前所未见或意料之外的全新课题，也可能面对长期持续的问题或趋势。”[5]

英国人仍在尝试开发能够媲美传统军事领域的征候与预警分析方

---

[1] 源于约翰·金特利的个人亲历。

[2] Gustafson, “Strategic Horizons,” 590.

[3] Cormac, “Secret Intelligence and Economic Security,” 100.

[4] “Membership of Horizon Scanning Programme Groups,” August 2014, https://www.gov.uk/government/uploads/system/uploads/attachment_data/file/352238/Membership_of_the_CSAG_GOSH_CoIs_and_Roundtables_September_2014.pdf.

[5] Gustafson, “Horizon Scanning,” 592.

法[1]。“合理性之锥”（cone of plausibility）模型，也称“未来学圆锥”（futures cone）[2]，是目前较为奏效的一种（具体见图 7.1）。

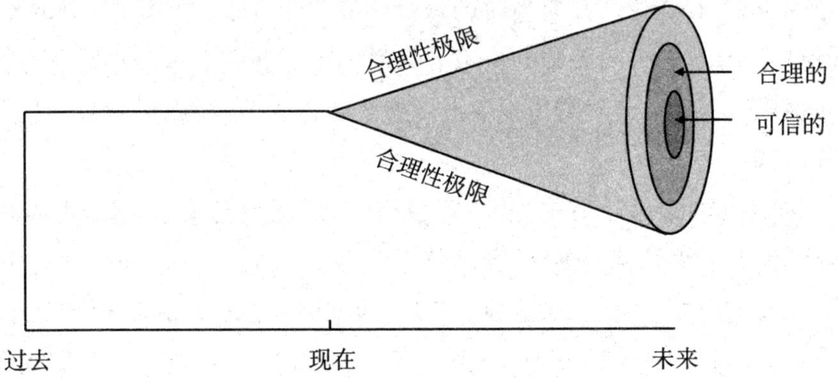

图 7.1　合理性之锥示意图

如图所示，当分析师立足于圆锥顶点，基于对资源、社会、政治、技术和军事变量的评估，以 30 年为期向前展望时，将会面对一系列发生概率不一且正在不断铺开的可能性，程度从“可信的”（probable）或极有可能的到不太可能的但“合理的”，再到“似乎合理”却不太可能的不等。其中，可信事件处于锥体中心位置，锥体内部的外围空间由合理事件填充，最外围由不太可能事件填充[3]，分析师的目标是研判核心可信事件的可能性。遗憾的是，目前还没有形成确保不使分析工作的整体方向或预警信息的攻关重点偏离锥体核心的系统性方法。

---

[1]　United Kingdom Government Office for Science, *Scenario Planning*, October 2009, at http://webarchive.nationalarchives.gov.uk/20140108141323/http://www.bis.gov.uk/assets/foresight/docs/horizon-scanning-centre/foresight_scenario_planning.pdf.

[2]　Gustafson, “Horizon Scanning,” 598–600; Voros, “Generic Foresight Process,” 10–21

[3]　Gustafson, “Horizon Scanning,” 599.

对于英国人而言，机遇预警和威胁预警都是题中之义，所开发的工作方法也因此更有普适性。在面对美国国防预警网络所定义的“新发性”预警问题时，需要依赖既往经验精心预设指标清单和情境的征候与预警分析方法不免会束手无策，相比之下，英国的水平扫描更能够有效地解决问题。

在英国人的锥体模型之外，由水平扫描衍生出的另一种较为典型的分析方法，是新加坡国家安全协作中心的“风险评估和水平扫描项目”[1]。该项目将国家政府内部各单位分析师集成协作网络，能动地监控新兴事件并相互分享各自角度的见解，旨在探测经常被分析人士忽视的、由行将发生的变化所释放出的“微弱信号”——行动思想与罗伯塔·沃尔斯泰特等人关于“信号”和“噪声”的主张一脉相承。但新加坡的“风险评估和水平扫描项目”没有形成类似征候与预警分析方法一样的标准化分析手段，而是使用信息技术集合具有潜在利益的数据。但是，与一些信息技术项目不同之处在于，新加坡人认为计算机技术是辅助聪明人进行分析的工具，而不是一种科技化的“大数据”解决方案[2]。“风险评估和水平扫描项目”的思想主要是借鉴了戴夫·斯诺登（Dave Snowden）在离开 IBM 后创建尖端认知公司（Cognitive Edge）的商业理念。

这一理念鼓励分析师能动地考量新的事件、使用新的分析技术，并广泛地分享见解。通过将具有不同思维模式的人集成网络，新加坡希望克服如美国在“9·11”事件中未能适时逮捕袭击者的失败，和事后调查委员会所谓之“烟囱式”[3] 组织架构的弊端。

水平扫描还被一些国家或次国家行为体用作医疗需求预报。例如，在瑞典，斯德哥尔摩郡议会的比约登·威德马克（Bjorn Wettermark）采取

---

[1] Quiggin, *Seeing the Invisible*; and Chong et al., *Risk Assessment*.

[2] Lim, “Big Data and Strategic Intelligence,” 619–35.

[3] National Commission on Terrorist Attacks upon the United States, *Final Report*.

水平扫描对未来的药品需求进行预判[1]。由国内各地政府机构于 1989 年共同创建的卫生及医药问题管理联合体，加拿大卫生署（CADTH）[2] 则将该项技术应用于对新的医疗保健技术的前瞻。

欧盟的生态创新观测项目（Eco-Innovation Observatory）也是衍生自水平扫描的概念，其提供了一个存储型数据库，用于结构化搜集和分析整个欧盟乃至全球主要经济区域收集的海量“生态创新信息”。基于环境领域的专家及从业人士提供的信息资源，该数据库旨在理解过去 20 年生态创新发展历程，为未来 20 年生态创新潜在趋势提供裨益。该项目定期发布的《水平扫描与预测报告》（Horizon Scanning and Foresight Report）内容包括：

- 搜集并分析与未来市场、技术趋势相关数据，与联盟及联盟各国国家层面的其他相关项目互通有无；
- 收集关涉关键性新兴生态创新领域的业内见解，基于对未来市场可能受到的影响进行预测和前瞻；
- 设置联盟内各国生态创新积分排行，根据国家、行业、领域等层面的指标情况，评估相对的优劣势；
- 出版发行生态创新领域新兴市场及近期趋势年报；
- 对消费者接受力和公共采购意向等具体技术及“横向”课题的专题研究报告；
- 覆盖国家层面数据及趋势的国别报告；
- 为包括投融资领域在内的各行业专家定制提供市场及技术向情报。[3]

[1] PowerPoint briefing of Björn Wettermark, “Horizon Scanning and Forecasting Drug Utilization in Sweden,” presented in May 2015 in Warsaw, Poland, http://www.piperska.org/sites/default/files/Wettermark_Horizon_scanning_and_forecasting_in_Sweden.pdf.

[2] 加拿大卫生署网址：https://www.cadth.ca/about-cadth/what-we-do/products-services/horizon-scanning, accessed June 2, 2016。

[3] 生态创新观测项目网址：http://www.eco-innovation.eu/index.php/about-us。

此外，瑞士政府也对水平扫描概念的效用进行了评估，并发布了一份十分有洞见的技术分析报告[1]。

监视与侦察

新加坡的“风险评估和水平扫描项目”在有些方面上与比之更早出现的预警情报工作理念有相通之处，在某种程度上近似于一般意义的情报分析——二者的工作均包含侦察与监视成分，而“侦察”（reconnaissance）和“监视”（surveillance）正是美国前国家预警情报官肯尼斯 · 奈特对预警职能所涵盖内容的描述[2]。谢尔曼 · 肯特也曾在 1949 年的专著中将“监视”列为情报工作的关键任务[3]。“侦察”与“监视”二者在概念之间或有区别，但互为补充。

肯特和奈特较为一致地认为“监视”指对明确已知重要性的事件进行监控的功能，例如冷战时期对苏联核武器研发进展的关注，以及 2001 年以降，对激进的极端主义团体行为的关注。套用美国国防预警理论术语，“监视”概念等同于对持久性预警问题的监控。澳大利亚国防情报组织对“监视”一词的定义同样是“监控持续性威胁”[4]。

而“侦察”则着眼于寻找有重要性的新课题，或新发性预警问题。澳大利亚国防情报组织称为“对最新出现的威胁或机遇进行识别和归类，以便规避 / 削弱 / 塑造战略环境因素”[5]。巡逻值勤的侦察兵在排查最令他们

---

[1] Beat Habbeger, *Horizon Scanning in Government: Concept, Country Experiences, and Models for Switzerland* (Zurich: Center for Security Studies, 2009), http://www.css.ethz.ch/content/dam/ethz/special-interest/gess/cis/center-for-securities-studies/pdfs/Horizon-Scanning-in-Government.pdf.

[2] 笔者在 2014 至 2017 年间曾多次与奈特就此展开交流。

[3] Kent, *Strategic Intelligence*, 152–55.

[4] 引自澳大利亚国防部《澳大利亚防务预警系统：战略预警工作》（*Australian Defence Warning System: Providing Strategic Warning*）手册，出版日期不详。

[5] 同上。

关切的情况的同时，仍会留意新出现的或有威胁的具体问题，不会放过譬如有利于己方实现伏击的任何机会。同理，战略预警所要求的“侦察”须对新的问题保持警惕，并适当发挥想象力、使用新方法，能动地看待存留问题。尽管所使用的话术略有差别，但新加坡“风险评估和水平扫描项目”所开展的侦察同样以提供有效的威胁预警为行动目标。

预测性情报

美国国家情报总监办公室及美国情报界内的多数机构在近若干年普遍开始使用“预测性情报”（anticipatory intelligence）概念模糊指代未来事件，但这一现象并未见诸美国之外的其他国家。美国中央情报局并未在新录用情报分析师的入职培训中教授这一概念，本局情报成果中也甚少使用[1]。以至于，笔者在最初接触这一说法时，一度以为是蓄意的谐谑，当得知该说法确被国家情报总监办公室正式采用，方才考虑是否有故意使用逆喻[2]的可能。毕竟，无论对情报的定义如何千差万别，情报工作的重点始终是评估未来事件的可能性及其影响，而从不立足于过去。尽管分析人士经常会研究既往案例，但这样做的目的正是为了更准确地了解现在和把握未来。

预测性情报在美国通常包含如下两方面含义：（一）抛开对动态情报既有的固定看法，认为部分类型的情报的确应该具备着眼于未来属性的观点；（二）对预警职能在广义上的重要性的认可——后者是为本书取意。目前，预测性情报被更多地视为是一种全新类型的情报分析。不过，在国家情报总监办公室 2005 年发布的首版《美国国家情报战略》指导文件中，

[1] 笔者在 2017 年 1 月曾向肯特情报分析学校（Kent School）的某位导师求证。

[2] oxymoron，即使用两种不相调和的特征形容一个事物、以不相协调的搭配使读者领悟句中微妙含义的譬喻，如英语中“震耳欲聋的沉默”（a deafening silence）、“悲伤的乐观主义者”（a mournful optimist）等矛盾修辞。——译者

特别强调情报界目标之一就是“为决策者提供有关战略性威胁、机遇、弱点进一步发展走向的预期”[1]，所言无非是一项相当标准的情报任务，却似乎解释了“预测性情报”概念的出处。2010 年，韦恩·迈克尔·霍尔（Wayne Michael Hall）和加里·西特伦鲍姆（Gary Citrenbaum）在一本有关情报分析的合著中[2]，专门辟出一整个章节详细介绍预测性情报概念，然而全书索引中却丝毫看不到任何关于“预警”的字眼。笔者推测，因未能预见 2011 年“阿拉伯之春”的发生，导致情报界开始更加普遍地使用“预测性情报”的说法。

2014 年再版的《美国国家情报战略》继续将预测性情报——“发现、研判、预警新发性问题或不连续问题”[3]——列为情报界任务目标之一。这一版本对预测性情报的定义是“为研判攸关美国国家利益的潜在的或行将发生的重大事件、机遇、威胁，以趋势、事件、条件变化为重点的情报收集及分析成果”[4]。为实现这一一般性目标，文件要求美国的情报界完成如下工作：

- 形成动态扫描及发现问题的能力，评估可能影响美国国家安全的变化中的情况或新出现的问题；
- 加深对条件、问题和趋势的理解，觉察微妙的变化，评估潜在的发展轨迹，并预测对美国国家安全的影响，从而产生警告或预警的机会；
- 开发整合能力，在情报界内部形成预警机制，确保及时向用户提供相关的预警。[5]

[1] Director of National Intelligence, *National Intelligence Strategy, 2005*, 5.

[2] Hall and Citrenbaum, *Intelligence Analysis*, 167–85.

[3] Director of National Intelligence, *National Intelligence Strategy*, 2014, 6.

[4] 同上，8。

[5] Director of National Intelligence, *National Intelligence Strategy*, 2014, 6.

上述目标恐怕是任何称职的情报机构都会采纳并作为标准任务的内容，但字里行间的确反映了一个不争的事实，即国家情报总监办公室乃至美国情报界多数机构，目前都没有常规意义上的预警项目。因此出现了“预测性情报”的说法和概念与现任国家情报总监詹姆斯·克拉珀针对情报界政策确立的“凡情报分析师皆为预警分析师”的 EAAWA 原则并立共存。

2014 至 2017 年任美国国家情报委员会主席的格雷戈里·特雷弗顿认为，预测性情报执行的是完全有别于战略预警的任务。特雷弗顿认为，预警是会对后续政策形成影响的情报分析；相比之下，预测性情报侧重于情报利益的长期趋势，而未必与当前政策相关[1]。如果预测性情报工作良性运转，能够刺激对有利益关切的趋势的情报搜集，从而裨益预警职能，但特雷弗顿个人并不推崇使用“预测性情报”的说法[2]。笔者对此解释为，预测性情报的概念实则有损于战略预警职能。

全球趋势研究

美国国家情报委员会最初是 1979 年时任中央情报总监斯坦斯菲尔德·特纳组建的高级别情报分析师工作组，自 1997 年起（彼时，委员会尚未改制成直接向国家情报总监汇报工作），委员会陆续发布了一系列题为“全球趋势”的未加密的公开报告[3]。其中，首份报告《全球趋势 2010》检视了可能对 2010 年的国际性事件产生影响的发展趋势。自此之后，报告配合总统大选周期，每四年发布一次，内容一般前瞻约 20 年。2017 年 1 月，胜选并正在候任的唐纳德·特朗普收到了第六期报告——《全球趋

[1] 格雷戈里·特雷弗顿在 2017 年 4 月 6 日与笔者二人的探讨中表达了这一观点。
[2] 特雷弗顿在 2017 年 4 月 6 日与金特利的电邮往来中如是表示。
[3] NIC website at https://www.dni.gov/index.php/global-trends-home.

势：进步的悖论》，将前瞻的视界推进到了 2035 年。[1]

对任何情报机构而言，想要发布这样的趋势报告都绝非易事。美国的该系列报告以联邦政府高层为首要目标读者和预算依据，与此同时，国家情报委员会还希望借此报告与更广泛、更多样的群体达成沟通，包括众多本人不在政府任职但具有国际政界影响力的人士。委员会为此不仅邀请了全球各行业专家，也从公众角度的探讨中汲取了可观的信息和观点。成文报告对“经济发展、人口构成、生态演变、能源产业、医疗健康、政府治理、安全防务、文化认同、地缘政治等方向新兴趋势做出研判，解读诸项趋势对全球和平、安全及发展的潜在影响”[2]，被广泛采纳、评阅、引用为对未来有据推测的权威来源。系列报告论及国际事务演变的可能及其影响，但并不提供具体预测或预言，并不具备评估职能或评述任何情况，并不预警行将发生的事件或即将出现的机遇。总之，该系列趋势报告不负责解决情报界认为需要尽快做出具体的高级别决策的问题。

英国国防部也有类似的成果——全球战略趋势（Global Strategic Trends）系列报告，由国防部智库机构发展、概念及理论中心（MoD's Development, Concept and Doctrine Centre）[3] 编制完成，旨在对驱动全球重大事件的可能因素和事件的可能趋势进行未加密的公开评估，提醒英国政府出于国家防务需求（及其他需求）而予之适当重视。报告对预期趋势于英国的利益及风险分别做出解释，大量使用“威胁”一词，远超过“机遇”的出现概率，且该系列报告也使用了“合理性之锥”作为理论模型。

综上，不论是英国的全球战略趋势系列，还是美国的全球趋势系列，都不是传统意义上的预警报告，其目的不在于使决策者针对具体

[1] Available at https://www.dni.gov/files/images/globalTrends/documents/GT-Full-Report.pdf.

[2] NIC website at https://www.dni.gov/index.php/global-trends-home.

[3] Gustafson, “Strategic Horizons,” 593; United Kingdom Ministry of Defence, *Global Strategic Trends*.

的、进展中的情况在短期内做出相应决策。不过，英美两国的趋势报告对潜在的未来事件及其动因的研判，的确具备了降低不确定性等部分程度的战略预警功能，且报告所面向的目标受众更为广泛，提醒包括未来可能处于权力地位的人士对新出现的和演变中的事态加以关注，对可能的应对方式、趋势的未来走向及其影响加以思考。因此，笔者将全球趋势研究与其他若干有望拓宽战略预警视界的举措并列于本章节中，可以说，该项研究的成功及所受认可对预警职能的发展起到了积极的推动作用。

战略未来学

部分学界人士、国家政府和智库机构将所开展的全球趋势调研项目称为“战略未来学”[1]，因为类似的调研或多或少反映了阿尔文和海蒂·托夫勒夫妇为代表的未来学研究者们[2]多年来的学术思想及成果。

但笔者基于多方面原因，认为未来学的研究不宜归入“预警”：这类研究工作的时间跨度，通常远远超出多数政府高层领袖注意力所能持续的时长，换句话说，未来学并不以提出应在较短时间内迅速采取任何政策反应或机会主义行动的建议为宗旨。此外，尤应看到，战略未来学项目大多出于激进的政治议程初衷，目的在于左右政府对科学、意识形态等问题的思路，这一点明显有别于政府的预警职能或制度安排。以美国丹佛大学约瑟夫·科贝尔国际关系学院（Josef Korbel School of International Studies）的弗雷德里克·S. 帕蒂全球未来学研究中心（Frederick S. Pardee Center for International Futures）的建院使命“探索、领悟、塑造世界演进和人类

[1] Muller, “Improving Futures Intelligence,” 382–95.

[2] Alvin Toffler, *Future Shock* (New York: Random House, 1970); and Alvin Toffler and Heidi Toffler, *War and Anti-War: Making Sense of Today's Global Chaos* (New York: Grand Central, 1995).

发展的另一个未来”[1] 为例，从中不难看出其中有别于预警职能的激进意味。为解释“全球系统”概念，该研究中心甚至搭建了一个名为“国际未来学”（International Futures）[2] 的模型，用于对全球 186 国截至本世纪末的前景预测。

美国的智库机构大西洋理事会（Atlantic Council）编制的战略报告侧重于评估约未来五年内的中期远景，更接近战略预警的概念。例如，在 2017 年初，大西洋理事会发布《2022 年的欧洲：另类的未来》（*Europe in 2022: Alternative Futures*）[3] 对欧盟的发展前景进行展望。与其他类似的战略未来学研究项目一样，报告的初衷是解决更广泛受众对信息及分析的需求，而报告的与众不同之处是在政治上保持了中立。不过，因为报告不要求高层采取应对具体问题的行动，所以仍然不具备核心的预警属性。所幸未来学分析也在实践中，找到了帮助拓展战略预警分析的功能范围和时间跨度的有利落脚点。

社科理论及方法

学术研究的典型特征是对现象成因的理论化。在理论以简驭繁地解释现实的过程中，却可能因为过于简练而失去对决策者的实用意义。至于大量往往无法通过常识加以检验的理论，进一步造成了“理论”二字在决策或情报高层中声誉下滑。然而，但凡概括，都有例外。凡有例外，则不应被决策高层或情报人士轻易忽视。优秀的理论家不仅能提出切中要害的问题，还能够为战略预警分析提供有见地的方法论。适当关注、

[1] “To explore, understand, and shape alternative futures of global change and human development”, Pardee Center website at http://pardee.du.edu/, accessed May 28, 2016.

[2] 同上。

[3] Mathew Burrows and Frances G. Burwell, Europe in 2022: Alternative Futures (Washington, DC: Atlantic Council, March 2017), http://www.atlanticcouncil.org/images/publications/Europe_in_2022_web_0329.pdf.

了解社会科学的研究，借鉴或改良社会科学的研究方法，有助于情报工作达成目标。[1]

特别是有些与预警分析、欺骗手段或意外成因等具有相关性的社会科学方法，对于不论是预警情报理论上的研究学者或者实践中的从业人士都能有所帮助，尤其见效于解决威胁预警中能力和意图评估中，更为更复杂的后者。诚然，任何方法或理论都不是万能的灵丹妙药，但它们都属于补充性分析工具，常规的征候与预警分析方法依旧可行。

威慑理论

20 世纪 50 年代，特别是冷战爆发后，智库型研究机构和政府部门基于威慑理论进一步展开研究，并制定了旨在遏制对手敌对行动的相应政策。其中，研究内容包括对相关行为体领导高层在受到报复性威胁等不同类型刺激时可能出现的典型反应。美国为防止苏联考虑采取重大攻势而提出的“确保相互摧毁”（MAD）理论，以及从此理论而执行的核武器瞄准政策等，都是上述研究中声名远扬但声誉扫地的成果。“确保相互摧毁”和其他威慑性政策的宗旨都是通过改变苏联方面对效益与成本（包含行动成功的可能性）的权衡和看法，来说服对方不要采取可能进入考虑范畴的行动[2]。除针对苏联，威慑理论也被美国用于应对其他课题和国家或非国家行为体。因此，对于预警分析人士而言，了解无论己方还是他方的高层人物对所受威慑性威胁的认知，有据分析相关成本效益，有助于准确评估对象人物对威胁或威慑信息的反应，从而形成更恰当的威胁预警，并传达给威慑方其政策似乎正在见效的信息。

政治学者贾尼丝·格罗斯·斯坦将威慑理论应用于欺骗理论和预

[1] CIA’s Office of Russian and European Analysis produced a useful guide for its analysts titled “(U) Anticipating Strategic-Level Surprise,” CIA-DI-12-01775, January 2013.

[2] Jervis, *How Statesmen Think*, 191–215.

警[1]。在威慑理论广泛适用的诸多领域之中，尤见功于军事威胁预警和军事欺骗。斯坦为此归纳出影响高层人物判断威慑方行动有效与否的五个因素，在安德鲁·马歇尔看来，这些因素恰恰指出了预警分析师们应该提出并作答的“正确问题”的主题[2]。这些因素可能用于征候与预警分析方法中情境开发和指标清单的构成元素，或用于解读所获情报。如果将斯坦提出的五个因素转换为问题，则包括：

1. 威慑行为的目标对象对相关行为体之间的利益平衡作何判断？各行为体之间在国家利益或其他利益的类型、水平等方面存在的巨大差异，可能影响行为体的行动决心，从而影响威慑政策的实际效果；
2. 威慑行为的目标对象是否认为有其他行动选项，可以作为可能被威慑政策挫败的军事或其他行动的替代方案？换言之，为阻止目标对象实现其目标，既有的威慑政策是否完全阻断了对象国家为此目标而考虑采取的一切行动的可能？
3. 威慑行为的目标对象对计划中的行动的成功前景作何判断？
4. 可能受到威慑的行为体对国际情势，特别是盟国或武器供应方的态度、政策和行动等作何判断？
5. 威慑行为的目标对象对冲突中可能承担的代价作何判断？如果使意图采取攻击的一方产生会遭受（绝对或相对的）严重损失或付出高昂代价的认知，威慑政策则更容易奏效。[3]

在本书第 2 章所述 1973 年阿以冲突案例中，伊莱·泽拉少将一度认为，以色列的军事实力和埃及军事劣势显而易见，发动大规模战争不可能进入埃及人的考虑范围，其他不少军方人士也对此表示认同。因此，他们

[1] Stein, “Military Deception, Strategic Surprise,” 94–122.

[2] Davis and Grabo, “Strategic Warning and Deception,” 38.

[3] Stein, “Military Deception, Strategic Surprise,” 99–106.

深信以色列具备震慑埃及任何军事上越轨企图的能力。但这种震慑效果仅仅遏制了埃方夺回西奈半岛的意图，而在萨达特意图通过有限战争实现政治军事目标的另一个情境中则不复存在。斯坦的上述五个因素就很能说明以方的失误之处。

迪马·亚当斯基（Dima Adamsky）指出，美国在20世纪70年代因为高估了苏联的核实力，导致前后两任总统卡特和里根出于对苏联可能入侵的担忧，着力于加强本国的核战备，组织军事演习，甚至刻意泄露出精心甄选过的信息，目的正是形成威慑，防患于未然[1]。美国的高官们以为苏联人会出于自身安全考虑而退缩，于是向外界故意透露说核武器以苏共高层人物个人为靶心。不过美国人显然错误地预判了苏方的反应，种种举动非但没有降低对手的“攻击性”，反而使对手生出对美国人好战心理的恐惧。倘使对威慑理论或目标对象有更深刻的理解，也许美方的领导层就会以不同的方式来制造威慑；倘使对威慑行为可能使对手产生的反应及对方的情报搜集工作有更充分的了解，也许美情报部门就能对对手意外而危险的潜在举动做出预警。然而，情报分析师对政府内部其他部门的想法和做法全无线索，遑论预警之可能[2]。事实上，情报工作受此类似情形掣肘的国家远不止美国一个。

前景理论

前景理论（Prospect theory）可以帮助分析人员发现情报目标的行为偏差，这种偏差源于领导高层对所处情势是否有利的判断。这一理论由心理学家丹尼尔·卡内曼（Daniel Kahneman）和阿莫斯·特沃斯基（Amos Tversky）共同提出，认为人们会因为对行为所致的个人得失的风险而做出不同的决定[3]。卡内曼和特沃斯基首先对有输有赢的赌局游戏着手进行

---

[1] Adamsky, “1983 Nuclear Crisis.”

[2] 同上，34。

[3] Kahneman and Tversky, “Prospect Theory.”

了实验型研究，发现如果要赌上失去既得彩金（二人称之为“收益领域”）的风险，人们在决定是否下注时就会趋向于保守，而在赌输了（即产生了“损失领域”）的时候，反而更敢于承担风险。或者说，人们情愿以加倍下注的方式追回损失，却不愿意为保住既得利益冒同等风险。二人随后将这一发现推及对个体经济决策的解释，成就了行为经济学的巨大进展，并为卡内曼收获了 2002 年的诺贝尔经济学奖[1]。

政治学家则很快把上述前景理论应用在了外交政策决策的分析中，甚至干脆直接推广到了预警分析上[2]。例如，车维德（Victor Cha）曾在 2002 年借此解释朝鲜的外交方针，并在此基础上建议美国出台直接适用于战略预警的回应政策[3]。车维德促使美高层人士认识到，相较于直接竞争对手韩国，朝鲜正处于衰退之势，这种衰退甚至可能不是相对的，而是绝对的。平壤当局也深知自己的“损失领域”，为此，越是成功的机会微乎其微，国家的领袖人物反而越有可能孤注一掷，放手一搏，采取对韩国发动军事袭击等不计后果的鲁莽行为。车维德因此建议美国通过一定的政策使朝鲜看到所处局势改观，使金正日感到“收益领域”所受威胁下降。车维德的主张对于撰写本书的当下而言，兴许仍不失为现实参考。

对战略预警而言，可以从此理论中得到的启迪是，如果评估认为，领袖人物判断本国所处情势属于收益领域，则主动发起敌对行动或其他不理性行为的可能性则小，反之（认为本国所处情势出现损失）则相反。这表明，在常规的军事、政治、经济、技术和社会指标之外，还应该补充制定新的、基于心理学的指标，并调整相关搜集的优先级。

倘使以色列的情报人员能早于卡内曼和特沃斯基发现前景理论，他们大有可能会得出不一样的结论——如果萨达特基于埃及国内政治局势不

[1] 特沃斯基已于 1996 年离世，诺奖原则上不追授予已故人士。——译者

[2] Jervis, *How Statesmen Think*, 85–103; Mercer, “Prospect Theory and Political Science,” 1–21; Jervis, “Political Implications of Loss Aversion,” 187–204.

[3] Cha, “Hawk Engagement,” 40–78.

利、与曾经有恩于己的苏联和其他阿拉伯国家关系恶化，得出“损失领域”的判断，则很可能甘愿冒不寻常的风险，以求扭转不利处境。诚然，未见得以色列的情报分析就此能猜到萨达特的确切策略，不过，当虑及权力受限的萨达特和内困外患的埃及有迫切改变现实、改善国家形象、收复西奈领土的需要时，可能会激发分析师的想象力，跳出传统军事逻辑，关注到非常规的行动选项。

预判潜在偏误

领导者也不免犯错。预警分析人士因此应该将他国或本国领导高层做出错误决策的可能性纳入情报评估——当他国领袖人物是己方情报研究对象时，本国的领袖人物同样也会是他国情报机构研究的重点。由高层人物的错误所导致的政策或行动，在外界观察人士看来似是不合理，因此也似是不可能。罗伯特·盖茨早在 1973 年就曾指出，情报委员会对苏联方面行动意图的预测屡屡受挫，其中一部分原因可以说是高估了苏联在决策形成过程中的能力和理性[1]。后来，盖茨出任美国中央情报总监，他在办公桌上常年摆着一句格言：“一般而言，彻底的战略奇袭的最佳实现方式是实施毫无意义或自我破坏的行为。”[2] 同理，1962 年，谢尔曼·肯特承认自己是因为相信苏联不会采取明显有损自身利益的行动，才在苏联是否会在古巴部署核弹的问题上得出了错误判断[3]。

部分情报研究和外交政策决策研读也在试图挖掘领导者犯错的原因[4]。例如，詹姆斯·沃茨的研究认为，美国的情报未能预见 1968 年的春节攻势，部分原因恰恰是情报界正确地看到了北越对起义胜算的过高

[1] Gates, “Prediction of Soviet Intentions,” 39–46.

[2] Andrew, *For the President’s Eyes Only*, 538.

[3] Kent, “Crucial Estimate Relived,” 118.

[4] Mandel, “On Estimating Post–Cold War,” 194–215.

期待[1]，美国人不愿相信河内当局会基于本身错误的认知而真的有所行动。如果将这一的观点推及一般性案例，沃茨发现，发生突袭的案例中，总是免不了反复出现如下三种类型的错误[2]：(一) 攻击方错误地将突袭优势等同于常规作战优势；(二) 攻击方未能准确预测受害者遇袭后的反应；(三) 攻击方和受害者因文化差异而彼此误解。同理，西方世界没有认识到苏联人对里根总统 1983 年军事演习背后意图的惶恐，因此迟迟没有意识到“优秀射手”行动后果的严重性[3]。罗伯特·杰维斯的观点与沃茨类似，2002 年各国情报界普遍在评估伊拉克大规模杀伤性武器计划上出现严重偏误，其中一个原因就是失察于“萨达姆本人并无此计划，属于他的势力范围实则有限，所谓政权也并无足够实力做出这一计划”[4]。

有意思的是，陷入“镜像思维”的分析师反而能意外规避上述失误，越是客观认识了他国决策者不同于本国决策者的思维方式、目标、世界观的分析师，越难以精准预测其决策或行动，因为他们面对的分析对象在决策或行动时还会受到信息疏漏、官僚政治、个人偏见、情绪波动等等很多甚至难以觉察的因素的影响。使决策者犯错的原因会反复出现，这意味着分析师有机会从他国决策者的错误中汲取可借鉴的经验，预见到本国领导人物（即所服务的情报消费对象）可能出错的地方[5]。

预警分析师基于对本国高层人物的观察，对预警信息进行加工，不仅能够帮助负责人规避前述错误，也有利于分析师自身理解为什么他国领袖人物会出现误解。苏联前外长安德烈·葛罗米柯（Andrei Gromyko）对美国前大使 J.L. 比恩（Bean）的抱怨或可引为佐证：“你们太不可预测了。我们根本没法指望美国的政策。”[6] 此外，由于高级决策者有时要求情报人

[1] Wirtz, *Tet Offensive*, 83–84.

[2] Wirtz, “Miscalculation, Surprise,” 4–5.

[3] Barrass, “Able Archer 83,” 22–26.

[4] Jervis, “Reports, Politics, and Intelligence Failures,” 23.

[5] Valenta, *Soviet Intervention in Czechoslovakia*.

[6] Valenta, *Soviet Intervention in Czechoslovakia*.

员研究他们感兴趣的课题，情报人员可以对决策者关心的问题进行教育、告知和警告，这样的机会也正是情报人员所需要和期待的。然而，以美国为代表的许多国家的情报文化禁止情报人员对本国高层人物进行评估。这种规定无疑是失当的，美国的高层人物显然是他国情报界密切关注的对象，他国的行动显然正是针对美国高层的研判而做出的[1]。

准确揣度他人对势态的看法是颇有难度的。在罗伯特·杰维斯看来，造成情报分析偏误的“根本性原因”就是不同的人在看待相同事物时的不同[2]，他人的看法因此难以被琢磨。杰维斯借用日本同名寓意称此为“罗生门效应”（Rashomon Effect）[3]——身涉同一事件的不同当事人对事件各自的讲述可能迥然相异。

造成误解的原因还有很多。一个人自己的经验总要比替代性学习更被自我青睐，因此自己在做决策时，总会从个人的教育和经历中汲取启迪。情报报告和分析可能有所疏漏或有失偏颇。领导者同样也可能是受到国内政治或官僚体制的压力。[4] 像希特勒等人，他们各有各的偏见和盲点，有时、有些甚至相当严重。他们的决策也就难免受到不贴切的历史类比、不恰当的指导理论，以及被他们自己错误归纳的教训的影响。对恐怖主义事件中行为决策的研究发现，恐怖分子之所以会采取在他人看来几乎无望的斗争行径，也正是因为他们主观上对误解的偏执。不过，无论是领导者，还是恐怖分子，类似的心理倾向并不总是显而易见的。[5]

妮塔·克劳福德（Neta Crawford）也注意到，相关人物的主观情感是国家安全决策中一个重要但未被充分研究的课题[6]。领导者既为人，则必有情绪，包括恐惧和仇恨等等，既有情绪，则决策过程必受之作用。预警

[1] For example, see Jervis, *Why Intelligence Fails*, 72–73.

[2] 同上，175–78。

[3] 同上。

[4] Valenta, *Soviet Intervention in Czechoslovakia*.

[5] McCormick, “Terrorist Decision Making,” 490–95.

[6] Crawford, “Passion of World Politics,” 116–56.

分析师只有在理解情绪的一般作用，以及情绪对特定人物的具体作用时，方能够更恰当地预见政策成败。

当分析师带着“同理心”尽可能接近并理解研究对象所处的情势时，仍然可能在评估研究对象的意图时出错。预警的难度在于对具体人物、他国决策部门和决策过程的研究，在于对关键性判断失误的预判。这样的研究和预判要求分析师对领导者的心理状态、对他国的政治文化和决策机构具备切实的专业认知。

此外，从事威胁性预警的分析师所面临的挑战尤其特殊。心理学研究发现，一般而言，人们倾向于认为自己的攻击性或错误性行为是受情势所迫而难以避免的，与此同时，却倾向于以相反的眼光放大他人的决定中于己不利的意图。因此，在威胁预警的研判中，分析师很容易过分夸大对手国家所做决策的严峻性，却忘了他国之决策实则是基于他国对本国行为的看法而做出的。

领导者有时会助长预警工作中的错误。如前所述，他们有时会出于个人得失或政治压力——或二者兼备的原因——而忽视或轻视预警信息，做出与预警信息内容不符的无效决策。贾雷德 · 戴蒙德（Jared Diamond）则更进一步，认为社会的集体性决策有时糟糕透顶，且这些决定时有致命后果[1]。尽管戴蒙德以外部环境因素为主要研究对象，但他对社会整体性偏误的论断同样适用于政治、经济、社会和军事议题。戴蒙德发现，尽管细节大相径庭，但是社会性失误一般无外乎错在以下四个方面：（一）没能在问题发生之前预料到问题所在；（二）没有感知到问题已经出现；（三）意识到问题出现，但未予解决之尝试；（四）尝试解决问题而未遂[2]。笔者也认同戴蒙德的上述观点，尤感其中第三类错误最为常见、最值得研究，背后恐怕不乏预警分析师应予关注的新兴预警课题。现代民主制度之下的利益集团政治，往往催生以牺牲整体性利益乃至群体长期性利益为代价而

[1] Diamond, *Collapse*, esp. 419–40.

[2] 同上，421。

裨益小群体的决策，其中的一些决策甚至具有相当的战略性要义。

鉴于上述行为模式已为世所周知，行为体偶尔也会故意以明显不合逻辑或不合理性的决策出他者所不意。例如尼克松总统在应对与苏联的关系上，就时有故意伪装的无理之举。1950 年，麦克阿瑟将军面对质疑他的美国军方同僚表示，仁川登陆计划的难度显而易见，朝鲜方面不会预料到美方竟敢兵行险着，这反而增加了成功的机会 [1]。果然，麦克阿瑟的算盘没有打空，对手猝不及防，登陆宣告成功。

传记研究方法

高层决策者常依赖个人既往经验、在本人不同于他人的世界观指导下做出决策。理解决策者的这一心理特征，能够帮助情报分析师评估特定个体在具体情势下的行为及反应。部分情报机构因此会从事个体对象的传记履历研究，向需要与他国重要人物打交道的情报消费者提供对象国政界、军界高层人物的心理画像。研究对象的传记情报还可用以研判和评估与预警分析相关的变量。

正如前文第 2 章中所述案例，成功的预警分析师和成功实施了欺骗手段的一方都对他们的目标对象进行过仔细研究。丘吉尔基于对希特勒其人的了解——而非实时的情报信息——比英国联合情报委员会的专业分析师们更准确地得出了德军必然进犯苏联的结论；双十字委员会基于他们对希特勒以往经历和个人好恶——如希特勒对巴顿和索恩两位将军的个人崇敬的理解，策划了行而有效的欺骗行动；1941 年的希特勒和他的军师们则部分基于他们对斯大林个人的研究和了解，针对性地调整欺骗方案的侧重；萨达特同样是部分基于对以色列人的了解——有恃于本国国防军的优势实力，又有惮于长期作战的高昂政治成本——而制订了埃及方面的进攻

[1] Betts, “Strategic Surprise for War Termination,” 152.

计划……欺骗者们早已将现在称之为政治心理学的理论心得变通地应用于实践。[1]

众多情报机构中，美国的中央情报局也在开展针对他国高层人物的心理及医学分析。譬如，杰罗尔德·普斯特（Jerrold Post）博士在成为美国乔治·华盛顿大学（George Washington University）精神医学教授和政治心理学项目主管以前，就曾效力于中央情报局，专门从事针对各国领袖人物的政治心理学分析，研究对象不乏萨达姆·侯赛因、安瓦尔·萨达特、梅纳赫姆·贝京等声名赫赫之辈，甚至在他离开中央情报局后，还继续分析评估克林顿夫妇[2]。领导人物自感生命余日无多，或准备离开权力中心，或因患病导致无法从事决策事宜等状况都攸关其政治志向，因此，了解国家层面的领导人物的个人身体健康状况同样会有助于评估其行为意图。当然，对于因健康状况而出现弱点是秘而不宣的[3]。例如，在与革命势力的斗争中败北并最终被迫下台的伊朗国王，其实在1978 年以前已经罹患癌症，但他的法籍医生甚至没有向法国情报部门透露国王的病情。倘使了解到国王本人的严峻病况，美国的情报分析师也许会提前考虑到国王对平息政治风波力有不及的情况，对可能发生的革命做出预警，从而避免这次尴尬的情报失误[4]。在健康问题上，国家会尽可能隐瞒如 HIV/AIDS 等传染性疾病在精英集团内的实际波及范围，尽管类似的传染病并不构成迫切的危机问题，却可能摧毁受感染人物在当地乃至区域内的信任基础。关键人物可能急于寻求救治之法，因此，与健康问题相关的情报也可能成就机遇预警。

学界对解决上述问题已经取得了可观的进展[5]，包括亚历山大·乔治

---

[1] Jervis, *How Statesmen Think*.

[2] Post, *Psychological Assessment of Political Leaders*.

[3] McDermott, "Use and Abuse of Medical Intelligence," 491–520.

[4] Jervis, *Why Intelligence Fails*, 15–108.

[5] Hermann, "Explaining Foreign Policy Behavior," 7–46; Larson, "Role of Belief Systems," 17–33.

组织编写的以国家级领导层为研究对象的心理学基础性专著[1]，以及内森·莱茨（Nathan Leites）以政治学方法解释群体及个体行为倾向的理论，名之曰“行为准则”（operational codes）[2]，等等。其中，乔治将行为准则的方法直接用于评估政治领袖及其决策过程[3]。斯蒂芬·戴森（Stephen Dyson）和马修·帕伦特（Matthew Parent）近年来梳理了俄罗斯领导人弗拉基米尔·普京（Vladimir Putin）公开演讲和信函中表述的内容[4]，旨在解释普京屡屡令西方政界和学界倍感出人意表的行为举动。与乔治持类似方法观点的罗伯特·杰维斯对心理学理论与政治学分析也进行了深度融合[5]。笔者认为，心理学与政治学相结合的方法为理解国之领袖如何看待所处情势、形成并发挥领导理念、做出并落实相关决策创造了可能，因此，广泛适用于威胁预警和机遇预警。此外，这种方法性结合还能够补充完善基于如前景理论等形成的分析结论。

政治人口统计

政治人口统计学所提供的方法能够根据既往情形中与政治不稳定性有关的具体人口统计模式，判断出具有不稳定性风险的国家。曾为美国国家情报委员会担任顾问的理查德·辛克塔（Richard Cincotta）发现，年龄介乎 15 至 29 周岁的青年人口在（年龄在 15 至 64 周岁之间的）劳动人口中占比超过四成的国家，发生政治动荡的风险系数较高，且国家倾向于使用专制强权控制青年可能的过激行为[6]。根据美国智库机构“自由之家”（Freedom House）对政治权利和公民自由的测算，一旦青年人口

[1] George, *Presidential Decisionmaking*; George, *Bridging the Gap*.

[2] Leites, *Study of Bolshevism*.

[3] George, “Operational Code,” 191–222.

[4] Dyson and Parent, “Operational Code Approach”; Marten, “Putin’s Choices,” 189–204.

[5] Jervis, *How Statesmen Think*; Jervis, *Perception and Misperception*.

[6] Cincotta, “Half a Chance,” 10–18.

比例萎缩，则国家趋于稳定、民主。这种预测不同于寻常预测之处在于，由于人口模式的稳定性，人口统计有望超越一般预警的时间跨度而窥见遥远未来。

人口统计学当然也可以用作解决迫在眉睫的预警课题。以部分拉丁美洲国家的情况为例，民主制度先于与制度适配的国家人口模式而出现，在发展中产生民主倒退趋势。情报人员可通过追踪能够反映该国青年人口比例过速膨胀的关键指标，及时发现任何高于平均风险值的不稳定性倾向，一旦出现失稳局面，则可能导致国家采取压缩政治自由和公民权利的政策举措。此外，政治家们也不免担心，国内恐怖主义抬头所造成的压力可能会迫使一些国家更趋向于专制。对此，辛克塔同样从人口统计学的角度进行了分析，认为突尼斯等国现有的国家人口模式是能够抵抗外部压力的，并不会就此走向独裁[1]。

政治人口统计学的方法在可量化的事物和具有情报要义的话题之间建立起一致的相关性，其意义在于，情报分析师借此能够判断出哪些方面尤应详细分析，从中确定相关性，发现因果关系，从而就高层决策者所重视的问题做出解答。

混合理论等其他方法

一些分析师在处理复杂问题时，会结合使用多种分析方法、理论和范例。例如斯图尔特·考夫曼（Stuart Kaufman）在研究种族战争爆发原因时使用的方法[2]。考夫曼认为，用既往世仇、操纵型领袖、经济盘剥，以及导致政治学家所说的“安全困境”的相互不安全感等标准化的答案解释种族战争原因，有时似乎都能说得通，前提是使针对另一群体的暴力行为

[1] Cincotta, “Will Tunisia’s Democracy Survive?”

[2] Kaufman, *Modern Hatreds*.

合法化的民族主义符号被激活[1]。尽管行为体及外部环境因素从各自角度影响种族战争的走向，但暴力发生的前提肯定是存在使暴力合法的符号化政治。根据考夫曼的观点，预警是否会发生种族暴力行为的一项可靠指标就是，矛盾双方是否出现了阻碍达成妥协或认为流血正当的符号。一旦存在这样的符号，其他变量就退居次席了。

博弈理论

在一些理论家眼里，研究战略突袭的本质大可参考博弈论的内容，情报预警研究亦然[2]。罗伯特·杰维斯认为，博弈论是适用于国际政治的[3]，因为各国领导人物始终处于一种试图理解和预测他者之行为的动态互动之中。罗伯特·阿克塞尔罗德（Robert Axelrod）和托马斯·谢林（Thomas Schelling）也将博弈论的内容应用于国际关系的多个方面[4]。棋局中对弈的双方运用策略，尝试理解和预测对手的棋路，同时，为了追求出其不意，棋手们常行险招，有时乍看来毫无道理的一步棋，反而恰恰成功地制造了令对方措手不及的局面。表面看似缺乏理性或给自己带来代价的行为，往往是给对方造成意外代价的有效方式。博弈理论因此被理论家们套用于具体的历史事件中，例如，史蒂文·布拉姆斯（Steven Brams）曾将古巴导弹危机喻为一局“懦夫的游戏”（a game of“chicken”）[5]。事实的复杂程度当然远远超出布拉姆斯的概况，但预警专家们显然从布拉姆斯的这一观点中收获了不少启发。

长期以来，军事演习被用于模拟复杂局面中的决策过程。有效的军演因此能够贡献诸多洞见，而单纯为了佐证一项政策或策略的演习不仅毫无

[1] 同上，203–21。

[2] Levite, *Intelligence and Strategic Surprise*, 2.

[3] Jervis, *How Statesmen Think*, 3, 141–42.

[4] Axelrod, *Complexity of Cooperation*; Schelling, *Strategy of Conflict*.

[5] Steven J. Brams, “Game Theory and the Cuban Missile Crisis,” *Plus*, January 1, 2001, https://plus.maths.org/content/game-theory-and-cuban-missile-crisis.

用处，甚至可能生出反作用。

大数据等统计学方法

为了在现象之间构建起一定的关联性，或从中找出可能的因果关系等等，社会科学的研究常常用到统计学的方法。传统的统计方法通常会使用有利于计算机运算处理的数据集，而“大数据”的方法有别于此：使计算机通过对大量不兼容数据的运算处理，从中发现“模式”（即关联性），而非直接得出因果关系。[1]

在过去的研究中，社会科学家在感兴趣的现象（他们称为“因变量”）之间寻找关联性及其潜在成因（他们称为“自变量”），以主要关注各类冲突性事件等问题的学者为例，他们的研究就是在寻找这样的关联性。在部分问题上，如在邻国之间爆发战争的概率要高于地理位置上远隔重洋的两个国家兵戈相见的概率，这其中的“关联”并不难理解。但在更多情况下，从统计数据来看存有显著关联性的二者，其间的因果本质却绝非能一目了然。例如，在芭芭拉·哈尔弗（Barbara Harff）探究种族灭绝和大规模政治性屠杀的背后原因时，她发现，在其中的 55 起同类事件中，都存在下述六个变量，遂称其为“指标”：

1. 政治不稳定性的存在；
2. 种族屠杀的先例；
3. 统治精英的意识形态倾向；
4. 政体类型（专制独裁的存在）；
5. 统治精英的民族属性（精英阶层属于少数族群）；
6. 贸易的开放程度[2]。

---

[1] Cukier and Mayer-Schoenberger, “Rise of Big Data,” 28–40.

[2] Harff, “No Lessons Learned from Holocaust?,” 65–73.

哈尔弗的大部分“指标”与前文第 6 章中种族灭绝观察组织的监控模型内容十分接近，二者的最显著差异集中在属于统计性关联项的“贸易的开放程度”上。尽管市场开放度与种族屠杀事件之间的因果机制尚不清楚，且很可能是简洁的，但预警分析师确有必要将类似的关联项保留在指标清单上，并应试图找到与事件本身的关联性。

尤其是技术专家们,对“大数据”[1]多溢美之言。大数据分析技术诚可为情报工作所用，如在反恐方面颇有建树的“网络分析法”，就有效地取代了此前需手动填报纸质文件卡片的工作方式。大数据亦可被用于解决战术性谜题。此外，大数据还十分善于从媒体等其他公开数据中发现某个国家或地区政治失稳的苗头。然而，情报分析并不能止步于在技术手段辅助下构建的关联性,而始终需要确定因果关系并解释关联性[2]。确保高效运用大数据手段的前提是分析师能够以“正确的问题”引导计算机对数据的运算和处理，是分析师能够以专业的分析在计算机发现的“模式”中找到因果本质。

但上述技术手段对战略预警的帮助作用十分有限，因为预警分析师需要知道的是还未到来的未来为何发生，以及如何发生，从而预判还未出现的“模式”，并说服审慎多疑的领导高层接受他们给出的预警信息。格雷戈里・特雷弗顿认为，情报界总是“搜集了太多数据，没掌握多少信息”[3]。不过，如果能从“正确的问题”出发，基于数据建立的统计关系很可能能够发现相关变量之间的有效因果关联，成为定性评估的基础。足智多谋的预警分析师固然可以使用统计学的手段检验他们出于其他原因而建立的假设，大数据也许能够帮助他们监控那些具备既定情境和指标的预警问题，但在识别新发性问题时，效用有限。

相关性是数据具备有效性的前提。诚然，运用大数据的技术手段能够厘清各种杂乱的数据集，但技术手段奏效的前提须是底层数据与预警问题

---

[1] Hare and Coghill, “Future of Intelligence Analysis Task,” 858–70.

[2] Spielmann, “I Got Algorithm,” 525–44; Lim, “Big Data and Strategic Intelligence.”

[3] Treverton, *Intelligence for an Age of Terror*, 9.

相关。部分国家在以往的实践中限于隐私原因而无法完成足量的数据搜集，或只采得不真实的数据 [1]，影响了对大数据使用。因此，情报人员当然不能盲信对大数据的诸多溢美之词，但同时也应以开放的态度看待大数据在某些情境下可为战略预警情报所应用的空间，并应肯定在战术预警等其他类型的情报工作中，大数据更大的效用。

社交媒体

在一些案例中，社交媒体对重要课题的早期预警提供了支撑。以 2011 年为例，伴随"阿拉伯之春"而提出的政治变革诉求一时越来越强烈而普遍，曾在以推特（Twitter）[2] 为代表的社交媒体上引起广泛关注。此外，社交媒体上的动向对更为本地化的事件也能有所预警，类似警员向看似无辜的平民开枪等事件一经发酵，很可能引发大规模骚乱 [3]。对于公共卫生部门而言，浏览社交媒体信息有时能够及时捕捉疫病暴发的迹象 [4]。对救济机构和非政府组织而言，通过社交媒体及早发现食物紧缺等人道主义危机，就有机会提前着手应对。由此看来，似乎社交媒体能够提供的是对迫近问题战术性的预警，但可能反复出现的短期性问题及其解决，以及就持久性目标的反复沟通，实则都是有助于战略预警分析的。

社交媒体俨然已经成为当代政治辩论的主要战场，海量行为体参与其中，也为操纵信息和舆论内容、伪装或掩饰真实身份等欺骗行为 [5] 创造了极大可能。因此，社交媒体可谓向预警分析提出了相当可观且前所未有的挑战。媒体技术及其应用正处于时刻不停的迭代发展之中，对政治议题等

---

[1] Lahneman, "IC Data Mining," 700–723.

[2] Rovner, "Intelligence in the Twitter Age," 260–71.

[3] Omand, Bartlett, and Miller, "Introducing Social Media Intelligence," 801–23.

[4] 同上，803。

[5] Riley, "Deceived to Intervene."

其他领域进程的潜在影响尽管尚不清晰，但一定不容小觑。[1]

众包

“众包”（crowdsourcing）是另一种受到技术流和社交媒体拥趸们热捧的方法论，即通常借助互联网，线上形成临时智囊团，以集体智慧高效解决某一具体问题[2]。在情报界，大量分析人士受“未来学”理念的影响，对情报问题最终走向的判断形同押宝[3]，实际效用，仁者见仁。这些尝试确有可能成为未来情报搜集和分析所普遍采纳的有效工具，裨益战术预警等具体情报工作，却不见得同样适用于需要研判新发性问题的战略预警工作。如果一个具体的问题已经引发了相当广泛的关注、吸引了诸多方面的目光，这一问题很可能早已进入决策者的视野、成为动态情报监控的对象，而不再属于战略预警范畴。

美国情报高级研究计划署的综合性偶发事件评估（ACE）项目可以视为“众包”的一种变体，尽可能广泛发动情报分析师就某一具体问题提供分析判断，通过综合、权衡各方意见而得出更精准的最终判断[4]。这样做似乎与既已形成的行业经验背道而驰，毕竟，很多尤为关键的预警问题并不是靠多数人的规模效应解决的，答案往往只掌握在少数人的洞见之中。因此，情报高级研究计划署的这一项目可能有助于解决短期和战术问题，但是否真的适用于战略预警目前仍然存疑。情报高级研究计划署同时寄望于通过开源指标（OSI）项目找到有效方法，在对开源数据进行自动化运算处理的过程中，预判、侦测政治危机、人道主义危机、暴力冲突、大规模骚乱、移民浪潮、疫病暴发、经济失稳、资源短缺等可能具有重大关切

---

[1] Lynch, Freelon, and Aday, *Syria's Socially Mediated Civil War*.

[2] Stottlemyre, “HUMINT, OSINT, or Something New?,” 578–89.

[3] Treverton, *Intelligence for an Age of Terror*, 150.

[4] IARPA, https://www.iarpa.gov/index.php/research-programs/ace, accessed February 18, 2017.

的社会性事件，以及有效应对自然灾害[1]。一旦奏效，无异于先发制人[2]，但这种方法同样停留于战术层面，而很难为战略预警所倚重。

气候变化是预警课题吗

近年来颇受关注的一个话题是人类是否正在改变所处星球的整体气候，以及这种改变已经达到何种程度、可能引起何种后果。美国情报界在 2008 年发布的《国家情报评估》报告即以此为关切，当中不少长期性问题，已经远远超出了以安全为重点的预警工作应予关注的时间跨度，相关论断言辞凿凿，也引发了相当的争议。从中至少可以得出一个结论，即预警部门真正应该关注其他问题。但是，分析人士愈发担忧，气候变化将会触发更多传统的安全关切，包括在相对短期的时间跨度内，由于海岸线变化而导致的移民问题和领土争端[3]等。安德鲁·马歇尔麾下的国防部净评估办公室为此成立专项研究组,研究气候变化对国家安全的影响[4]。值得注意的是，在众多令人不安的问题当中，重复出现的气温剧变现象只会显著作用于世界局部区域。尽管笔者并不建议为此投入过多人力，但预警人员可以对现阶段发生可能性很低，但一旦发生则影响性深远的气候变化问题予以关注。

针对政治波动的建模方法

线性情报分析机构会运用社会科学的方法[5]开发可为战略预警等多种分析场景所用的工具。例如，20 世纪 80 年代，中央情报局副局长罗伯特 · 盖茨授意专门团队政治不稳定分部（Political Instability Branch）从事潜在重大政治剧变的前瞻性分析，报告成果供高级别情报消费者小

[1] IARPA, https://www.iarpa.gov/index.php/research-programs/osi, accessed February 28, 2017.

[2] 同上。

[3] Dupont, "Strategic Implications of Climate Change," 42–54.

[4] 同上，42–44。

[5] 相关内容由伦道夫·弗森通过 2016 年 12 月 20 日电邮向笔者提供。

范围内部传阅，并时刻监控全球范围内任何影响政治稳定性的威胁因素。该团队后由伦道夫·弗森主持工作，每季度针对监控范围内 36 个国家的情况发布《政治不稳定季刊》（*Political Instability Quarterly*），旨在提前至少 6 个月向本国决策者提示相关国可能发生的明显政局起伏。弗森对此项工作的成效予以充分肯定，认为团队所做报告从未疏漏过任何应予关注的问题。该项季报工作持续两年半，后因管理层对情报及人力资源的分配调整而终止。自 1994 年起，美国政府出资资助了一支由学界专家构成的政治不稳定特别小组（Political Instability Task Force）[1]，负责监控政治波动、政府失灵等问题及由此引发的种族灭绝等后果。此外，为服务于美国的外交政策规划，情报部门还开展有针对相关国政府失灵问题的专门预警项目[2]，采取征候与预警分析方法研判政治不稳定的情况。

中央情报局政治不稳定分部开发了一种方法，预测政治军事紧张局势的显著升级，作为发生军事政变的前兆。以季度为单位，定期发布对可能发生政变或受之影响国家的监控结果。这项工作曾成功警觉到某国初级军官意图推翻当时总统的一场政变图谋。但关注国家的分析师认为该分部的成果过于宽泛，然而，分部使用期望效用分析的方法论预测政治动向，也得出了该总统掌权时日无多的结果。鉴于这些预警评估，相关地区的国家情报官决定于下一周晚些时候召集全情报界召开协同会议通报相关情况并评估政变可能，但就在原定的会议时间前，政变发生了。这件事让弗森意识到，在任何预警分析项目中，都有必要让线性情报分析机构的同僚们也参与进来。

军事政变方法也被证明成功提供了机遇预警，使得美国政府能帮助阻

[1] Albright and Cohen, *Preventing Genocide*, 24.

[2] Daniel C. Esty, Jack Goldstone, Ted Robert Gurr, et al., “The Failed State Project: Early Warning Research for U.S. Foreign Policy Planning,” paper presented at a conference called Failed States and International Security: Causes, Prospects, and Consequence, Purdue University, February 25–27, 1998, http://www.comm.ucsb.edu/faculty/mstohl/failed_states/1998/papers/gurr.html.

止至少一次军事政变。弗森的团队曾就拉丁美洲某国的军事政变风险向高层提出警示，但未得重视。弗森于是联系了国家安全委员会负责拉美地区安全工作的参谋官，对方通过国务院提示美驻该国大使留意与事件相关的关键情报指标动态。该位大使在次日答复称使馆此前确实忽视了相关指标，表示同意弗森的分析结论，并随后为缓解紧张局势而与使馆工作人员采取了补救行动。该国政变最终未得发生，或可表明预警的成功。

在实践中往往很难判断对当权者的普遍不满情绪是否应被视为是导致政治波动的迹象[1]。美国的情报界就因为未曾对 2011 年“阿拉伯之春”做出任何预警而饱受批评。但问题在于，应予研判的不是普遍存在的不满情绪，而是“引爆”不满情绪的深层因素，对于情报预警工作而言，这无疑是更艰巨的挑战[2]。经济学家第默尔·库安（Timur Kuran）提出的理性模型曾合理解释了 1989 年的“东欧剧变”[3]，极富洞见，不失为应对上述挑战的一种方法。

理解真相与揭露骗局

在情报分析师面临的诸多挑战当中，尤以对手（有时也可能是“友方”）拒止与欺骗行为的干扰最令其劳神费力。情报学相关文献既已说明，欺骗是军事突袭的原则之一，军事突袭中的欺骗也是常见而相对简单的欺骗行为之一。如本书前文第 6 章中所探讨，“科索沃解放军”针对北约政治领袖的成功欺骗背后的动机并不唯一[4]。

本书虽不旨在深入探讨反欺骗理论及其技巧，但笔者认为，所涉历史案例研究和理论分析与反欺骗理论的学术观点并无二致，所强调的一些因素应为预警分析及研究人士在评估欺骗手段的使用和有效性时所重点考量。

---

[1] Alexseev, “Early Warning, Ethnopolitical Conflicts,” 191–213.

[2] George and Wirtz, “Warning in Age of Uncertainty,” 220–21.

[3] Kuran, “Now Out of Never,” 7–48.

[4] 其他动机，参见 Katz, “Deception and Denial in Iraq,” 577–85。

首先，行为体使用战略性欺骗的目标一般在于借此占据相对于直接对手的显著优势。这意味着，预警分析人士尤应警惕，当存在通过行动使对手或第三方猝不及防或严重误解的可能性时，是否存在付诸行动的重大动机[1]。为此，可参考的历史案例如1950年中国被迫出兵朝鲜，1968年的春节攻势，1973年的第四次中东战争，以及1998至1999年“科索沃解放军”的行动。情报分析师和决策者往往过度专注于军事因素，而忽略或淡化了行动背后深层的政治性动机。

其次，一定有机会使用欺骗手段，比如行骗一方可能企图对未有定论的“政策空间”施加影响力，而不太可能企图动摇在他们看来十分坚定的政策立场[2]。行骗一方可能会选择一个在对手决策层中具有一定可信度、被认为表现差强人意（而非“表现不如人意”）的情报机构作为诱饵，以其情报观点误导对手决策层，从而达成欺骗的终极目标[3]。

预警分析人士可以通过理解对手策划其行骗方式的原则，来帮助自己揭穿骗局。詹姆斯·布鲁斯和迈克尔·本内特（Michael Bennet）总结了在大多数欺骗行动中都会用到下述四则原则：

1. 事实：所有的欺骗行为都基于一定程度的事实之上；
2. 否认：所有的欺骗行为以拒绝使受骗目标接触事实的关键方面为先决条件；
3. 欺骗：所有的欺骗行为都需要谎言；
4. 误导：欺骗行为能够奏效的关键是操纵受骗目标的认知。[4]

迈克尔·汉德尔认为，出于欺骗目的而提供的信息中，仍应有九成内

[1] Knorr, “Strategic Surprise,” 173–93.
[2] Morgan, “Opportunity for a Strategic Surprise,” 195–245.
[3] Gentry, “Warning Analysis.”
[4] Bruce and Bennett, “Foreign Denial and Deception,” 201.

容为真[1]。为降低因透露准确行动信息而产生的风险，行骗一方可考虑以“边角余料”的方式主动泄密，包括行骗一方判断受骗目标可能已知的信息，或时效性稍纵即逝、受骗目标来不及有所举动的信息等。具体可参考前文第 2 章中双十字委员会在 1944 年所使用的技巧等。

行骗者了解且依赖人的认知和标准分析方法的固有缺陷[2]。他们早已摸透了关键决策者如希特勒等人的性格特征和癖好，故意根据情报能力平庸的分析师的角度，评估和定制他们想要受骗目标了解的信息，认为这些看似可信且具备第三方独立来源的情报，能够进一步使受骗目标对做出的错误判断信心满满而坚定不移。理查德 · 贝茨对此评价，行骗者往往对常规理论有更深刻的运用。换言之，行骗者更深刻地理解了“谍报技术”的精髓及短板，并能反其道而行之，使短板亦能为其所用。

情报机构的倾向和弱点也不会被行骗者放过，包括所有情报机构都会受到时间压力的约束，以及任何机构性情报成果一般均须基于适当的审查及内部协同而形成。沃尔斯泰特为此指出，给情报机构的研判过程增加“噪声”，能够延长内部预警工作的讨论时间，延缓情报决策，延迟预警信息的发布，或使情报机构为取得内部共识而牺牲预警信息的力度。正如日常情报工作所见，情报分析师彼此对尚未发生事件的分歧恰是导致预警失误屡屡发生的原因。

唐纳德 · 丹尼尔、凯瑟琳 · 赫比格将大多数欺敌行为归入“模糊性递增”，即“A 型欺骗”，“误导性变体”，即“M 型欺骗”两类[3]。按照沃尔斯泰特的理解，“A 型欺骗”确保“信号”被混淆于大量噪声之中，从而使受骗对象对行骗一方的真实意图产生困惑。1941 年的德国、1973 年的埃及所使用的都是这一手段。“M 型欺骗”旨在误导受骗目标对少部分重要细节的理解。以 1944 年为例，英军竭尽所能想要误导德国人的细节只

---

[1] Handel, *Military Deception*, 25.

[2] Kass and London, “Surprise, Deception, Denial and Warning,” 59–82.

[3] Daniel and Herbig, *Strategic Military Deception*.

有一个，即计划登陆的确切地点。

线性分析师对任何一星半点的准确数据都不甘于轻易放过，那该如何在得到的信息中甄别出哪些是对方有意释放的低级信息，又该如何判断其中缺失或误导的成分？笔者建议不妨采取独辟蹊径的“非常规思维”方式，从得到的信息中发现异乎寻常之处、不一致（或异乎寻常地一致）之处，并尽量准确地评估其含义。为了发现这些在一般的情报信息中心并不显著的细节，可以从至少做到如下四点开始：(一）批判地、反省地看待事与物；(二）知晓并理解既往的欺骗案例及其奏效（或失败）的原因；(三）理解如布鲁斯、本内特所列举的诸多反欺骗原则；(四）掌握征候与预警分析方法和反欺骗技巧。

巴顿·惠利、杰弗里·巴斯比（Jeffrey Busby）认为，所有的欺骗行为都是可能被揭穿、被反制的。[1] 笔者尽管不敢全然乐观苟同，但同样认为，对手的某些欺骗之举是能够且应该被情报分析师觉察、反制，甚至加以利用的。20 世纪 80 年代，理查德兹·霍耶尔曾开发过一项课程，教授情报分析师以问题列表的形式自问自省，通过回答在列表上的问题，反思事件中是否存在欺骗成分，这些问题指向如下几点：(一）信息来源评估；(二）证据评估；(三）“对手视角”；(四）对手在既往欺骗事件中曾采取过的行动。[2] 可借用克劳斯·诺尔和理查德·贝茨的棒球赛类比，使用上述方法的首要目的就是要提高准确“击中”骗局的“平均击球率”。至于反欺骗的研究，笔者十分推荐预警分析师参阅迈克尔·本内特和爱德华·沃尔兹（Edward Waltz）的合著之作[3]。

[1] Whaley and Busby, “Detecting Deception,” 181–221.

[2] Heuer, *Rethinking Intelligence*, 34.

[3] Bennett and Waltz, *Counterdeception Principles*.

第 8 章
认知、心理及个性问题

诚如马克·洛文塔尔所言，情报分析是一种“智力活动”[1]，需要天赋的智慧、后天的学问、敬业的精神和持久的耐心。预警分析作为一种特殊分析，需要从事这项工作的人恰好兼具若干特质，从而能够觉察新兴的预警问题，并能够开发适当的、有说服力的方法对问题加以解决。战略预警往往意味着要克服人类大脑常规的生理及认知特性，不可不谓道阻且长。

大量心理学的研究揭示了人如何应对复杂的智力挑战，并将此经验应用于外交决策[2]。近年来，情报分析学的学员也已经将收获的许多内容付诸解决情报分析问题。譬如，结构化分析技术的发展就极大地基于心理学对“思维定势”和“偏见”的阐述[3]。

试图将欺骗计划付诸行动的行骗者，必然会事先研究目标对象一方情报生产者和消费者各自在心智方面的优势与短板，研究既往的成功案例中，其他行骗者如何成功利用了对手的弱点，从而帮助行骗者在未来欺骗

[1] Lowenthal, “Towards a Reasonable Standard,” 307.

[2] Jervis, *Perception and Misperception*; Jervis, “Hypotheses on Misperception.”

[3] Heuer, *Psychology of Intelligence Analysis*.

目标对象[1]。在欺骗研究领域颇有心得的巴顿·惠利认为，欺骗属于“应用心理学”的范畴，尤近于心理学家们常称为误解或错觉的内容[2]。为此，本章节将重点探讨战略预警分析师特殊的心理挑战，包括意欲识破对手欺骗行为时的难点所在。

从事战略预警研究的学员和从事预警分析的人员之中的佼佼者都认同一个观点，即优秀的预警分析师普遍具备特定的人格特征，能够因之从芸芸之众中脱颖而出，能够因此被招募至情报队伍，然而这些特征中却少有能后天训练养成的成分。鉴于美国目前情报界乃至整个政府官僚体系的制度文化和激励制度经常对预警并无信心，培养和留住天赋型分析师变得更具难度，在秉持 EAAWA 原则（“凡情报分析师皆为预警分析师”）的情报机构中，尤其如此。这也是本章节将要探讨的内容。

确认偏误

确认偏误是情报分析中普遍而公认存在的若干认知错误之一，对预警人士危害尤甚，对行骗方则是赖以落实欺骗意图的基础。掌握目标对象一方分析师（和决策者）的个人经历、观点、期待，能够帮助行骗方根据这些已有的信任和偏见，有针对性地主动提供内容部分属实的误导性信息、刻意隐瞒后颠倒是非的相关信息，以及精心编排的虚假信息来混淆视听，诱使受骗方得出他们自己乐于相信的错误结论。

本书的前述诸案例之中，就有三者包含情报分析师或高层决策者被对手抓住弱点而受其蒙骗的情形：在 1941 年的一例中，斯大林偏执地认为丘吉尔是想挑起苏德正面冲突，假借德国人之手搞垮苏联社会主义，德国人恰恰就是揪住了他的这一偏见（当然还有其他的），专门调整了欺骗方案，为斯大林定向输送了支持他这一观点的“证据”，通过造谣掩盖了德

[1] Hesketh, *Fortitude,* 4; Kahn, *Hitler's Spies*, 486.

[2] Whaley, “Toward a General Theory of Deception,” 178–92.

军的真实意图。在 1944 年的另一例中，英国人在了解到德军情报机构以盟军空袭重点推断其登陆地点的思路后，刻意在加莱地区增加了空袭的频次。在最后一例中，“科索沃解放军”则用蓄意安排的“案发现场”和煽动性的言语迎合了克林顿总统对塞尔维亚人先入为主的偏见。

即使在没有他方主动欺骗行为干扰的情况下，确认偏误也会影响情报分析师接受有违他们本人判断观点的新信息[1]。这一现象尤易出现在线性情报分析机构中。由于这类情报机构的分析成果是各线性环节最后的综合汇总，偏误的后果也会因综合汇总而加剧。新信息与既有观点不一致时，分析师会倾向于否认信息与情报问题的相关性，或错误地将之解读成是佐证他们先入之见的“证据”。譬如以色列人在 1973 年监控埃军活动时，无疑就戴着这样的有色眼镜。当然，这种偏误在其他很多场合也经常发生。线性情报分析机构难以摆脱的集体性成见，这也是前国家情报委员会主席、中央情报局负责情报分析及报告撰文的副局长约翰·加农经常要面对的问题[2]。同样，中央情报局的分析师偏执地坚信伊拉克拥有铝管（核武器元件之一），最终导致《国家情报评估》报告在 2002 年得出伊已拥有大规模杀伤性武器的错误结论[3]。潜在分析判断的似真性来自已有的认知和已被接受的观点，为了避免陷入偏误，分析师必须警惕这些认知和观点，对预先做出的假设定期进行检查和反思[4]。

为尽量减少偏误的后果，分析师以及赖其分析结果进行决策的领导高层都必须尽可能保持开明和怀疑态度，定期对既已做出的判断进行重新评估，防止这些判断成为不再可能受到质疑的假设。为此，一个较为有效的方法是将情报成果交给一支多样化且从业经验丰富的分析团队，接受检查和质疑，避免确认偏误被对手利用，而沦为对手欺骗行为的受害者。

[1] Shelton, “Roots of Analytic Failures,” 637–55.

[2] 笔者从 2017 年 3 月 16 日与加农的交谈中获知。

[3] Jervis, *Why Intelligence Fails*, 146–50.

[4] 同上。

镜像思维

一种被广泛讨论的社会异常是镜像思维的变体，即主观期望他人采取像自己一样的行动，这也成为最容易被对手利用、最多被提及的一种。英军在 1944 年的欺骗计划中，最为关键的一步就是“任命”巴顿和索恩分别“统帅”美英两路军队。他们显然知道，希特勒对二位将军的个人崇敬，已经足以让其相信，此二人正是因为在盟军中享有与他心目中同等崇高的地位而被委予重任，因此，二人所领之兵也必然是登陆作战的先头主力。摆脱镜像思维的方法是，对趋势保持警醒，对业务能力保持精进，以及，对他人处境保持共鸣，但同时避免太过设身处地为他人着想。

过度预警和程序性消耗

专职预警机构一般会采取在固定时间定期发布预警报告的工作方式，譬如美国和英国就有类似的周报制度。但例行公事的做法本身是有风险的，不论是否出现了预警必要都坚持按部就班地发布报告，无疑鼓励了不必要的预警产出。以期刊的形式在固定时间按固定频率提交正式预警情报报告的做法，损害了报告内容的质量，使战略预警信息降级成为一般的动态情报，进而与从事动态情报工作的线性情报机构因职能冲突而产生龃龉，甚至会使情报消费者对预警信息的特殊性和重要性脱敏[1]。但在格雷戈里·特雷弗顿看来，定期发布预警报告能够对高级消费者起到提醒作用[2]——提醒他们再次留意此前警示的事项。诚然，这种积极作用时有出现，但以笔者对美国情报工作的观察而言，高层对预警周报几乎从未流露过任何积极评价，前国家预警情报官查尔斯·艾伦，以及罗伯特·维克斯

[1] Davis, “Strategic Warning: If Surprise Is Inevitable,” 14.

[2] 格雷戈里·特雷弗顿在 2017 年 4 月 6 日与笔者二人的探讨中表达了这一观点。

也都得出过类似的一致结论。笔者因此也同意杰克·戴维斯的建议，即从事预警工作的情报人员始终应以谨慎的态度对待预警行为，方能最大限度地刺激情报受众对预警信息的兴趣和接受能力[1]。专职的预警部门应尽量避免以定期报告的形式处置确实具有警示价值的预警信息，或仅在情势达到临界值（决策者须做出相应决策，或情势发展表明需对问题进行决策）时，方予预警。在参考临界值，对可能最终演变成为重要问题的情势进展进行警示时，情报分析应侧重于预警，而避免被归入动态情报的范畴。

保守观望

战略预警就是要在面对可观的不确定性时做出准确的判断。然而，情报分析师和决策者难以避免地会倾向于等待局势更为明朗、证据更为充分再下判断，越是在面对可能代价高昂的决策时，行事态度越是保守。情报分析师出于对一旦判断失误则可能遭受批评指责的原因，而不敢于当机立断。情报生产者的这一倾向无疑是与他们和情报消费者的相互信任程度挂钩的[2]，在某种程度上而言，也是可以理解的。但这一倾向或致使情报工作被拖延，应该发出预警的时机被延误。为此，很大程度上预警分析师，必须迎难而上做出尽量精准的判断，并开诚布公地向决策者说明他们对判断的评估信心。决策者若不能充分信任情报人员的判断或判断力，则可能继续观望等待。诚然，任何直言不讳都需要强大的信心和勇气，哪怕是有经验的情报专家也很难保证在面对任何问题时都能雷厉风行。

本书前文第 5 章曾提及，1991 年时任美军参谋长联席会议主席的科林·鲍威尔将军在一次主持军情部门短会上，鼓励麾下情报预警人员要

[1] Davis, "Strategic Warning: Intelligence Support," 185.

[2] Gentry, "Intelligence of Fear," 11, 13–16.

持续不懈地向他汇报他们认为应予关注的预警担忧[1]。哪怕是他认为预警信息缺乏说服力，他仍然认为情报人员的主动性是值得肯定的。鲍威尔无疑是高层当中难得能对情报人员给予充分信任和鼓励的领导。但他也同时提醒情报部门应规避过度预警，所谓“事事都要预警，等于凡事都未予重视”。

预警的理想特质

几乎所有从事政治性预警和商业性预警的情报专家，乃至从事欺骗行为研究的学者们都相信，无论是成功的战略预警分析师还是欺骗者，都一定具备某些特殊的个性特质。这种信仰的流行和普及程度令人咋舌。人们发现，能最终成为优秀预警分析师的人少之又少。部分观察人士则坦言，战略预警的分析师和管理层人员普遍不具备这些特质。如果预警机构对分析师个性和心理素质确有不同要求，那么在人事选用时过于随意，则不免对预警职能和承担这一职能的部门造成消极影响。笔者区分了预警高级管理者的不同类型，并提供了两种类型：

最佳见解来自直接研究预警分析师和行骗者的人。参考前文第 2 章述及的双十字委员会的例子，通过网罗学者、律师、艺人、诗人和业余魔术师等背景多样的分析人才，依赖多元化人员构成高效解决问题，尽管这支团队中很少有人是在战前就在政府效力，也几乎没有人选择在 1945 年后继续为政府工作。与之类似的情形还有二战时期盟军的密码破译工作，许多重大突破都诞生自政府的临时雇员之手[2]。该现象说明，很可能是政府本身的内部机制和组织文化对吸引和留住优秀人才构成障碍，当然，这一假设仍需进一步的专门研究。

辛西娅·格拉博在其专著中专辟一个章节来分析战略预警分析师应

[1] 源于笔者本人持有的关于鲍威尔讲话的未公开影像资料。

[2] Budiansky, *Code Warriors*, 62–63.

该具备的个性特质。格拉博基于对20年间美国战略预警工作人事流转的观察，总结认为，优秀的预警分析师的确是具备特定特征的[1]，包括“基本智力属性”，比如好奇心、钻研精神、想象力、记忆力等素质，也包括“性格或气质属性”，比如动机、任劳且耐劳的品质、主动性等素质。格拉博清晰认识到具备前述特质的情报分析师其实少之又少。

格拉博的这一观点在相当多知名而资深的预警分析师中引起共鸣。例如，前国家预警情报官玛丽·麦卡锡在1998年曾留下这样的论断：“评估威胁的艺术和科学……仰赖艰苦、系统、严谨的分析工作，仰赖想象力，也仰赖多样性见解。除了极少数的杰出人才，（美国的情报界）在这三个方面亟需扩充实力。”[2] 应当指出，麦卡锡强调的多样性见解是“心理”层面的，而非种族、性别或其他人口统计学概念。

巴顿·惠利后来也提出过类似的观点，认为一些特定的性格类型尤其能够胜任军事欺骗的工作，并主张将把性格特质列入今后情报研究的课题[3]。就军事行动策划而言，惠利认为，能够瞒天过海的谋略之才应具备如下四种特质，且应在更多军事部门中培养人才队伍的这些特质：

1. 敢于打破常规，为实现更大的目标而破除既有程序，建立自己的规则；
2. 具有特立独行的幽默感，从欺骗对手的过程中得到成就感；
3. 能够设身处地地理解对手；
4. 对新的、异乎寻常的事态保持警觉，随时待命，不以荒诞为谬，不轻视任何异常，接受不和谐的情势可能出现且反复出现的事实。[4]

[1] Grabo, *Handbook of Warning Intelligence*, 102–12. Smith, “Good Intelligence Analyst,” 181–85.

[2] McCarthy, “Mission to Warn,” 20.

[3] Whaley, *Practise to Deceive*, xviii.

[4] 同上，194–205。

上述逻辑的合理性在于，预警人员和欺骗者都建立在揣摩和利用彼此所处的情势、所持的目标，以及个体或群体在心理层面、分析层面和制度层面的倾向性之上。然而，兼备这些属性的人究竟是天赋异禀，还是后天所成？在惠利看来，须得是个性、经历、先天的遗传禀赋和后天的学习养成共同作用的结果[1]。

英国退伍军士乔恩·拉蒂默（Jon Latimer）基于他对军事欺骗行为的观察，认为：

> 高段位的行骗者往往表现出偏离正统的思路和想法，在和平时期却很少被军方器重。或许，在军方普遍看来，相较于其他类型的军事行动，欺骗更像是一门艺术，而不似科学，尽管科学越来越成为炮制骗局的技术支持。诚然，表演天分成就了不少优秀的实战人才，但最为成功的欺骗术一定少不了耐心，更少不得以明确的理论原则为指导、被实践证明确有其效的技术手段。[2]

在迈克尔·汉德尔看来，炮制有效骗局是一种创造性艺术，而非一门科学或手艺，因此，缺少“天分”的人再怎么培养，恐怕也很难胜任这份工作[3]。笔者认为，在战略预警分析和策划欺骗行动二者之间存在诸多相通之处，双方长期以来互为敌手的状态，导致他们必须了解彼此才可能相互克制。如果上述推理无误，则拉蒂默和汉德尔的观点也可视为是符合这一判断的，即预警分析是具有艺术性的情报工作。汉德尔也认为，行骗的本事来源于经验的积累[4]。二人的说法无疑暗示了主导美国情报界的 EAAWA 体系试图通过短期培训培养新手分析师的必然失败。

---

[1] Whaley, *Practise to Deceive*, 205。

[2] Latimer, *Deception in War*, 4.

[3] Handel, *Perception, Deception and Surprise*, 27–28.

[4] 同上。

参与开发新加坡“风险评估和水平扫描项目”的戴夫·斯诺登发现，擅长风险评估和水平扫描工作的情报人员多也擅长于“抽象思维和随机应变，即拥有丰富的经验阅历或人文学科的知识积累”[1]。

将自己置于情报目标的位置思考问题，是预警人员和“红队”常用的方法，同样适用于线性机构分析师和行骗者，是情报学方法论中最为广泛采纳的结构化分析技术之一。早在一战时，就已经诞生了引入“红队”进行攻防思考的方法，不少军旅之中，都有专门的工作组，负责预测敌方意图和行动计划。[2] 具体的实践方式有很多，比如，德军在 1939 年末到 1940 年初的一段时间里，针对法国可能的反应，测试了相互竞争的战争计划方案。最终的计划反映了一名情报官员演习的经验教训，他广泛研究了法国军事人员的决策过程和行为，并大致按照法军总参谋长莫里斯·干末林（Maurice Gamelin）在现实中的表现行事。[3] 但事实上，能够做好换位思考的人少之又少。

1974 年，以色列军方在第四次中东战争发生后，迅速组建了一支新的情报分析团队，负责把控军情研究部门常规情报分析报告的完整性和可靠性，同时定期发布与军情研究部门结论截然相反的情报意见。[4] 后者视这支特别的情报队伍具有了“红队”的角色身份。

米卡·赞科（Micah Zenko，美国对外关系委员会高级研究员）认为，“红队”是否能够履职奏效，取决于组成人员“是否具备某些特殊的人格特质——包括思想开放、有创造力、自信和独树一帜等，以及以‘对手’姿态出现时是否能够与所服务的对象暨同事保持沟通，避免太过咄咄逼人而使意见不被接受”[5]。

---

[1] Quiggin, *Seeing the Invisible*, 220.

[2] Kent, “Crucial Estimate Relived,” 117.

[3] May, *Strange Victory*, 240–68.

[4] Shalev, Israel’s Intelligence Assessment, 213–18.

[5] Zenko, *Red Team*, 235. 另见 pp. 11–14。

商业情报理论学家本·吉拉德（Ben Gilad）曾有言，最顶尖的商业预警分析师具备看似相互矛盾的技能和特质，比如可能是“一个注重细节但很有全局观的人，一个无所畏惧但经常自我省察的人，一个内向但善于沟通交际、有政治手腕的人，一个长于理性分析但第六感强烈的人……还很可能是一个思路开阔但做事专注的人”。[1] 此外，分析师还必须具备在忠于事实的基础上，将各方信息进行综合的能力，即“从各种看似不相干的细枝末节中拼凑出一幅发展中的事实的图景”[2]。对于没有政府政治环境那么宏观的商业环境而言，吉拉德认为有如下四个变量与“竞争性早期预警”职能的强弱相关联：(一）企业文化；(二）企业管理高层的决策风格；(三）首席执行官的个性；(四）预警分析师的专业能力和个性。[3] 这些商业情报经验亦可以在政府情报机构中推而广之。

詹姆斯·沃茨发现，当一个国家认为自己的物质实力优于所面对的对手时，会更为关注和担忧整体上因突发性问题而受到冲击，相比之下，主动采取欺骗手段的意愿并没那么强烈。然而，一旦经历过惨痛的失败教训，则会极大地转变态度，对战略预警的接受度随之提高。[4] 这一现象也见于情报部门当中。沃茨指出，1941 年 12 月珍珠港事件发生前，美国的高级情报消费者和情报界的表现有负众望，仅仅 6 个月后，其中相当一部分原班人马为中途岛战役却做出了杰出的情报贡献。为此，沃茨的解读是“认知框架”（cognitive framework）[5] 对人们是否接受非传统观点有很大影响。不妨将沃茨的这一论断向前再进一步：优秀的预警分析师能相对不被“当下的政治气候”左右，即便当包括他们的顶头上司在内的绝大多数人都对某个判断笃信不疑时，仍能够保持警醒的好奇和怀疑。尤其在国际安

---

[1] Gilad, *Early Warning*, 247.

[2] 同上，248。

[3] 同上。

[4] Wirtz, “Theory of Surprise,” 101–16.

[5] 同上，112。

全形势暂时一片大好、政治和情报高层纷纷开始放松对威胁预警情报的关注时，情报人员的这一特质越可能发挥其重要意义。

菲利普·泰洛克及其同事曾为美国情报界做过一项为期两年的关于如何提高预报和预测水平的研究，对能够成功预报事件走向的情报人员的个性特征进行了评估。这项研究的成果不仅有助于指导一般意义上的战略分析工作，对预警分析尤有重要裨益。泰洛克的研究摘要中写道：

> 总计有 743 人参与此项研究，对两年内发生的 199 次地缘政治领域内的事件做出逾 15 万次预测。其中，参与人员的平均情报能力和政治知识水平普遍高于一般人均水平。通过观察和总结上述预测结果的准确性发现，个体的预测能力不会随时间推移而发生明显变化，进而可见个体间差异对个人预测水平的影响。以下变量能够一定程度地反映个体的预测水平：（一）秉性变量，即认知能力、政治知识水平和无偏见性；（二）情境变量，即接受概率推理训练和参与团队协作（包括分享信息、理论探讨等）的程度；（三）行为变量，即思考的时长和信念修正的频率。基于上述发现，我们从参与者中发掘出一批能够胜任预测工作的人才，这些人才不仅在归纳推理、模式检测、认知弹性和无偏见性等方面具备过人之处，对地缘政治也有更深刻的理解，通过在概率推理方面的受训，更有机会在开放型团队环境中施展所长。值得注意的是，在优秀的预测分析师眼里，预测是一种深思熟虑、坚持付出、对实时事态保持持续监控的能力。[1]

掌握并有意愿不断学习、补充、丰富自己的专业知识也是十分重要的。泰洛克认为专业素养与预测能力成正比。加拿大枢密院办公室（Privy Council Office）下辖的情报分析部门，加拿大情报评估秘书处

[1] Mellers et al., “Psychology of Intelligence Analysis.”

(Intelligence Assessment Secretariat) 一项旨在评估情报预测工作准确性的研究中，戴维·曼德尔（David Mandel）、阿伦·巴恩斯（Alan Barnes）也得出了类似的结论，认为专业经验更丰富的分析师的预测能力强于初级分析师。[1] 诚然，泰洛克针对情报预测提出的这一结论与他对美国情报界一般性工作的解读——过度仰仗经验有损于合理分析——大相径庭。泰洛克本人也意识到了他所提观点或被人曲解的实情。[2]

罗丝·麦克德莫特建议可通过更多的性格测试，发掘与一般的情报工作相关性更高的个性特质，如思想的无偏见性，以及避免过早判断或认知闭合的人格等。[3] 也可以这样说，类似的性格测试能够帮助我们从众人中找到像格拉博一样具备出色从业特质的人才。

巴顿·惠利十分认同以色列国防军情报头目伊莱·泽拉（Eli Zeira）的观点，认为对包括预警专员在内的情报分析师而言，有三者个性特质尤为关键：(一) 抛弃既有规则，并不墨守成规；(二) 具有与众不同的幽默感；(三) 掌握某种“魔法”。[4] 泽拉的话看似有些道理，不过就像本书第 2 章中所记述的，他在 1973 年的实际表现几乎一手葬送了以色列的情报预警工作。乌里·巴尔·约瑟夫认为，泽拉以及另一位以色列情报界人士，“阿曼”研究处第 6 工作组组长尤纳·班南中校，恰恰印证了一个反例——具有“专制和教条”的个性和认知闭合需求强烈的人是不适合从事情报预警工作的。[5] 此外，许多分析人士都会在欺骗和预警话题中聊及“魔法”，泽拉也是当中的一员。

与其他情报分析师相比，具有前述过人特质的预警情报人员很难被对手愚弄。水平不佳的情报人员则本身就难当分析解谜之重任，甚至可能因

[1] Mandel and Barnes, “Accuracy of Forecasts,” 10987.
[2] Tetlock and Gardner, *Superforecasting*.
[3] McDermott, “Experimental Intelligence,” 93–95.
[4] Whaley, *Practise to Deceive*, 195.
[5] Bar-Joseph, *Watchman Fell Asleep*, 250–51.

为错失对手有意捏造的情报信息，而幸免于被对手愚弄。（美国情报界暴露的问题显然不属于后者。）换言之，反而是中庸的分析师最容易遭受对手的愚弄，因为他们知道且只知道基本的情报分析技巧，而对手在行骗时只要对情报培训中教授过的技巧稍加利用，就很容易令其上钩。因此，EAAWA 体系中充斥的大量中庸之辈在应对对手的战略性欺骗问题时，有时简直越帮越忙，甚至几近于在帮倒忙。顶尖的情报分析人才和团队能够在被他人忽视的情报信息中，发现与对手炮制的假象相矛盾的细节，从而识破骗局。无数历史案例表明，情报界迫切需要一个本身具备深刻专业见解的高层人物，通过建议、说服、敦促和质询的方式，把固步自封于常规线性情报部门的工作套路中的情报分析师解救出来，重新进行应有的批判性思考，抵御来自对手的欺骗之举。

笔者因此十分同意二战期间英国皇家海军情报主管、海军上将约翰·戈弗雷（John Godfrey）的观点："任用平庸的人（从事情报工作），无用且危险。"[1] 戈弗雷为此还补充说："一流的头脑才能被允许涉猎情报问题。找不到对的人，就该一律拒之门外。"[2] 预警最应该汲取的教训就是，唯有精挑细选的能力之辈才有可能成为有所建树的预警分析人才。而嵌入"预测性情报"的 EAAWA 战略预警体系，显然与这样的选材标准是大相径庭的。

综上，笔者认为，的确存在特别适合或不适于从事战略预警的性格类型和心理特质。在此总结前人的观察和笔者二人的经验，对优秀战略预警分析人才和高级预警情报官员所应具备的特质总结如下，需指出，兼具下述特质的人恐怕少之又少，尤应成为职业战略预警分析师：

- 优秀的战略预警分析师通常聪颖而有创造力，好奇而勤奋肯劳。这类人士会针对自己需要攻克的课题而积累足够充分的专业知识，在

[1] McIntyre, *Operation Mincemeat*, 29.

[2] 同上，30。

此基础上客观领悟事件的一般常态和特殊变化，而不惑于主观臆断。这类人士随时保持学习新知识和转攻新题的意愿，永远会比一般人多问几个“为什么？”

- 优秀的战略预警分析师多少都会有些偏离正统理论的观点，敢于质疑传统经验，并能够发现不同于以往的“正确”问题。这类人士通常会把“离经叛道”保持在适度且温和的范畴之内，避免因过度反叛而使自己的情报判断失去效力。实际上，所有在官僚系统内从事战略预警工作的情报人员都不得不与决策高层进行沟通，这意味着他们必须为自己培养和巩固具备主观能动性、观点可靠且可被信赖的人设。
- 优秀的战略预警分析师即便在严重不认同他人观点的情况下，仍能与该人相处共事。
- 优秀的战略预警分析师能够在仕途晋升的道路上保持谦逊而克制的追求。预警是一项天生孤独的使命。成功的战略预警求而不多得，即便千虑一得，被认为“居功至伟”的也可能并非分析师而是决策者。诚宜谨记情报界诸前辈所言：“事实总是归功于政策，而归咎于情报的。”不止如此，由于预警情报的“生产”是偶发的、不定期的，在以出产情报成果数量为业绩衡量指标的官僚体制内，预警就注定不可能成为平步青云的踏脚石。更为雪上加霜的是，领导高层一方面排斥出乎其意料的威胁预警，另一方面又会觉得恰当的预警判断不过是情报人员应尽之本分。种种，致使不少有能力的情报分析人才不甘于长期从事战略预警而另谋高就。[1] 愿意以战略预警分析为毕生事业的人必须接受这一事实，尽管真正能够做到的人廖若星辰。

[1] Grabo, “Watch Committee,” 373.

与此同时，笔者认为，如下若干个性特质或有助于专职战略预警部门从事预警分析的轮岗人员：

- 应具备尽可能强烈的好奇心和提出问题的意愿，以及尽可能多的前述诸多有益个性。
- 短期从事预警的情报人员应具备一定的经验和资历，应对某些特定领域具备专业而深刻的见解。专业知识能够帮助其解决需要攻克的情报课题，同时理解其他同行正在攻克的情报课题。一旦成为知识渊博的业余爱好者，就可能胜任“红队”角色。
- 应接受专门的预警方法训练，这可能是他们在原线性情报机构中工作时不需要或未涉猎的。[1]

诚然，具备如上素质的预警人才能被发掘的先决条件是，其所供职的部门及其领导认同预警具备重要的分析性职能，尽管现实往往是事与愿违的。

泽拉的洞察力和所表现出的难当大任的领导力共同说明了情报机构的一个核心问题：选择由谁来领导预警工作同样十分重要。譬如美国情报界的历任国家预警情报官就各有各的做派和工作方式，截然有别于他者。其中，约翰·伯德、罗伯特·维克斯等是属于更乐于通过调动各方协作，来争取确保预警结论正确的类型，不过分在意最终的成功被归功于哪个人或组织。因此在他们的任期内，美国的战略预警显著表现出混合型体系的特征。相比之下，有些国家预警情报官不免显得更为激进，不仅可能会牺牲分析的准确性，还可能因之得罪同行。

纵览资深预警专家的个人履历和实践经历也能够佐证个性类型与能力水平的关联性。预警管理层可以分为“异议型”（contrarian，或言“持相

[1] 此建议出自约翰·加农。

反意见者"）和"合议型"（collegial）两个分明的派别。以美国为例，伯德和维克斯长期以来与其他业务领域的国家情报官员、线性情报机构的分析师始终保持密切合作，最大限度地发挥情报界作为整体时的潜能，尽管在工作中经常与同行们意见相悖，但他们还是以这种行事风格树立了"合议型"领导的口碑。事实上，合议绝非是利用投票表决等少数服从多数的方式取得一致。相反，合议的意义就在于确保关键情报人员有最大可能表达观点、发出预警，进而以合作而非对抗的方式共同产出最终的分析成果。伯德和维克斯都认为，自己所扮演的角色应旨在以情报界为整体，为之争取情报预警工作上的成功，而不应短视于为其本人或麾下团队争取仕途上的认可。

"异议型"领导则更可能（以个人或小团队为出发点）做出单方面的决定，在面对明显的反证时，仍然坚决地坚持固有观点。他们陶醉于自己有别于众人观点的事实，为了不被认同而坚持不同，他们甚至窃喜于不被认同，暗暗自诩为未卜先知却不为世人相信的卡珊德拉。美国前国家情报委员会主席约翰·加农给某个"异议型"国家预警情报官取过一个诨名——"高音喇叭"（high decibel）[1]，这显然不是什么嘉奖。诚然，拥有不附和他人的观点角度是预警情报人员应该具备的素质，但这种不同于他人的观点必须建立在确凿的证据和合理的分析之上，避免"狼来了综合征"损害预警的可信度。1983 年，时任国家预警情报官的戴维·麦克马纳斯提出了一个与既有观念十分不同的个人观点，但由于他同时说明了支撑这一观点的背后逻辑，因此，后来事态的发展和问题的解决都并没有动摇其个人与系统内部的人际关系。与之相反，1973 年，泽拉在提出所谓异议时，不但缺少正确的分析，还直接打压了反对他的声音，代价不仅是情报职能一时受损，更可能打击战略预警人员继续从事预警的积极性。由于个别国家预警情报官的相似作为，美国的情报工

[1] 笔者从 2017 年 3 月 16 日与约翰·加农的交谈中获知。

作也曾不得不咽下类似的苦果。

前国家预警情报官查尔斯 · 艾伦事后也认识到了自己的“异议型”倾向[1]，尽管对此有所辩解，但他坦言，自己的某些做法的确没少惹麻烦[2]，作为坚持恢复“国家预警情报官”职能设置的一派，他也善意提醒后继者勿要重蹈他之覆辙。[3] 笔者对艾伦的上述表态表示认同。

[1] 在 2017 年 3 月 17 日与戈登的沟通中，查理 · 艾伦如是说。

[2] 同上。

[3] 同上。

第 9 章
其他预警情报生产者

战略预警的生产者不再仅是国家情报机构或国防部门，而是由越来越多的组织或机构不断生产。这类信息的消费者亦不再仅是国家高层领袖，越来越多的消费者成为战略预警信息的受众。这种演变既反映了预警情报用于新目的的需求，也反映了新群体的努力创新。本章节内容将涉及这种演变的一些角色，以及这些角色使用和重塑预警情报变体的方式。当中的有些方法适用于解决特定类型的预警问题，而有些则可能在更广泛的情报工作领域推而广之。

国土安全预警

近年来，暴力极端主义抬头之势促使各国加强了对国内威胁的情报关注。预警的职能范围因之明显扩大，预警参与行为体随之扩大（以国内安全为工作重点的公安警力系统即被纳入其中），预警分析的实质内容随之调整，预警目标受众的人数随之增加，预警信息的有效沟通因此面临更为复杂的局面和挑战。

境内恐怖主义问题本不属于战略预警范畴，按照传统思路，由此造成的少数伤亡虽然不幸，但尚不致对国家整体构成重大威胁。包括几乎摧毁了五角大楼和纽约市若干大型建筑的“9·11”事件在内，全球各地发生的各起恐怖袭击迄今累计导致近3000人死亡，代价相当于一场中等规模的常规战争。因此，恐怖袭击此前一直被归为战术性问题[1]。部分恐怖组织被认为正在研制化学性武器、脏弹等放射性武器，但类似的袭击仍不致构成国家性安全威胁。此外，执法机构此前一直采取在恐怖分子犯罪后利用情报对其进行追缉的方式，将情报信息作为刑事审判的依据而非对未来可能发生事件的预测，以致联邦调查局在相当长的一段时间内都在调整和适应新的组织角色，即从事后提起诉讼转向事前预测和防范袭击发生。[2]

然而，传统思路正在随时间推移而发生转变。促使情报界更为关注恐怖主义的原因主要有二：首先，尽管截至目前，大规模杀伤性武器的所有者都是国家行为体，但各国政府普遍担心未来某天一旦有非国家行为体——例如一直被认为觊觎拥有核材料的“基地”组织——具备与之对等实力，则相关安全性话题必然随之进入战略预警研究视阈。其次，更为重要的是，“战略”一词的解释也在不断演变。不论是选民还是国家领袖都对即使再小的恐怖袭击十分敏感，意味着防范恐怖袭击对领导人物的政治生涯产生了可观的战略意义。从这个意义上说，国家安全问题和情报工作的优先级在很大程度上是被个人化和政治化了的[3]。因此，各国都在试图预测并尽可能规避新的袭击发生，在反恐和其他以国内安全为重点的情报工作上付出了比以前多得多的时间和精力。

由跨国组织形成的威胁和受他国组织远程授意的“独狼行动”都同时包含了国内和国际双重背景。因此，本国情报和外国情报、战略情报和战术情报之间的边界也在变得模糊。战略预警和战术预警二者之间不再相隔

[1] Luikart and Ang, “Transforming Homeland Security,” 69–77.

[2] Tromblay, “Threat Review and Prioritization Trap,” 762–70; Svendsen, “Federal Bureau of Investigation,” 371–97; Zegart, *Spying Blind*.

[3] Hulnick, “Indications and Warning,” 593–608; Wirtz, “Indications and Warning.”

定义清晰的界限，而是因为更多端的司法应用，呈现愈加复杂的相互关系。[1] 美国长期以来将获自他国的情报信息排除在刑事审判可接受的证据之外，对信息共享构成主要障碍，虽自 2001 年以来情况有所缓解，但尚未完全消除。2005 年成立的国家反恐中心使问题进一步复杂化，这一全新的机构被同时赋予了国内外双重情报职责，包括常规情报活动、行动监控，以及部分与反恐有关的政策制定职责。

传统的征候与预警分析方法适用于预测常规军事力量之间可能的战争，但不适用于处理大多数与反恐相关的情报问题。原因在于，首先，在关涉反恐的问题上，很难判断什么会是事件的终结状态，对恐怖主义的一般性担忧通常比较宽泛，不足以确定出对战略预警有益的具体情境和指标；其次，由于袭击目标、袭击者的实力储备、面对的安全措施等关键因素每每各异，恐怖分子历次采取袭击的方式也迥然相异，同样使情报人员很难开发出具有广泛或长期适用性的情境或指标。征候与预警分析方法唯一可能奏效的领域是用于解决那些规律性发动的组织性袭击，或反复出现的特定类型的袭击行动 [2]；再次，对于非已知的、新的（或正在形成中的）恐怖分子团体，对于发生在从未受袭区域的行动计划，标准的征候与预警分析方法几乎束手无策，倒是传统的公安手段往往更能奏效 [3]。“9·11”事件以降，情报警察的工作视阈急速扩张，特别是随着“融合中心”概念兴起，大量的警力和情报力量被组织起来，相互共享与相关个人或相关利益团体有关的信息 [4]。

辛西娅·格拉博等传统意义上的战略预警分析师所关注的预警问题多属于分析性工作，并主要关注国家，而上述新型的国土安全范式旨在甄别筛查怀有恶意的个体，很大程度上属于数据搜集和组织工作。无解之谜是

[1] Clarke and Eddy, *Warnings*.

[2] Sirseloudi, "How to Predict."

[3] Dahl, "Plots That Failed," 621–48.

[4] Sullivan and Wirtz, "Terrorism Early Warning," 18.

构成传统意义上的战略预警问题的主要成分，而国土安全问题要解决的则是拼图谜题，即在特定的地点和时间内找到特定的人，交由安全部门予以缉杀，至此就形成了情报工作的新的类别——“靶向分析”（targeting analysis）。在应对新型国土安全挑战时，不仅可以通过链路分析（link analysis）等传统方法在个体与群体之间建立关联，还可使用“大数据”搜索等新的分析方法找寻相关性，然后再使用传统手段拆解评估[1]。只有在战术预警的狭义视阈下，“9·11”事件中，情报界未能“描点成线”的批判似乎才可能成立。对一个群体进行详尽研究，从而得出意识形态（神学宗教）或组织文化的认知理解，能够有助于甄别筛查有预谋的袭击或其他敌意行为，但绝大多数的战术性反恐预警工作都需要用到靶向分析技能。

反恐预警和传统意义的战略预警的另一本质区别在于预警信息的受众——传统战略预警情报的受众是属于相对少数的国家高层领袖，对于如何回应预警信息有相当大的自由裁量权；而反恐情报的受众人数更众、类型更多样，除了国家高层，往往还包括执法机构、地区或地方政治领导，以及普通公众[2]。也就是说，高层领导使用战略预警情报的自由度被国内政治压力压缩。在“9·11”事件以后，相继有若干国家开发了公共预警机制，即通常由特定的国内机构，如美国的国土安全部，负责向公众传递与恐怖主义相关的威胁预警。加拿大、比利时、法国、爱尔兰、荷兰和英国也采取了类似的安排。这种面向公众发出的警示依风险等级一般可从低到高分为四到五级，并使用类似于征候与预警分析方法的图形标注方式，或传统的“红绿灯图表”的颜色编码方式加以区别对待。

国家的公共警示机制多侧重于警示迫近的（战术性）威胁，本质上并非是搜集信息、整合分析、生产情报、传递结论的完整预警系统。以美国为例，布什总统在“9·11”事件发生以后的 2002 年 3 月 12 日签署了“第 3 号国土安全总统指令”，并依据该指令创建国土安全部警报系统

[1] Lim, “Big Data and Strategic Intelligence.”

[2] Treverton, *Intelligence for an Age of Terror*, 187–88.

(HSAS)。国土安全部将此举解释为："以该系统为基础，建立全面而有效的沟通机制，向各级政府乃至全美民众警示恐怖袭击及其风险等级。"[1] 然而，政府在 2002 至 2006 年间根据事态和警示等级的变化而频繁调整颜色编码，却并未明确各颜色等级之间的阈值差异，一度令美国民众不胜其烦，加之被警告为高风险等级的潜在威胁最终均未实际发生，"狼来了综合征"在所难免。(没有明确证据证明是警示阻止了有计划袭击的发生。) HSAS 系统设置五级威胁等级，从低到高依次是：绿色（低），蓝色（警戒），黄色（较高），橙色（高），以及红色（严重）。该系统存在于 2006 至 2011 年间，后来美国国土安全部发布新系统全国恐怖主义警告系统（NTAS）[2]，用以取代前述颜色编码。

由 NTAS 系统发出的警示应分为"警戒"（elevated）和"迫近"（imminent）两级，但事实上，国土安全部在该系统运行期间并未通过该系统发出过任何警示。2015 年 12 月，国土安全部增发"全国恐怖主义公告"（NTAS Bulletin），用以向公众提供警示性信息。是月，国土安全部部长杰伊·约翰逊（Jeh Johnson）还下令开展了另一项公共警示工作，这项工作在贝拉克·奥巴马卸任总统一职后仍在继续。不论美国的公共警示机制究竟是否产生了任何实效，这一机制本身都不应被视为是真正的预警系统。

诸如 HSAS 和 NTAS 等面向公众的警示系统，一方面明显区别于只面向国家领导高层等少数人物的战略预警系统，另一方面也因此对情报人员提出了挑战。地方领导层的情报实践经验和相关专业知识可能不如中央领导层，公众对情报事务比领导者更无知，因此公众对情报错误的容忍度往往更低[3]。为保护自己，情报人员为更愿意基于部分证据发出预警，但他们更容易因为"狼来了综合征"喊得太多，令公众产生反感或

[1] 美国国土安全部网站：https://www.dhs.gov/homeland-security-advisory-system，引用日期：2017 年 4 月 27 日。

[2] 同上。

[3] Strachan-Morris, "Threat and Risk," 172–86.

者失去警惕心。公共警示系统最常被诟病的原因一般有：背景信息不详或设定风险级别的逻辑不明；预警过于密集，过于频繁，以布什政府时期的 HSAS 系统为例；风险等级调整过少，以奥巴马政府时期的国土安全部为例，（可能是对布什政府的做法矫枉过正，）这一时期针对不断变化的威胁反应迟钝，导致公众质疑系统响应能力。[1] 相较之下，荷兰的公共警示系统似乎运转得十分顺畅，得到该国公众的普遍认可。如第 4 章所述，荷兰采取了整合情报和预警工作，但由不同部门分别针对各自辖域内的问题评估并发出威胁性警示的方法。可见，就国土安全领域的问题而言，对沟通环节的说服效力和情报工作的政治要求都明显不同于以外部军事威胁为攻关对象的战略预警。[2]

医疗、卫生和生物预警

人们对与生物武器挂钩的恐怖主义对公众健康的潜在威胁，和大规模传染性疫病等公共卫生话题的关注度持续上升，关于情报在监控、预警、防范新兴的或持续存在的生物性威胁方面应扮演如何角色的讨论，也随之升温。[3] 但话题的边界和相关概念的定义尚未形成定论。[4] 诚然，传统意义上的对外情报活动在应对生物武器扩散和跨国生物性恐怖主义事件中发挥作用，但关于一般性的公共卫生问题的情报任务，仅仅是国家或国际公共卫生服务工作的次要议题。世界卫生组织众所周知的职能之一，就是对出现的新的大规模流行病或重新出现的已知疫病做出警示。不同于传统的

[1] John Hudson, "Obama's Terrorism Alert System Has Never Issued a Public Warning—Ever," *Foreign Policy*, September 29, 2014, http://foreignpolicy.com/2014/09/29/obamas-terrorism-alert-system-has-never-issued-a-public-warning-ever/.

[2] Freedman, "Politics of Warning," 379–418.

[3] Walsh, "Managing Emerging Health Security Threats," 359–62; Koblentz, "Biosecurity Reconsidered," 96–132; Wilson, "Signal Recognition," 222–30.

[4] Koblentz, "Biosecurity Reconsidered," 104–7. 17； 同上 , 123, 126。

情报预警实体，世卫组织等公共卫生机构还负责制定与此相关的政策，协调各方在业务层面采取一致行动，以应对威胁性局势。[1] 尽管部分公共卫生事件的确造成了严重后果（如 1918 至 1919 年暴发了造成全球约 5000 万人死亡的大流感），但相关预警在本质上仍然是战术性而非战略性的。

和其他任何类型的情报一样，医学情报也可能遭遇挫败。2014 年，公共卫生界普遍认为埃博拉病毒并不构成重大流行疫病威胁，因为尽管几十年来该病毒对赤道附近的非洲部分地区时有滋扰，但从未在西非出现。然而，西非地区特有的因素，缺乏对疫病暴发的必要准备、受感染人群跨境流动，以及疫病向人口密集的城市扩散等，进一步加剧了这场危机。[2] 与国家间冲突不同，即使疾病没有战略欺骗，失败也注定发生。

以安全为任的情报部门看似永远不可能在流行病学等医学领域，与美国疾病控制与预防中心（CDC）、美国国立卫生研究院（NIH），或世卫组织等以健康为任的组织机构分庭抗礼。[3] 但笔者希望倡导的是各系统之间，特别是情报部门与公共卫生部门之间，通过开诚布公的信息交流，确保公众健康安全无虞。

尽管术业有专攻，但对外情报部门至少在如下两种一般情形下可以发挥其有裨益于公共卫生事务的作用：（一）当某个或某些国家试图掩盖公共卫生问题本质时，掌握传染性疫病的具体性质和规模；（二）追踪并挫败任何以人类、农作物或动物为目标的生物性武器攻击计划。按照帕特里克·沃尔什的建议，在某些情况下，可使用传统战略预警方法，比如通过“红队”识别可能存在生物性袭击的情境[4]，为其制定指标，进而指导搜集和分析。伊丽莎白·普莱斯考特（Elizabeth Prescott）认为，严重急性呼

[1] Koblentz, “Biosecurity Reconsidered,” 123, 126。

[2] “Factors That Contributed to Undetected Spread of the Ebola Virus and Impeded Rapid Containment,” WHO, January 2015, http://www.who.int/csr/disease/ebola/one- year- report/factors/en/.

[3] Garrett, “Biology’s Brave New World,” 42–46.

[4] Walsh, “Managing Emerging Health Security Threats,” 355.

吸道综合征（SARS）等新的疫病和生物性恐怖主义的威胁表明，人类社会亟需建立一个更有效的全球疫病监测系统。[1] 可以肯定的是，情报在该系统中的角色将不可或缺，预警部门的沟通技巧和说服力能够帮助决策者更有效地应对突发性公共卫生问题。

2014 年，奥巴马总统下令美军提供医疗基础设施和运输受感染病患者，参与抗击埃博拉病毒疫情，西非的这次医疗卫生危机成为国防预警网络的预警课题[2]。鉴于部队难免受到疫情影响，国防预警人员对疫情的起伏走势进行监测。鉴于美军未来可能继续在抗疫中发挥支援作用，埃博拉病毒疫情遂成为五角大楼的长期关注。暂不论国防部的小部分人手在抗击这场流行病中的努力是否属于战略预警范畴，该问题之于美国政府的重要意义，使之成为负有战略预警责任的国防情报人员所必须重视并攻克的问题。

网络预警

除了传统的地面、海上、空中及太空领域外，网络空间日益成为爆发国家间冲突、发生间谍等犯罪活动的兵家必争之地。在美国，根据奥巴马第 41 号总统政策指令《美国网络事件协调》（United States Cyber Incident Coordination）等国家性政策文件，政府中的许多部门和机构纷纷被赋予维护网络安全的责任。[3] 其中，大多数机构的职能是安全防御范畴的，仅国防部、情报界的少部分部门兼具攻击属性，另有少量人力投入于对关于民用基础设施的网络攻击预警。

---

[1] Prescott, “SARS,” 207–26.

[2] Tom Vanden Brook and David Jackson, “More U.S. Troops Being Sent to Battle Ebola,” *USA Today*, October 3, 2014, http://www.usatoday.com/story/news/world/2014/10/03/ebola- pentagon/16650617/.

[3] “Presidential Policy Directive: United States Cyber Incident Coordination,” White House, July 26, 2016, https://obamawhitehouse.archives.gov/the-press-office/2016/07/26/presidential-policy-directive-united-states-cyber-incident.

网络攻击能否被预警？网络威胁情境需要一套与传统军事威胁情境不同的指标，目前尚无法断言征候与预警分析方法是否同样适用于解决该类问题。[1] 继续以美国为例，现有的有若干机构参与的网络预警体系中，各机构的职责划分并不明确。在情报领域，国家网络威胁情报整合中心（CTIIC）[2] 兼具执行、分析和政策研究等多重功能，中心重要的五项职责之一包括“酌情降低关于恶意网络行为指标及情报渠道中威胁报告的保密等级，以便通报联邦政府及社会私营部门”[3]。这一措辞无疑表明，网络安全预警是兼具战略性和战术性的。

美国情报高级研究计划署近年来一直在从事一项名为“赛博攻击非常规自动化探测环境”（CAUSE）的研究，目的是开发“比现有方法更早发现网络攻击”[4] 的自动化探测方法，旨在找到网络攻击早期阶段侦察、规划、交付等行动的蛛丝马迹，抢在攻击产生重大破坏性之前发出预警。

国土安全部也参与了网络安全预警相关活动。例如，国土安全部下辖的国家基础设施协调中心（NICC），负责监测全国关键性基础设施，是国土安全部国家保护和计划管理局（NPPD）的运营分支之一[5]，但仅具有战术预警功能。国土安全部使用的国家网络空间保护系统（NCPS）具有检测、分析、防御入侵、共享信息等各项技术，统称为“爱因斯坦计划”（EINSTEIN）[6]，这也是本质上具有战术性属性的预警。

[1] DeMattei, “Developing Strategic Warning Capability,” 81–121; Wirtz, “Cyber PearlHarbor.”

[2] 国家情报总监办公室下设的四个职能性中心之一，相较于其他三者成立时间最晚。——译者

[3] CTIIC website at https://www.dni.gov/index.php/ctiic-who-we-are.

[4] IARPA website at https://www.iarpa.gov/index.php/research-programs/cause.

[5] DHS website at https://www.dhs.gov/national-infrastructure-coordinating-center, accessed April 27, 2017.

[6] DHS website at https://www.dhs.gov/national-cybersecurity-protection-system-ncps, accessed April 27, 2017.

经济预警

中央银行、金融监管机构和主要的私营部门经济行为体都十分关注金融领域及其他经济领域的危机和机遇，或希望通过提前干预，达到防范或减轻危机对宏观经济的影响，或希望从中获利。比如，不少国家都会通过窃取或保护敏感技术，或帮助本国企业发现潜在商业机遇的方式，确保本国商业发展的优势。国家还可能预警其他国家的主动行动，包括旨在针对本国或本国的重要利益相关方的新兴监管制度。鉴于监管者对全球经济的控制不容忽视，大多数国家政府的财政政策以不同方式给全球经济带来巨大的压力。因此，针对经济问题的预警分析需要在预见市场趋势的同时兼顾政府政策倾向。格雷戈里·特雷弗顿认为，这些威胁中，有些有明确的制造威胁的主体，而有些则是无主问题。

各国的情报预警部门会出于不同的原因而应对此类经济问题[1]。譬如，各国有时尝试寻找机会，利用出于政治动机的制裁攻击其他国家的经济弱点。首先，有些国家的情报机构如美国，更重视与军事实力挂钩的经济问题。因此，中央情报局曾投入大量精力用于监控和评估苏联方面与其国防实力密切相关的经济活动，而对其他类型的经济行为则鲜少关注[2]。果不出所料，尽管少数国家预警情报官经济预警确有建树，但事实上，这项工作的总体成效十分有限。[3] 其他各国尽管予经济问题以更充分的重视，但仅有政策制定部门（如财政部、外交部）才会参与相关情报监控。冷战时期，苏联及其盟友发挥情报所长，从而挫败了输出管制统筹委员会（CoCom）以战略性禁运为核心的多边经济制裁[4]。

[1] Feaver and Lorber, *Diminishing Returns?*

[2] Zelikow, “American Economic Intelligence,” 164–77.

[3] George and Wirtz, “Warning in Age of Uncertainty,” 221–22.

[4] Libbey, “CoCom, Comecon,” 133–52.

第二，很多国家十分重视经济问题，并将搜集资产的重心落在从他国或其私营经济部门处攫取经济信息和技术。但这类行动都属于情报机构常规搜集和分析范畴，而非战略预警所指。防御类似搜集行动则相应属于反情报和执法的常规范畴。法国、以色列等常以其国家情报资产支持本国企业发展，相反，美国政府一直以来选择不用经济情报支持本国企业。[1]

第三，大多数国家普遍关心的技术性突发事件一般宜交由专门负责科学或技术的情报部门（非预警部门），或商务部、企业、学术研究机构等处理。然而，预警部门可作为支持单位，帮助其他部门产出的预警信息向外传递。

第四是可能最为重要的，国家政府财政上的不负责任导致了巨大债务负担和不合理的货币政策。这里的“不合理”更多是从历史角度的评价。这种不负责任正是造成全球经济失稳的最主要结构性因素。情报部门显然不愿意指出自己的“政治领袖”本身就是发生的经济问题的一部分；相反，他们认为，没有理由无谓地主动疏远自己的上司，不负责任的财政方针反而产生了政治上的吸引力。相反，批评过度赤字支出、因政府制度造成的劳动力市场结构性问题及过于激进的货币政策风险的声音，大多只会出现在财经媒体上。

各国中央银行和国际性经济组织[2]，如国际货币基金组织、世界银行等，负责对金融恐慌发出预警。这种对即将发生的危机进行的提前研判有助于达到若干政策目的，包括提醒、说服或迫使国家本就危如累卵的政府对问题引起重视，对其破坏性政策做出调整或启动救援行动，通常是含有附加要求的“条件性”紧急贷款，要求该国政府必须按照特定方式改变其政策。国际货币基金组织、各国央行行长，以及学界的宏观经济学家从历史角度确定了导致金融危机的条件。因此，他们确定了两种情境类型以及类似于征候与预警分析方法的相关指标。

[1] Zelikow, “American Economic Intelligence.”

[2] Sharma, “Asia’s Economic Crisis,” 27–52.

美国联邦储备委员会的经济学家们通过研究历史，找出了可能对宏观经济走势构成重大影响的各种变量，并开发了能够系统性整合相关指标的计量模型，方便建立类似于征候与预警分析方法的情境。这些重要变量包括利率、一般物价水平、住房等大宗物品的价格，以及原油等重要原料的价格。经济学家不仅经常通过对关键指标值的不同判断或假设来创造"替代情境"（alterative scenario），还会研究哪些指标的变化能够有效预测发生经济衰退等具有特殊政策利益的事件[1]。这种常规理论在通常情况下都能运转良好，但面对类似美国 2008 年的不寻常局面，如果不能及时跳出惯常的思维，就很可能无法发挥其效用。于是，在意识到这一缺陷后，经济学家们又着手设计开发了专门针对危机情况的其他模型。[2]

2013 年，美联储前主席艾伦 · 格林斯潘（Alan Greenspan）对美联储及经济学界普遍未能预见 2008 年全球金融危机的原因，提出了自己的分析，认为标准的计量经济学模型没有充分考虑到他所谓的"动物本能"[3]。借用约翰 · 梅纳德 · 凯恩斯（John Maynard Keynes）的理论，格林斯潘认为，野心和恐惧等心理因素[4]对这场危机负有不可推卸的重大责任。这些心理因素包括人规避风险、希望尽快获得经济回报的偏好，与同龄人相比为了"跟上琼斯"（keeping up with the Joneses）的"炫耀性消费"欲望等等。羊群行为和从众心理推波助澜，危机最终爆发。格林斯潘甚至断言，这些心理因素比许多经济学家们认为的要更有规律、更易理解，因此建议将之更妥当纳入经济模型，从而提高预测的准确性。笔者认为，这些情感

[1] Travis Berge, Nitish Sinha, and Michael Smolyansky, "Which Market Indicators Best Forecast Recessions?," *FEDS Notes*, August 2, 2016, https://www.federalreserve.gov/econresdata/notes/feds-note/2016/which-market-indicators-best-forecast-recessions-20160802.html.

[2] Pablo Guerrón-Quintanay and Molin Zhong, *Macroeconomic Forecasting in Times of Crises*, Finance and Economics Discussion Series (Washington, DC: Federal Reserve Board, 2017), https://www.federalreserve.gov/econresdata/feds/2017/files/2017018pap.pdf.

[3] Greenspan, "Never Saw It Coming," 88–96.

[4] 同上，88–91。

因素同样也会作用于政治和军事决策，因此，预警分析人士不妨从行为经济学中积极汲取所需。[1]

地震、火山活动等灾害预警

尽管地震、海啸、火山喷发的科学预警过程是自然科学范畴，并且大部分是战术预警属性，但确与情报部门向国家领导人发出的典型政治军事主题的预警有相似之处[2]。科学家们对断裂带和火山的研究，对地质事件发生的关键地理因素有了大致的了解，并据此编制了“指标清单”。通过地震波、全球定位系统及其他仪器设备，科学家们得以“搜集”与地震相关信息。当出现发生重大地震事件的征候时，科学预警人员向政治高层发出警示并建议其考虑采取防御行动，这类行动往往需要付出可观的代价。科学家们需要依靠自身之于决策者的可信度——通常为学科资历和既往成功的预警经验——说服政治家们立即采取成本高昂的行动。对政治家们而言，为疏散人口付出的财力和经济机会是有形成本，此外还必须背负万一因为判断准确而行动不力，付出生命代价和个人政治生涯的风险成本，又或者是判断失准而进行不必要的疏散，引发其他不必要的指责。

地质学家在对类似灾害的预警中积累了不少成功经验。譬如，美国地质勘探局（USGS）的地质学家们抢在1991年菲律宾皮纳图博火山喷发前发出预警[3]，确保了周边民众及时撤离，拯救了无数生命。其中，美国地质勘探局不仅自有正式的监控和警示系统，还与本国的其他政府部门、其他国家的政府保持合作，彼此共享信息，通报迫近的威

[1] Akerlof and Shiller, *Animal Spirits*.

[2] Bhardwaj, Sharma, and Kumar, “Multiparameter Algorithm,” 1242–64.

[3] “Mt. Pinatubo Explosion at Clark Air Base, Philippines Part 1,” YouTube, https://www.youtube.com/watch?v=SMe0VPQftsc, accessed May 23, 2016.USGS, “Volcano Hazards Program,” at http://volcanoes.usgs.gov/index.html; and USGS, “Earth- quake Hazards Program,” at http://earthquake.usgs.gov/research/earlywarning/, both accessed May 23, 2016.

胁。勘探局通过电子邮件向相关对象发布火山活动警报（The USGS's Volcano Notification Service），还在官网上动态更新填色图表[1]，对包括阿拉斯加和夏威夷地区在内的美国西部诸火山的活动状态进行提示。按照活跃度高低，火山活动被划分为“未定义”（unassigned）、“正常”（normal）、“加强”（elevated）等若干等级，方式与征候与预警分析针对军事威胁指标状态等级而采用的红绿灯图表类似。

商业预警

商业企业随时面对大量不定因素，或来自于不断变化的商业环境和竞争对手，或有时也来自于因国家管制、税收等政策形式造成的破坏性打击。因此，不仅不少企业都设置了内部情报职能部门，私营“情报机构”和相关的服务行业也在不断发展壮大，公立和私立院校纷纷开设商业情报方向的培训课程，专业学术研究在 20 世纪 70 年代开始出现，并在 80 年代鼎盛一时。商业情报作为专业，其发展方向是多元的。有些专注于调研分析，在私营部门的角色相当于政府的动态情报部门，有些则专注在相当于评估和预警职能方向。私营商业情报服务多带有政策咨询性质，远超大多数政府情报部门的职能。

牛津分析公司[2]是最资深和最成功的商业情报公司之一，成立于 1975 年，总部设于英国牛津，为私营部门行为体和一些政府部门的付费用户提供分析和咨询服务。公司涉猎领域十分广泛，包括政府的战略预警职能部门主要关注的政治和军事议题，也包括政府常规权限之外的商业和社会议题。成熟的企业架构、信息搜集和分析方法、客户关系维护等内容构成了

---

[1] USGS, “Volcano Hazards Program,” at http://volcanoes.usgs.gov/index.html; and USGS, “Earthquake Hazards Program,” at http://earthquake.usgs.gov/research/earlywarning/, both accessed May 23, 2016.

[2] 牛津分析公司网址：http://www.oxan.com/。

牛津分析公司不同于一般政府情报部门的商业模式。

牛津分析公司在全球设牛津、纽约、巴黎和东京四处办公室，核心雇员与约 1400 名兼职顾问密切合作，这些专家经验丰富，身份保密。因此，牛津分析公司招募具备信息搜集和分析能力的顾问，提供有自主产权的情报和判断。这种商业性做法与美国的政府情报机构有很大不同。与此同时，牛津分析公司全职员工与用户密切互动，就其政策咨询提出建议，这是大多数国家情报部门的政治文化都禁止的角色。但牛津分析公司的顾问都是各自领域内的资深专家，包括学者、前政治决策者、前政府监管部门负责人和商界人士，这意味着对于用户而言，牛津分析公司的团队具有相当的可信度，而用户的付费行为本身也有形地表明了他们对牛津分析的信赖。2016 年 8 月，牛津分析公司董事会阵容中有布罗克韦尔的巴特勒勋爵（Lord Butler of Brockwell，英国前内阁大臣），英国秘密情报局前局长科林·麦科尔爵士（Sir Colin McColl），美国前参议员比尔·布拉德利（Bill Bradley），美国前副国务卿兼首任国家情报局长约翰·内格罗蓬特（John Negroponte），负责跨境威胁问题的美国前国家情报官戴维·洛（David Low），英格兰银行前顾问罗宾·麦肯奇（Robin McConnachie）等[1]。牛津分析公司的“外延性工作”可以视为是联邦情报界中各国家情报官单一情报职责的扩大版。

如本书前文章节所述，大多数政府的情报机构出于声誉考虑，都不会主动披露情报分析业绩。牛津分析公司虽未明言，却隐晦地将公司业务的蓬勃发展归因于专家顾问团队既往的准确“预测”和可靠表现。牛津分析公司的高级雇员负责替用户研判与之利益相关的新出现的问题——典型的战略预警职能，公司则负责有选择地调配其专家团队，应对并解决这些新问题，换言之，公司能够为应对具体问题而部署最佳人手，内部并不存在上下级机构之间的官僚约束。

[1] 牛津分析公司网址：https://www.oxan.com/about/people/international-advisory-board/。

斯特拉福公司[1]成立于 1996 年，总部设于美国得克萨斯州的奥斯汀。斯特拉福专注于产出准确预测，为用户提供机会。与牛津分析类似，斯特拉福提供信息分析和决策咨询，同样敢于强调自己的既往业绩。类似的服务商还有成立于 1999 年的欧亚集团[2]等等。

评估“政治性风险”是上述服务于私营企业用户的商业性情报公司的其中一个核心职能。政府有时是不可预测且反复无常的，私营企业一般都会希望规避因政府行为带来的冲击，不希望与政府产生政治接触。以美国大选为例，往往会因为赢家的意识形态议程而产生新的实质性挑战（或机遇）。因此，商业性情报公司也为企业提供针对各国政府可能行为及其后果影响的预警服务。

对商业性情报公司内部的预警行为的学术分析可参阅本杰明 · 格拉德（Benjamin Gilad）的理论成果。格拉德是位于美国马萨诸塞州波士顿的富德—格拉德—赫林竞争情报学院（Fuld-Gilad-Herring Academy of Competitive Intelligence）的创始人和学院目前的管理者[3]，他把商业情报或竞争情报中与战略预警类相似的工作称为“竞争预警”（CEW），并认为所使用的方法与前文述及的军事威胁预警方法和征候与预警分析方法都多有相似之处，当然也有值得留意的差异[4]。

对格拉德而言，竞争预警属于战略职能，旨在通过鼓励 CEO 等企业高层为抵御如下四个领域的外部环境变化而采取相应行动，包括：（一）技术性变革；（二）政策性管控；（三）影响市场偏好的社会或人口变化；（四）竞争对手的动向。[5]商业公司从公司整体层面，在发现风险的基础上按照应对各风险的优先级安排，针对公司未来发展，开发相应情境，

[1] 斯特拉福公司网址：https://www.stratfor.com/。

[2] 欧亚集团公司网址：http://www.eurasiagroup.net/。

[3] 学院网址：http://www.academyci.com/mission/。

[4] Gilad, *Early Warning*. Herring, *Measuring Effectiveness of Competitive Intelligence*.

[5] Gilad, *Early Warning*, 72–74.

商定具体指标[1]。格拉德写道："这些定量或定性的指标也称为路标，是搜集的具体问题或目标，分配专人负责识别这些信息，表示特定情境正在出现。"[2]

公司整体认为，指标与征候与预警分析方法中情境和指标的生成过程类似。这个生成过程依赖分析师的专业素养，而非简单的收集数据、呈现战术信息。杰拉德对过程的定义类似于国家情报机构目前对"动态情报"的一般定义，鉴于预警信息尤其重视可信度和相关性，因此仅在必要时不定期发布[3]。为此，杰拉德指出目前美国情报界常犯的失误——将预警职能下放至动态情报"车间"，将"产量"作为是否履职的唯一衡量标准；并隐晦地表达了对战略预警"凡情报分析师皆为预警分析师"的 EAAWA 工作方法的反对。

甄别商业风险或（杰拉德倾向于使用的）不确定性实则是一个将竞争情报分析和战略规划以及高层决策联系起来的无缝连接过程，目标是降低风险，并及时发现可为利用的机遇[4]。首先，竞争预警侧重于分析，有时候需要仰赖商业观察者的专业见解，但这一过程一般不涉及搜集或过度依赖"数据"。杰拉德为此也一贯强调，没有分析的数据是无用的[5]。其次，竞争预警过程发挥作用时，情报生产者和消费者之间并无分歧。杰拉德不认为在商业语境中仍会存在谢尔曼·肯特提出的"距离"问题，因此也无需效仿英国联合情报委员会，把情报、政策和行动人员整合在一起。再次，这种使从事情报分析与从事战略规划的具体人员无缝对接的做法更接近于战术性军事情报行为，而非战略性预警行为，尽管其意图是战略性的。最后，落实执行的过程至关重要，但并非没有失败的可能，与战略预

[1] 另一种开发商业场景进行分析的方法，参见 Schwartz, *Art of the Long View*。
[2] Gilad, *Early Warning*, 116.
[3] Gilad, *Early Warning*, 127, 142。
[4] 同上，59–60。
[5] 同上，19。

警面对国家政治领袖时类似，竞争预警面对的企业总裁们也有时会显得毫不在意。因此，吉拉德提出了一个与第 1 章所引用的约翰 · 伯德的哲学相近的论点：预警信息的说服力既是必不可少的，也往往是这一过程中最困难的部分[1]。

非政府组织、国际组织预警

非暴力的非国家行为体，特别如联合国机构等国际组织和具有人道主义援助和倡导角色的私营非政府组织，使用类预警的方式，通过关系网络，就其担忧或关切的情势，直接或间接地向其他非政府组织、相关国政府、联合国机构及其高层人士做出提醒，并敦促其采取应对行动[2]。20 世纪 90 年代以降，尤其是 1994 年卢旺达种族灭绝事件、1995 年 7 月斯布雷尼察附近波斯尼亚穆斯林遭受屠杀事件等人道主义灾难引发国际社会普遍激愤，非国家行为体的预警角色日趋活跃。笔者认为，非政府组织等非国家行为体将越来越多地成为预警技术的使用者和改良者，以及新技术的创造者。

长期以来，联合国始终没有配备任何与情报相关的行动能力，遑论预警职能[3]。造成这一结果的原因在于联合国始终认为，“情报”即意味着与联合国使命相违背、与其宗旨不相容的秘密行动。冷战时期的紧张局势，以及超级大国之间因为相互敌对情绪而随意动用一票否决安全理事会决议的能力，使得联合国在相关地区得实际行动效力进一步下降，也削弱了战术情报的需求。不过，20 世纪 90 年代以来，华盛顿和莫斯科之间合作性互动增多，联合国的和平行动半径持续延展，相应的情报需求也随之增加。1992 年，时任联合国秘书长布特罗斯 · 布特罗斯 – 加利（Boutros Boutros-

[1] Gilad, *Early Warning*, 134。

[2] Gentry, “Toward a Theory.”

[3] Chesterman, “Does the UN Have Intelligence?”

Ghali）在其广受赞誉的报告《和平纲领：预防性外交、建立和平、维持和平和缔造和平》（*An Agenda for Peace: Preventive Diplomacy, Peacemaking and Peace-Keeping*）中指出，联合国迫切需要为应对可能必要采取干预行为的地区政治动荡、暴力冲突问题而建立早期预警机制[1]。作为回应，非政府组织、国际组织如经济合作与发展组织（OECD）、联合国机构如政治事务部（DPA）、人道主义事务部（OCHA，或称人道主义事务协调厅）等纷纷组建了各自的早期预警机制，旨在尽早识别政治不稳定因素[2]。

上述组织机构的种种努力部分缓解了联合国长期以来在如下两方面的预警需求：（一）联合国安全理事会和秘书处为及时采取有效应对行动而对可能出现的危机情势保持关切；（二）包括但不限于维和部队等（较之冷战时期）数量更为可观的联合国特派团，需要掌握政治军事动态情势发展，以有效规划行动，识别对联合国人员及维护部队旨在保护平民的威胁（和机遇窗口）。

然而，联合国框架内并未就此诞生任何如多数国家行为体或本书所述及的任何类战略预警职能部门。主要原因在于，多数成员国无意赋予联合国独立的情报（和军事）能力，出于担心威胁安全理事会常任理事国利益，而不希望借此使联合国具备行动上的独立性。鉴于联合国成员广泛，情报获取方式不当则很可能触发成员国的敏感神经，因此，很少有国家愿意向联合国提供敏感情报。当然，也不乏有人士出于保护联合国神圣使命和宗旨的初衷，不希望联合国被任何“肮脏”情报工作所玷污。

然而，联合国外派人员对派驻地区情势发展的信息收集和分析需求是客观存在的，受之影响，也催生了包含预警实质的有限的战术情报功能。维持和平行动部（DPKO）在情况中心（Situation Centre）部署了情报分

[1] Boutros-Ghali, “Agenda for Peace,” paras. 26–27.

[2] Organisation for Economic Co-operation and Development, *Preventing Violence*; Ekpe, “Intelligence Assets of the United Nations,” 384–87.

析人力和开源情报搜集手段[1]。此外的联合国主要机构也分别具备有限规模的信息收集和分析部门，彼此共享信息和评估意见。特派团一般也会具备适度的搜集和分析能力[2]。如此便共同构成了联合国可观的情报实力[3]，这些情报职能开始帮助改善外派行动。

部分非政府组织采取方法科学的分析程序对威胁和机遇进行评估并发出预警。以和平基金会（FFP）为例，每年公开发布的国家指数数据[4]基于专有指标模型，通过社会、经济、政治和军事指标量化甄别不稳定风险，并在年报中采取类似于征候与预警分析中“红绿灯图表”的颜色编码方式提示风险等级。也有不少抱有意识形态动机的非政府组织会使用社科理论和方法来表达各自主张。

除本书前文第 6 章述及的使用征候与预警分析方法的种族灭绝观察组织，许多人道主义领域的非政府组织就自然灾害或社会冲突可能导致的人道主义危机，也开发并使用类似的指标[5]。一旦认为危机行将发生，这些非政府组织就会履行其预警职能，立即向相关国政府、国际组织如联合国难民事务高级专员公署（UNHCR）、世界粮食计划署（WFP）等发出警示，通过宣传倡导，提高公众意识，筹集资金，向相关国政府施压使之采取应对行动[6]。而在具体实践中，这些步骤往往同期进行，这也再度彰显了不同于美国情报界的运作模式。仍以种族灭绝观察组织为例，该组织具有典型的非政府组织特征，依靠有同样关切的非政府组织构成的关系网络收集并评估“情报”信息，依靠这一关系网络对外发布并传播相关警示。预警

[1] Dorn, “Intelligence at UN Headquarters?”; Johnston, “No Cloak and Dagger Required.”

[2] Dorn, “Intelligence-Led Peacekeeping”; Rietjens and de Waard, “UN Peacekeeping Intelligence.”

[3] Zenko and Friedman, “UN Early Warning,” 21–37.

[4] Fund for Peace, “Fragile States Index 2016,” http://library.fundforpeace.org/library/fragilestates index-2016.pdf, accessed May 25, 2017.

[5] Clarke, “Early Warning Analysis,” 71–97; Stanton, “Rwandan Genocide.”

[6] Gentry, “Toward a Theory.”

信息的目标对象包含同处于关系网络中的其他伙伴、相关国政府及其高层领导、联合国机构等国际组织。包括种族灭绝观察组织在内的诸多具有特定政治政策主张，但不从事人道主义领域具体工作的著名“倡导性非政府组织”，主要依靠组织领导者的个人人脉，与政府高层沟通接触。这些非政府组织的领导者中，很多人本身就曾在政府中担任要职，一些人曾经服务于政府要员或其智库，建立了有助于有效倡导其政治议程的网络。因此也可以说，非政府组织的倡导自由度是大于大多数政府情报机构的。凭借组织领袖和政治高层相互间的友谊和信赖基础，非政府组织在沟通接触决策者时的效果也往往更好。笔者认为，政府的预警专员不仅应该从此类倡导性非政府组织的成功预警经验中有所借鉴，且不应忽视，从政治高层的时间和精力分配角度而言，这些非政府组织无疑成了他们的竞对。

第 10 章
与高级情报消费者的沟通

理查德·贝茨认为，预警失误的原因通常有二，要么是预警数据或评估未能在情报界内充分传递，要么是预警信息有悖于高级决策者本人的战略预测或假设而未能被采纳[1]。本章节主要探讨后者及其后果，旨在揭示情报如何帮助高级决策者减少在预警方面的失误。

不论是民选的政治领袖，还是行伍出身的军事领导，国家的高层人物通常都是经验老道且聪慧过人的才干之选，在仕途中历经重重挑战，才得偿高位要职。他们各有自己的人生抱负、政治理想、意识形态，各有他们想要代表或意欲取悦的选民群体。高层人物经常需要靠说服不情愿的听众获得他们对自己想要采取的行动的支持，为达目的，有时就会需要有选择地借助情报工作[2]。但位高权重的政治领袖和军事领导们随时处于时间紧凑、日程充实的忙碌中，没有耐心组织广泛的哲学探讨，不会留给情报人员太过充裕的时间。他们信心十足，希望当机立断采取果决的行动，从而

[1] Betts, Enemies of Intelligence, 22. Roberts and Saldin, “Why Presidents Sometimes Do Not,” 779–802.

[2] Jervis, “Why Intelligence and Policymakers Clash,” 188; Rovner, *Fixing the Facts*.

尽快推进自己主张的议程[1]。因此，高级政治领导人喜欢支持自身计划的情报。有些高层人物可能会欢迎与其政策产生冲突的预警，但另一些人对情报传递的不受青睐的信息流露明显反感，攻击“信使”，以及信息本身[2]。还有些时候，因为高层人物另有关切，情报很难吸引到足够的注意力。

因此，高层人物的倾向性与大多数情报分析师是有差异的。情报人员自主选择，从事至少需要对复杂问题进行一些思考的工作，并应该（通常也是）保持政治中立[3]。长期在美国中央情报局从事情报分析的前副局长约翰·麦克劳林将这一差异归结于情报界和决策层之间的基本文化差异[4]。专业情报人员的一项关键工作就是使这两个“世界”产生互动，在优先服务于高层人物的基础上，保持互利。

高层政治领袖往往对世界大势了如指掌，但他们的知识并不完备，尤其在新的或不同以往的情势出现时，可能被自己的所知所误导。亚历山大·乔治指出美国历任总统各有不同的决策风格，他们或多或少都会使用一些技巧来降低在不得不做出艰难决策时的紧张情绪，或言“心理成本”（psychological cost）[5]。如前所述，预警常常要说服高层人物做出他们并不情愿的决策，而想要实现有说服力的沟通，就需要首先理解具体领导人在面对压力时可能的反应。领导人可能会基于有限的信息而得出有误解的结论，也可能在看待问题时，加了本人文化视角的滤镜，即出现前文述及的“镜像思维”之观。换言之，他们是基于对历史的个人见解来完成决

---

[1] Jervis, “Why Intelligence and Policymakers Clash,” 193–95; Treverton, *Intelligence for an Age of Terror*, 170–71.

[2] Davis, “Paul Wolfowitz.”

[3] 曾在政治决策部门和情报部门任职过的的罗伯特·布莱克威尔（Robert Blackwill，曾任美国驻印度大使）回忆说，情报分析师在面对他时是会从政治视角陈述问题的。参见 Davis, “Policymaker’s Perspective,” 12。

[4] McLaughlin, “Serving the National Policymaker,” 81–84.

[5] George, *Presidential Decisionmaking*, 139–48.

策的[1]。外交政策分析人士在研究档案和史料时发现，领袖人物一般常试图使用类比的方式借鉴既往的经验支持当下的决策，或借用既往的案例说服面前的选民，但他们对历史的解读往往带着有意或无意的矫饰[2]。例如，美国的政治高层总是将持对立意见的他国领导人比作“当代希特勒”，或将困蹇的军事局面比作又一个“泥淖的越南”。

心理学家们早已发现，包括国家政治领袖在内的几乎所有人都会在决策时严重依赖个人经验，且更重视与本人“认为应当”（未必一定“乐见其成”）基本一致的信息，而忽视与本人先入为主的观点或假设有所冲突的信息，即出现“确认偏误”。如本书前文第 8 章所述，确认偏误既是情报分析师的软肋，也是行骗者苦心寻觅的突破口。而一旦情报消费者出现这一偏误，则很可能从两个方面增加己方预警人员的工作难度：首先，行骗者的目标是情报分析师身后的决策者，采取手段强化决策者的误解或歪曲决策者能看到的表象，会进一步冲击预警信息的说服力[3]；其次，选择性确认偏误也会削弱决策者对一般性情报信息的接受度。因此，对从事预警的专业人员而言，须格外警惕所服务或汇报的对象是否出现这一偏误，尤须竭力阻止发生这一偏误，但完成这项艰巨的任务需要首先与情报消费者建立密切且互信的关系基础。

况且，决策者还有家人、朋友、政治顾问、非政府组织、媒体，以及与其保持个人层面交往的他国领导人等各种消息源。这些信息源有时会欺骗、误导国家领导人，是出于政治主张、意识形态、国家利益等目标，为影响决策而故意释放的。对于决策者认为已经熟稔的争议性的重要话题，情报不太可能为他们提供有意义的信息[4]。在关键消费者的时间和注意力

[1] Neustadt and May, *Thinking in Time.*

[2] Khong, *Analogies at War.*

[3] Gentry, “Warning Analysis.”

[4] Jervis, “Why Intelligence and Policymakers Clash,” 199.

上，情报在不断增加的现代“连线世界”中总是有重要的竞争对手[1]。

决策者与决策者之间，对情报的接受度有迥然的高低之差。麦克劳林经常与情报消费者打交道，还曾在美国国务院政策部门轮调工作，他基于既往工作经历，将美国政府内部的高级情报消费者归为两种类型：(一）懂得如何解读和使用情报；(二）即使理解情报，也不使用或不会使用[2]。后者通常对情报机构不抱信任，甚至有所反感，情报机构当然很难获得消费者认可。因此，对于情报部门而言，应当尽可能避免生产者与消费者的关系陷入失信或反感。对于情报人员而言，应当尽可能（通常有限）使消费者理解并接受情报的效力和局限[3]。

决策者一旦下定决心、做出决定，就很容易不管不顾地一条道走到黑，哪怕事态的接续发展并不如意[4]。决策者的这种一意孤行有时固然可能有其道理：短期的成败预测是局限的，长期的情势发展是动态的，中途否定前策、改变政策则可能招致对此前决策失当的指责，其政治成本是显著高于前策失误本身的。有时候，决策者可能会对既已做出的决策抱持坚持到底的承诺，并因此抵制接受与之相悖的新预警。为此，情报部门应当充分认清与情报消费者沟通的机会窗口，在消费者下定决心前发出必要预警，在消费者了解形势并做出决策，即该问题的机会窗口关闭后，将情报工作的重心适时转向下一问题。

换个角度来看，许多情报人员能够窥探到的不过是高层决策者面前纷繁复杂世界的一角，却傲慢地将情报建议未被采纳归咎于消费者的无能、偏颇或意识形态。事实上，这种傲慢的态度在美国情报界中甚为流行[5]，几乎背弃了谢尔曼·肯特留给情报界的文化遗产——尊重并保持情报生产

[1] Degaut, “Spies and Policymakers,” 509–31.

[2] McLaughlin, “Serving the National Policymaker,” 82.

[3] Wilder, “Educated Consumer,” 29–37.

[4] Jervis, “Why Intelligence and Policymakers Clash,” 191–93.

[5] Pillar, “Intelligence, Policy”; Miscik, “Intelligence and the Presidency”; Hayden, *Assault on Intelligence*.

者与消费者之间的距离、竭力避免情报直接干预具体政治决策过程[1]。诚如笔者在特朗普任期初期所观察到的，情报生产者与消费者的关系再次走向紧张，对此，白宫方面和情报界都难辞其咎，但责任并不同等：情报部门与总统的关系天然是不对等的，因此，总统对待情报部门、情报人员的方式虽然不尽明智，但是全然合法；至于情报界（除对情报政治化的抵制行为外）出于意识形态或政治诉求而采取的反叛态度，则完完全全是不合时宜，甚至不揣冒昧的[2]。

甚至于早在特朗普参选 2016 年总统之前，情报界的表现就已经对与政治高层的关系产生了消极影响，这意味着也影响了预警情报的表现。自 1978 年以来一直担任美国中央情报局顾问的罗伯特·杰维斯曾在 2010 年写道：

出于某种原因，（共和党人）认为情报分析师主要是些自由主义者，他们于是认为情报部门总是试图阻挠政府的决策，或使之难堪，这一怀疑多数时候是错误的。但大多数情报分析师的世界观的确不同于共和党人，后者因此的确有理由质疑情报部门对许多问题的分析意见。与此同时，情报分析师则低估了他们对建立在事实证据基础上的具体分析受到自己总体倾向影响的程度，因此笃信决策高层未予采信是固步自封的表现，是意识形态的偏见。尽管并非所有人的所有行为都受缚于其世界观，但情报界的确忽视了决策高层拒绝采纳情报意见的合法性。里根总统时期，总统本人及包括时任中央情报总监的威廉·凯西在内的高层曾一致认为，情报界得出的关于苏联不会支持恐怖主义发展，不会受胁于经济压力的情报结论，是自由主义倾向的产物，而非落脚于对事实的分析。这一判断或许无误。因此，高层在不迫切依赖情报界支持时，更有理由轻视，反过来，又给高

[1] Davis, “Sherman Kent’s Final Thoughts.”

[2] Gentry, “New Form of Politicization?” 这种偏见，参见 Hayden, *Assault on Intelligence*; and Clapper with Brown, *Facts and Fears*。

层带来了情报工作政治化的指控。[1]

情报界内任何这种系统性的政治、意识形态或文化偏见，都会加大集体情报追求客观性的难度，在共和党或民主党执政时期，这种难度以不同的方式出现。共和党人会出于前文杰维斯提到的原因，而缺乏对情报工作的信赖；而民主党人能够从情报得到需要的支持，但可能得不到他们需要的客观分析[2]。有了生产者与消费者之间的距离，以及“正言直谏”的所谓美德，使得分析师及上级不难将自己的偏见合理化为客观性[3]。但无论怎样，受损的都将是情报职能本身。

虽然笔者亦不赞同任何将情报政治化的行为，但笔者同时认为，衡量预警领域政治化的标准应与其他情报分析领域不同，因为预警明确要求决策者做出可能导致后续行动的决策。如果高层决策者已经形成了政策决定，并为此政治冒险投入了政治资本甚至物质财力资本，那么他们很有可能会就此屏蔽任何与决策前的信息相矛盾的新的信息，以及反感任何关于决策科学性的质疑。结论反转的预警还可能伤害预警职能部门与高层之间既有的信任关系，笔者金特利因此认为，此时最宜采取“不作为的政治化”（politicization by omission），即鉴于无政策相关性而不予处理有事实相关性的情报问题[4]。前中央情报总监理查德·赫尔姆斯（Richard Helms）曾在1970年军事干预柬埔寨问题上采取过这一立场——当他得知尼克松总统已决意对柬行动后，没有再向尼克松呈交已经完稿的评估报告，尽管报告分析认为美国的军事行动很难在该地区产生实质成效[5]。但赫尔姆斯

[1] Jervis, “Why Intelligence and Policymakers Clash,” 199–200. 笔者金特利亦赞同杰维斯对美国情报界政治倾向的分析，参见 Gentry, “New Form of Politicization?”

[2] Hayden, *Assault on Intelligence*, 36–37.

[3] Jervis, “Why Intelligence and Policymakers Clash,” 199–200; Hastedt, “Politics of Intelligence.”

[4] Gentry, *Lost Promise*, 33.

[5] Betts, *Enemies of Intelligence*, 45.

的这一“政治化”做法一直为情报界和中央情报局内部的不赞同尼克松决策的人所诟病，但笔者认为，就当时的情势而言，赫尔姆斯的决定是恰当的。此后，在高层与情报界之间仍不乏一些“不作为的政治化”案例，但限于保密原因，目前尚未向公众披露[1]。对于英国的联合情报委员会和与之类似的能够确保生产者与消费者经常性互动的情报界设置而言，则可能并不存在上述矛盾。

鉴此，笔者更为认同前中央情报总监罗伯特·盖茨的观点——非政治化的情报工作应予政治决策更具相关性的支撑。再一味强调肯特所主张的情报生产者与消费者之间的“距离”，则恐怕适得其反[2]。但是，笔者并不赞同过度强调动态情报之于政策相关性的观点。英国联合情报委员会的经验足以证明，情报界与政策决策、执行部门的密切协作并不会必然产生明显的客观性问题。

生产者与消费者的良好关系

一直以来，情报生产者和高级消费者始终处于或亲密无间或疏离对立的反复之中，且往往不睦比和谐更接近常态[3]。在双方的这段关系史上，不乏有高层决策者故意忽视或拒绝采纳情报建议的轶闻稗史和档案记录，或可视为前车之鉴。譬如在本书的第 2 章中，就历数过希特勒就行动止步于乌拉尔山脉能否征服苏联的既定目标，从未征询过情报部门的任何意见，他以敏锐的政治军事洞察力自矜，这种敏锐性有时相当不错；对麾下情报部门或其外派人力资产缺乏信任的斯大林，认为只有自己才能胜任自己的首席情报分析师，却最终严重误判了希特勒的意图；以及同样自己担当情报分析师的丘吉尔，虽然一定程度上认可情报贡献，

[1] Gentry, “Intelligence of Fear,” 15.

[2] Davis, “Kent-Kendall Debate,” 91–103.

[3] Gates, “Opportunity Unfulfilled,” 17–26.

但始终觉得情报部门对国际局势或希特勒本人性格的判断不如自己精准而深刻。

在美国，大量轶事不难使人大略窥见历任总统们对情报的关注，以及对情报机构或具体某个人的态度，有时带有明显的偏见。尽管传闻最集中于动态情报和评估，但或可佐证高层们是如何看待预警信息的。以下摘录轶闻若干，供情报人员从中归纳为不同决策风格提供情报支持的更有效方法。

富兰克林·罗斯福总统的外交决策风格属于亚历山大·乔治所说的“竞争性管理模式”[1]——下属和政策顾问们职责交叉，但彼此之间并不过度沟通，从而使不同的观点充分表达、竞争、交锋。在二战期间，情报工作急速铺开，罗斯福对人力情报和秘密行动青眼有加，却并未同样重视通信情报，尽管事实上，后者才是战时美国的主要搜集来源[2]。如果当时就存在战略预警，这些特征将产生显著影响：首先，预警情报将被要求直接向总统本人呈交汇报；其次，除总统本人外的其他次要成员，仅享有有限的话语权重；再次，如果预警信息强调人力情报的来源，则更可能被采纳。诚然，掌握这些特点的前提是对总统本人的近距离观察，与之建立并保持有信任关系。而现实中能够与罗斯福总统达成信赖关系的人少之又少。

哈里·杜鲁门总统的决策方式好比公司董事会上的董事长——亚历山大·乔治称之“形式主义”[3]风格，即“从各个来源接收信息、在各种论点间权衡利弊，直至做出自己的决定”。在情报问题上，杜鲁门喜欢亲自批阅原始情报报告，从中得出对外界事态发展的理解[4]。为此，他要求呈阅予他的每日情报报告中不包含任何估计或预测的成分，使中央情报局——彼时，1946年，还称“中央情报组”（Central Intelligence Group），次年更

[1] George, *Presidential Decisionmaking*, 149–50.

[2] Andrew, *For the President's Eyes Only*, 76–77, 126, 139.

[3] George, *Presidential Decisionmaking*, 150–52.

[4] Andrew, *For the President's Eyes Only*, 165–66.

名——不得不将原本的每日一报改成了更为精简扼要的每日摘要[1]。在 20 世纪 50 年代初针对美国决策层的一项调查中，罗杰 · 希尔斯曼（Roger Hilsman）发现很多高层希望根据“事实”而非“分析师的判断”[2]自主地做出决定。由此不难想见，预警人员在向以杜鲁门为代表的高级官员传递预警时，特别是在说明自己的理论逻辑时，要格外谨慎。

德怀特 · 艾森豪威尔总统可谓深谙情报之道。作为一名职业美军军官和二战期间驻欧洲盟军的指挥官，艾森豪威尔对使用情报早已驾轻就熟。冷战初期，他还在欧洲指挥过北约部队。作为总统，他对中央情报总监艾伦 · 杜勒斯（Allen Dulles）给予了相当的信任，还授意中央情报局采取过若干次颇为冒险的策反行动，其中就包括 1953 年在伊朗和 1954 年在危地马拉的政变[3]。艾森豪威尔治下的国家安全事务决策机构，美国国家安全委员会具备绝对正规的编制配备，以结构化的运营方式为决策提供情报支持。亚历山大 · 乔治视其为“形式主义”的一种变体[4]。艾森豪威尔对情报信息的态度中立而开放，有效地将情报纳入外交政策，有时方式十分引人注目。例如，他曾亲自批准 U-2 侦察机飞越苏联上空，该项飞行侦察工作直至 1960 年 5 月弗朗西斯 · 加里 · 鲍尔斯（Francis Gary Powers）被苏方击落才告中止。这次坠机引发的外交纠纷直接导致与苏联领导人赫鲁晓夫（Nikita Khrushchev）的会面被迫取消。

约翰 · 肯尼迪总统早期的决策流程可谓毫无章法，阅读情报部门所呈简报这种例行公事成了总统偶一为之的兴致所至，致使国家安全事务顾问麦克乔治 · 邦迪（McGeorge Bundy）颇感沮丧[5]。亚历山大 · 乔治称此为“学院主义”模式，与吉米 · 卡特总统同属一宗[6]。1961 年猪

[1] Kuhns, “Intelligence Failures,” 95; Andrew, *For the President’s Eyes Only*, 165–66.

[2] Hilsman, *Strategic Intelligence and National Decisions*, 46, 49–50.

[3] 同上, 199–256。

[4] George, *Presidential Decisionmaking*, 152–54.

[5] Andrew, *For the President’s Eyes Only*, 258, 262–66.

[6] George, *Presidential Decisionmaking*, 157–66.

湾事件的失败几乎彻底断送了肯尼迪与情报部门的关系，尽管事实上，对这次失利而言，他本人和中央情报局都负有相当大的责任[1]。最终，肯尼迪开始更加关注情报。后中央情报局为他量身打造了另一种汇报机制——《总统情报清单》(*President's Intelligence Checklist*)[2]，总统与情报部门之间的关系逐渐言归于好。1962 年 10 月，肯尼迪借力情报支持，成功应对古巴导弹危机，却在越南问题上一再罔顾中央情报局的警告，一味增加投入，深陷战争泥淖难以自拔。彼时，中央情报局认为，曾获肯尼迪支持的时任南越总统吴廷琰虽不是理想的人选，但就现阶段而言还没有更合适的政治强人能取而代之[3]。这一意见同样未得重视，在肯尼迪政府的默许下，1963 年 11 月南越发生军事政变，吴廷琰及其胞弟在政变中身亡，西贡政局陷入长期动荡，美军在战场上取得的政治成果所剩无几。

林登·约翰逊总统重视人际关系，把与他本人观点和内政方针相悖的情报判断视为对他的人身攻击[4]。坏消息和带来坏消息的信使都令他生厌[5]，尤其不喜欢肯尼迪时期任命的中央情报总监、共和党人约翰·麦科恩。这位肯尼迪的旧部因此鲜少有机会向新总统汇报，他关于越南战事或恐继续恶化的预警当然也没能引起新总统的重视[6]。因此，麦科恩于 1965 年 4 月辞职，约翰逊启用退役海军中将威廉·拉博恩（William Raborn）。拉博恩与约翰逊颇为熟稔，是得克萨斯的同乡，但对情报工作知之甚少，而后被约翰逊更为青睐的职业情报官员理查德·赫尔姆斯取代[7]。赫尔姆斯曾在一次白宫晚宴席间无意听到约翰逊亲口袒露了他对情报工作的看法：

[1] 同上，257–306。
[2] Priess, *President's Book of Secrets*, 17, 21–22, 32–34.
[3] Allen, *None So Blind*, 77, 166–68.
[4] Andrew, *For the President's Eyes Only*, 307–49.
[5] 同上，309, 321, 323, 328。
[6] Priess, *President's Book of Secrets*, 42.
[7] Rovner, *Fixing the Facts*, 83–86; Andrew, *For the President's Eyes Only*, 321, 324.

> 我来给你讲讲何谓情报人员吧。我少时在得克萨斯，家里养着一头奶牛，叫贝西。我每天得很早爬起来，把她拴到柱子边，然后坐在那儿，挤满一桶鲜奶。有一天，我辛辛苦苦地挤啊挤，挤了满满一桶，一个没留神，老贝西就甩着那条沾着牛粪的尾巴在牛奶桶里涮了一遭——现在，你知道，这些情报人员无疑也是这样，你辛辛苦苦地努力工作，指望着一个好的计划或政策好好地实施，而他们，挥着沾了粪的尾巴就过去了[1]。

由此看来，一方面，情报界坚持致力于客观中立的情报分析无望打动约翰逊，另一方面，情报界仍然坚持认为曲意迎合总统的个人倾向是更为危险的做法。于是，情报部门采取的做法是加强与总统身边其他高级官员的沟通协作。当时，时任国防部长罗伯特·麦克纳马拉正在为越南的战事头疼，觉得麾下包括新成立的国防情报局在内的军情部门所谓的评估，不过是在长篇累牍地附和前线指挥部的意见[2]，认为有必要借助中央情报局的力量对越南战争进行评估。中央情报局对越南局势的悲观判断使麦克纳马拉不再对战事抱有任何幻想，却也因此导致了他与总统之间的嫌隙。约翰逊随后在 1968 年将麦克纳马拉调任为世界银行行长。

尼克松总统对情报的看法与约翰逊截然不同。他尤其不喜欢中央情报局，认为这是一个充斥着常春藤等顶尖学府背景自由主义者的机构，不但总是针对他本人的政治主张，还是 1960 年他败选背后的阴谋家——尼克松曾认为美国与苏联之间存在“导弹差距”，这一观点显然忽略了彼时美国已经领先于苏联的核军工实力，被当时还是参议院的肯尼迪揪住，在竞选活动中大做文章[3]。种种，导致尼克松根本不信任中央情报局在他看来“软弱无力”、充满“政治偏见”的所谓分析。国家安全事务顾问即后来的国务卿基辛格（Henry Kissinger）成为总统的肱骨，以个人对全球时事的

---

[1] Andrew, *For the President's Eyes Only*, 323.

[2] Allen, *None So Blind*, 167–69.

[3] Kissinger, *White House Years*, 11, 36.

判断支持总统的决策[1]。总统与国务卿二人长目飞耳，对世界大事了然于胸，这也使尼克松麾下的情报部门更添压力。1969 年，尼克松干脆要求负责《总统每日简报》的简报员直接提交未经中央情报局加工过的原始情报数据，中央情报局的分析在他眼里几乎一文不值[2]。笔者很难想象，预警人员能有任何机会或可能扭转尼克松长期以来对情报工作秉持的负面情绪。对于当时的情报人员而言，明智点的做法是总统听谁的，就把他们想要总统听见的情报判断告诉谁。

杰拉德·福特（Gerald Ford）总统在任职副总统、总统之前，曾担任众议员长达 25 年之久，是一位经验颇丰的领导人，不但非常了解情报工作，而且似乎未受前任偏见影响，对情报成果保持了普遍接受的态度。不过在他短暂的任期内，并未发生太过重大的战略预警事件。少有的、比较值得一提的当属 1976 年由他批准进行的一项针对苏联的 A、B 组竞争性演习——其中一组部分采取了预警方法论[3]。事情的起因是一些外聘苏联问题专家和退伍军官（后在演习中组成 B 组）提出，包括中央情报局在内的美国情报界普遍低估了苏联的军事力量，未能充分重视苏联的敌对意图。彼时，关于苏联战略意图的《国家情报评估》报告刚刚搁笔竣稿，于是，在福特的许可下，报告起草团队作为 A 组，与 B 组展开竞争。结果是双方所持的部分观点都得到了证实。这次演习得到美国情报界普遍关注，削弱了表达非传统观点的积极性。这次“净负值”经验，对战略预警职能而言有害而无益。

吉米·卡特总统对情报工作，特别是秘密行动持否定态度。1978 年的美国情报部门认定伊朗国内彼时的动荡态势并不会持久或引发质变——这一判断后被证明完全失准，1979 年局势全面升级，伊朗巴列维王朝统治被推翻——不过即使在当时，卡特总统也未加理会，而是把大部分时

[1] Andrew, *For the President's Eyes Only*, 350–51, 356, 365.

[2] Priess, *President's Book of Secrets*, 67.

[3] Reich, "Re-examining the Team A–Team B Exercise," 387–403.

间精力都放在了促成埃以和平协定上，1978 年 9 月还曾亲赴戴维营敦促谈判[1]。他在履新初期对美苏关系曾寄予厚望，拒绝采纳强调苏联有损于美国利益的情报评估结果，直至 1979 年为苏军进入阿富汗之举而骇愕异常[2]，并自此采取了与此前截然相反的态度和行动，试图遏制苏联在阿富汗的势力[3]。于是，1980 年 12 月，在面对关于苏联方面可能以武力干预波兰的情报预警时，卡特没有犹疑，直接警告克里姆林宫莫生事端。卡特的外交政策中有他个人观点的影子，同时也不难看出时任国家安全事务顾问兹比格涅夫・布热津斯基（Zbigniew Brzezinski）的贡献，甚至有时也有常受排挤的时任国务卿赛勒斯・万斯（Cyrus Roberts Vance）的观点。为此，对于预警人员而言，应当尽量理解三人复杂的关系，从而与高层保持互动。

罗纳德・里根总统在 1976 年的演习中是站在 B 组立场的，支持增兵和增加情报人力。在他看来，越南战争和卡特任时对情报秉持的怀疑态度使美国的防务职能持续受损。与卡特一样，里根曾在 1981 年明确告知莫斯科，不要干涉波兰的局势，并任命二战期间曾在战略服务办公室（OSS）服役、同样对苏联持不信任态度的威廉・凯西统领中央情报局，擢受内阁级别，强调其政治身份地位。此举也是反对里根政府外交政策的批评者们主要诟病的对象。里根任内可谓是非不断，还发生了伊朗门事件（Iran-Contra scandal）[4]。然而，凯西始终是预警的坚定拥趸，确保了时任国家预警情报官的戴维・麦克马纳斯和约翰・伯德，能有机会直接向里根总统汇报在凯西看来足够有价值的情报进展。

乔治・H.W. 布什总统曾是前总统福特麾下的中央情报总监、里根总

[1] Jervis, “Why Intelligence and Policymakers Clash,” 196.

[2] Andrew, *For the President's Eyes Only*, 447–48; Yarhi-Milo, *Knowing the Adversary*, 114–57.

[3] Andrew, *For the President's Eyes Only*, 447–48.

[4] Persico, *Casey*.

统任期内的唯一副总统，不仅了解且重视情报[1]。他的任期是情报部门与总统关系最亲密的巅峰时期之一[2]。然而诚如前文第2章述及南斯拉夫变局中，纵使是乔治·H.W.布什总统，也会在其他更有分量的事务出现时，降低情报报告的优先级。

由于比尔·克林顿总统在首个任期内甚少过问情报工作，总是无缘列席椭圆形办公室高层会议的中央情报总监詹姆斯·伍尔西，终于在两年后主动请辞[3]。即便后来迫于各种事态而不得不正视情报职能，克林顿仍然明确地表达了他的倾向：不希望听取任何不确定的判断。1993年10月，美国在索马里摩加迪沙的军事行动出现意外，“黑鹰坠落事件”（Black Hawk Down）发生后，克林顿直接告诉下属，不希望在非洲再进行任何军事行动[4]。出于同样的原因，在白宫的会议上，他禁止使用“种族灭绝”字眼，拒绝采信认为卢旺达行将于1994年爆发种族危机的预警分析。克林顿曾公开批评情报界和负责拉丁美洲地区问题的国家情报官布莱恩·拉泰尔（Brian Katell）对被罢免的前海地总统让·阿里斯蒂德（Jean Bertrand Aristide）个人性格的评估——后者深受克林顿及国会非裔核心小组（Congressional Black Caucus）政治盟友偏爱，克林顿此举则无异于再次强调了他的情报偏好，即只接受有利于他观点的论断[5]。总统公开表现出对情报缺乏接受能力，公然鼓励情报部门对情报信息的内容进行自我监督——情报界认为这种政治化的形式很容易接受，尤其是在小剂量的情况下。[6]情报界吸收了克林顿对情报的政治化使用，但反对共和党总

[1] Andrew, *For the President's Eyes Only*, 503–36.

[2] Priess, *President's Book of Secrets*, 165–90.

[3] 同上, 193–94, 201–4。

[4] Power, *"A Problem from Hell,"* 358–64.

[5] Jervis, "Why Intelligence and Policymakers Clash," 190; Steven Holmes, "Administration at Odds over Haiti," *New York Times*, October 23, 1993, http://articles.sun-sentinel.com/1993–10–23/news/9310230048_1_aristide-s-return-jean-bertrand-aristide-president-aristide.

[6] Gentry, "New Form of Politicization?"

统尼克松、里根、小布什、特朗普的政策，情报人员泄露了这些政策，表达了他们的不满[1]。这种选择性地自我监督深刻地影响了线性情报分析机构预警的时效性和内容的客观性。

乔治·W. 布什（George W. Bush，小布什）总统热衷于情报“消费”，这一点至少是部分吸取了其父亲的经验。总体而言，小布什在任期内对情报工作可谓善加利用。但罗伯特·杰维斯认为，是小布什的世界观，包括他对专制统治者的态度导致了他以萨达姆为威胁的判断和 2003 年下令对伊拉克发动战争的决定[2]。伊拉克存有大规模杀伤性武器的情报成了遮掩其真实政治目的、将战争合理化的借口，帮助小布什说服不情不愿的公众和国会两端[3]。而事实上，众所周知，前述情报信息搜集不力、分析方法失当、判断方向失准，实则缺陷严重[4]。不太为人所知的是，情报界大部分部门都准确预见了举兵伊拉克之后即将面临的混乱和叛乱，认为军事行动不可能一帆风顺[5]。但军方情报认为战争将在计划周期内顺利告捷。政府高层按照自己的期望，采信了军方的观点，背后原因不得而知，但无疑比错误判断了大规模杀伤性武器还要离谱[6]。这场战争的最高指挥官汤米·弗兰克斯（Tommy Franks）将军在 2003 年中阶段性“告捷”时即顺势退役，在后来的自传中透露了不少伊战背后的故事[7]。

贝拉克·奥巴马总统对情报的热情虽不如布什家族，但许多任内决策显然是包含情报考量的。奥巴马是第一个使用 iPad 平板电脑阅读《总统每日简报》的总统。据戴维·普利斯透露，时任国家情报总监丹尼斯·布

[1] 同上。

[2] Jervis, “Why Intelligence and Policymakers Clash,” 198.

[3] Rovner, *Fixing the Facts*.

[4] Jervis, *Why Intelligence Fails*, 123–55.

[5] Jervis, “Why Intelligence and Policymakers Clash,” 189–90.

[6] Senate Select Committee on Intelligence, *Prewar Assessments on Iraq*; Bensahel, “Mission Not Accomplished,” 453–74.

[7] Franks, *American Soldier*.

莱尔（Dennis Blair）原想在简报中提高预警情报比重，反被总统要求提供更多动态情报[1]。事实上，奥巴马在任期内做出过不少有争议但也有情报依据的对外政策，例如，2011 年对利比亚大动干戈，对叙利亚内战有限干预，以及对伊朗核计划的谈判态度。与克林顿时期相仿，情报界并未对这位总统的这些决策表露太多批评。

本书成稿时，特朗普总统履新未久，但已经在处置情报问题上招惹了不小的争议。先是特朗普自称不打算按照惯例每日听取简报汇报，后又于 2017 年 5 月开始要求时任国家情报总监丹·科茨（Dan Coats）、中央情报局局长迈克·彭佩奥（Mike Pompeo）乃至一干情报专家都来向其本人汇报[2]。2017 年末，他公然把批评他的情报部门负责人称为“政治黑客”，却也表示对得到的情报支持感到满意[3]。与任何一位前任一样，特朗普对他的《总统每日简报》也有定制化的倾向和品味，尤其喜欢大量配图的短文[4]。其智囊团的高级顾问们则或直接旁听对总统的汇报，或由情报部门向他们分别送呈所需的简报[5]。

迄今尚无任何研究定性评估领导者们作为业余情报人员在该分析上的成功率，各届总统们在技巧、偏见或倾向性上差异迥然，这或许能够部分解释他们对外政策最终见效的程度。

兼顾生产者与消费者关系

意识到前述特点的专业情报人员和决策者们都认为，情报人员应采取有针对性的措施帮助决策者善用情报，且这条建议广泛使用于各类情报工

---

[1] Priess, *President's Book of Secrets*, 280.

[2] Philip Rucker and Ashley Parker, “Serving Intelligence to Trump in Small Bites,” *Washington Post*, May 30, 2017.

[3] “Russia at Center of Asia Trip,” *Express* (Washington), November 13, 2017.

[4] 同上。

[5] 同上；Priess, *President's Book of Secrets*。

作中，当然有时也包括预警—政策层面。

首先，预警人员可以通过“教育”高级情报消费者，使之了解预警分析的特殊性。不少专业人士都曾强调过“教育消费者”的重要意义。正如笔者在前文曾反复强调的那样，在预警人员与主要情报消费者的关系中，信任尤显重要，因此，消费者对何谓“预警”的必要认知必不可少[1]。

曾在美国国务院和国家安全委员会担任要职的罗伯特·布莱克威尔（Robert Blackwill）大使认为，一般而言，情报分析师（包括预警分析师）应当集中力量了解并解决那些能够影响内阁决策的“三十来个”政府高层官员的需求[2]。这样做的目的在于可以使情报信息臻达决策者身边最信赖的顾问们，不过这些重点消费者的具体职务可能因各国政府的结构设置而有所差异。

约翰·麦克劳林基于个人经验提出了几种情报裨益决策层的方法。他认为，最好的一种方法就是与高层人士共事[3]。这意味着情报人员能够了解决策者如何认知问题，从而避免后者没有时间或意愿理解过度冗长的论点，避免分析师撰写的不相关评估使得自己显得太过天真或浅薄，以及在问题评估中增加美国政策的杠杆点或其他机遇，进而“教育”消费者情报的能力和局限性。[4] 无论是书面报告、简报，还是电话沟通，情报人员都应该积极而灵活地与消费者保持互动。情报也应该帮助消费者应对眼前的问题，做出当下的选择，意味着随着问题的出现，互动和具体预警会逐渐增加[5]。如果情报人员与这些消费者建立有效的关系，他们也可以从消费者那里学到很多东西，帮助他们更好地完成工作。[6]

重视情报人员意见的决策者有时会就复杂问题征询看法——这恰是情

[1] Wilder, “Educated Consumer.”

[2] Davis, “Policymaker’s Perspective,” 13.

[3] McLaughlin, “Serving the National Policymaker,”84.

[4] McLaughlin, “Serving the National Policymaker,”84–85。

[5] 同上，85–86。另见 Wilder, “Educated Consumer”。

[6] Steinberg, “Policymaker’s Perspective,” 98.

报部门应该努力争取的获得更大信任的机会。比如，托马斯·芬格曾在面对时任国务卿马德琳·奥尔布赖特（Madeleine Albright）就某项政策询问其观点时，以情报与政策之间的分歧为由，两度表示反对，并在第二次时适时提供了自己的情报评估意见[1]。而后，国务卿本人做出了自己的决定。前国家安全局、中央情报局局长迈克尔·海登（Michael Hayden）也有过不时与总统、副总统就情报评估中包含的事实和分析进行"辩论"的经历[2]。芬格及海登的行为，在笔者看来，是完全恰当的。事实上，类似的讨论恰好证明了他们与高级情报消费者之间值得称颂、亲密无间且富有成效的关系。

除了明确的威胁预警外，麦克劳林还提出了三种概念性的方法用以帮助决策者，在哪怕情报评估与政策主张的分歧客观存在的情况下，仍能尽可能做出更优化的决策。笔者认为，预警分析师也能从下述方法中获益：

1. **案例测试**。情报可以检验决策者就某一问题的看法是否是准确的。如果决策者正在酝酿对某一对手实施制裁，则情报可以代为评估该种制裁是否能以如决策者计划（或期望）的方式发挥效用。如否，则决策者有机会另作考虑。预警人员当指出决策者与事实或评估不一致、可能导致意料之外状况或可能创造其他机会的看法或意图。
2. **提供指针**。情报可以暗示政策可能影响对外事务的其他领域采用外交策略，或产生"胡萝卜加大棒"的作用。这也是机遇预警的本质。
3. **评估潜在影响**。情报人员可以提供影响外国行为体决策或行动的因素，从中发掘本国决策者可为利用的可能性或限制性。该种方法尤其使用于复杂且重大的国际趋势的形成过程，在这一过程的不同阶段，战略预警能够帮助情报消费者采取相应做法，遏制、挫败或利

[1] Fingar, *Reducing Uncertainty*, 45–46.
[2] Michael V. Hayden, "Trump's Most Important New Partner: The Intelligence Community," Washington Post, November 14, 2016.

用事态的发展。[1]

前文第 2 章曾述及关于南斯拉夫问题的情报评估尽管相当精准，但未被美国高层充分重视。格雷戈里·特雷弗顿和雷纳亚·迈尔斯（Renanah Miles）将决策者对第 15-90 号《国家情报评估》报告听而不闻的原因归纳有四，不仅与麦克劳林的观点契合，且无一不体现了情报与决策的关系本质：

1. 与政策制定者保持沟通、了解其优先关注，攸关预警能否最终促成实际行动；
2. 重视实质性的政策制定者尤其抗拒接受“预先的”警示；
3. 如果情报预警分析中能够为政策制定者们利用的机遇增加，则更容易促成他们尽快采取行动；
4. 政策制定者阅读情报报告的语境必然受到当下较为主流的舆论观点的影响。[2]

机遇分析帮助高级决策者们认识并理解当下或行将出现的情形，从而使他们有机会做出维护或促进国家、组织乃至个人利益的政策决定，相当于为决策者提供了行使主动权的方法，而非单纯的应对反应。机遇分析有可能使政治家动用国家权力的全部工具，包括外交、经济、政治及军事资产。因此，这类情报信息必须清楚地说明可能被外界因素改变的具体情况和相应结果，在此基础上，说明采取可以施加的影响，以及一旦行动后续二阶或三阶的可能走势。所谓机遇分析，或言“行动分析”（action analysis）、“实施分析”（implementation analysis），旨在使己方决策者能够利用目标对象的弱点，摧毁目标对象，或影响目标对象做出认为有利于

[1] McLaughlin, “Serving the National Policymaker,” 86–87.

[2] Treverton and Miles, “Unheeded Warning of War,” 514–18.

自身但很可能也有利于己方决策者的行为[1]。这样的分析不仅可以明确的敌对方为目标对象，亦可以针对潜在的持不同立场的一方，甚至是中立方和友方，不仅可以国家为目标对象，亦可以针对某些或某一非政府组织，甚至是具体的个人。机遇预警信息有时直截了当地给予具体行动建议，有时则相当隐晦，建议的行动方式因事件和对象而有所差异。由决策者本人决定是否采取行动或采取何种行动。常规性的线性机构分析师能够从事并提供关于机遇的情报分析，有时的确也这样做，不过多数时候，他们还是会把此项工作留给专门从事“机遇预警”的预警人员。

机遇预警广泛发生于各职能领域，因此很难找到放之四海而皆准的唯一理想的分析方法。换言之，类似征候与预警分析高度匹配威胁预警需求的最优解并不存在于机遇预警。但笔者并不以此为问题，反而认为这恰恰真实反映了世界的复杂性，以及这种复杂性对情报人员的要求——以更发散的思维能力，想决策者之所想，急决策者之所急。

最后，诚如特雷弗顿在其关于涉恐情报问题的著作中所写，现行情报界中不少特别擅长研究他国社会和政府的行家里手们，其实应该提高的反而是对本国政府的认识和理解[2]。罗伯特·盖茨等人也有类似的持方，认为过分强调使情报生产者与消费者保持距离的学说并非没有副作用。

---

[1] Davis, “StrategicWarning: Intelligence Support,” 184; Davis, “Kent-Kendall Debate,” 100.

[2] Treverton, *Intelligence for an Age of Terror*, 170.

第 11 章
机构障碍[1]

如前文第 3 章所述，在情报工作的沿革中出现了若干被赋予预警职能的机构形式。这些机构形式各具优点，也各有其局限，究其原因，往往与组织特点不无关系——是否能够融入更广义的机构背景中，包括情报机构的文化和激励机制等等。本章节将基于美国近年来情报工作的实际进展，研究战略预警部门的机构属性对其履职表现的影响。

首先，如本书第 3 章，官方预警体系的五种基本组织形式包括：(一）仰赖决策者亲历亲为的“领导高层兼任首要预警分析师的体系”；(二）未专设专司预警职能，而是“凡情报分析师皆为预警分析师的体系”，即 EAAWA 体系；(三）专设预警机构并专门负责或主要负责的“独立预警体系”；(四）由一个高级分析师领衔的小型专职预警办公室监控各线性分析机构的预警活动，并向高级决策者提供预警信息的“混合预警体系”；(五）“整体政府”体系。鉴于目前全球主要国家均未采取由领导高层负责

[1] 第 11 章的内容，源自笔者二人联名发表的《美国战略预警情报：历史与挑战》（*U.S. Strategic Warning Intelligence: History and Challenges*），原载《国际情报与反情报期刊》（*Journal of Intelligence and Counter Intelligence*）2018 年第 1 期（总第 31 期）第 19—53 页。

预警职能的模式，因此，本章节也将笔墨集中于对其他四种类型的探讨。

功能失调的组织文化和预警优先次序

托马斯·麦肯（Thomas Mahnken）认为，情报机构甄别他国军事部门是否应用了新型武器或是否采取了新的指导方针的能力，显著受己方军事部门内部的工作优先级和内部调研经验影响，且这一点已经成为了军事部门和情报部门组织文化的一部分[1]。在麦肯看来，这反映了一种“镜像思维”。笔者同样认为组织文化会影响情报部门对战略预警概念的理解和工作方式[2]。组织的工作优先级很大程度上决定了预警部门的研究方向，即便预警分析师是有想象力且能独立思考的，他们的想法也难免受到其他线性情报机构同事的影响，从而带着同事观点的影子。此外，领导层的行事风格、情报工作是否有政治化的倾向、情报消费者的兴趣点左右情报工作计划的程度，以及战略预警与动态情报等孰先孰后等等，也都会影响到战略预警人员处置持久性问题和新发性问题的方式。

当下美国情报界的组织文化在至少两个方面对预警产生可观的负面影响：情报分析上的保守主义倾向和以动态情报为主要关注点的倾向。首先，近些年来，情报人员在专业上而非政治上变得越来越谨小慎微，特别是在发生使情报界饱受诟病的 2001 年 9 月重大战术预警失误和 2002 年伊拉克大规模杀伤性武器情报失准后，这种保守的做法愈演愈烈。情报人员害怕引起争议，担心这些争议会给本部门乃至他们本人的职业生涯招致不必要的政治包袱，担心自己的情报报告惹恼任何一位政治高层或者他们的任何一位对高层颇为忌惮的顶头上司[3]。甚至于许多情报人员在面对明显

[1] Mahnken, *Uncovering Ways of War*, 9–11, 17, 179–80.

[2] Zegart, "'CNN with Secrets,'" 18–49.

[3] Gentry, "Intelligence of Fear."

有失公允的批评时，都不愿或不敢开口为自己辩护[1]。

一线情报人员的恐惧集中体现于他们持续为自己购买保险的做法，用以对冲自己在因为按照政府指示而工作，却因为工作而受到政府指控时的辩护律师费[2]。这一风气始于20世纪90年代，彼时，克林顿政府正考虑起诉那些平日负责与被控侵犯人权的外国领导人等“坏”人打交道的中央情报局官员们。它导致的规则是，在其后相当一段时期内，只接受招募特蕾莎修女式的彻头彻尾的“好”人，但本·拉登的私人助手并不包含在内。最近几年，情报行动部人员则分外担心奥巴马总统及其司法部在国会成员的怂恿下，会就小布什政府下令并经司法部批准的“强化审讯手段”对他们提出指控。尽管奥巴马在2009年驳回了参议员帕特里克·雷希（Patrick Leahy）再次提出成立“真相委员会”调查中央情报局虐囚问题的要求[3]，但情报人员不会因此天真安枕，毕竟，谁也不能保证改日总统改选，国会的“刺头”们不会旧案重提。华盛顿见证了太多党派政治和意识形态争斗，自我保护意识不可不谓官僚主义的另类资产。

不同于行动部门，后方分析师一般不必有动辄被起诉的担忧，不过在“9·11”事件的惨痛教训和2002年耻辱柱上的伊拉克大规模杀伤性武器报告之后，他们还是经历了历史上最严肃的一次审查。为免再招惹更多非议，情报分析顺势走向保守——分析师与他们情报部门的上司达成默契，在“下定论”之前多等上一等，静待情势进一步明朗；在撰写预警信

[1] Mark M. Lowenthal, “The Real Intelligence Failure? Spineless Spies,” *Washington Post*, May 25, 2008.

[2] R. Jeffrey Smith, “Worried CIA Officers Buy Legal Insurance,” *Washington Post*, September 11, 2006, http://www.washingtonpost.com/wp-dyn/content/article/2006/09/10/AR2006091001286.html; Shane Scott, “In Legal Cases, C.I.A. Officers Turn to Insurer,” *New York Times*, January 20, 2008, http:// www.nytimes.com/2008/01/20/washington/20lawyers.html?_r=0; Guy Dinmore, “CIA Agents ‘Refused to Operate’ at Secret Jails,” *Financial Times*, September 21, 2006.

[3] Timothy Rutten, “A Truth Commission on Torture Is Needed,” *Los Angeles Times*, April 18, 2009, http://articles.latimes.com/2009/apr/18/opinion/oe-rutten18.

息时，措辞更委婉含糊；增加预警的内容，企图面面俱到从而降低漏报风险。然而在出错率下降的同时，在预警信息中得出有助于决策的“先见之明”的概率也在随之下降[1]。种种做法实则削减了情报人员的主动性，即破坏了适时预警的必要基础。情报人员越是惧怕批评，就越可能与消费者之间生出不信任感，彼此互相理解、尊重、信赖的关系被瓦解，破坏了有效预警的必要基础[2]。

讨好消费者的心态驱使情报部门把更大量的人力、精力偏心地投入到动态情报，从多个方面来看，这种做法都是有损预警职能的：情报部门的负责人声称决策高层亟需尽快得到对眼下最迫切问题的情报支持，于是，在一味强调对最“新”、最“近”事态进行报告的同时，情报工作的时间视阈被不断收窄，窄到不足以支持通常意义的战略预警——战略预警需要考虑更大跨度的时间范围，因为有效的预警要兼顾决策出台以及政策落实所需的时间[3]。动态情报的激励机制唯“产量”论英雄，尤其看重被《总统每日简报》收录的文章。在相关的人事管理制度中，这一原则几乎铁律，前中央情报局情报分析师、国务院情报与研究局局长卡尔·福特（Carl Ford）如是说：

> 如果必须给我们事与愿违的情报工作找一个何以至此的解释，那无外乎是我们太过心无旁骛地沉浸于动态情报了。现在的分析师只会把送来的情报信息看一遍，然后信笔写出他们对这条信息的看法，却没有足够扎实的认知去判断动态情报内容本身正确与否。美国的情报界已经没有人记得基础调研是怎么回事了。[4]

---

[1] Gentry, “Intelligence of Fear.”

[2] See, for example, the prominent role personal relationships played in the success of the *President's Daily Brief*, as demonstrated in Priess, *President's Book of Secrets*, 42, 45, 62, 66, 74, 87, 193–94, 201, 225–26, 271, 281, 289.

[3] Gentry, “Intelligence Failure Reframed.”

[4] Hart and Simon, “Thinking Straight and Talking Straight,” 45.

据福特估计，在“9·11”事件以前的 35 年时间里，中央情报局多达七成到八成的分析师都在从事长线研究，然而到 2001 年时，90% 的人已经转向了动态情报分析[1]，且这一比例在此后还在逐年上升。

这几年的情报实践已经充分说明了一点：偏重动态情报为主的制度激励如何损害了其他情报任务的部门，哪怕这些部门是胜任本职工作的。中央情报局曾下设战略评估小组（SAG）作为跨国问题办公室（OTI）的辖内分支，专注于较长时间跨度的情报问题研究。该工作组为此类情报研究专门开发了创新的分析技术，并与情报界内部各机构乃至非政府机构广泛互动，从许多方面来看，该工作组产出了相当高质量的成果[2]。然而，由于未能建树于动态情报领域，该工作组于 2006 年撤销[3]。考虑到中央情报局的激励制度，此举无疑充满官僚意味——战略评估小组削减了跨国问题办公室自己的情报总量，使处于竞争中的其他机构主管相形见绌而倍感威胁。

并非所有分析师都能胜任预警分析

倘使大多数线性分析机构以“产出”作为激励的评价基础，无异于使分析师将大部分创造力投入到“生产”所在办公室更乐见的情报报告或对其个人职业生涯最有利的内容。因此，他们将不再具备经验丰富的预警分析专家员那样好奇和怀疑的眼光[4]。理查德·贝茨认为，线性机构主要遵循“常规理论”，因为其足以应对动态情报的生产需求，而预警更加需要分析师具有不落窠臼的“例外思维”[5]。因此，在以非常规方式处理新问题

[1] Hart and Simon, “Thinking Straight and Talking Straight,” 45.

[2] George, “Reflections on CIA Analysis,” 75.

[3] Treverton, *Intelligence for an Age of Terror*, 94.

[4] Priess, *President's Book of Secrets*, 285.

[5] Betts, *Enemies of Intelligence*, 55–62.

的罕见情况下，线性分析师通常没有准备好识别“异常”思考的需要或选择有效的替代分析方法。尽管肯尼斯·奈特等国家预警情报官对下属会有“在危机来临以前提前预备指标清单、搜集相关数据，并研讨沟通策略”[1]的要求，但是，一旦动态情报需求至上，根本没有人会理会这些要求。因为这些非例行的额外付出并不直接“产出”任何成果，也就不会得到所谓“激励”。

对动态情报的压倒性关注事实上卸除了情报机构原本运转良好的战略预警职能。除非情报管理层能够合理定位并建立自己的独特激励制度和绩效标准，从而使预警职能和动态情报分析职能和谐共存，使分析师不必因被分配从事的具体方向不同而蒙受仕途上的任何损失。显然，目前情报界的高层丝毫无意于此。事实上，美国的国防系统和情报界的领导层对战略预警工作的误解由来已久，自 20 世纪 50 年代以来，他们不断削弱预警力量，或直接割弃旧部，或迫使更多预警人力转向动态情报方向，成为早就冗余的动态情报机构中的又一些分母。可预见的是，任由现状继续，则国防部恐怕无法逃脱 1973 年观察委员会和 2011 年国家预警情报官的命运[2]。出于相同的原因，情报界的海外拒止与欺骗行动也在大幅下降，且短时间内没有任何重启的迹象[3]。

按照工作职责的明确定义，从事动态情报工作的分析师和管理人员仅关注较短时间跨度内的情况，很容易因为“拖沓的不确定性”而盲视事态在缓慢而细微的演进中，正在朝向本应该被提前预警的危机方向恶化。一旦把事态的发展割裂成一个又一个细窄的时间单元来单独对待，则其微不足道的变化并不足以推论出危机将至的结论，好比“温水煮青蛙”，动态情报人员沦为锅中无视水温缓慢上升的青蛙，待到真的“煮熟”“煮透”

[1] 笔者从 2016 年 11 月 30 日与肯尼斯·奈特的交流中获知。

[2] DoD Directive 3115.16, *The Defense Warning Network*, December 5, 2013, as revised April 18, 2018, at https://fas.org/irp/doddir/dod/d3115_16.pdf.

[3] Bruce, “Countering Denial and Deception.”

的质变时，一切为时已晚。道格拉斯·麦凯钦（Douglas MacEachin）称此为“动态情报的陷阱”（current intelligence trap）[1]。1973 年的埃及就把以色列的情报分析师和政治高层诱入了这个陷阱之内——10 月真的发动袭击前的一系列的动员性演习一点一点麻痹了敌方神经[2]。不过，动态情报分析师也可能会忽略一些缓慢发展的具有预警意义的问题。

近年来，美国情报界不断增编扩容，增设管理层级，客观上进一步拉开了分析师与高级情报消费者之间的“等级距离”，从而进一步增加了建立并维持消费者信任关系的难度[3]。越来越多新晋的情报界管理层清楚地看到，他们的人手年纪越来越小，经验越来越少，很难被委以直接沟通决策者的重任。于是，这些中层更多地扮演起与高层打交道的中间人角色。但是，高级情报消费者对其中层的信任职能部分弥补间接沟通的效果。与任何消费者一样，高层还是希望了解并信任那些强烈地建议他们做出艰难决定的本人[4]。情报界既往的工作经验不断告诫国家评估办公室、观察委员会、国家情报官，以及现如今的国家情报总监等等，要始终与高级消费者保持密切沟通，原因无外乎于此[5]。由此看来，所谓“凡情报分析师皆为预警分析师”（EAAWA）的体系设计，无视了消费者与生产者之间客观存在的中间人，也无视了情报分析师的能力。

前文第 8 章中探讨过何以几乎所有预警专家都认为预警工作有其独特要求，必要专业化、专门化，且仅有少数类型的人才擅长预警和欺骗。可惜，美国情报界的多数派都拒绝采信这一观点，甚至于国家情报总监詹姆斯·克拉珀直接下令废弃了情报界原本的预警系统，损害了从事反欺骗分析的情报部门。因为可以与指导工作的预警专家互动，认真勤恳的线

---

[1] MacEachin, *U.S. Intelligence*, 239.

[2] Asher, *Egyptian Strategy*, 10; Shazly, *Crossing of the Suez*, 206–7.

[3] George and Wirtz, “Warning in Age of Uncertainty,” 216.

[4] Davis, “Policymaker’s Perspective.”

[5] Ford, *Estimative Intelligence*, 83–84.

性分析师原本可以成长为温和的 EAAWA 预警分析师，并与混合预警体系一致。克拉珀决定取消国家预警情报官职位的同时，并没有用另一个行使预警职能的中央办公室取而代之，换言之，情报界在实操中落实了 EAAWA 强版本模式。这样一来的代价是从一般情报分析师中培养战略预警分析专才的可能性大大降低，遑论现行激励机制对人才培养的严重阻碍。

不止如此，克拉珀的政策是将 EAAWA 预警体系与“预测性情报”这一模糊概念结合进行预警分析。[1] 尽管“预警”一词被情报界的政策性文件用于定义人工智能（AI）的相关概念，但情报实践中所采取的预警工作方法与人工智能毫无关系。概念混淆导致实践中对“预警”的理解偏误。笔者当然理解克拉珀不愿意以“意料之外”惊扰高层，不过，他的体系更擅长满足官员们避免意外的愿望，这种意外因突发新闻导致，而非战略预警失误。

迈克尔·汉德尔认为，“欺骗”是一种“创造性艺术”，而非严谨的科学或熟能生巧的手艺，因此，很难将“欺骗术”传授给一个没有“天分”的人[2]。与此同时，汉德尔也认为，“行骗的行家”也得是实践出真知[3]。鉴于笔者认为，欺骗和预警具有相似的技巧，因此在此将汉德尔的观点再引申一步——有效的战略预警亦离不开实践操练。这也是为什么前国家预警情报官约翰·伯德认为手下的情报分析师应该有被允许出错的余地。但 EAAWA 体系显然以匮乏实践机会为核心特征，无疑是阻碍培养个人或集体预警分析能力的。

同样，认为预警可以通过正常审议和协作过程得以实现的观点也是有缺陷的。虽然主要从事动态情报工作、强观察力的分析师有时也会对反常

[1] Davis, “Strategic Warning: Intelligence Support,” 174–75, 179. Davis, “Strategic Warning: If Surprise Is Inevitable,” 1.

[2] Handel, *Perception, Deception and Surprise*, 27–28.

[3] 同上。

的或值得注意的事态发展做出预警（不属于动态情报的一般操作），提醒中层予以关注，但线性分析机构并不是总能做到如此。例如，中央情报局分析员约瑟夫·霍维（Joseph Hovey）在 1967 年底驻西贡工作期间，曾准确地预见了现实中发生在 1968 年 1、2 月间的“春节攻势”及其后果[1]。他的同事和上司饶有兴趣地阅读了他的报告，却并未采信，也可以说他彼时的预警并未破除中央情报局对越南局势的固有看法。以色列军事情报局（阿曼）的研究部门同样缺乏专门的战略预警设置，于是，在 1973 年采取了一种类似于 EAAWA 的模式对情报评估进行了集体性审议，少数人为埃军可能发动进攻的观点被迫让步于大多数人截然相反的“固见”。彼时研究部门的负责人阿里耶·沙莱夫事后曾检讨认为在流程上，他本应该同样呈报少数派意见，而非仅仅以多数派意见作为结论[2]。

在笔者看来，如果情报分析机构的整体规模比较精简，分析师本人就是业内专家且意见受人尊重，管理中层有对事态的洞察且不受时间视阈限制，人员间或机构间的协作顺畅易达，则 EAAWA 体系仍是能够发挥效用的。可惜上述前置条件在当下的情报界中都不存在。理查德·贝茨也持相似观点，并将情报失误的原因描述成是“关键数据淹没于令人窒息的官僚体制汪洋”[3]。

时任国家情报委员会主席约翰·加农有时会指示国家预警情报官罗伯特·维克斯通过向线性情报机构提出各种困难的问题，敦促他们走出集体舒适圈。在加农看来，线性情报机构既往的常规性分析和协作机制无法确保其开放包容地接纳有时看起来异乎寻常的观点。加农还曾言简意赅地总结说，线性机构分析师“不履行预警职能”[4]。

1959 年时，观察委员会还是专门从事战略预警的情报办公室，尽管

---

[1] Wirtz, *Tet Offensive*, 172–79.

[2] Shalev, *Israel's Intelligence Assessment*, 4, 10.

[3] Betts, *Enemies of Intelligence*, 26.

[4] 笔者从 2017 年 3 月 16 日与约翰·加农的交谈中获知。

情报界的线性机构分析师也被要求对具有预警深意的问题保持警惕，为此，托马斯·巴顿（Thomas Patton）曾提出过一些工作方法，如“在情报人员中不懈强调战略预警的意义”，不过他本人实际上是对这种方法持怀疑态度的，担心反复提醒预警意义，反而会“矫枉过正，造成一些不必要的情报恐慌或言过其实的报告和评估结果”[1]。

鉴于上述担忧，巴顿也认为应该专设单独的预警机构。笔者认为，巴顿的担忧时至今日仍有其现实意义，尽管现在的情报界管理层并未对战略预警表现出其所担忧的“过度”重视。

薄弱的“预警”培训环节

作为情报界的主导型机构，美国国家情报总监办公室既不认同混合预警体系，也不认为战略预警对从业人员的技能和性格有特殊性要求，于是将相关培训任务下放由下辖的各级情报部门自行组织。如果国家情报总监办公室能够跟迈克尔·汉德尔一样，看到欺骗技术培训的重要意义，情报界本可以通过更多针对性课程补齐部分情报分析师在该领域匮乏实操经验的短板。杰克·戴维斯在2006年也提出过加强针对预警的“技术性”培训的主张，包括通过复杂性理论处理不确定性的方法培训[2]。但国家情报总监办公室及其下辖的各级情报部门似乎正在朝着相反的方向发展：在普遍淡化预警和拒止与欺骗职能的同时，愈发忽视相关培训。大多数单位仅提供基本的预警培训，只有少数分析师才有机会参加更专业的预警课程。原本的一些课程被取消，保留的课程在近几年也大多被不断压缩。

目前的情报界分析培训基本都包含了预警的基础知识。以2016年中央情报局和国防情报局的新人培训计划为例——分别称“职业分析师计划”（CAP）和“专业分析师职业教育计划”（PACE）——都包含若干

[1] Patton, “Monitoring of War Indicators,” 60.

[2] Davis, “Strategic Warning: Intelligence Support,” 173, 180, 183–84.

小时的预警课程[1]。其中，中央情报局“职业分析师计划”的预警版块内容包含征候与预警分析方法的介绍和古巴导弹危机、第四次中东战争、1994 年卢旺达种族屠杀、1998 年印度核试验等战略预警案例的探讨，以及一部分实操演练[2]，该版块的全部培训时长为 1 天——在 2001 年之前，这部分内容的完整培训为期 3 天；2001 年缩减至 2 天；2011 年再度缩减变为 1 天[3]。此外，培训在提示分析师可适时把握进行机遇预警的同时，也提醒避免“僭越”左右政治决策。该项培训计划还另设有拒止与欺骗专题版块。

国防情报局的同类别课程为期 4 天半，主要针对国防部相对初级的军事和文职分析师开发设计。该培训也在美国本土及海外军事基地流动开展，是作战指挥部等军事指挥部预警分析师的主要培训课程。国家层面的战略分析师鲜少参加该项培训。20 世纪 80 年代末，该项培训完整课程设置为期两周。目前，第二周的课程内容，包括实地考察华盛顿部分情报监控中心的内容，已经取消[4]。

联邦调查局也有同类课程，为期 3 天，名为“有效的预警情报分析”[5]。课程内容阐述了预警与其他类型情报分析的区别，尤其强调从生产者向消费者传递预警情报时有效沟通的重要性，以及关于突袭的部分理论知识等。培训结合讲座、研讨、案例分析等多种方式，对既往或成功或失误的战略预警经验一一评述。课程作为美国情报界高级分析师培养计划的其中一门选修课，每财年在位于弗吉尼亚州匡提科的联邦调查局学院情报调查培训中心举办两届，由该中心高级情报培训部负责授课。

2006 至 2013 年，国家情报委员会曾出资举办过一项为期 3 天的

[1] Marrin, “Training and Educating,” 131–46.

[2] 笔者从 2017 年 1 月与中央情报局“职业分析师计划”培训师处获悉。

[3] 同上。

[4] 笔者戈登从 2017 年 6 月 11 日与罗纳德 · 伍德沃德的电话交谈中获知。

[5] 本段落部分信息由某不具名的联邦调查局官员提供。

预警课程："预警的工具、技术和实践"（Warning Tools, Tradecraft, and Practive），向全系统情报分析师开放[1]。但这项培训后来也取消了。

美国国家情报大学的一些前身组织也曾主办相关课程，如联合军事情报学院（JMIC）曾常年坚持在其本科及研究生课程中设置各类型预警课程。尽管课程的重点和名称时有变化，但直至2006年撤销前，始终处于核心必修课地位。不过，辛西娅·格拉博的《预判突袭》（*Anticipating Surprise*）一书仍然是国家情报大学常规情报分析课程的指定读物。

美国中央情报局和外国拒止与欺骗委员会强烈主张，应在情报界开展关于拒止与欺骗和反欺骗的技术性培训[2]。中央情报局于1983年出资聘请理查德兹·霍耶尔设计研发并开设"欺骗分析"（Deception Analysis）课程[3]，每期1周，每年4期，延续多年。霍耶尔不无自豪地将课程的关注重点放在了教授"竞争性假设分析"（ACH）的分析方法和"欺骗性假设"（Deception Hypothesis）的话题研讨上。其中，前者后被霍耶尔发展成著名的结构化分析技术考核的一部分[4]。霍耶尔认为，在评估所有具备可能性假设的基础上解释现象，能够判别其中是否存在欺骗成分。而基于后者"欺骗性假设"开发的欺骗清单（deception checklist）有助于分析师判断现象中的欺骗成分[5]。

外国拒止与欺骗委员会紧追中央情报局脚步，资助了"拒止与欺骗高级研究项目"（DDASP），具体授课在国家情报大学完成，项目自2002年一直持续至2015年。鼎盛时期，该研究项目同期组织夜校和日校两批学员并线培训，每年合计约65名情报分析师能够通过考核，获得课程认证[6]。该项目在十多年间累计为美国情报界和政府其他部门培训了750名合

[1] 信息由参与该项目授课的伦道夫·弗森提供。
[2] Tiernan, "Hiding in Plain Sight," 71–76.
[3] Heuer, *Rethinking Intelligence*, 31–36.
[4] 同上，33。
[5] 同上，34。
[6] 2017年7月与某情报人士交流所得。

格毕业生。2013 至 2015 年间，外国拒止与欺骗委员会的专家还在国家情报大学开设过另一门课程。2015 年以来，国家情报大学多聘用新教员从事拒止与欺骗相关课程的教学，但他们中的一些人其实并无太多与拒止与欺骗相关的情报经验[1]。

更雪上加霜的是，情报分析师很难有机会接触到动态情报之外的更有利于预警的思维方式[2]。除联邦 / 国务院情报与研究局外的整个情报界在招聘用人方面普遍优先考虑年纪较轻、经验相对较浅，受过一定情报教育的人选，并认为通过各单位自己的培训体系，能够将新人打造成精通当下主流情报分析类型，即动态情报的分析专才。出于响应 2004 年《情报改革与恐怖主义预防法案》中关于精进情报分析技术的要求，情报界现行的培训主要围绕结构化分析技术，但没有任何证据能够证明其能够系统性提高情报分析结果，遑论预警分析[3]。援引贝茨的说法，这种过度倚重结构化分析技术的理念，和凡事标准化的做法无异于在进一步抹杀情报工作的特殊性。因此，即使是支持这样做的人也不得不承认这种标准化，也平庸化的做法本身仅仅是对真正情报分析工作的一种补充。事实上，这种培训并没有达到理论的水平；它教授的是可以接受的分析过程。此外，威尔顿 · 常(Welton Chang)、菲利普 · 泰洛克认为，情报界目前的培训项目都忽视了分析师自负的一面，而没有强调从分析得出正确判断的重要性[4]。同时，泰洛克等人也认为，结构化分析方法容易助长偏见[5]。对于任何情报分析师来说，

---

[1] Bruce, "Countering Denial and Deception," 23.

[2] Grabo, *Handbook of Warning Intelligence*, 111–12.

[3] Tetlock and Gardner, *Superforecasting*, 86; Baruch Fischoff and Cherie Chauvin, eds., *Intelligence Analysis: Behavioral and Social Scientific Foundations* (Washington, DC: National Research Council, 2011), and its companion volume, *Intelligence Analysis for Tomorrow: Advances from the Behavioral and Social Sciences* (Washington, DC: National Research Council, 2011), 35–36, http://www.nap.edu/catalog/13040/intelligence-analysis-for-tomorrow-advances-from-the-behavioral-and-social.

[4] Chang and Tetlock, "Rethinking Training of IntelligenceAnalysts."

[5] Chang et al., "Restructuring Structured Analytic Techniques," 344.

这些都是巨大的缺陷，但对于战略预警分析师来说，这尤其令人沮丧。

国防部试图通过举办一些在技术专业和蓝领职业领域内常见的资质认证项目，解决这些意料之中且越来越凸显的问题[1]。但这种“职业化”手段显然并不能达到解决情报领域问题的目的，或培养出优秀的预警分析师——毕竟，预警是一项更复杂、更独特的工作。

尽管如此，国防部还是在2012年再次肯定了上述国防系统相关培训课程的必要性，并要求国家情报大学增设战略预警资质认证项目。该项目遂于2013年8月启动，由四门课程组成，具体内容包含本书论及的诸多主题，旨在向线性分析机构从事实质上属于预警工作的情报人员提供研究生水平的专题教育[2]。该项目为期近一年时间，依次教授“战略预警简史”课程，内容即美国等国家或地区的既往战略预警实践；“战略预警面临的挑战”课程，分析全球化、网络安全威胁、恐怖主义、大规模杀伤性武器扩散等因素对战略预警的挑战，以及以预警为目的的情报搜集和国内、国际情报协作中的难点；“预警理论及分析方法”课程；以及“拒止与欺骗专题”课程，教授反欺骗的应对之策。其中，第二、第三门课程邀请到情报界内部的资深情报人员和非官方背景的专家人士作为嘉宾，参与教学。该项目面向全美情报界、政府相关部门及关系密切的盟友国家的情报人员开放。由美国国防预警网络向该计划的毕业生授予国防预警网络认可的“预警专员”（warning advocates）认证资质。笔者相信，美国国家情报大学的此课程项目是迄今世界范围内唯一关于战略预警的实质性（而非培训性）教育项目。

“专业”的诋毁与中伤

情报界对专业知识等闲视之，却对动态情报小题大做，无疑有损于战

[1] Gentry, "'Professionalization' of Intelligence Analysis," 643–76.

[2] Defense Intelligence Agency, "Instruction: Defense Warning," July 16, 2012; Gordon, "National Intelligence University," 128–30.

略预警职能[1]。尽管渊博的技能储备是优秀预警专员的必要特征，但情报界战略预警职能是否良性运转，取决于包含战略预警部门在内的全系统从业人员的整体专业水平。原因在于，不能强求专门从事战略预警的分析师对所有情报课题了若指掌，更科学的方式是使专门课题领域的战略预警，依托于线性分析机构从事该课题研究专家的专业知识。情报机构的长期性调研对预警不可或缺，不论是分析师个人还是组织整体，都能够在调研中滋长专业的认知、敏锐的洞察力，积累解决预警问题所需的必要智慧。但“动态情报”并不要求充分的经验，而更强调简单化的结论，且研究视阈的时间跨度极短，导致在人事管理理念上不排斥没受过太多专业教育、没多少专业经验的人。这就意味着，情报界内的大多数机构都无望从招募的人选身上获得什么专业知识领域的贡献，频繁轮换分析师从事新课题研究的通行做法更进一步削弱了积累必要专业知识的可能。然而，不止于战略预警，任何有效的情报分析必然立足于专业知识。同样，政策指导单位要求各机构发展实质性专业知识的意见未被响应[2]。

实质性专业知识对战略预警的分析师来说至关重要。分析师不仅需要依托于专业知识储备，对持续性预警问题监测过程中的任何重大变化保持警醒，还需要依托于充分的专业知识、经验和良好的判断力，甄别和评估未来有可能构成预警问题的任何异常。既往的情报实践表明，上述能力如能兼备于一个专门的预警部门，暨该部门中既有“专才”能够专门应对优先级序列靠前的、持续性的预警话题，又有责任范畴更宽泛、在某些领域有专长且经验丰富的“通才”，为该话题提供“外部”视角，挑战“专

[1] Russell, *Sharpening Strategic Intelligence*, 119–48.

[2] Intelligence Community Directive (ICD) 610, “Competence Directories for the Intelligence Community Workforce,” lists technical competencies the IC wants its people to have. A subdirective, Intelligence Community Standards 610–7, “Competency Directory for Analysis and Production,” lists desirable generic analyst skills, including “subject matter expertise.” George and Wirtz, “Warning in Age of Uncertainty,” 217; Gentry, “‘Professionalization’ of Intelligence Analysis,” 649; Gentry, “Has the ODNI Improved.”

才”。来自专门领域之外的视角和资讯灵通的“通才”，能够对线性情报部门中在专门领域知识丰厚的“专才”形成补充，免于落入“专业悖论”（paradox of expertise）——往往越是专家越可能过分执着于过去的有利理论和经验，反而不容易觉察或接受变化的情势。这种过去但过时的观点甚至可能成为情报界上下专家群体普遍采信的集体性观点。专业知识的另一个意义在于背书预警信息的可信度，这在最终说服对预警信息持怀疑态度的决策者下决心做出尤其是困难决定时，尤为重要[1]。

预警方法、专业知识，以及过去或成功或失败的经验教训是否能派上用场，取决于是否存在固定的、稳定的预警系统，使得专门从事战略预警的分析师被允研究或探讨潜在的预警问题。与此同时，能够不断开发新的反欺骗技术的拒止与欺骗研究项目对于预警而言，同样不可或缺。负责监测持续性预警问题相关指标的情报人员可以是聪颖过人的“通才”，但不能强求他们基于新出现的、刚刚被关注到的、情势尚未明朗的模糊信息做出任何关键性判断，也不宜要求由他们来拟定指标清单或甄别新发性课题[2]。

可以说，情报界的政策是导致包括预警在内的情报工作在许多方面倍感掣肘的主要原因：偏重于为情报消费者提供尽可能即时满足其当下需求的短效服务，过度重视动态情报而忽视长期研究——后者才是个人建立智力资本，机构形成并积累集体智慧、强化专业、提高洞察力的基础。笔者认为，眼下境况的病灶应溯于“9·11”事件和2002年伊拉克大规模杀伤性武器问题遗留的创伤[3]，甚至还可以再向前追溯至1991至1993年时，时任中央情总监罗伯特·盖茨一手挑起的事实性改革——情报与消费者更加相关，或者说，更加“可被操作”。这些做法在当时看却有其意义，但

---

[1] Davis, “Policymaker’s Perspective.”

[2] Gregory Treverton argues that warning specialists should be mainly analytic generalists. We respectfully disagree. See Treverton, *Intelligence for an Age of Terror*, 157.

[3] Lowenthal, “Real Intelligence Failure?”

20 世纪 90 年代中后期，做法的副作用逐渐显露，特别是 90 年代末以后，这种做法已经越来越根深蒂固于系统内部[1]。已退休的中央情报局分析员、前国家情报委员会主席弗里茨 · 厄尔斯（Fritz Ermarth）曾在 1999 年表达过对情报界失察于俄罗斯局势所造成后果的遗憾：

情报分析固有其自身的弱点，首先是冷战后的议程变得越来越强调实操（即以支持日常业务为目的），而不再强调把握全局、理解大局，其次是管理规范变得越来越强调服务，而难免流于取悦。由于我们的决策者不那么主动愿意了解俄罗斯的局势，于是我们的情报分析师也惰于主动提供全局的、远视的评估，只在意他们的所谓情报服务能不能经得起下一次戈尔和切尔诺梅尔金（美俄两国时任政治高层）的会谈，或者能不能在下一场俄伊之间导弹交易引发的争辩中站得住脚。[2]

严格优先级框架的阻滞

美国情报界在搜集优先级排序及任务分配的相对僵化，对战略预警亦有消极影响。多年来，情报人员依靠与高层的密切关系打探消费者需求，据此确定工作重心。1995 年，时任总统克林顿在第 35 号总统政策指令中明确了情报界应予重点关注的若干问题，但该届政府对该问题列表此后再无更新[3]，克林顿治下的情报界也在后来逐渐暴露出越来越多的弱点。继任者小布什遂于 2003 年 2 月启动了国家情报优先级框架（NIPF）[4]。该框架目前仍在实行。

---

[1] Gentry, "'Professionalization' of Intelligence Analysis."

[2] Ermarth, "Seeing Russia Plain," 12.

[3] Gentry, "Intelligence Failure Reframed," 265.

[4] Intelligence Community Directive 204, "National Intelligence Priorities Framework," January 2, 2015, https://www.dni.gov/files/documents/ICD/ICD%20204%20National%20Intelligence%20Prior ities%20Framework.pdf.

但国家情报优先级框架等排序规范的问题在于，按照框架要求，不论是情报搜集工作，还是分析评估的优先级都由高级消费者决定，他们根据定义实际上已经确定了现在担心的问题。然而，战略预警的首要目的是提前发现决策者尚未意识到是问题的问题[1]。美国采用的国家情报优先级框架每季度更新一次，与之类似的英国发布的国家情报工作要求及次序文件（British National Intelligence Requirement and Priorities Paper）则保持每年度更新一次的频率，对于纷繁变化、随时可能出现的新发性问题而言，二者的更新频次都不免失于懈惰[2]。诚然，国家情报优先级框架为情报界的具体工作带来了一定的灵活性，允许情报界将部分人力配置于优先级靠后但看起来值得深究的问题。但事实上很少发生这样的灵活操作，因为有权决定工作次序的管理者更关注的无疑也是眼前的问题，更看重的无非也是赢得高级消费者的赞誉。故此，"动态情报一家独大"的情况只会愈演愈烈。相比之下，英国的情况更糟，尤其是英国的搜集机构只能搜集被允许触及的。在此要求下，情报搜集有疏漏则在所难免，预警分析师的研究和监测亦受牵连。假使官僚系统能够影响搜集的次序，预警可以有效使用国家情报优先级框架有限的灵活性。然而对于"凡情报分析师皆为预警分析师"的 EAAWA 体系而言，既已没有专门的预警部门，战略预警职能的话语权便无从谈起。

预警问题的"组织所有权"

情报机构既是官僚机构，固有官僚需求，譬如，一个机构既然存在，则必然"拥有"相应的责任，以自证其存在之必要。以国防部及其下辖的自认为"拥有"对某些预警问题之责任的机构为例，作为美国国防预警网

[1] Fingar, *Reducing Uncertainty*, 51–52.

[2] Lowenthal, *Intelligence*, 4th ed., 8–62, 231; Clark, *Technical Collection of Intelligence*, 265–67; FBI website, http://www.fbi.gov/about-us/nsb/faqs, accessed April 20, 2014.

络的成员机构，当某个具体的预警课题确实触及了这些机构的利益，则预警职能一般也能够良好运转。例如，美军欧洲司令部（EUCOM）认为乌克兰不稳定的局势是他们应予警惕的，并为此付诸研究。则一旦局势升级（或缓和），司令部就将相应提高（或降低）警戒级别。有些预警课题会在“具有共同利益”的部门之间的跨部门会议上讨论，以便提醒情报界内的相关利益部门留心自己的关切是否会受之影响。

但这样的制度设计有严重缺陷。第一，“所有权”容易造成偏狭和政治化的倾向。“拥有”对某一战略预警问题之责任的机构或情报分析师，可能处于军事高层或主管领导巨大的压力之下，被要求以特定的方式解读某一情势，这其中也许能够反映施压者的良好判断力，但同时也大有可能反映的只是施压者的个人意愿，或是服务于施压者认可的、有助于证明本机构存在之必要性的目的。[1] 如，对某种威胁性情势的高度警戒状态可能有助于证明要求增加预算的合理性。这种情况反复发生，导致部分专家建议消费者拒绝采信任何有狭隘利益需求的组织所提供的情报，这显然违背了预警情报人员与其决策者之间保持相互信任的要求[2]。

第二，认为“拥有”对某一战略预警问题之责任的机构，可能只在意该问题与本机构职责相关的个别方面，而不太会如白宫或对手方那样全局地把握问题。举个例子，假设欧洲司令部担心乌克兰的局势可能受俄罗斯影响，则一般会基于欧洲局势的角度评估俄罗斯的行动。但事实上，俄罗斯是一个有全球利益关切的大国，俄罗斯的对乌政策可能受到其他地区政策的影响，对华、对美关系都可能影响俄罗斯在乌克兰问题上的决策方向。因此，欧洲的一株独木很可能使欧洲司令部就此放弃了

---

[1] US House of Representatives, *(U) Initial Findings of the U.S. House of Representatives Joint Task Force on U.S. Central Command Intelligence Analysis*, August 10, 2016, http://intelligence.house.gov/uploadedfiles/house_jtf_on_centcom_intelligence_initial_report.pdf.

[2] Betts, “Analysis, War, and Decision,” 65.

全球整片森林。当然，其他地区性军事组织也可能从各自的角度做出类似的盲人摸象式的解读。这种现象似乎不多见于已披露的案例中，目前公开资料中比较典型的是古巴导弹危机。这场美苏危机背后同时牵扯到若干事件，包括古巴方面反制肯尼迪总统针对卡斯特罗本人和该国的攻讦、苏美核实力平衡、赫鲁晓夫对新任美国总统的看法，以及在柏林问题上大国之间持续加剧的紧张关系。然而，美国情报界的分析师“扬长避短”而仅仅专注于其一方面，也就意味着国家评估委员会在 1962 年就古巴问题写就的四份评估报告，都没能拼凑出苏联冒险在古巴部署核弹头的全部原委 [1]。“凡情报分析师皆为预警分析师”的 EAAWA 体系下，分析师基于本岗位的狭隘职责，对一个预警问题承担相应的有限责任，令解题几无可能。事实上，美国的情报界共下辖 17 个彼此相对独立的、从司法角度各有明确职责权限的分支机构，这种分散割裂的客观界定无疑更加加剧了问题。

第三，预警问题通常须经由标准的官僚程序解决，这些程序对情报界内部各部门、各机构之间的“协调”“合作”提有明确要求 [2]。而这些要求往往导致情报部门为了尽可能弱化反对意见，在报告遣词时更为委婉。而这种言语上的妥协，则会削弱报告信息的清晰度。尽管有些机构有时也会直接无视其他机构的反对意见，但“最小公分母综合征”总是难以避免地长期困扰国家性情报评估工作。尤其预警领域出现了显见的麻烦，决策者在情势不够明朗的情况下就更需要态度尖锐且有说服力的信息，促使其做出困难的决定。哪怕各机构之间没有实质性分歧，机制复杂的协调过程也有损于预警信息的时效性。

在“9 · 11”事件后，应国会主张，对机构间协调合作的要求越来越多，且历任国家情报总监都在试图一统全局，完成“一体化”的情报生产。这意味着，在美国现行的官僚体系下，虽然单个机构能够独立起草并发布

[1] Grabo, *Anticipating Surprise*, 11.

[2] Betts, *Enemies of Intelligence*, 22.

报告，但是，凡重要文件，如《总统每日简报》，仍是由多个情报机构协同完成。诚如罗杰·乔治等人所指出的，在新协调机制下“喂养《总统每日简报》这头猛兽”消耗了情报界巨额资源[1]。“9·11”事件后对官僚组织协调机制的改革加大了内耗，也加剧了预警失误风险[2]。

第四，只要军事指挥部乐意，就可以无视预警的结论而置潜在风险于无人问津处——早就有过两大作战指挥部任意行事的例子[3]。军事指挥官们才不会转回来理睬已经被其他指挥官忽视的问题。

第五，“所有权”模式意味非“所有权”部门的其他分析师没有机会正式参与相关预警问题的辩论。换言之，由于官僚政治的原因，有可能解决问题的人才被遗憾排除在外。譬如过去时有发生的一个（或少数）分析师精准定位到某个新发性问题，却不被多数同僚或高层采信的现象，就属于这种情况。而“所有权”模式极大地增加了这种现象再次发生的风险。

关于威胁与机遇的预警

有效的预警不局限于应对军事威胁，而是为了证明自身特殊情报职能的存在价值，解决广泛的威胁，并为决策高层提供政策机遇。由于预警作为独立设置的机构，在官僚体制中一直根基未稳，十分需要高层满意的赞许。

而如詹姆斯·斯坦伯格提醒，对决策高层而言具有重大意义的机遇又可能以各种形式存在并出现[4]，同样认识到这一点的前国家情报官伦道夫·弗森认为，机遇预警能够对冲决策者对“只会喷粪的”预警人员的负

[1] George, “Reflections on CIA Analysis,” 72–81; Treverton, *Intelligence for Age of Terror*, 145; Priess, *President's Book of Secrets*, 285.

[2] Miller, “U.S. Strategic Intelligence Forecasting,” 699.

[3] 笔者曾就此话题与国防部从事战略预警的若干专员进行交流时得证。

[4] Steinberg, “Policymaker's Perspective.” Fingar, *Reducing Uncertainty*, 50–51.

面情感[1]。甚至完全不用强求做到机遇与威胁平起平坐，只要偶尔能够有所产出，就足够为战略预警力保一席之地，使分析师“在场”参与国家大政方针的讨论和制定。更何况，威胁和机遇时有相关。通过提早判断行将发生的威胁，决策者能够有可能在许多方面采取先发制人的行动。笔者认为，和平年代战略预警的重要性被一而再再而三看低，首要原因就是情报部门不擅于提供机遇预警，显得毫无用处。这当中以最不情不愿的军情组织最为典型。

重大威胁本就不常发生，在国际关系和缓期尤其如是，譬如在 20 世纪 70 年代初和苏联刚刚解体后的一段时期。但官僚机构显然不能指望以宣称有朝一日将再次发挥作用而保全饭碗。相反，总是有与机遇相关的分析，这有助于为决策者提供支持，并获得客户，借助大人物的庇护保留预警职能。笔者尽管不屑于过分着墨于官场政治，无奈身处其中难以免俗，更无奈同属于情报界的竞品单位，常常正是利用了预警职能难烹无米之炊的和平年代，打压其政治地位，甚至意图取消其机构设置，惶然不顾保持机构稳定存续于战略预警职能稳定运转的重要意义。但是，只要残部尚存，预警职能就有希望在再被时代需要时，从一粒种子萌芽成再为国家遮天蔽日的大树。对美国的情报界而言，殷鉴不远——彼岸的英国联合情报委员会只能仰仗“业余的专家们”渡劫时，只要美国情报界愿意，就可以轻松地安排适量的人进行专业研究，撰写战略预警问题的文章。杰克·戴维斯早于 2003 年的苦口婆心似乎最终还是枉费了气力[2]。

情报界应视预警职能为一种保险政策——提供对灾难的保护。参保人并不会因为没有索赔的必要而觉得之前缴纳的保费是一种浪费。同样的，这种保险“投资”，不仅能够在威胁预警奏效时，得到大幅缩减应对成本的变相回报，有时还能产生机遇预警的超预期回报。

---

[1] 源于 2015 年笔者与弗森的沟通，以及 Pherson and Pherson, *Critical Thinking for Strategic Intelligence*, 9–11, 190。

[2] Davis, “Strategic Warning: If Surprise Is Inevitable.”

力有不逮的国防部门

预警机构一般是部级军事和国防部门的组成部分，原因也很显见——预警长期以来一直以安全性威胁为攻关目标。不过，在近几个十年以来，预警涉及的范围不断扩大，问题的复杂性与日俱增，不仅有越来越多的机遇预警，也出现了越来越多军事威胁之外的威胁。尤其当美军正在全球越来越广的范围内参与和执行救灾等人道主义援助任务、非战斗人员疏散任务等等，要求国防部门仅凭一己之力承担由此产生的越来越宽泛的预警责任，是不合情理的，原因有三。

首先，军事组织关注军事威胁的原因包括，国家任务声明、国防预算、公众期望以及侧重于打常规战争的内部组织文化。[1] 不仅国家的领导层会直接指示军情部门以国家防务领域的军事问题为首要任务。军队自身也认为自己只是军事情报用户，尽管他们可能承担了远超军事使命之外的职责（如加拿大、瑞典的军队就在近年来执行了大量维和任务）。因此，军情人员和机构从军事角度考虑问题就成了工作的硬性规定。比如，美国国防预警网络，以国家防务课题为优先级，仅有限地从事非军事性威胁预警和少量机遇预警。澳大利亚防务预警系统的工作视角更为专注——仅服务于本国国防部决策高层[2]。

其次，武装部队的武官和国防部的文职军官都倾向于在思考问题时联系国防实务，国防部门本身也以相应制度激励这样的思考。即使军情部门主动扩大预警课题的关注范围——譬如 2014 至 2015 年西非埃博拉病毒暴发后，美军主动为国际性卫生组织提供支持——但该类预警不可能长期占据优先地位。因为军情人员自己也明白，非军事领域的任务始终处于组织核心任务外围，专门从事非军事领域预警工作的经历不能裨益个人的仕途

[1] Betts, *Enemies of Intelligence*, 72.

[2] Australian Ministry of Defence pamphlet, *Australian Defence Warning System: Providing Strategic Warning.*

发展。因此，不论是以武官还是文职军官为主的组织机构，其政治文化都会更排斥军事威胁之外的宽泛预警任务。

再次，军事部门一般并不会配备具有充分应对金融危机、公共卫生安全危机等非国防问题能力的人手。军事部门从人员构成上也不具备深度研究属于经济、公共卫生甚至国内治安领域预警问题的专业储备。因此，金融问题最好交由财政部门，疾控问题最好交由卫生部门如美国疾病控制与预防中心，国内安全问题则最好交由联邦调查局来处置。不过，行伍之人往往也是最热衷于官僚内斗的一群人，哪怕匮乏专业知识、没有解决具体问题的过硬能力，也难保其不会因为担心自己的人手或资源受到影响，而声称“拥有”对超出能力范围的战略预警问题之责任。

综上，美国的情报界实在不能指望单靠国防部门就能一网打尽所有重大预警问题，其他部门也必须参与其中。

覆前戒后的必要自省

如果不从错误中汲取教训、从成功中总结经验，情报部门的工作就很难日益精进[1]。失误总能以比无甚声响的成功更显著的存在感引起更多、更广泛的关注，甚至有时所谓的失误实际上并不是失误[2]。相比之下，成功所能获得的关注就少了很多，没有外界的批评就相当于不太会有外部的关注，既然称为“成功”就意味着已经是意料之中的事件走向。加之成功的经验必然多过失败，因此似乎更显得没什么值得研究的价值。如果在情报搜集上有漏洞或分析上有瑕疵，但侥幸取得了预警的成功，就更缺乏动机在事后主动复盘工作中的疏漏。情报界内的各部门经常性重组，却绝少

[1] Bar-Joseph and McDermott, *Intelligence Success and Failure*; Wirtz, “Art of Intelligence Autopsy,” 1–18.

[2] Berkowitz, “U.S. Intelligence Estimates,” 237–50; MacEachin, “CIAAssessments,” 57–65.

重新审视核心程序是否合理。

本书从多个角度都触及了一个问题——历次预警失误的原因中是有共性可循的，尽管历次的细节可能各异，但共性总是反复出现[1]。情报机构知道这点，但他们未在公开或内部过多讨论失误的原因。更全局的预警评估少之又少，乏善可陈。1978 年，在美国众议院常设特别情报委员会的提议下，增设国家预警情报官的职能岗位，给情报界的战略预警职能曾带来些许改观。但盖茨在 1992 年的专项工作组整改[2]和后来 2002 年中央情报局监察长的评估[3]以及 2014 年国家情报总监的研究却收效甚微。克拉珀以“情报界整合协作”的方式将预警责任派发给各位国家情报经理，并允许各部门视情采用 EAAWA 体系——这一做法至今竟仍被沿用。本书读者恐怕不难记得，压缩拒止与欺骗职能的始作俑者也是这位克拉珀，基于本书前述章节中的论述，在笔者看来，这一举动当然也是错误的。

在美国的各情报机构之中，中央情报局是最经常进行自我评估的[4]。中央情报局的情报研究中心（Center for the Study of Intelligence）长期以来不断复盘、自查本机构的工作情况，并对内发布相关报告，供政府内部拥有一定安全权限的要员参阅。肯特情报分析学校也进行过类似的评估。此外还有中央情报局的《情报研究》作为专业期刊，刊载出版了不少现任情报官员（主要来自中央情报局本机构）和退休人员、编外人士的观点评述。

中央情报局的其他部门也会定期自我评估。其中几乎最值得称道的两个公开案例已经被罗伯特·杰维斯写进了《情报为何失误》（*Why Intelligence Fails*）一书中[5]。杰维斯是从事情报工作研究的学界资深人物之一，以顾问身份长期与中央情报局保持合作。1978 年，杰维斯曾受中

[1] Gentry, “Intelligence Learning and Adaptation,” 50–75.

[2] Director of Central Intelligence, “DCI Task Force Report.”

[3] CIA Inspector General, *Inspection of the Warning Function at CIA*, IG 2001–0010-N, April 2002.

[4] Hedley, “Learning from Intelligence Failures,” 435–50.

[5] Jervis, *Why Intelligence Fails*.

央情报局分析处管理层委托，对当局未能准确预警伊朗形势进行业务审计，后来他还曾受托调查中央情报局在2002年伊拉克大规模杀伤性武器的情报评估工作中的分析性失误。杰维斯对此二次失误案例的报告解密版即构成了《情报为何失误》一书的主要内容，此外，该书还记录了他对当代战略预警工作的观察和从中总结的经验教训。

情报界的其他机构则很少会自我评估既往工作成果。尽管国防部门长期以预警为关切，但笔者从未听闻该部门关于战略预警职能的研究。当中的原因可能在于来自华沙条约组织成员国的军事威胁随苏联解体而消失后，国防部对战略预警的重视程度亦随之下降，而此前四十余年，华约曾一直是西方国家战略预警任务的重中之重。既然压力解除，对相当一部分人而言，似乎也就没有任何必要讨论一个几乎不复存在的情报分析业务分支的是非功过了。

从定义上说，政治强制的失误调查是政治过程，它们有时服务于政治目的，而不是学习过程。以“9 · 11”事件调查委员会为例，在政治动机下得出的分析报告充满偏见和事实性错误，也因此招致尖锐的批评[1]。

情报界很少自省的一个主要原因是，任何自省得出的结果都可能被政府内部的反对派捏作把柄，蒙受政治攻击。在国内政治环境中最直接的对手非国会的情报监督委员会莫属，当然有些时候，情报部门也会面临来自其他行政部门的攻讦。从既往的工作实践中看，1973至1975年间，中央情报局负责全系统业务内审的情报界人员成果评估部（Product Review Division of Intelligence Community Staff）对当时前后7次情报失误进行的事后调查，曾差一点得出些真正有益于战略预警在内的情报工作的成果。调查的初衷是反省如下事件：（一）1973年，爆发第四次中东战争；（二）同年，智利爆发针对时任总统萨尔瓦多 · 阿连德（Salvador Allende）的政变；（三）1974年，印度完成核爆炸；（四）美方未能准确预判1973年10

[1] Zelikow, “Evolution of Intelligence Reform,” 1–20; Pillar, “Good Literature and Bad History.”

月内以色列在西岸的军事行动；（五）1974 年的塞浦路斯危机；（六）对埃及在 1975 年时军事实力的评估失准——彼时曾是《国家情报评估》报告的重点攻关课题；（七）1975 年 5 月发生“马亚圭斯号事件”（Mayaguez incident），该次事件中，美军为解救被柬埔寨武装部队扣押的一艘商船，付出了巨大的伤亡代价。一系列事件促使众议院于 1975 年成立临时监督委员会，由议员欧蒂斯 · 派克（Otis Pike）挂帅，直接问责。中央情报局的反省，反而助长了派克等人对情报界工作所持之敌对态度[1]。在上述话题中，（一）（三）（五）被最终归咎于预警失误，但参与此次中央情报局内审的理查德 · 施赖奥克（Richard Shryock）认为，即便情报界努力有所折中，但仍然对情报机构与行动部门之间的沟通做出了贡献[2]。据施赖奥克统计，抛开所有的失误，只有一次情报成功的案例有幸进入过中央情报局情报人员工作成果评估部的视野，虽然没有明说是哪一次，他却含蓄地表示，这史上唯一的一次对成功的总结还是在某高层决策者授意下才产生的[3]。

艾米 · 泽加特将“9 · 11”事件的失败归因于美国情报界不曾从过去的经验中总结并学习，这是情报界的组织文化功能障碍导致的[4]。笔者也认同这一观点，过分注重维护官僚机构体面的政治组织会导致长期的实操失误，抑制在自省中适应性成长的能力。另一个问题是，长期以来情报界都没能在战略预警系统上形成合力。

批评不仅有损于情报人员的自尊，还可能影响其个人仕途，但情报界似乎从没从制度层面考虑过如何消除批评的副作用。诚然，适度的批评是不难接受的，欠佳的情报表现甚至还能诱使国会为求“改善”而予情报机构更宽裕的资金预算。而情报界则大可以“改善”的见效需要时间为由，

[1] Shryock, “Intelligence Community Post-Mortem,” 27.

[2] 同上 , 26。

[3] 同上 , 16n3。

[4] Zegart, “September 11 and Adaptation Failure.”

敷衍了事，自我纾解当下被国会问责的压力——马克·洛文塔尔在2008年的一篇文章中就曾指出，情报界的管理层总是有千般理由继续“躺平”[1]。它未能认识到（或解决）其持续存在的分析问题的主要原因。几十年来时好时坏的战略预警职能，对情报界领导者而言竟似乎还不足谓前车之鉴。

[1] Lowenthal, “Real Intelligence Failure?”

第 12 章
战略预警情报的未来

本书的前 11 章内容树立了预警喜忧参半的历史、预警实非易举的原因、预警享有的政治优先级和关注度的周期性变化及其背后原委等等。这些内容也在不同程度上影响着全球许多国家的战略预警职能的专业表现、人力部署和机构存续。笔者二人相信，战略预警职能仍处于不断发展演进之中，且这种发展不应受到任何确切的定义所限。非安全防务职能的政府公共部门和私营领域，如商业机构、智库和学界，具有战略预警实质的种种实践在过去曾取得了可喜的成效。譬如本书曾论及的“水平扫描”“未来学”等概念，就是诞生于情报界之外的成果。这种将战略预警置于更宽泛语境下的应用，能够在方法上和内容上裨益战略预警分析的发展。美国反恐部门对战略预警方法的应用和荷兰情报界的有益经验令人倍感鼓舞。可惜预警在国家情报机构中的角色定位仍然十分含糊[1]。

不过，扩大预警领域时，应谨防模糊战略预警与战术预警之间的区别，尤以反恐领域为例，刻板套用定义或概念，很容易导致“战略预警”失误。反恐问题所引发的广泛关注可能将战略预警禁锢在战术领域，而牺

[1] Scott, “Reflections on Age of Intelligence,” 617–24; Agrell, “Next 100 Years?,” 118–32.

牲了更广泛的战略预警职能，譬如解决非军事威胁问题或发现能为利用的机遇等。

对此，更行之有效的方式是，如在美国和其他一些国家，将国内的反恐职责优先划归公安系统和国安部门，而非武装部队或涉外情报机构。让战略预警在比反恐更擅长的领域发挥作用，解决问题，体现价值，更能够赢得高级情报消费者的认可和青睐，从而巩固战略预警作为特殊情报职能保持以独立的机构形态存在的地位，避免如实践中反复所见，在常规军事威胁消退的相对和平时期，战略预警部门一再面临的被压缩甚至被取消的命运。可以预见的是，在相当一段时间内，反恐和非国防军事问题仍是情报界的重大关切。

美国的战略预警仍然面临时而被赞誉有加，时而被横加指责的毫无循环之中，而此时此刻，可能恰逢最不被看好的谷底。由于领导层不知所谓的治理方式，战略预警的三大主要构成要素即专门的机构设置、拒止与欺骗活动和专业教育培训，目前都面临难以为继的困难局面。这种退步式的表现，反映了战略预警职能不被重视、不被承认的现实处境，以及领导层餍于从动态情报中获得即时满足的短视，牺牲了情报界作为一个整体能够在更长远的时间和空间维度为之创造惊喜的可能性。不管其他同僚作何感想，笔者受此高层对战略预警的消极评价刺激，只得不断求索，情报界本身应如何提高战略预警表现并证明自己的真实价值。

据托马斯·巴顿介绍，在 1959 年，观察委员会采用的评估苏联方面威胁的“征候情报”工作方法主要依托于四方面内容。该方法承认情报机构的某些属性、分析师的某些性格特征是预警之所以有效的重要原因，被后来的一些部门所沿用。以下内容基于巴顿当时的总结，并结合情报工作实际略有调整，可作为当下预警工作的参考指南：

1. 一种（对情报分析师而言恰如其分的）心理**态度**，有助于判断对手的意图。预警人员须对研究对象（有时是敌方，有时也可能是友军）的目标和计划做出假设或提出假说，据此进行评估。保持怀疑，甚至适度妄想，都可能不是坏事！

2. 一套指导搜集、处理和分析相关信息的**理论方法**。换言之，预警人员的至少一部分工作内容，特别是当监测持久性预警问题时，应遵循科学的理论方法执行完成。
3. 若干“专为早期战略预警之目的而开发新的情报搜集、处理、评估、分析方法的”**手段**。即是说，分析师应在多领域建立起工作方式方法的改良机制，在实践中开发出更多如征候与预警分析方法，这样能够提高预警表现的新理论、新方法。除技术层面的方式方法外，预警分析师也应该尽可能广泛地学习并积累可能成为预警关切的相关国家、相关领域的专业知识。
4. 以某种**组织形态**作为情报界内部各机构协作关系的载体——实现不仅能够在协作中持续搜集到相关情报、对相关情报进行合理分析，还能够为向高级消费者有效传递关乎战略威胁或战略机遇的情报观点创造机会。[1]

遗憾的是，以美国目前的情报界现状而言，上述四者都不理想。首先，**态度**上，主流的、根深蒂固的观点仍然视预警为一项简单而常规、任何分析师稍加精力即可兼顾的工作任务——这也是 EAAWA 体系的基本观点。但正如本书所论证，这一态度从根本上误解了何谓预警。其次，鉴于常规的情报“技术”方法对 EAAWA 体系而言已经足够应付日常工作所需，主流观点认为战略预警无需此外的专业**理论方法**支持。这一观点尤见于 20 世纪 90 年代以来，也反映在国会对“9 · 11”事件事后不当的“整改”意见中，而情报界的管理层对此完全没有能力说不[2]。国防部印发《国防预警网络手册》可谓是朝理想的战略预警工作方式迈出了积极的一

[1] Patton, “Monitoring of War Indicators,” 55–68.

[2] Lowenthal, “Real Intelligence Failure?”

步，但是，如前所述，整个国防系统在预警方面是存在问题的。再次，尽管情报界在开发诸如结构化分析技术等一般情报分析的技术方法上的确有所投入，但这些**手段**的首要目标是提供基本的、严谨的方法论，规避比较容易避免的错误，而不在于辅助解决更复杂的谜题。至于美国情报高级研究计划署采用的“众包”或其他专题情报工作采取的技术方法中，能够在战略预警领域和欺骗与反欺骗方面推而广之的少之又少。最后，在“凡情报分析师皆为预警分析师”的观点影响下，战略预警职能几乎不再具备单独的**组织形态**，然而，组织形态作为前述三者的载体，却是三者发挥效用的基础，攸关能否实现与高级决策者的有效预警沟通。

情报界在预警问题上的困境使笔者相信，对战略预警职能进行重大结构性重组势在必行。如果预警工作希望摆脱几十年来的机构障碍，就必须拿出非常不同以往的管理政策和组织激励措施。笔者认为，就此可考虑恢复重建混合预警体系，在国家情报官、国家情报经理的现行体系框架内，或者在现行框架之外，增设一个精简但在预警工作上享有话语权的预警办公室，统筹全盘预警工作，确定方向并提供指导和支持[1]。退而求其次，或可考虑设立独立的、专司战略预警的机构，或回归到绝对的 EAAWA 体系，不过以情报工作的经验来看，后二种选项此前效果都不理想，以情报界的现况来看，未来效果也未见得乐观。

历史表明，战略预警需要依托于一个独立但不孤立的组织形态。适度独立于常规的行政协作程序，能够在结论可能招惹争议前快速产出预警信息，避免因反对意见导致难产；与此同时，战略预警不应是孤立的，而应始终是国家全盘情报工作的一个有机组成部分。此外，在行政序列中保持相对独立，能够在决定情报搜集工作的优先次序时保持话语权。形成最终战略预警信息所需的大量分析性工作仍由线性机构的分析师承担，但应在预警专员的指导、敦促、支持下开展。建立并维护与高级情报消费者

[1] Robert Vickers makes a similar argument in “State of Warning Today,” 12–15.

的信任关系由高级别的预警官员承担，以此确保信息的可信度和说服力。20 世纪 50 年代的观察委员会和后来的国家预警情报官具有类似的运作方式——较高级别的预警官员有权限自行发布预警信息，且基于本人的信誉度使预警信息产生应有的效力。然而，60 年代，观察委员会开始发现，对预警成果的层层审查和与更多部门协调工作的要求对战略预警产生了消极影响，预警成果的质量开始大打折扣。相比之下，英国国防情报局的预警监控系统享有高度制度化的优势特点，任何可能引起争议的情报结论都至少能在国防部系统内对内发布、流转。只有在以全体国民为受众对象的情报评估——如前文第 4 章所述——才需要经联合情报委员会审批后发布。

约翰·加农认为，战略预警成功的关键是将其与线性分析机构的动态情报、研究和评估工作相**整合**[1]。已经开发的战略预警分析方法能够帮助削减线性机构分析师个人的或机构集体性的偏见，预警机构与线性机构双方密切协作，能够互相裨益。加农本人是分析师管理层出身，在他看来，这种整合对管理层而言具有额外的意义——预警能够有效减少情报失误的次数和严重程度，从而使管理层免于被批评。用理查德·贝茨的话来说，整合就是在工作中想办法把擅长使用“常规理论”的情报专员与具有“例外思维”的预警专员组织起来，在非常规情况下使后者对前者形成有益补充。为此，预警专员的之一工作职责就是改进预警相关的分析技术。加农也建议预警专员应该扮演“客座”专家和方法学家的角色，在尤其遇到困难且争议性问题时，成为攻坚团队的成员。预警专员能够提高情报技术方法的严谨性，能够为情报分析提供专业见解，能够挑战传统观念。鉴此，他也认为在 2002 年 9 月起草关于伊拉克大规模杀伤性武器问题的《国家情报评估》报告时，应该将预警的角度也纳入其中。

笔者认为，从本质上而言，加农是为预警提出了新的角色定位——通

[1] 笔者从 2017 年 3 月 16 日与约翰·加农的交谈中获知。“整合”一词也反复出现于时任中央情报总监罗伯特·盖茨在 1992 年时对战略预警的相关指示中，参见相关《中央情报总监情报工作报告》（DCI Task Force Report），但该提议后未继续落实。

过不同于线性分析机构的思维过程，为之提供支持。如果预警功能被越广泛认为显著有助于一般情报分析的成功率，则混合型体系就越有可能被发展并巩固下来。为此，针对包括持续性和新发性威胁预警、机遇预警等传统预警课题，以及欺骗与反欺骗等课题，都需要对情报技术和工作手段投入更大的研究精力，确保方法论有效且有助于实践。预警部门应予相应研究以支持，或可考虑与国家情报高级研究计划署等机构合作。战略预警机构与线性分析机构之间的协作对双方的工作都是有意义的，但达成这种协作的前提是高层采信整合预警与线性机构的必要性，显然，情报界的管理层从未就此达成过一致。

2003 年，杰克·戴维斯在更当代化的语境下再次阐述了加农的观点：建议将战略预警视为“替代分析”（alternative analysis）——在“9·11”事件和伊拉克问题的重大失误后，迫于国会压力，情报界终于接纳了这一术语[1]。此举无疑是有助于预警机构与线性机构协调工作的，因为在戴维斯的观念里，线性机构也应在预警问题上承担一定的责任。

美国国防部和一些观察人士主张以设立“预警专员”的方式将战略预警属性内嵌于线性分析机构，专员以敦促分析师主观能动地使用预警分析技术为职责使命。这当中就有前国家预警情报官肯尼斯·奈特，认为应当使情报分析部门广泛配备该类专员。杰克·戴维斯也在 2006 年提出应增加分析师从事实质性战略预警工作的时长，暗含对动态情报工作中具有战术性实质的所谓“预警”的反对态度[2]。但持此相似主张的人都没能具体说明预警专员在具体实践中的工作方式及专员的选拔、管理方式，导致所谓“专”员们仍然只能以形同“兼职”的方式兼顾战略预警，其个人仕途亦仍然受缚于情报界目前优先鼓励动态情报分析的激励政策。在国防系统的现行政策框架下，国家情报大学战

[1] Davis, “Strategic Warning: If Surprise Is Inevitable,” 8–9.

[2] 笔者从 2016 年 11 月 30 日与肯尼斯·奈特的交流中获知；Davis, “Strategic Warning: Intelligence Support,” 182。

略预警资质认证项目的毕业学员能够担纲“预警专员”，但该项目每年能够培养的预警人力远难满足情报实践所需。

尽管在国防系统内通过预警方向的职业教育赋予部分情报人员“专员”的身份，是有益于情报界的，但是单凭这一努力是否能改观预警全盘工作存疑，甚至是否能至少改善国防情报领域的预警工作仍然存疑。由于管理层仍然十分反感将战略预警视为独特的非同一般的情报分析职能，这些专员的身份可能不被重视。加农不认为管理层会轻易容忍他们看好的分析师走向预警专员的方向，他本人则担心专员的角色可能重蹈甚至加剧此前在战略预警人员和线性机构分析师的职能发生重叠或冲突时，情报工作曾发生的问题[1]。因此，与其采取专员的方式，加农建议战略预警人员在方法论上予线性分析机构以支持，或以任何其他合适的方式帮助线性机构提高分析能力。加农的质疑并非空穴来风，“魔鬼代言人”和“红队”的尝试虽曾得到情报界部分人士欢迎，时用于支持复杂的结构化分析，但“魔鬼”与其支持对象之间一再产生敌意，使线性机构最终将这一方法抛诸脑后。

成立新的高级别战略预警办公室或新设高级别战略预警统筹职务也有望改善与预警有关的培训和教育状况。战略预警方向的培训应包含基本的分析通识和专题训练，与战略预警、拒止与欺骗有关的科研成果亦应纳入课堂教学。

无论线性机构如何安排战略预警工作，独立于线性机构的战略预警部门都应该是人员精简但处于高级职位的。原因有五：第一，将机构控制在较小规模，不易因预算分配等问题成为其他官僚部门或反对者针对的对象，安德鲁·马歇尔的净评估办公室就是一则积极的范例[2]。政治对手可能会觉得对一个小之又小的部门下手并不会讨到太多便宜。第二，胜任战略预警的人才原本就少之又少，这一点已经由菲利普·泰洛克等人做

[1] 笔者从 2017 年 3 月 16 日与约翰·加农的交谈中获知。

[2] Krepinevich and Watts, *Last Warrior*, 248.

出解释，二战时期的双十字委员会也可援引说明问题。诚如约翰·戈弗雷（John Godfrey）上将指出，战略预警工作具有相当的复杂性，与行骗者的较量是长期持续且处于动态变化的情势中的，非一般人员所能轻易胜任。比之其他领域的战略性情报分析，预警分析对质量的要求远高于数量。第三，小型组织在本质上比规模更庞大的组织更为灵活，预警工作需要听取且乐于听取任何分析师任何新奇但有见地的观点，哪怕这其中的某个或某些观点是有争议或不符合理想预期的，一旦一个非同寻常的观点展现其价值，预警部门就要立即为之行动起来。第四，担任战略预警核心办公室或核心要职的人员身份须资深，从而为所产生的情报信息的可信度背书，且只有越资深的人士才越有可能得到本国决策层及国家情报总监等高级消费者的信任，才越有可能有与高级消费者沟通的机会。第五，担任战略预警核心办公室或核心要职的人员须具有足够的政治资本和官僚话语权，能够在潜在问题初露端倪但尚未构成威胁时，就有能力为之抽调情报搜集力量，确保予之妥当监测，从而保障准确且及时的预警信息输出。此外，这种战略预警的业绩评估和激励机制也应不同于目前“动态情报专制”之下唯产量论英雄的方式。

不过笔者二人并不认为这种改革会在短期内很快发生，甚至是否会发生都还要取决于情报界管理层是否采纳前述建议——目前为止，管理层似乎并不为所动。

然而，如果情报界自己不想办法在困境之中图变、图强，则可能迫使国家决策高层和国会采取更为激进的改革措施。毕竟，在时隔近 20 年的时间，已经先后有两位因不满于中央情报局乃至情报界预警分析的中央情报局分析人士提出另立门户的建议——增设新的机构以解决长期以来情报分析不力之情况。

在 20 世纪 90 年代初，哈罗德·福特曾明确提出建立独立的国家级“智库”从事国家情报评估工作的想法。在福特看来，战时的美国战略服务办公室的调研和分析部门曾集结了全美最优秀的情报人才，可谓是美国有史以来最杰出的情报机构[1]。新设智库完全可以之为基础，在彼时动态情报部门力有不逮的重要战略性问题上走得更深、更远[2]。该智库应由一位在国家政治层面享有可观声誉的人士担纲，组成该智库的人应是能够接触到高层决策者的“精英”，且不应仅是情报界中之佼佼者，也应将界外人士吸纳进来。至于使该智库“独立”的意义，则在于确保精英们出品的优质情报见解和建议直达决策高层，中途不受常规情报流程、官僚程序的干扰[3]。确实，这样的一个智库组织是有望克服战略预警和评估性情报实践中经常遭遇的机构障碍的。

罗杰·乔治针对动态情报的专制局面，提出新增一个具有非政府机构性质的私营部门，并使美国的主要情报分析职能从目前的中央情报局向该部门转移[4]。理论上，乔治建议设立的这一部门是可以采取 EAAWA 体系或下辖单独预警部门的，不过不宜兼具“预测性情报”的属性。

但二人给出的这两种可行性恐怕只会招致情报界既得利益者的反对。譬如美国国家情报总监办公室就完全有能力创建一支由资深的、受爱戴的情报官员组成的小型办公室，专门为国家安全委员会提供战略预警支持，在白宫和情报界各机构之间行预警沟通之职能，不需要也不会允许其他人另起炉灶。原则上，该办公室应面向全情报界分析师敞开大门，使任何被认为高层应予关注却没能在常规程序中得到充分响应的问题，都可借此渠道绕过官僚程序，重回议程[5]。事实上，美国国家情报委员会曾组织过一个类似的分析小组，由资深的优秀情报分析师构成，只服务于国家情报委员会自身。

其次，情报界大可以在线性分析机构中间指定其中一小群精英的、高

[1] Ford, *Estimative Intelligence*, 210–11.

[2] 同上，201。

[3] 同上，204, 208。

[4] George, “Reflections on CIA Analysis,” 80–81.

[5] Ford, *Estimative Intelligence*, 202.

阶的情报官员负责预警工作，并予之接触高级决策者的通行权限[1]。同样，原则上，其他分析师一旦认为有任何高层应予关注却没能在常规程序中得到充分响应的问题，都可以通过这些被指定的情报官员进行反馈。而这些被指定的情报官员唯与国防部的预警专员的区别在于，他们要比刚刚修完国家情报大学战略预警资质认证项目的中层干部更有资历，因此在官僚序列中也更有话语权。

最后，玛丽·麦卡锡在 1998 年“灾难迫在眉睫”[2]之诤言犹在耳，彼时，情报界已经不具备充分的战略预警配备，而今，情况恐怕尤恶于彼。世事变迁，而恰因为这种变迁，使战略预警仍须是一项重要的情报职能。无奈于官僚系统惰性使然，恐怕须待到下一次重大情报失误发生，方能刺激情报界重拾对战略预警职能的关注，使战略预警职能在好恶循环中步出谷底[3]。

[1] Ford, *Estimative Intelligence*, 208。

[2] McCarthy, “Mission to Warn,” 18–19.

[3] Travers, “Waking Up on Another September 12th,” 46–761; Pappas and Simon, “Intelligence Community,” 39–47; Travers, “Coming Intelligence Failure,” 35–43.

参考文献

Abels, P. H. M. "Dreigingsbeeld terrorisme Nederland: nut en noodzaak van een 'all-source threat assessment' bij terrorismebestrijding." In *Terrorisme. Studies over terrorisme en terrorismebestrijding*. Edited by E. R. Muller, U. Rosenthal, and R. de Wijk, 535–44. Kluwer, Netherlands: Deventer, 2008.

Adamsky, Dima, and Uri Bar-Joseph. "'The Russians Are Not Coming': Israel's Intelligence Failure and Soviet Military Intervention in the 'War of Attrition.'" *Intelligence and National Security* 21, no. 1 (2006): 1–25.

Adamsky, Dmitry (Dima). "The 1983 Nuclear Crisis: Lessons for Deterrence Theory and Practice." *Journal of Strategic Studies* 36, no. 1 (2013): 4–41.

Agranat Commission. "What Went Wrong on October 6? The Partial Report of the Israeli Commission of Inquiry into the October War." *Journal of Palestine Studies* 3, no. 4 (Summer 1974): 189–207.

Agrell, Wilhelm. "The Next 100 Years? Reflections on the Future of Intelligence." *Intelligence and National Security* 27, no. 1 (February 2012): 118–32.

———. "Sweden: Intelligence in the Middle Way." In *Intelligence Elsewhere: Spies and Espionage outside the Anglosphere*. Edited by Philip H. J. Davies and Kristian C. Gustafson, 239–63. Washington, DC: Georgetown University Press, 2013.

Aid, Matthew M. "All Glory Is Fleeting: Sigint and the Fight against International Terrorism." *Intelligence and National Security* 18, no. 4 (2003): 72–120.

Akerlof, George A., and Robert J. Shiller. *Animal Spirits: How Human Psychology Drives the Economy, and Why It Matters for Global Capitalism*. Princeton, NJ: Princeton University Press, 2009.

Albright, Madeleine K., and William S. Cohen, *Preventing Genocide: A Blueprint for U.S. Policymakers*. Washington, DC: United States Holocaust Memorial Museum, 2008.

Aldrich, Richard J. "British Intelligence during the Cold War." In *Secret Intelligence in the European States System, 1918–1989*. Edited by Jonathan Haslam and Karina Urbach, 149–69. Stanford, CA: Stanford University Press, 2014.

Aldrich, Richard J., Rory Cormac, and Michael S. Goodman. *Spying on the World: The Declassified Documents of the Joint Intelligence Committee, 1936–2013*. Edinburgh: Edinburgh University Press, 2014.

Alexseev, Mikhail A. "Early Warning, Ethnopolitical Conflicts, and the United Nations: Assessing the Violence in Georgia/Abkhazia." *Nationalities Papers* 26, no. 2 (1998): 191–213.

Allen, Charles E. "Warning and Iraq's Invasion of Kuwait: A Retrospective Look." *Defense Intelligence Journal* 7, no. 2 (Fall 1998): 33–44.

Allen, George W. *None So Blind: A Personal Account of the Intelligence Failure in Vietnam*. Chicago: Ivan R. Dee, 2001.

Andrew, Christopher. *For the President's Eyes Only: Secret Intelligence and the American Presidency from Washington to Bush*. New York: Harper Perennial, 1995.

Andrew, Christopher, and Oleg Gordievsky. *KGB: The Inside Story*. New York: HarperCollins, 1990.

Andrew, Christopher, and Vasili Mitrokhin. *The Sword and the Shield: The Mitrokhin Archive and the Secret History of the KGB*. New York: Basic, 1999.
Andriole, Stephen J., and Robert A. Young. "Toward the Development of an Integrated Crisis Warning System." *International Studies Quarterly* 21, no. 1 (1977): 107–50.
Anonymous. "National Warning Intelligence: The Alert Memorandum (U)." *Cryptologic Spectrum* 11, no. 1 (Winter 1981): 13–15. https://www.nsa.gov/news-features/declassified-documents/cryptologic-spectrum/assets/files/national_intell_warning.pdf.
Arcos, Rubén, and José-Miguel Palacios. "The Impact of Intelligence on Decision-Making: The EU and the Arab Spring." *Intelligence and National Security* 33, no. 5 (2018): 737–54.
Asher, Dani. *The Egyptian Strategy for the Yom Kippur War*. Jefferson, NC: McFarland, 2009.
Axelrod, Robert. *The Complexity of Cooperation: Agent-Based Models of Competition and Collaboration*. Princeton, NJ: Princeton University Press, 1997.
Badri, Hassan el-, Taha el-Magdoub, and Mohammed Dia el-Din Zohdy. *The Ramadan War, 1973*. Dunn Loring, VA: T. N. Dupuy Associates, 1978.
Ballast, Jan. "Trust (in) NATO: The Future of Intelligence Sharing within the Alliance." Research Paper No. 140. NATO Defense College, Rome, September 2016.
Bangham, George, and Sarang Shah. *The National Security Council and the Prime Minister.* Cambridge, UK: University of Cambridge, 2012.
Bar-Joseph, Uri. *The Angel: The Egyptian Spy Who Saved Israel*. New York: HarperCollins, 2016.
———. "Forecasting a Hurricane: Israeli and American Estimations of the Khomeini Revolution." *Journal of Strategic Studies* 36, no. 5 (2013): 718–42.
———. "Israel Caught Unaware: Egypt's Sinai Surprise of 1960." *International Journal of Intelligence and CounterIntelligence* 8, no. 2 (1995): 203–19.
———. "Israel's 1973 Intelligence Failure." *Israel Affairs* 6, no. 1 (1999): 11–35.
———. "Lessons Not Learned: Israel in the Post–Yom Kippur War Era." *Israel Affairs* 14, no. 1 (2008): 70–83.
———. "A Question of Loyalty: Ashraf Marwan and Israel's Intelligence Fiasco in the Yom Kippur War." *Intelligence and National Security* 30, no. 5 (2015): 667–85.
———. "The 'Special Means of Collection': The Missing Link in the Surprise of the Yom Kippur War." *Middle East Journal* 67, no. 4 (Autumn 2013): 531–46.
———. *The Watchman Fell Asleep: The Surprise of Yom Kippur and Its Sources*. Albany: State University of New York Press, 2005.
Bar-Joseph, Uri, and Jack S. Levy. "Conscious Action and Intelligence Failure." *Political Science Quarterly* 124, no. 3 (2009): 461–88.
Bar-Joseph, Uri, and Rose McDermott. *Intelligence Success and Failure: The Human Factor*. New York: Oxford University Press, 2017.
———. "Personal Functioning under Stress: Accountability and Social Support of Israeli Leaders in the Yom Kippur War." *Journal of Conflict Resolution* 52, no. 1 (February 2008): 144–70.
Bar-Joseph, Uri, and Zachary Sheaffer. "Surprise and Its Causes in Business Administration and Strategic Studies." *International Journal of Intelligence and CounterIntelligence* 11, no. 3 (1998): 331–49.
Barnes, Alan. "Making Intelligence Analysis More Intelligent: Using Numeric Probabilities." *Intelligence and National Security* 31, no. 3 (2016): 327–44.
Barrass, Gordon. "Able Archer 83: What Were the Soviets Thinking?" *Survival* 58, no. 6 (2016): 7–30.
Barros, James, and Richard Gregor. *Double Deception: Stalin, Hitler, and the Invasion of Russia*. DeKalb: Northern Illinois University Press, 1995.
Belden, Thomas. "Indications, Warning, and Crisis Options." *International Studies Quarterly* 21, no. 1 (March 1977): 181–98.
Bell, Falko. "'Die deutsche Spionage ist auf Zack': German Soldiers Speak about Intelligence Services (1939–1945)." *Journal of Intelligence History* 12, no. 1 (2013): 49–59.

Bell, J. Bowyer. "Toward a Theory of Deception." *International Journal of Intelligence and CounterIntelligence* 16, no. 2 (2003): 244–79.

Bennett, Michael, and Edward Waltz. *Counterdeception Principles and Applications for National Security*. Boston: Artech House, 2007.

———. "Toward a Counterdeception Tradecraft." *American Intelligence Journal* 32, no. 2 (2015): 77–86.

Bensahel, Nora. "Mission Not Accomplished: What Went Wrong with Iraqi Reconstruction." *Journal of Strategic Studies* 29, no. 3 (June 2006): 453–73.

Ben-Zvi, Abraham. "Between Warning and Response: The Case of the Yom Kippur War." *International Journal of Intelligence and CounterIntelligence* 4, no. 2 (1990): 227–42.

———. "Hindsight and Foresight: A Conceptual Framework for the Analysis of Surprise Attacks." *World Politics* 28, no. 3 (April 1976): 381–95.

Berge, Travis, Nitish Sinha, and Michael Smolyansky. "Which Market Indicators Best Forecast Recessions?" Board of Governors of the Federal Reserve System. *Fed Notes*, August 2, 2016. https://www.federalreserve.gov/econresdata/notes/feds-notes/2016/which-market-indicators-best-forecast-recessions-20160802.html.

Berkowitz, Bruce D. "U.S. Intelligence Estimates of the Soviet Collapse: Reality and Perception." *Intelligence and National Security* 21, no. 2 (2008): 237–50.

Betts, Richard. "Strategic Surprise for War Termination: Inchon, Dien Bien Phu, and Tet." In Knorr and Morgan, *Strategic Military Surprise*, 147–71.

Betts, Richard K. "Analysis, War, and Decision: Why Intelligence Failures Are Inevitable." *World Politics* 31, no. 1 (October 1978): 61–89.

———. *Enemies of Intelligence: Knowledge and Power in American National Security*. New York: Columbia University Press, 2007.

———. "Fixing Intelligence." *Foreign Affairs* 81, no. 1 (January/February 2002): 43–59.

———. "Intelligence Warning: Old Problems, New Agendas." *Parameters* 28, no. 1 (Spring 1998): 26–35.

———. "Surprise, Scholasticism, and Strategy: A Review of Ariel Levite's Intelligence and Strategic Surprises (New York: Columbia University Press, 1987)." *International Studies Quarterly* 33, no. 3 (September 1989): 329–43.

———. *Surprise Attack: Lessons for Defense Planning*. Washington, DC: Brookings Institution, 1982.

———. "Surprise Despite Warning: Why Sudden Attack Succeeds." *Political Science Quarterly* 95, no. 4 (Winter 1980–81): 551–72.

———. "Warning Dilemmas: Normal Theory vs. Exceptional Theory." *Orbis* 26, no. 4 (Winter 1983): 828–33.

Betts, Richard K., and Thomas G. Mahnken, eds. *Paradoxes of Strategic Intelligence: Essays in Honor of Michael I. Handel*. London: Frank Cass, 2003.

Bhardwaj, Rakhi, Mukat Lal Sharma, and Ashok Kumar. "Multiparameter Algorithm for Earthquake Early Warning." *Geomatics, Natural Hazards and Risk* 7, no. 4 (2016): 1242–64.

Biddle, Stephen. "Victory Misunderstood: What the Gulf War Tells Us about the Future of Conflict." *International Security* 21, no. 2 (Autumn 1996): 139–79.

Blainey, Geoffrey. *The Causes of War*. 3rd ed. New York: Free Press, 1988.

Bodnar, John W. *Warning Analysis for the Information Age: Rethinking the Intelligence Process*. Washington, DC: National Defense Intelligence College, 2003.

Boutros-Ghali, Boutros. "An Agenda for Peace: Preventive Diplomacy, Peacemaking and Peacekeeping; Report of the Secretary-General." United Nations document A/47/277. New York, June 17, 1992.

Bracken, Paul. "Net Assessment: A Practical Guide." *Parameters* 31, no. 1 (Spring 2006): 90–100.

Breakspear, Alan. "A New Definition of Intelligence." *Intelligence and National Security* 28, no. 5 (2013): 678–93.

Bruce, James B. "Countering Denial and Deception in the Early 21st Century: An Adaptation Strategy When All Else Fails." *American Intelligence Journal* 32, no. 2 (2015): 17–28.

Bruce, James B., and Michael Bennett. "Foreign Denial and Deception: Analytic Imperatives." In George and Bruce, *Analyzing Intelligence*, 197–214.

Budiansky, Stephen. *Code Warriors: NSA's Codebreakers and the Secret Intelligence War against the Soviet Union*. New York: Alfred A. Knopf, 2016.

Byman, Daniel. "The Intelligence War on Terrorism." *Intelligence and National Security* 29, no. 6 (2014): 837–63.

———. "Strategic Surprise and the September 11 Attacks." *Annual Review of Political Science* 8, no. 1 (2005): 145–70.

Calhoun, Ricky-Dale. "The Musketeer's Cloak: Strategic Deception during the Suez Crisis of 1956." *Studies in Intelligence* 51, no. 2 (2007): 47–58.

Carpenter, R. Charli. "Vetting the Advocacy Agenda: Network Centrality and the Paradox of Weapons Norms." *International Organization* 65, no. 1 (2011): 69–102.

Cavelty, Myriam Dunn, and Victor Mauer. "Postmodern Intelligence: Strategic Warning in an Age of Reflexive Intelligence." *Security Dialogue* 40, no. 2 (April 2009): 123–44.

Central Intelligence Agency. *The CIA and Strategic Warning: The 1968 Soviet-Led Invasion of Czechoslovakia*. Washington, DC: Center for the Study of Intelligence, 2009.

Cha, Victor D. "Hawk Engagement and Preventive Defense on the Korean Peninsula." *International Security* 27, no. 1 (Summer 2002): 40–78.

Chairman of the Joint Chief of Staff. *Joint Vision 2020*. Washington, DC: Government Printing Office, 2000.

Chan, Steve. "The Intelligence of Stupidity: Understanding Failures in Strategic Warning." *American Political Science Review* 73, no. 1 (March 1979): 171–80.

Chang, Welton, Elissabeth Berdini, David R. Mandel, and Philip E. Tetlock, "Restructuring Structured Analytic Techniques in Intelligence." *Intelligence and National Security* 33, no. 3 (2018): 337–56.

Chang, Welton, and Philip E. Tetlock. "Rethinking the Training of Intelligence Analysts." *Intelligence and National Security* 31, no. 6 (October 2016): 903–20.

Chesterman, Simon. "Does the UN Have Intelligence?" *Survival* 48, no. 3 (2006): 149–64.

Chong, Tan Kwan, et al. "Risk Assessment and Horizon Scanning Experimentation Centre." Unpublished paper. Government of Singapore. https://www.dsta.gov.sg/docs/publications-documents/risk-assessment-and-horizon-scanning-experimentation-centre.pdf?sfvrsn=0.

Cincotta, Richard. "Will Tunisia's Democracy Survive? A View from Political Demography." Wilson Center, *NewSecurityBeat* blog, May 12, 2015. https://www.newsecuritybeat.org/2015/05/tunisias-democracy-survive-view-political-demography/.

Cincotta, Richard P. "Half a Chance: Youth Bulges and Transition to Liberal Democracy." Wilson Center. *ECSP Report* no. 13 (2008–9): 10–18. https://www.wilsoncenter.org/sites/default/files/ECSPReport13_Cincotta.pdf.

Claasen, Adam. "The German Invasion of Norway, 1940: The Operational Intelligence Dimension." *Journal of Strategic Studies* 27, no. 1 (2004): 114–35.

Clapper, James R., with Trey Brown. *Facts and Fears: Hard Truths from a Life in Intelligence*. New York: Viking, 2018.

Clark, Keith. "On Warning." *Studies in Intelligence* 9, no. 1 (1965): 15–21.

Clark, Robert M. *Intelligence Analysis: A Target-Centric Approach*. Washington, DC: CQ Press, 2010.

———. *The Technical Collection of Intelligence*. Washington, DC: CQ Press, 2010.

Clarke, John N. "Early Warning Analysis for Humanitarian Preparedness and Conflict Prevention." *Civil Wars* 7, no. 1 (2005): 71–97.

Clarke, Richard A., and R. P. Eddy. *Warnings: Finding Cassandras to Stop Catastrophes*. New York: HarperCollins, 2017.

Cohen, Eliot A. *Supreme Command: Soldiers, Statesmen, and Leadership in Wartime*. New York: Anchor, 2003.

Cohen, Eliot, and John Gooch. *Military Misfortunes: The Anatomy of Failure in War*. New York: Free Press, 2006.

Cooper, Jeffrey R. *Curing Analytical Pathologies: Pathways to Improved Intelligence Analysis*. Washington, DC: Center for the Study of Intelligence, 2005.

Cormac, Rory. "Secret Intelligence and Economic Security: The Exploitation of a Critical Asset in an Increasingly Prominent Sphere." *Intelligence and National Security* 29, no. 1 (2014): 99–121.

Cozad, Mark, and John Parachini. "(U) Strategic Warning: Organizing and Managing the Mission for the Current Era." CIA Lessons Learned Program. Washington, DC: Center for the Study of Intelligence / RAND Corp., March 2017.

Crawford, Neta C. "The Passion of World Politics: Propositions on Emotion and Emotional Relationships." *International Security* 24, no. 4 (Spring 2000): 116–56.

Cubbage, T. L., II. "The German Misapprehensions Regarding Overlord: Understanding Failure in the Estimative Process." *Intelligence and National Security* 2, no. 3 (1987): 114–74.

Cukier, Kenneth Neil, and Viktor Mayer-Schoenberger. "The Rise of Big Data: How It's Changing the Way We Think about the World." *Foreign Affairs* 92, no. 3 (May/June 2013): 28–40.

Dahl, Erik. J. *Intelligence and Surprise Attack: Failure and Success from Pearl Harbor to 9/11 and Beyond*. Washington, DC: Georgetown University Press, 2013.

———. "The Plots That Failed: Intelligence Lessons Learned from Unsuccessful Terrorist Attacks against the United States." *Studies in Conflict and Terrorism* 34, no. 8 (2011): 621–48.

———. "Warning of Terror: Explaining the Failure of Intelligence against Terrorism." *Journal of Strategic Studies* 28, no. 1 (2005): 31–55.

———. "Why Won't They Listen? Comparing Receptivity toward Intelligence at Pearl Harbor and Midway." *Intelligence and National Security* 28, no. 1 (2013): 68–90.

Dailey, Brian D., and Patrick J. Parker, eds. *Soviet Strategic Deception*. Lexington, MA: Lexington, 1987.

Daniel, Donald C., and Katherine L. Herbig, eds. *Strategic Military Deception*. Oxford, UK: Pergamon, 1982.

Davies, Pete. "Estimating Soviet Power: The Creation of Britain's Defence Intelligence Staff 1960–65." *Intelligence and National Security* 26, no. 6 (2011): 818–41.

Davies, Philip H. J. *Intelligence and Government in Britain and the United States: Volume 1; Evolution of the U.S. Intelligence Community*. Santa Barbara, CA: Praeger Security International, 2012.

———. *Intelligence and Government in Britain and the United States: Volume 2; Evolution of the U.K. Intelligence Community*. Santa Barbara, CA: Praeger Security International, 2012.

———. "The Problem of Defence Intelligence." *Intelligence and National Security* 31, no. 6 (2016): 797–809.

———. "Twilight of Britain's Joint Intelligence Committee?" *International Journal of Intelligence and CounterIntelligence* 24, no. 3 (2011): 427–46.

Davis, Euan G. "A Watchman for All Seasons." *Studies in Intelligence* 13, no. 2 (Spring 1969): 37–43.

Davis, Euan G., and Cynthia M. Grabo. "Strategic Warning and Deception." *Studies in Intelligence* 17 (Spring 1973): 32–38.

Davis, Jack. "Intelligence Analysts and Policymakers: Benefits and Dangers of Tensions in the Relationship." *Intelligence and National Security* 21, no. 6 (December 2006): 999–1021.

———. "The Kent-Kendall Debate of 1949." *Studies in Intelligence* 35, no. 2 (Summer 1991): 37–50.

———. "Paul Wolfowitz on Intelligence Policy-Relations." *Studies in Intelligence* 39, no. 5 (1996): 35–42.

———. “A Policymaker’s Perspective on Intelligence Analysis.” *Studies in Intelligence* 38, no. 5 (1995): 7–15.

———. “Sherman Kent’s Final Thoughts on Analyst-Policymaker Relations.” Kent Center Occasional Papers, vol. 2, no. 3. Central Intelligence Agency, Washington, DC, 2003.

———. “Strategic Warning: If Surprise Is Inevitable, What Role for Analysis?” Kent Center Occasional Papers, vol. 2, no. 1. Central Intelligence Agency, Washington, DC, 2003.

———. “Strategic Warning: Intelligence Support in a World of Uncertainty and Surprise.” In *Handbook of Intelligence Studies*. Edited by Loch K. Johnson, 173–88. London: Routledge, 2007.

Degaut, Marcos. “Spies and Policymakers: Intelligence in the Information Age.” *Intelligence and National Security* 31, no. 4 (2016): 509–31.

De Graaff, Bob. “Terrorist Threat Levels in the Netherlands and Risk Communication to the Public.” Unpublished memorandum.

———. “Terrorist Threat Levels in the Netherlands and Risk Communication to the Public.” Unpublished PowerPoint slides, June 7, 2016.

Deibert, Ronald J. “Deep Probe: The Evolution of Network Intelligence.” *Intelligence and National Security* 18, no. 4 (2003): 175–93.

DeMattei, Lou Anne. “Developing a Strategic Warning Capability for Information Defense.” *Defense Intelligence Journal* 7, no. 2 (Fall 1998): 81–121.

Devanney, Joe, and Josh Harris. *The National Security Council: National Security at the Centre of Government.* London: King’s College London, 2014.

Diamond, Jared. *Collapse: How Societies Choose to Fail or Succeed.* New York: Penguin, 2011.

Dippel, John V. H. “Jumping to the Right Conclusion: The State Department Warning on Operation ‘Barbarossa.’” *International Journal of Intelligence and CounterIntelligence* 6, no. 2 (1993): 213–27.

Director of Central Intelligence. “DCI Task Force Report: Improving Intelligence Warning; 29 May 1992.” Declassified. https://documentcloud.org/documents/368903–1992–05–29-dci-task-force-report-improving.html.

———. “Directive 3/16P: Foreign Denial and Deception Analysis; Effective 1 June 1992.” https://fas.org/irp/offdocs/dcid3–16.pdf.

———. “Intelligence Warning of the Tet Offensive in Vietnam.” http://www.foia.cia.gov/sites/default/files/document_conversions/89801/DOC_0000097712.pdf.

———. “The Soviet Invasion of Afghanistan: Implications for Warning.” Interagency intelligence memorandum, October 1980. http://www.foia.cia.gov/sites/default/files/document_conversions/89801/DOC_0000278538.pdf.

———. “The Watch Committee and the National Indications Center.” January 5, 1955. https://www.cia.gov/library/readingroom/docs/CIA-RDP80B01676R001100020013–6.pdf.

———. *Yugoslavia Transformed.* National Intelligence Estimate 15–90, October 18, 1990. Declassified. http://www.foia.cia.gov/sites/default/files/document_conversions/1817859/1990–10–01.pdf.

Director of National Intelligence. Intelligence Community Directive 203, *Analytic Standards*, January 2, 2015, at https://www.dni.gov/files/documents/ICD/ICD%20203%20Analytic%20Standards.pdf.

———. *The National Intelligence Strategy of the United States of America, 2005.* https://fas.org/irp/offdocs/nis.pdf.

———. *The National Intelligence Strategy of the United States of America, 2014.* https://www.dni.gov/files/documents/2014_NIS_Publication.pdf.

Donovan, G. Murphy. “Escaping the New Wilderness of Mirrors.” *International Journal of Intelligence and CounterIntelligence* 22, no. 4 (2009): 730–38.

Dorn, A. Walter. “Intelligence at UN Headquarters? The Information and Research Unit and the Intervention in Eastern Zaire 1996.” *Intelligence and National Security* 20, no. 3 (2005): 440–65.

———. “Intelligence-Led Peacekeeping: The United Nations Stabilization Mission in Haiti (MINUSTAH), 2006–07.” *Intelligence and National Security* 24, no. 6 (2009): 805–35.

Doron, Gideon. "Israeli Intelligence: Tactics, Strategy, and Prediction." *International Journal of Intelligence and CounterIntelligence* 2, no. 3 (1988): 305–19.

Dupont, Alan. "The Strategic Implications of Climate Change." *Survival* 50, no. 3 (September 2008): 29–54.

Dvoinykh, L., and N. Tarkhova. "What Military Intelligence Reported: Historians Have a Chance to Analyze Soviet Intelligence Dispatches on the Eve of the War." *Russian Studies in History* 36, no. 3 (1997): 76–93.

Dylan, Huw. *Defence Intelligence and the Cold War: Britain's Joint Intelligence Bureau, 1945–1964*. Oxford: Oxford University Press, 2014.

Dyson, Stephen Benedict, and Matthew J. Parent. "The Operational Code Approach to Profiling Political Leaders: Understanding Vladimir Putin." *Intelligence and National Security* 33, no. 1 (2018): 84–100.

Easter, David. "Soviet Intelligence and the 1957 Syrian Crisis." *Intelligence and National Security* 33, no. 2 (2018): 227–40.

Eiran, Ehud. "The Three Tensions of Investigating Intelligence Failures." *Intelligence and National Security* 31, no. 4 (2016): 598–618.

Ekpe, Bassey. "The Intelligence Assets of the United Nations: Sources, Methods, and Implications." *International Journal of Intelligence and CounterIntelligence* 20, no. 3 (2007): 377–400.

Ermarth, Fritz W. "Seeing Russia Plain: The Russian Crisis and American Intelligence." *National Interest* 55 (Spring 1999): 5–14.

Feaver, Peter D., and Eric B. Lorber. *Diminishing Returns? The Future of Economic Coercion*. Washington, DC: Center for a New American Security, 2015.

Festinger, Leon. *A Theory of Cognitive Dissonance*. Evanston, IL: Row, Peterson, 1957.

Fingar, Thomas. "Intelligence and Grand Strategy." *Orbis* 56, no. 1 (Winter 2012): 118–34.

———. *Reducing Uncertainty: Intelligence Analysis and National Security*. Stanford, CA: Stanford University Press, 2011.

Fischer, Benjamin B. "Anglo-American Intelligence and the Soviet War Scare: The Untold Story." *Intelligence and National Security* 27, no. 1 (February 2012): 75–92.

———. "The 1980s Soviet War Scare: New Evidence from East German Documents." *Intelligence and National Security* 14, no. 3 (Autumn 1999): 186–97.

———. "Scolding Intelligence: The PFIAB Report on the Soviet War Scare." *International Journal of Intelligence and CounterIntelligence* 31, no. 1 (2018): 102–15.

Fisk, Charles E. "The Sino-Soviet Border Dispute: A Comparison of the Conventional and Bayesian Methods for Intelligence Warning." *Studies in Intelligence* 16, no. 2 (Spring 1972): 53–62.

Ford, Harold P. *CIA and the Vietnam Policymakers: Three Episodes, 1962–1968*. Washington, DC: Center for the Study of Intelligence, 1998.

———. *Estimative Intelligence: The Purposes and Problems of National Estimating*. Rev. ed. Lanham, MD: University Press of America, 1993.

———. "The US Government's Experience with Intelligence Analysis: Pluses and Minuses." *Intelligence and National Security* 10, no. 4 (1995): 34–53.

Franks, Tommy. *American Soldier*. New York: Regan Books, 2004.

Freedman, Sir Lawrence. *The Official History of the Falklands Campaign: The Origins of the Falklands War*, vol. 1. Abingdon, UK: Routledge, 2005.

———. "The Politics of Warning: Terrorism and Risk Communication." *Intelligence and National Security* 20, no. 3 (2005): 379–418.

Friedman, Jeffrey A., and Richard Zeckhauser. "Assessing Uncertainty in Intelligence." *Intelligence and National Security* 27, no. 6 (2012): 824–47.

———. "Why Assessing Estimative Accuracy Is Feasible and Desirable." *Intelligence and National Security* 31, no. 2 (February 2016): 178–200.

Garrett, Laurie. "Biology's Brave New World: The Promise and Perils of the Synbio Revolution." *Foreign Affairs* 92, no. 6 (November/December 2013): 42–46.

Garthoff, Raymond L. "Estimating Soviet Military Intentions and Capabilities." In *Watching the Bear: Essays on CIA's Analysis of the Soviet Union*. Edited by Gerald K. Haines and Robert E. Leggett, 135–86. Washington, DC: Center for the Study of Intelligence, 2009.

———. "On Estimating and Imputing Intentions." *International Security* 2, no. 3 (Winter 1978): 22–32.

———. *Soviet Leaders and Intelligence: Assessing the American Adversary during the Cold War*. Washington, DC: Georgetown University Press, 2015.

Gates, Robert M. "An Opportunity Unfulfilled: The Use and Perceptions of Intelligence Analysis at the White House." *Studies in Intelligence* 24 (Winter 1980): 17–26.

———. "The Prediction of Soviet Intentions." *Studies in Intelligence* 17, no. 1 (Spring 1973): 39–46.

Gazit, Shlomo. "Estimates and Fortune-Telling in Intelligence Work." *International Security* 4, no. 4 (Spring 1980): 36–56.

Gelber, Yoav. "The Collapse of the Israeli Intelligence's Conception: Apologetics, Memory and History of the Israeli Response to Egypt's Alleged Intention to Open War in May 1973." *Intelligence and National Security* 28, no. 4 (2013): 520–46.

Gentry, John A. "Assessing Intelligence Performance." In *The Oxford Handbook of National Security Intelligence*. Edited by Loch K. Johnson, 87–103. New York: Oxford University Press, 2010.

———. "Has the ODNI Improved U.S. Intelligence Analysis?" *International Journal of Intelligence and CounterIntelligence* 28, no. 4 (2015): 637–61.

———. *How Wars Are Won and Lost: Vulnerability and Military Power*. Santa Barbara, CA: Praeger Security International, 2012.

———. "The Instrumental Use of Norms in War: Impact on Strategies and Strategic Outcomes." *Comparative Strategy* 37, no. 1 (2018): 35–48.

———. "Intelligence Failure Reframed." *Political Science Quarterly* 123, no. 2 (2008): 247–70.

———. "Intelligence Learning and Adaptation: Lessons from Counterinsurgency Wars." *Intelligence and National Security* 25, no. 1 (2010): 50–75.

———. "The Intelligence of Fear." *Intelligence and National Security* 32, no. 1 (January 2017): 9–25.

———. *Lost Promise: How CIA Analysis Misserves the Nation*. Lanham, MD: University Press of America, 1993.

———. "A New Form of Politicization? Has the CIA Become Institutionally Biased?" *International Journal of Intelligence and CounterIntelligence* 31, no. 4 (Winter 2018, forthcoming).

———. "Norms as Weapons of War." *Defense and Security Analysis* 26, no. 1 (2010): 11–30.

———. "The 'Professionalization' of Intelligence Analysis: A Skeptical Perspective." *International Journal of Intelligence and CounterIntelligence* 29, no. 4 (Winter 2016): 643–76.

———. "Toward a Theory of Non-State Actors' Intelligence." *Intelligence and National Security* 31, no. 4 (May 2016): 465–89.

———. "Warning Analysis: Focusing on Perceptions of Vulnerability." *International Journal of Intelligence and CounterIntelligence* 28, no. 1 (January 2015): 64–88.

Gentry, John A., and Joseph S. Gordon. "U.S. Strategic Warning Intelligence: History and Challenges." *International Journal of Intelligence and CounterIntelligence* 31, no. 1 (2018): 19–53.

George, Alexander L. *Bridging the Gap: Theory and Practice in Foreign Policy*. Washington, DC: United States Institute of Peace Press, 1993.

———. "The Case for Multiple Advocacy in Making Foreign Policy." *American Political Science Review* 66, no. 3 (September 1972): 751–85.

———. "The Operational Code: A Neglected Approach to the Study of Political Leaders and Decision Making." *International Studies Quarterly* 13, no. 2 (1969): 191–222.

———. *Presidential Decisionmaking in Foreign Policy: The Effective Use of Information and Advice*. Boulder, CO: Westview, 1980.

George, Roger Z. "Reflections on CIA Analysis: Is It Finished?" *Intelligence and National Security* 26, no. 1 (February 2011): 72–81.

George, Roger Z., and James B. Bruce. "Intelligence Analysis: What It Is—and What Does It Take?" In George and Bruce, *Analyzing Intelligence*, 1–19.

———, eds. *Analyzing Intelligence: National Security Practitioners' Perspectives*. 2nd ed. Washington, DC: Georgetown University Press, 2014.

George, Roger Z., and James J. Wirtz, "Warning in an Age of Uncertainty." In George and Bruce, *Analyzing Intelligence*, 215–28.

Geyer, Michael. "National Socialist Germany: The Politics of Information." In May, *Knowing One's Enemies*, 310–46.

Gilad, Ben. *Early Warning: Using Competitive Intelligence to Anticipate Market Shifts, Control Risk, and Create Powerful Strategies*. New York: American Management Association, 2004.

Gladwell, Malcolm. "Connecting the Dots: The Paradoxes of Intelligence Reform." *New Yorker*, March 10, 2003, 83–89.

Glantz, David M. "Soviet Operational Intelligence in the Kursk Operation, July 1943." *Intelligence and National Security* 5, no. 1 (1990): 5–49.

Godson, Roy, and James J. Wirtz. "Strategic Denial and Deception." *International Journal of Intelligence and CounterIntelligence* 13, no. 4 (2000): 424–37.

Goldman, Jan. "Warning and the Policy Process: Problem Definition and Chaos Theory." *Defense Intelligence Journal* 7, no. 2 (Fall 1998): 65–80.

Gooch, John, and Amos Perlmutter, eds. *Military Deception and Strategic Surprise*. Abingdon, UK: Routledge, 1982. Originally published as a special issue of the *Journal of Strategic Studies* 5, no. 1 (1982).

Goodman, Allan E., and Bruce D. Berkowitz. "Intelligence without the Cold War." *Intelligence and National Security* 9, no. 2 (1994): 301–19.

Goodman, Michael S. "Avoiding Surprise: The Nicoll Report and Intelligence Analysis." In *Learning from the Secret Past: Cases in British Intelligence History*. Edited by Robert Dover and Michael S. Goodman, 265–92. Washington, DC: Georgetown University Press, 2011.

———. "Creating the Machinery for Joint Intelligence: The Formative Years of the Joint Intelligence Committee, 1936–1956." *International Journal of Intelligence and CounterIntelligence* 30, no. 1 (Spring 2017): 66–84.

———. "Learning to Walk: The Origins of the UK's Joint Intelligence Committee." *International Journal of Intelligence and CounterIntelligence* 21, no. 1 (2007): 40–56.

Gordon, Joseph S. "National Intelligence University: Certificate of Strategic Warning." *Journal of Strategic Security* 6, no. 3 suppl. (2013): 128–30.

———. "NATO Intelligence Fusion Centre (NIFC)." In *Encyclopedia of U.S. Intelligence*. Edited by Greg Moore, 645–50. New York: Taylor & Francis, 2015.

Grabo, Cynthia. *Handbook of Warning Intelligence: Assessing the Threat to National Security*. Lanham, MD: Scarecrow, 2010.

Grabo, Cynthia M. *Anticipating Surprise: Analysis for Strategic Warning*. Lanham, MD: University Press of America, 2004.

———. "Soviet Deception in the Czechoslovak Crisis." *Studies in Intelligence* 14, no. 1 (Spring 1970): 19–34.

———. "Strategic Warning: The Problem of Timing." *Studies in Intelligence* 16, no. 2 (Spring 1972): 79–92.

———. "The Watch Committee and the National Indications Center: The Evolution of U.S. Strategic Warning 1950–1975." *International Journal of Intelligence and CounterIntelligence* 3, no. 3 (1989): 363–85.

Grabo, Cynthia, with Jan Goldman. *Handbook of Warning Intelligence*. Lanham, MD: Rowman & Littlefield, 2015.

Greenspan, Alan. "Never Saw It Coming: Why the Economic Crisis Took Economists by Surprise." *Foreign Affairs* 92, no. 6 (November/December 2013): 88–96.

Groth, Alexander J., and John D. Froeliger. "Unheeded Warnings: Some Intelligence Lessons of the 1930s and 1940s." *Comparative Strategy* 10, no. 4 (October–December 1991): 331–46.

Guerron-Quintanay, Pablo, and Molin Zhong. *Macroeconomic Forecasting in Times of Crises*. Finance and Economics Discussion Series. Washington, DC: Federal Reserve Board, January 31, 2017. https://www.federalreserve.gov/econresdata/feds/2017/files/2017018pap.pdf.

Gustafson, Kristian. "Strategic Horizons: Futures Forecasting and the British Intelligence Community." *Intelligence and National Security* 25, no. 5 (October 2010): 589–610.

Haass, Richard N. "Supporting US Foreign Policy in the Post-9/11 World." *Studies in Intelligence* 46, no. 3 (2002): 1–13.

———. *War of Necessity, War of Choice: A Memoir of Two Iraq Wars*. New York: Simon & Schuster, 2009.

Habbeger, Beat. *Horizon Scanning in Government: Concept, Country Experiences, and Models for Switzerland.* Zurich: Center for Security Studies, 2009. http://www.css.ethz.ch/content/dam/ethz/special-interest/gess/cis/center-for-securities-studies/pdfs/Horizon-Scanning-in-Government.pdf.

Hall, Wayne Michael, and Gary Citrenbaum. *Intelligence Analysis: How to Think in Complex Environments*. Santa Barbara, CA: Praeger Security International, 2010.

Hammond, Thomas H. "Intelligence Organizations and the Organization of Intelligence." *Intelligence and National Security* 23, no. 4 (2010): 680–724.

Handel, Michael I. "Intelligence and Deception." *Journal of Strategic Studies* 5, no. 1 (1982): 122–54.

———. "Intelligence and the Problem of Strategic Surprise." *Journal of Strategic Studies* 7, no. 3 (1984): 229–81.

———. *Military Deception in Peace and War*. Jerusalem Papers on Peace Problems No. 38. Jerusalem: Hebrew University, 1985.

———. *Perception, Deception and Surprise: The Case of the Yom Kippur War*. Jerusalem Papers on Peace Problems No. 16. Jerusalem: Hebrew University, 1976.

Hare, Nick, and Peter Coghill. "The Future of the Intelligence Analysis Task." *Intelligence and National Security* 31, no. 6 (2016): 858–70.

Harff, Barbara. "No Lessons Learned from the Holocaust? Assessing Risks of Genocide and Political Mass Murder since 1955." *American Political Science Review* 97, no. 1 (February 2003): 57–73.

Hart, Douglas, and Steven Simon. "Thinking Straight and Talking Straight: Problems of Intelligence Analysis." *Survival* 48, no. 1 (2006): 35–60.

Haslam, Jonathan. *Near and Distant Neighbors: A New History of Soviet Intelligence*. New York: Farrar, Straus and Giroux, 2015.

Hastedt, Glenn. "The Politics of Intelligence and the Politicization of Intelligence: The American Experience." *Intelligence and National Security* 28, no. 1 (January 2013): 5–31.

Hayden, Michael V. *The Assault on Intelligence: American National Security in an Age of Lies*. New York: Penguin, 2018.

Hedley, John Hollister. "Learning from Intelligence Failures." *International Journal of Intelligence and CounterIntelligence* 18, no. 3 (Fall 2005): 435–50.

Heikal, Mohamed. *The Road to Ramadan*. New York: Ballantine, 1975.

Herman, Michael. "Intelligence and the Assessment of Military Capabilities: Reasonable Sufficiency or the Worst Case?" *Intelligence and National Security* 4, no. 4 (1989): 765–99.

Hermann, Margaret G. "Explaining Foreign Policy Behavior Using the Personal Characteristics of Political Leaders." *International Studies Quarterly* 24, no. 1 (March 1980): 7–46.

———. "How Decision Units Shape Foreign Policy: A Theoretical Framework." *International Studies Review* 3, no. 2 (June 2001): 47–81.

Herring, Jan P. *Measuring the Effectiveness of Competitive Intelligence: Assessing and Communicating CI's Value to Your Organization*. San Antonio, TX: Society of Competitive Intelligence Professionals, 1996.

Hersh, Seymour M. "On the Nuclear Edge." *New Yorker*, March 29, 1993. http://www.newyorker.com/magazine/1993/03/29/on-the-nuclear-edge.

Hershkovitz, Shay. "'A Three-Story Building': A Critical Analysis of Israeli Early Warning Discourse." *International Journal of Intelligence and CounterIntelligence* 30, no. 4 (2017): 765–84.

Hesketh, Roger. *Fortitude: The D-Day Deception Plan*. Woodstock, NY: Overview, 2000.

Heuer, Richards J., Jr. "Limits of Intelligence Analysis." *Orbis* 49, no. 1 (Winter 2005): 75–94.

———. *Psychology of Intelligence Analysis*. Washington, DC: Center for the Study of Intelligence, 1999.

———. *Rethinking Intelligence: Richards J. Heuer Jr.'s Life of Public Service*. Reston, VA: Pherson Associates, 2018.

———. "Soviet Organization and Doctrine for Strategic Deception." In Dailey and Parker, *Soviet Strategic Deception*, 21–53.

———. "Strategic Deception and Counterdeception: A Cognitive Process Approach." *International Studies Quarterly* 25, no. 2 (June 1981): 294–327.

Hilsman, Roger, Jr. "Intelligence and Policy-Making in Foreign Affairs." *World Politics* 5, no. 1 (October 1952): 1–45.

———. *Strategic Intelligence and National Decisions*. Glencoe, IL: Free Press, 1956.

Hoffman, Steven A. "Anticipation, Disaster, and Victory: India 1962–71." *Asian Survey* 12, no. 11 (November 1972): 960–79.

Holbrooke, Richard. *To End a War*. New York: Modern Library, 1999.

Holt, Thaddeus. *The Deceivers: Allied Military Deception in the Second World War*. New York: Skyhorse, 2007.

Honig, Or. "Surprise Attacks—Are They Inevitable? Moving beyond the Orthodox-Revisionist Dichotomy." *Security Studies* 17, no. 1 (2008): 72–106.

Honig, Or Arthur. "A New Direction for Theory-Building in Intelligence Studies." *International Journal of Intelligence and CounterIntelligence* 20, no. 4 (2007): 699–716.

Hopple, Gerald W. "Intelligence and Warning: Implications and Lessons of the Falkland Islands War." *World Politics* 36, no. 3 (April 1984): 339–61.

Horelick, Arnold L. "The Cuban Missile Crisis: An Analysis of Soviet Calculations and Behavior." *World Politics* 16, no. 3 (April 1964): 363–89.

Horowitz, Michael C., Allan C. Stam, and Cali M. Ellis. *Why Leaders Fight*. New York: Cambridge University Press, 2015.

Hughes-Wilson, John. *Military Intelligence Blunders and Cover-Ups*. New York: Carroll & Graf, 2004.

Hulnick, Arthur S. "Indications and Warning for Homeland Security: Seeking a New Paradigm." *International Journal of Intelligence and CounterIntelligence* 18, no. 4 (2005): 593–608.

———. "The Intelligence Producer–Policy Consumer Linkage: A Theoretical Approach." *Intelligence and National Security* 1, no. 2 (1996): 212–33.

Janis, Irving L. *Victims of Groupthink: A Psychological Study of Foreign-Policy Decisions and Fiascoes*. Boston: Houghton Mifflin, 1972.

Janis, Irving L., and Leon Mann. *Decision Making: A Psychological Analysis of Conflict, Choice, and Commitment*. New York: Free Press, 1979.

Jensen, Mark A. "Intelligence Failures: What Are They Really and What Do We Do about Them?" *Intelligence and National Security* 27, no. 2 (April 2012): 261–82.

Jervis, Robert. "Cooperation under the Security Dilemma." *World Politics* 30, no. 2 (January 1978): 167–214.

———. "Do Leaders Matter and How Would We Know?" *Security Studies* 22, no. 2 (2013): 153–79.
———. *How Statesmen Think: The Psychology of International Politics*. Princeton, NJ: Princeton University Press, 2017.
———. "Hypotheses on Misperception." *World Politics* 20, no. 3 (April 1968): 454–79.
———. *Perception and Misperception in International Politics*. Princeton, NJ: Princeton University Press, 1976.
———. "Political Implications of Loss Aversion." *Political Psychology* 13, no. 2 (June 1992): 187–204.
———. "Reports, Politics, and Intelligence Failures: The Case of Iraq." *Journal of Strategic Studies* 29, no. 1 (February 2006): 3–52.
———. *System Effects: Complexity in Political and Social Life*. Princeton, NJ: Princeton University Press, 1997.
———. "What's Wrong with the Intelligence Process?" *International Journal of Intelligence and CounterIntelligence* 1, no. 1 (1986): 28–41.
———. "Why Intelligence and Policymakers Clash." *Political Science Quarterly* 125, no. 2 (2010): 185–204.
———. *Why Intelligence Fails: Lessons from the Iranian Revolution and the Iraq War*. Ithaca, NY: Cornell University Press, 2010.
Johnson, Loch K. "Glimpses into the Gems of American Intelligence: The President's Daily Brief and the National Intelligence Estimate." *Intelligence and National Security* 23, no. 3 (June 2008): 333–70.
Johnston, Paul. "No Cloak and Dagger Required: Intelligence Support to UN Peacekeeping." *Intelligence and National Security* 12, no. 4 (1997): 102–12.
Joint Chiefs of Staff, Joint Staff J2, Defense Warning Staff, J2 Warning. *(U) Defense Warning Network Handbook*. 3rd ed. Washington, DC: Joint Chiefs of Staff, May 2014.
Jones, Chris. "Secrecy Reigns at the EU's Intelligence Analysis Centre." *Statewatch* 22, no. 3 (January 2013). http://www.statewatch.org/analyses/no-223-eu-intcen.pdf.
Jones, Clive. "'One Size Fits All': Israel, Intelligence, and the al-Aqsa Intifada." *Studies in Conflict and Terrorism* 26, no. 4 (2003): 273–88.
Jones, Milo, and Philippe Silberzahn. *Constructing Cassandra: Reframing Intelligence Failure at the CIA, 1947–2001*. Stanford, CA: Stanford University Press, 2013.
Jones, R. V. *The Wizard War: British Scientific Intelligence, 1939–1945*. New York: Coward, McCann & Geoghegan, 1978.
Kahana, Ephraim. "Analyzing Israel's Intelligence Failures." *International Journal of Intelligence and CounterIntelligence* 18, no. 2 (2005): 262–79.
———. "Early Warning versus Concept: The Case of the Yom Kippur War 1973." *Intelligence and National Security* 17, no. 2 (2002): 81–104.
Kahana, Ephraim, and Sagit Stivi-Kerbis. "The Assassination of Anwar al-Sadat: An Intelligence Failure." *Intelligence and National Security* 27, no. 1 (2014): 178–92.
Kahn, David. *Hitler's Spies: German Military Intelligence in World War II*. New York: Macmillan, 1978.
———. "The Intelligence Failure at Pearl Harbor." *Foreign Affairs* 70, no. 5 (Winter 1991–92): 138–52.
Kahneman, Daniel. *Judgment under Uncertainty: Heuristics and Biases*. New York: Cambridge University Press, 1982.
Kahneman, Daniel, and Amos Tversky. "Prospect Theory: An Analysis of Decision under Risk." *Econometrica* 47, no. 2 (March 1979): 263–91.
Kam, Ephraim. *Surprise Attack: The Victim's Perspective*. Cambridge, MA: Harvard University Press, 1988.
Kass, Lani, and J. Phillip "Jack" London. "Surprise, Deception, Denial and Warning: Strategic Imperatives." *Orbis* 57, no. 1 (Winter 2013): 59–82.

Katz, Jonathan I. "Deception and Denial in Iraq: The Intelligent Adversary Corollary." *International Journal of Intelligence and CounterIntelligence* 19, no. 4 (Winter 2006–7): 577–85.

Kaufman, Stuart J. *Modern Hatreds: The Symbolic Politics of Ethnic War*. Ithaca, NY: Cornell University Press, 2001.

Kent, Sherman. "A Crucial Estimate Relived." *Studies in Intelligence* 35, no. 5 (Spring 1964): 111–19.

———. "Estimates and Influence." *Studies in Intelligence* 12, no. 3 (Summer 1968): 11–21.

———. *Strategic Intelligence for American World Policy*. Princeton, NJ: Princeton University Press, 1949.

———. "Words of Estimative Probability." *Studies in Intelligence* 8, no. 4 (Fall 1964): 49–65.

Kerbel, Josh. "Thinking Straight: Cognitive Bias in the US Debate about China." *Studies in Intelligence* 48, no. 3 (2004): 27–35.

Kerbel, Josh, and Anthony Alcott. "Synthesizing with Clients, Not Analyzing for Customers." *Studies in Intelligence* 54, no. 4 Extracts (December 2010): 11–27.

Khong, Yuen Foong. *Analogies at War*. Princeton, NJ: Princeton University Press, 1992.

Kissinger, Henry. *White House Years*. Boston: Little, Brown, 1979.

Knight, Frank H. *Risk, Uncertainty, and Profit*. Eastford, CT: Martino Fine Books, 2014 (1921).

Knorr, Klaus. "Failures in National Intelligence Estimates: The Case of the Cuban Missiles." *World Politics* 16, no. 3 (April 1964): 455–67.

———. "Strategic Surprise: The Incentive Structure." In Knorr and Morgan, *Strategic Military Surprise*, 173–93.

Knorr, Klaus, and Patrick Morgan, eds. *Strategic Military Surprise: Incentives and Opportunities*. New Brunswick, NJ: Transaction, 1983.

Kobayashi, Yoshiki. "Assessing Reform of the Japanese Intelligence Community." *International Journal of Intelligence and CounterIntelligence* 28, no. 4 (2015): 717–33.

Koblentz, Gregory D. "Biosecurity Reconsidered: Calibrating Biological Threats and Responses." *International Security* 34, no. 4 (Spring 2010): 96–132.

Krepinevich, Andrew, and Barry Watts. *The Last Warrior: Andrew Marshall and the Shaping of Modern American Defense Strategy*. New York: Basic, 2015.

Kriendler, John. "Anticipating Crises." *NATO Review* (Winter 2002). www.nato.int/docu/review/2002/Managing-Crisis/Anticipating-crises/EN/index.htm.

———. "NATO Intelligence and Early Warning." Conflict Studies Research Centre, Special Series. March 2006. https://www.files.ethz.ch/isn/39988/06_Apr.pdf.

Kringen, John. "Serving the Senior Military Consumer: A National Agency Perspective." In George and Bruce, *Analyzing Intelligence*, 103–17.

Kuhns, Woodrow J. "Intelligence Failures: Forecasting and the Lessons of Epistemology." In Betts and Mahnken, *Paradoxes of Strategic Intelligence*, 80–100.

Kuperman, Alan J. "A Model Humanitarian Intervention? Reassessing NATO's Libya Campaign." *International Security* 38, no. 1 (2013): 105–36.

———. "The Moral Hazard of Humanitarian Intervention: Lessons from the Balkans." *International Studies Quarterly* 52, no. 1 (March 2008): 49–80.

Kuran, Timur. "Now Out of Never: The Element of Surprise in the East European Revolution of 1989." *World Politics* 44, no. 1 (October 1991): 7–48.

Lahneman, William J. "IC Data Mining in the Post-Snowden Era." *International Journal of Intelligence and CounterIntelligence* 29, no. 4 (2016): 700–723.

Landers, Daniel F. "The Defense Warning System." *Defense Intelligence Journal* 3, no. 1 (Summer 1994): 21–31.

Larson, Deborah Welch. "The Role of Belief Systems and Schemas in Foreign Policy Decision-Making." *Political Psychology* 15, no. 1 (March 1994): 17–33.

Lasoen, Kenneth L. "Indications and Warning in Belgium: Brussels Is Not Delphi." *Journal of Strategic Studies* 40, no. 7 (2017): 927–62.

Latimer, Jon. *Deception in War*. Woodstock, NY: Overlook, 2001.

Lefebvre, Stéphane. "'The Belgians Just Aren't Up to It': Belgian Intelligence and Contemporary Terrorism." *International Journal of Intelligence and CounterIntelligence* 30, no. 1 (Spring 2017): 1–29.

———. "Poland's Attempts to Develop a Democratic and Effective Intelligence System, Phase 1: 1989–1999." *International Journal of Intelligence and CounterIntelligence* 29, no. 3 (Summer 2016): 470–502.

Leites, Nathan. *A Study of Bolshevism*. Glencoe, IL: Free Press, 1953.

Levite, Ariel. *Intelligence and Strategic Surprise*. New York: Columbia University Press, 1987.

Libbey, James K. "CoCom, Comecon, and the Economic Cold War." *Russian History* 37, no. 2 (2010): 133–52.

Lim, Kevjn. "Big Data and Strategic Intelligence." *Intelligence and National Security* 31, no. 4 (May 2016): 619–35.

Lowenthal, Mark M. *Intelligence: From Secrets to Policy*. 4th ed. Washington, DC: CQ Press, 2009.

———. *Intelligence: From Secrets to Policy*. 6th ed. Los Angeles: SAGE, 2015.

———. "The Intelligence Time Event Horizon." *International Journal of Intelligence and CounterIntelligence* 22, no. 3 (2009): 369–81.

———. "The Real Intelligence Failure? Spineless Spies." *Washington Post*, May 28, 2008.

———. "Strategic Early Warning: Where Are We Now?" *Journal of Intelligence and Analysis* 22, no. 2 (April 2015): 1–10.

———. "Towards a Reasonable Standard for Analysis: How Right, How Often on Which Issues?" *Intelligence and National Security* 23, no. 3 (2008): 303–15.

Luikart, Kenneth A., and Georgia Ang. "Transforming Homeland Security: Intelligence Indications and Warning." *Air and Space Power Journal* 17, no. 2 (Summer 2003): 69–77.

Lynch, Marc, Deen Freelon, and Sean Aday. *Syria's Socially Mediated Civil War*. Washington, DC: United States Institute of Peace Press, 2014.

MacEachin, Douglas. "Predicting the Soviet Invasion of Afghanistan: The Intelligence Community's Record." Washington, DC: Center for the Study of Intelligence, 2007. https://www.cia.gov/library/center-for-the-study-of-intelligence/csi-publications/books-and-monographs/predicting-the-soviet-invasion-of-afghanistan-the-intelligence-communitys-record/predicting-the-soviet-invasion-of-afghanistan-the-intelligence-communitys-record.html.

MacEachin, Douglas J. "CIA Assessments of the Soviet Union: The Record versus the Charges." *Studies in Intelligence*, semiannual ed. no. 1 (1997): 57–65.

———. *U.S. Intelligence and the Confrontation in Poland, 1980–1981*. University Park: Pennsylvania State University Press, 2002.

Mahnken, Thomas G. *Uncovering Ways of War: U.S. Intelligence and Foreign Military Innovation, 1918–1941*. Ithaca, NY: Cornell University Press, 2002.

Mandel, David R., and Alan Barnes. "Accuracy of Forecasts in Strategic Intelligence." *Proceedings of the National Academy of Sciences* 111, no. 3 (July 29, 2014): 10984–89.

Mandel, Robert. "On Estimating Post–Cold War Enemy Intentions." *Intelligence and National Security* 24, no. 2 (2009): 194–215.

Marrin, Stephen. "Evaluating the Quality of Intelligence Analysis: By What (Mis)Measure?" *Intelligence and National Security* 27, no. 6 (2012): 896–912.

———. "The 9/11 Terrorist Attacks: A Failure of Policy Not Strategic Intelligence Analysis." *Intelligence and National Security* 26, nos. 2–3 (2011): 182–202.

———. "Preventing Intelligence Failures by Learning from the Past." *International Journal of Intelligence and CounterIntelligence* 17, no. 4 (2004): 655–72.

———. "Training and Educating U.S. Intelligence Analysts." *International Journal of Intelligence and CounterIntelligence* 22, no. 1 (2008): 131–46.

———. "Why Strategic Intelligence Has Limited Influence on American Foreign Policy." *Intelligence and National Security* 32, no. 6 (2017): 725–42.

Marten, Kimberly. "Putin's Choices: Explaining Russian Foreign Policy and Intervention in Ukraine." *Washington Quarterly* 38, no. 2 (Summer 2015): 189–204.

Martin, Wayne R. "The Measurement of International Military Commitments for Crisis Early Warning." *International Studies Quarterly* 21, no. 1 (March 1977): 151–80.

Masterman, J. C. *The Double-Cross System in the War of 1939 to 1945*. New Haven, CT: Yale University Press, 1972.

May, Ernest R. *Strange Victory: Hitler's Conquest of France*. New York: Hill & Wang, 2000.

———, ed. *Knowing One's Enemies: Intelligence Assessment before the Two World Wars*. Princeton, NJ: Princeton University Press, 1984.

McCarthy, Mary O. "The Mission to Warn: Disaster Looms." *Defense Intelligence Journal* 7, no. 2 (Fall 1998): 17–31.

———. "The National Warning System: Striving for an Elusive Goal." *Defense Intelligence Journal* 3, no. 1 (Spring 1994): 5–19.

McCormick, Gordon H. "Terrorist Decision Making." *Annual Review of Political Science* 6 (2003): 473–507.

McCreary, John F. "Warning Cycles." *Studies in Intelligence* 27, no. 3 (Fall 1983): 71–79.

McDermott, Rose. "Experimental Intelligence." *Intelligence and National Security* 26, no. 1 (2011): 82–98.

———. "The Use and Abuse of Medical Intelligence." *Intelligence and National Security* 22, no. 4 (2007): 491–520.

McDermott, Rose, and Uri Bar–Joseph. "Pearl Harbor and Midway: The Decisive Influence of Two Men on the Outcomes." *Intelligence and National Security* 31, no. 7 (December 2016): 949–62.

McIntyre, Ben. *Double Cross: The True Story of the D-Day Spies*. New York: Crown, 2012.

———. *Operation Mincemeat: How a Dead Man and a Bizarre Plan Fooled the Nazis and Assured an Allied Victory*. New York: Harmony, 2010.

McLaughlin, John. "Serving the National Policymaker." In George and Bruce, *Analyzing Intelligence*, 81–92.

Mellers, Barbara, Eric Stone, Pavel Atanasov, Nick Rohrbaugh, S. Emlen Metz, Lyle Ungar, Michael M. Bishop, Michael Horowitz, Ed Merkle, and Philip Tetlock. "The Psychology of Intelligence Analysis: Drivers of Prediction Accuracy in World Politics." *Journal of Experimental Psychology: Applied* 21, no. 1 (March 2015): 1–12.

Mercer, Jonathan. "Prospect Theory and Political Science." *Annual Review of Political Science* 8, no. 1 (2005): 1–21.

Miller, Bowman H. "U.S. Strategic Intelligence Forecasting and the Perils of Prediction." *International Journal of Intelligence and CounterIntelligence* 27, no. 4 (2014): 687–701.

Miller, Paul D. "Graveyard of Analogies: The Use and Abuse of History for the War in Afghanistan." *Journal of Strategic Studies* 39, no. 3 (2016): 446–76.

Miscik, Jami. "Intelligence and the Presidency: How to Get It Right." *Foreign Affairs* 96, no. 3 (May/June 2017): 57–64.

Mitzen, Jennifer, and Randall L. Schweller. "Knowing the Unknown Unknowns: Misplaced Certainty and the Onset of War." *Security Studies* 20, no. 1 (2011): 2–35.

Mobley, Richard A. "Gauging the Iraqi Threat to Kuwait in the 1960s." *Studies in Intelligence* 11 (Fall/Winter 2001): 19–31.

———. "North Korea's Surprise Attack: Weak U.S. Analysis?" *International Journal of Intelligence and CounterIntelligence* 13, no. 4 (2000): 490–514.

Montagu, Ewen. *Beyond Top Secret U.* London: Corgi, 1979.

Moore, David T. "Critical Thinking and Intelligence Analysis." Occasional Paper No. 14. Joint Military Intelligence College, Washington, DC, May 2006.

Morgan, Patrick. "Examples of Strategic Surprise in the Far East." In Knorr and Morgan, *Strategic Military Surprise*, 43–76.

———. "Opportunity for a Strategic Surprise." In Knorr and Morgan, *Strategic Military Surprise*, 195–245.

Moyar, Mark. "Hanoi's Strategic Surprise, 1964–65." *Intelligence and National Security* 18, no. 1 (2003): 155–70.

Muller, David G., Jr. "Improving Futures Intelligence." *International Journal of Intelligence and CounterIntelligence* 22, no. 3 (2009): 382–95.

Murphy, David E. *What Stalin Knew: The Enigma of Barbarossa*. New Haven, CT: Yale University Press, 2005.

National Commission on Terrorist Attacks upon the United States. *Final Report of the National Commission on Terrorist Attacks upon the United States* (aka *The 9/11 Commission Report*). New York: W. W. Norton, 2004.

Neustadt, Richard E., and Ernest R. May. *Thinking in Time: The Uses of History for Decision Makers*. New York: Free Press, 1986.

Nguyen, Lien-Hang T. *Hanoi's War: An International History of the War for Peace in Vietnam*. Chapel Hill: University of North Carolina Press, 2012.

Nye, Joseph S., Jr. "Peering into the Future." *Foreign Affairs* 73, no. 4 (July/August 1994): 82–93.

Omand, Sir David, Jamie Bartlett, and Carl Miller. "Introducing Social Media Intelligence (SOCMINT)." *Intelligence and National Security* 27, no. 6 (2012): 801–23.

Organisation for Economic Co-operation and Development. *Preventing Violence, War and State Collapse: The Future of Conflict Early Warning and Response*. OECD, 2009, https://www.oecd.org/dac/conflict-fragility-resilience/docs/preventing%20violence%20war%20and%20state%20collapse.pdf.

Oros, Andrew. "Japanese Foreign Intelligence-Related Activities." *Intelligence and National Security* 14, no. 3 (1999): 235–43.

Pappas, Aris A., and James M. Simon Jr. "The Intelligence Community: 2001–2015." *Studies in Intelligence* 46, no. 1 (2002): 39–47.

Paris, Roland. "Kosovo and the Metaphor War." *Political Science Quarterly* 117, no. 3 (Fall 2002): 423–50.

Parker, Charles F., and Eric K. Stern. "Bolt from the Blue or Avoidable Failure? Revisiting September 11 and the Origins of Strategic Surprise." *Foreign Policy Analysis* 1, no. 3 (November 2005): 301–31.

Patton, Thomas J. "The Monitoring of War Indicators." *Studies in Intelligence* 3, no. 1 (Winter 1959): 55–68.

Persico, Joseph E. *Casey: The Lives and Secrets of William J. Casey: From the OSS to the CIA*. New York: Penguin, 1990.

Petersen, Martin. "What I Learned in 40 Years of Doing Intelligence Analysis for US Foreign Policymakers." *Studies in Intelligence* 55, no. 1 (extracts, March 2011): 13–20.

Pherson, Katherine Hibbs, and Randolph H. Pherson. *Critical Thinking for Strategic Intelligence*. Los Angeles: CQ Press, 2013.

Phythian, Mark. "Policing Uncertainty: Intelligence, Security and Risk." *Intelligence and National Security* 27, no. 2 (2012): 187–205.

Pillar, Paul. "Intelligence, Policy, and the War in Iraq." *Foreign Affairs* 85, no. 2 (March/April 2006): 15–27.

Pillar, Paul R. "Good Literature and Bad History: The 9/11 Commission's Tale of Strategic Intelligence." *Intelligence and National Security* 21, no. 6 (December 2006): 1022–44.

———. *Intelligence and U.S. Foreign Policy: Iraq, 9/11, and Misguided Reform*. New York: Columbia University Press, 2011.

———. "Predictive Intelligence: Policy Support or Spectator Sport." *SAIS Review of International Affairs* 28, no. 1 (Winter/Spring 2008): 25–35.

Posner, Richard A. "Thinking about Catastrophe." In *Blindside: How to Anticipate Forcing Events and Wild Cards in Global Politics*. Edited by Francis Fukuyama, 7–19. Washington, DC: Brookings Institution Press, 2007.

Post, Jerrold M., ed. *The Psychological Assessment of Political Leaders*. Ann Arbor: University of Michigan Press, 2005.

Power, Samantha. *"A Problem from Hell": America and the Age of Genocide*. New York: Harper Perennial, 2002.

Prescott, E. M. "SARS: A Warning." *Survival* 45, no. 3 (2003): 207–26.

Priess, David. *The President's Book of Secrets: The Untold Story of Intelligence Briefings of America's Presidents from Kennedy to Obama*. New York: PublicAffairs, 2016.

Pry, Peter Vincent. "Ideology as a Factor in Deterrence." *Comparative Strategy* 31, no. 2 (2012): 111–46.

Quiggin, Thomas. *Seeing the Invisible: National Security Intelligence in an Uncertain Age*. Singapore: World Scientific Publishing, 2007.

Ramsey, Diane M., and Mark S. Boerner. "A Study in Indications Methodology." *Studies in Intelligence* 7, no. 3 (Summer 1963): 75–94.

Rapport, Aaron. "The Long and the Short of It: Cognitive Constraints on Leaders' Assessments of 'Postwar' Iraq." *International Security* 37, no. 3 (Winter 2012–13): 133–71.

Reich, Robert C. "Re-examining the Team A–Team B Exercise." *International Journal of Intelligence and CounterIntelligence* 3, no. 3 (1989): 387–403.

Rice, Condoleezza. "Rethinking the National Interest: American Realism for a New World." *Foreign Affairs* 87, no. 4 (July/August 2008): 2–26.

Richelson, Jeffrey T. *The US Intelligence Community*. 7th ed. Boulder, CO: Westview, 2016.

Rietjens, Sebastiaan, and Erik de Waard. "UN Peacekeeping Intelligence: The ASIFU Experiment." *International Journal of Intelligence and CounterIntelligence* 30, no. 3 (Fall 2017): 532–56.

Riley, William S. "Deceived to Intervene: Non-State Actors' Use of Deception to Elicit Western Intervention in Libya in 2011." *American Intelligence Journal* 32, no. 2 (2015): 35–46.

Roberts, Patrick S., and Robert P. Saldin. "Why Presidents Sometimes Do Not Use Intelligence Information." *Political Science Quarterly* 131, no. 4 (2016–17): 779–802.

Rolington, Alfred. *Strategic Intelligence for the 21st Century: The Mosaic Method*. Oxford, UK: Oxford University Press, 2013.

Rovner, Joshua. *Fixing the Facts: National Security and the Politics of Intelligence*. Ithaca, NY: Cornell University Press, 2011.

———. "Intelligence in the Twitter Age." *International Journal of Intelligence and CounterIntelligence* 26, no. 2 (2013): 260–71.

Russell, Richard L. "CIA's Strategic Intelligence in Iraq." *Political Science Quarterly* 117, no. 2 (Summer 2002): 191–207.

———. *Sharpening Strategic Intelligence: Why the CIA Gets It Wrong and What Needs to Be Done to Get It Right*. New York: Cambridge University Press, 2007.

Sadat, Anwar el-. *In Search of Identity: An Autobiography*. New York: Harper & Row, 1978.

Saffo, Paul. "Six Rules for Effective Forecasting." *Harvard Business Review* 85, nos. 7–8 (July/August 2007): 122–31.

Schelling, Thomas. *The Strategy of Conflict*. Cambridge, MA: Harvard University Press, 1960.

Schwartz, Peter. *The Art of the Long View: Planning for the Future in an Uncertain World.* New York: Currency Doubleday, 1996.

Scott, Len. "Intelligence and the Risk of Nuclear War: Able Archer-83 Revisited." *Intelligence and National Security* 26, no. 6 (2011): 759–77.

———. "Reflections on the Age of Intelligence." *Intelligence and National Security* 27, no. 5 (2012): 617–24.

Senate Select Committee on Intelligence. *Postwar Findings about Iraq's WMD Programs and Links to Terrorism and How They Compare with Prewar Assessments*. S. Report 109–331. 109th Congress, 2d Session, September 8, 2006.

———. *Report of the Select Committee on Intelligence on the U.S. Intelligence Community's Prewar Assessments on Iraq together with Additional Views*. S. Report 108-301, 108th Congress, 2d Session, July 9, 2004.

Shalev, Aryeh. *Israel's Intelligence Assessment before the Yom Kippur War: Disentangling Deception and Distraction*. Brighton, UK: Sussex Academic Press, 2010.

Sharma, S. "Asia's Economic Crisis and the IMF." *Survival* 40, no. 2 (1998): 27–52.

Shazly, Saad el-. *The Crossing of the Suez*. San Francisco: American Mideast Research, 2003.

Sheffy, Yigal. "Early Warning of Intentions or of Capabilities? Revisiting the Israeli-Egyptian Rotem Affair, 1960." *Intelligence and National Security* 28, no. 3 (2013): 420–37.

———. "Overcoming Strategic Weakness: The Egyptian Deception and the Yom Kippur War." *Intelligence and National Security* 21, no. 5 (2006): 809–28.

Shelton, Christina. "The Roots of Analytic Failures in the U.S. Intelligence Community." *International Journal of Intelligence and CounterIntelligence* 24, no. 4 (2011): 637–55.

Shlaim, Avi. "Failures in National Intelligence Estimates: The Case of the Yom Kippur War." *World Politics* 28, no. 3 (April 1976): 348–80.

Shryock, Richard W. "The Intelligence Community Post-Mortem Program, 1973–1975." *Studies in Intelligence* 21, no. 1 (Fall 1977): 15–28.

Sindawi, Khalid, and Ephraim Kahana. "The Yom Kippur War: The Successes of Israeli Intelligence." *International Journal of Intelligence and CounterIntelligence* 28, no. 4 (2015): 762–74.

Sirseloudi, Matenia P. "How to Predict the Unpredictable: On the Early Detection of Terrorist Campaigns." *Defense and Security Analysis* 21, no. 4 (December 2005): 369–85.

Skowronek, Stephen. *Presidential Leadership in Political Time: Reprise and Reappraisal*. Lawrence: University Press of Kansas, 2009.

Smith, Michael Douglas. "A Good Intelligence Analyst." *International Journal of Intelligence and CounterIntelligence* 30, no. 1 (2017): 181–85.

Smith, Timothy J. "*Overlord/Bodyguard*: Intelligence Failure through Adversary Deception." *International Journal of Intelligence and CounterIntelligence* 27, no. 3 (2014): 550–68.

Snider, L. Britt. *The Agency and the Hill: CIA's Relationship with Congress, 1946–2004*. Washington, DC: Center for the Study of Intelligence, 2008.

Sorley, Lewis. A *Better War: The Unexamined Victories and Final Tragedy of America's Last Years in Vietnam*. New York: Harcourt, 2007.

Spielmann, Karl. "I Got Algorithm: Can There Be a Nate Silver in Intelligence?" *International Journal of Intelligence and CounterIntelligence* 29, no. 3 (2016): 525–44.

———. "Strengthening Intelligence Threat Analysis." *International Journal of Intelligence and CounterIntelligence* 25, no. 1 (2012): 19–43.

———. "Using Enhanced Analytic Techniques for Threat Analysis: A Case Study Illustration." *International Journal of Intelligence and CounterIntelligence* 27, no. 1 (2014): 132–55.

Stack, Kevin P. "Competitive Intelligence." *Intelligence and National Security* 13, no. 4 (Winter 1998): 194–202.

Stanton, Gregory H. "The Rwandan Genocide: Why Early Warning Failed." *Journal of African Conflicts and Peace Studies* 1, no. 2 (September 2009): 6–25.

Stein, Janice Gross. "'Intelligence' and 'Stupidity' Reconsidered: Estimation and Decision in Israel, 1973." *Journal of Strategic Studies* 3, no. 2 (September 1980): 147–77.

———. "Military Deception, Strategic Surprise, and Conventional Deterrence: A Political Analysis of Egypt and Israel, 1971–73." In Gooch and Perlmutter, *Military Deception and Strategic Surprise*, 94–122.

———. *Psychology and Deterrence*. Baltimore: Johns Hopkins University Press, 1985.

Steinberg, James B. "The Policymaker's Perspective: Transparency and Partnership." In George and Bruce, *Analyzing Intelligence*, 93–101.

Steinbruner, John. *The Cybernetic Theory of Decision*. Princeton, NJ: Princeton University Press, 1974.

Stolfi, Russel H. S. "Barbarossa: German Grand Deception and the Achievement of Strategic and Tactical Surprise against the Soviet Union, 1940–1941." In Daniel and Herbig, *Strategic Military Deception*, 195–223.

Stottlemyre, Steven A. "HUMINT, OSINT, or Something New? Defining Crowdsourced Intelligence." *International Journal of Intelligence and CounterIntelligence* 28, no. 3 (2015): 578–89.

Strachan-Morris, David. "Threat and Risk: What Is the Difference and Why Does It Matter?" *Intelligence and National Security* 27, no. 2 (2012): 172–86.

Sullivan, John P., and James J. Wirtz. "Terrorism Early Warning and Counterterrorism Intelligence." *International Journal of Intelligence and CounterIntelligence* 21, no. 1 (2007): 13–25.

Sun Tzu. *The Art of War*. Translated by Samuel B. Griffith. New York: Oxford University Press, 1973.

Suskind, Ron. *The One Percent Doctrine: Deep Inside America's Pursuit of Its Enemies since 9/11*. New York: Simon & Schuster, 2006.

Svendsen, Adam D. M. "The Federal Bureau of Investigation and Change: Addressing US Domestic Counter-Terrorism Intelligence." *Intelligence and National Security* 27, no. 3 (June 2012): 371–97.

Taleb, Nassim Nicholas. *The Black Swan: The Impact of the Highly Improbable*. New York: Random House, 2007.

Tetlock, Philip E. *Expert Political Judgment: How Good Is It? How Can We Know?* Princeton, NJ: Princeton University Press, 2005.

Tetlock, Philip E., and Dan Gardner. *Superforecasting: The Art and Science of Prediction*. New York: Crown, 2015.

Tiernan, R. Kent. "Hiding in Plain Sight." *American Intelligence Journal* 32, no. 2 (2015): 71–76.

Travers, Russ. "The Coming Intelligence Failure." *Studies in Intelligence* 40, no. 2 (1996): 35–43.

Travers, Russell E. "Waking Up on Another September 12th: Implications for Intelligence Reform." *Intelligence and National Security* 31, no. 5 (June 2016): 746–61.

Treverton, Gregory F. *Intelligence for an Age of Terror*. New York: Cambridge University Press, 2009.

Treverton, Gregory F., and Renanah Miles. "Unheeded Warning of War: Why Policymakers Ignored the 1990 Yugoslavia Estimate." *Intelligence and National Security* 32, no. 4 (June 2017): 506–22.

Tromblay, Darren E. "The Threat Review and Prioritization Trap: How the FBI's New Threat Review and Prioritization Process Compounds the Bureau's Oldest Problems." *Intelligence and National Security* 31, no. 5 (2016): 762–70.

United Kingdom Government. *National Intelligence Machinery*, at https://assets.publishing.service.gov.uk/government/uploads/system/uploads/attachment_data/file/61808/nim-november2010.pdf.

United Kingdom Ministry of Defence. *Global Strategic Trends: Out to 2040*. 4th ed. Development, Concepts and Doctrine Centre. January 2010. https://www.gov.uk/government/uploads/system/uploads/attachment_data/file/33717/GST4_v9_Feb10.pdf.

Unsinger, Peter C. "Three Intelligence Blunders in Korea." *International Journal of Intelligence and CounterIntelligence* 3, no. 4 (1989): 549–61.

Urquhart, Brian. *A Life in Peace and War*. New York: Harper & Row, 1987.

Valenta, Jiri. *Soviet Intervention in Czechoslovakia, 1968: Anatomy of a Decision*. Baltimore: Johns Hopkins University Press, 1979.

Vickers, Robert D., Jr. "The State of Warning Today." *Defense Intelligence Journal* 7, no. 2 (Fall 1998): 9–15.

Volkogonov, Dmitri. *Stalin: Triumph and Tragedy*. Edited and translated by Harold Shukman. New York: Grove Weidenfeld, 1988.

Voros, Joseph. "A Generic Foresight Process Framework." *Foresight* 5, no. 3 (2003): 10–21.

Voskian, Walter, and Randolph H. Pherson. *Analytic Production Guide for Managers of Intelligence and Business Analysts*. Reston, VA: Pherson Association, 2015.

Walsh, Patrick F. "Managing Emerging Health Security Threats since 9/11: The Role of Intelligence." *International Journal of Intelligence and CounterIntelligence* 29, no. 2 (2016): 341–67.

Warner, Michael. "Intelligence as Risk Sharing'" In *Intelligence Theory: Key Questions and Debates*. Edited by Peter Gill, Stephen Marrin, and Mark Phythian, 16–32. London: Routledge, 2009.

Watt, Donald Cameron. "British Intelligence and the Coming of the Second World War in Europe." In May, *Knowing One's Enemies*, 237–70.

Weiser, Benjamin. *A Secret Life: The Polish Officer, His Covert Mission, and the Price He Paid to Save His Country*. New York: PublicAffairs, 2004.

Whaley, Bart, and Jeffrey Busby. "Detecting Deception: Practice, Practitioners, and Theory." In *Strategic Denial and Deception: The Twenty-First Century Challenge*. Edited by Roy Godson and James J. Wirtz, 181–221. New Brunswick, NJ: Transaction, 2002.

Whaley, Barton. *Codeword Barbarossa*. Cambridge, MA: MIT Press, 1973.

———. "Covert Rearmament in Germany 1919–1939: Deception and Misperception." In Gooch and Perlmutter, *Military Deception and Strategic Surprise*, 3–39.

———. *Practise to Deceive: Learning Curves of Military Deception Planners*. Annapolis, MD: Naval Institute Press, 2016.

———. *Stratagem: Deception and Surprise in War*. Cambridge, MA: MIT Center for International Studies, 1969.

———. *Textbook of Political-Military Counterdeception*. Washington, DC: Foreign Denial and Deception Committee, National Intelligence Council, 2008.

———. "Toward a General Theory of Deception." In Gooch and Perlmutter, *Military Deception and Strategic Surprise*, 178–92.

———. *Turnabout and Deception: Crafting the Double Cross and the Theory of Outs*. Annapolis, MD: Naval Institute Press, 2016.

Wilder, Dennis C. "An Educated Consumer Is Our Best Customer." *Studies in Intelligence* 55, no. 2 (2011): 29–37.

Wilson, James M. V. "Signal Recognition during the Emergence of Pandemic Influenza Type A/H1N1: A Commercial Disease Intelligence Unit's Perspective." *Intelligence and National Security* 32, no. 2 (2017): 222–30.

Wirtz, James J. "The Art of Intelligence Autopsy." *Intelligence and National Security* 29, no. 1 (2014): 1–18.

———. "The Cyber Pearl Harbor." *Intelligence and National Security* 32, no. 6 (2017): 758–67.

———. "Indications and Warning in an Age of Uncertainty." *International Journal of Intelligence and CounterIntelligence* 26, no. 3 (2013): 550–62.

———. "Miscalculation, Surprise and American Intelligence after the Cold War." *International Journal of Intelligence and CounterIntelligence* 5, no. 1 (1991): 1–16.

———. *The Tet Offensive: Intelligence Failure in War*. Ithaca, NY: Cornell University Press, 1991.

———. "Theory of Surprise." In Betts and Mahnken, *Paradoxes of Strategic Intelligence*, 101–16.

Wohlstetter, Roberta. "Cuba and Pearl Harbor: Hindsight and Foresight." Memorandum RM-4328-ISA. RAND Corp., April 1965.

———. *Pearl Harbor: Warning and Decision*. Stanford, CA: Stanford University Press, 1962.

Yarhi-Milo, Keren. *Knowing the Adversary: Leaders, Intelligence, and Assessments of Intentions in International Relations*. Princeton, NJ: Princeton University Press, 2014.

Yeh, Puong Fei. "Using Prediction Markets to Enhance US Intelligence Capabilities: A 'Standard & Poors 500 Index' for Intelligence." *Studies in Intelligence* 50, no. 4 (2006): 137–49.

Zegart, Amy B. "'CNN with Secrets': 9/11, the CIA, and the Organizational Roots of Failure." *International Journal of Intelligence and CounterIntelligence* 20, no. 1 (March 2007): 18–49.

———. "September 11 and the Adaptation Failure of US Intelligence Agencies." *International Security* 29, no. 1 (Spring 2005): 78–111.

———. *Spying Blind: The CIA, the FBI, and the Origins of 9/11*. Princeton, NJ: Princeton University Press, 2009.

Zelikow, Philip. "American Economic Intelligence: Past Practice and Future Principles." *Intelligence and National Security* 12, no. 1 (1997): 164–77.

———. "The Evolution of Intelligence Reform, 2002–2004." *Studies in Intelligence* 56, no. 3 (September 2012): 1–20.

Zenko, Micah. *Red Team: How to Succeed by Thinking like the Enemy*. New York: Basic, 2015.

Zenko, Micah, and Rebecca R. Friedman. "UN Early Warning for Preventing Conflict." *International Peacekeeping* 18, no. 1 (2011): 21–37.

Ziegler, Charles A. "Intelligence Assessments of Soviet Atomic Capability, 1945–1949: Myths, Monopolies and Maskirovka." *Intelligence and National Security* 12, no. 4 (1997): 1–24.

词汇表

［缩略词表］

Australian Defence Warning System, ADWS 澳大利亚防务预警系统

General Intelligence and Security Service (Netherlands), AIVD （荷兰）情报安全总局

Agaf HaModi' in (Military Intelligence Directorate of the General Staff) (Israel), AMAN （以色列）军事情报局（阿曼）

Counterterrorism Alert System (Netherlands), ATb （荷兰）反恐警示系统

het systeem Bewaken en Beveiligen (Surveillance and Protection System) (Netherlands), B&B （荷兰）监控防范系统

British Broadcasting Corporation, BBC 英国广播公司

Bundesnachrichtendienst (German Security Service), BND （德国）联邦安全局

Canadian Agency for Drugs and Technologies in Health, CADTH 加拿大卫生署

competitive early warning, CEW 竞争预警

Central Intelligence Agency, CIA （美国）中央情报局

Cabinet Intelligence Council (Japan), CIC （日本）内阁情报委员会

Current Intelligence Group (UK), CIG （英国）动态情报组

Cabinet Research and Intelligence Office (Japan), CIRO （日本）内阁情报调查室

Correlates of War, COW 战争相关性研究

counterterrorism, CT 反恐

Counterterrorism Center, CTC （美国）国家反恐中心

Cyber Threat Intelligence Integration Center, CTIIC （美国）网络威胁情报整合中心

denial and deception, D&D 拒止与欺骗

Defense Advanced Research Projects Agency, DARPA （美国）国防部高级研究计划局

Defense Automated Warning System, DAWS （美国）国防自动预警系统

Director of Cabinet Intelligence (Japan), DCI （日本）内阁情报总监

Director of Central Intelligence, DCI （美国）中央情报总监

Denial and Deception Analysis Committee, DDAC （美国）拒止与欺骗分析委员会

Department of Homeland Security, DHS （美

国）国土安全部
Defence Intelligence (UK)，DI （英国）国防情报局
Directorate of Intelligence (of CIA)，DI （美国中央情报局）情报处
Defense Intelligence Agency，DIA （美国）国防情报局
Defense Intelligence Organization (Australia)，DIO （澳大利亚）国防情报组织
Defence Intelligence Staff (UK)，DIS （英国）国防情报组
Defense Indications and Warning System，DIWS （美国）国防征候与预警系统
Department of Defense，DoD （美国）国防部
Director of Military Intelligence (Israel)，DMI （以色列）军事情报局局长
Director of National Intelligence，DNI （美国）国家情报总监
Defense Warning Network，DWN （美国）国防预警网络
Defense Warning System，DWS （美国）国防预警系统
Every-Analyst-a-Warning-Analyst，EAAWA 凡情报分析师皆为预警分析师
European Union，EU 欧洲联盟（欧盟）
US European Command，EUCOM 美军欧洲司令部
Federal Bureau of Investigation，FBI （美国）联邦调查局
Foreign and Commonwealth Office (UK)，FCO （英国）外交和联邦事务部
Foreign Denial and Deception Committee，FDDC （美国）外国拒止与欺骗委员会
First US Army Group，FUSAG （美国）第1集团军群
Government Communications Headquarters (UK)，GCHQ （英国）政府通信总部
Glavnoye razvedyvatel’noye upravleniye (Main Intelligence Directorate of the General Staff) (USSR)，GRU （苏联）总参谋部情报总局（格鲁乌）
House Permanent Select Committee on Intelligence，HPSCI （美国）众议院常设特别情报委员会
Homeland Security Advisory System，HSAS （美国）国土安全部警报系统
human intelligence，HUMINT 人力情报
indications and warning，I&W 征候与预警
Intelligence Advisory Committee，IAC （美国）情报顾问委员会
Israeli Air Force，IAF 以色列空军
Intelligence Advanced Research Projects Activity，IARPA （美国）情报高级研究计划署
Intelligence Community，IC 情报界
Intelligence Community Directive，ICD （美国）情报界指令
Israel Defense Forces，IDF 以色列国防军
international humanitarian law，IHL 国际人道法
Intelligence Indications File，IIF 情报征候研究部
International Monetary Fund，IMF 国际货币基金组织
Bureau of Intelligence and Research (Department of State)，INR （美国国务院）情报与研究局
Intelligence Analysis Centre (European Union)，INTCEN 欧盟情报分析中心
Joint Global Warning Enterprise，JGWE 全球联合预警工程
Joint Intelligence Bureau (UK)，JIB （英国）联合情报局
Joint Intelligence Committee (UK)，JIC （英国）联合情报委员会
Joint Intelligence Indications Committee，JIIC （美国）联合情报征候委员会
Joint Intelligence Organisation (UK)，JIO （英国）联合情报组织
Joint Intelligence Staff (UK)，JIS （英国）联合情报工作组
Komitet gosudarstvennoy bezopasnosti (Committee for State Security) (USSR)，KGB （苏联）国家安全委员会（克格勃）
Kosovo Liberation Army，KLA “科索沃解放军”
mutual assured destruction，MAD 确保相互毁灭
Security Service (UK)，MI5 （英国）国家安

全局（军情五处）
Secret Intelligence Service (UK)，MI6 （英国）秘密情报局（军情六处）
Military Intelligence and Security Service (Netherlands)，MIVD （荷兰）军事情报和安全局
Ministry of Defence (UK)，MoD （英国）国防部
HaMossad leModi ‘in uleTafkidim Meyuḥadim (Institute for Intelligence and Special Operations) (Israel)，Mossad （以色列）情报和特殊使命局（摩萨德）
North Atlantic Council，NAC 北大西洋理事会
North Atlantic Treaty Organization，NATO 北大西洋公约组织（北约）
National Coordinator for Security and Counterterrorism (Netherlands)，NCTV （荷兰）国家安全和反恐协调会
nongovernmental organization，NGO 非政府组织
National Indications Center，NIC （美国）全国征候中心
National Intelligence Council，NIC （美国）国家情报委员会
National Infrastructure Coordination Center，NICC （美国）国家基础设施协调中心
national intelligence estimate，NIE 《国家情报评估》（报告）
national intelligence manager，NIM 国家情报经理
national intelligence officer，NIO （美国）国家情报官
national intelligence officer for warning，NIO/W （美国）国家预警情报官
National Intelligence Priorities Framework，NIPF （美国）国家情报优先级框架
National Intelligence University，NIU （美国）国家情报大学
People's Commissariat for State Security (USSR)，NKGB （苏联）国家安全人民委员部
NATO Intelligence Warning System，NIWS 北约情报预警系统
National Security Agency，NSA （美国）国家安全局
National Security Council，NSC （美国）国家安全委员会
National Terrorism Advisory System，NTAS （美国）全国恐怖主义公告系统
National Warning Staff，NWS （美国）国家危机预警团队
order of battle，OB 作战序列
Organe de coordination pour l'analyse de la menace (Threat Assessment Coordination Unit) (Belgium)，OCAM （比利时）威胁评估协调中心
Office of the Director of National Intelligence，ODNI （美国）国家情报总监办公室
Oberkommando der Wehrmacht (High Command of the Armed Forces) (Germany)，OKW 德军最高统帅部
Office of Net Assessment，ONA （美国国防部）净评估办公室
Office of National Estimates，O/NE （美国）国家评估办公室
Office of Strategic Services，OSS （美国）战略服务办公室
Office of Transnational Issues，OTI （美国）跨国问题办公室
President's Daily Brief，PDB （美国）《总统每日简报》
responsibility to protect，R2P 保护责任
Risk Assessment and Horizon Scanning (Singapore)，RAHS （新加坡）风险评估和水平扫描项目
Reichssicherheitshauptamt (Reich Security Administration) (Germany)，RSHA 德意志帝国中央安全局
structured analytic technique，SAT 结构化分析技术
Strategic Assessment Group，SAG （美国）中央情报局战略评估小组
Sicherheitsdienst (Security Service) (Germany)，SD 纳粹党卫队保安处

Service Intelligence Directorate (UK), SID （英国）情报服务局
signals intelligence，SIGINT 信号情报
special national intelligence estimate, SNIE 《特别国家情报评估》（报告）
Senate Select Committee on Intelligence, SSCI （美国）参议院特别情报委员会
Strategic Warning Staff，SWS （美国）战略预警团队
United Nations，UN 联合国
United States Geological Survey，USGS 美国地质勘探局
United States Intelligence Board，USIB 美国情报委员会
Union of Soviet Socialist Republics，USSR 苏维埃社会主义共和国联盟（苏联）
World Health Organization，WHO 世界卫生组织
Worldwide Indications and Warning System, WIMS 全球情报指标预警系统
weapons of mass destruction，WMD 大规模杀伤性武器

[其他术语]

Able Archer 优秀射手
Act Governing the Analysis of Threats 《威胁性分析法案》
action analysis 行动分析
Alert Memorandum 《警示备忘录》
alterative scenario 替代情境
ambiguity increasing 模糊性递增
anticipatory intelligence 预测性情报
Arab-Israeli war 阿以战争
asset 资产
Atlantic Council 大西洋理事会
Aviation Security System 航空安全系统
Bar Lev Line 巴列夫防线
Battle of Britain 不列颠之战
Black Hawk Down 黑鹰坠落事件
Bluff hypothesis 虚张声势假说
Bodyguard Operation 保镖行动
British First Airborne Division 英国第1空降师
British Fourth Army 英国第4集团军
Cambridge Five 剑桥五杰
Canadian Armed Forces Intelligence Command 加拿大武装部队情报司令部
Chicken Little syndrome 小鸡综合征
client 客户
cognitive closure 认知闭合
cognitive framework 认知框架
complex system 复杂系统
cone of plausibility 合理性之锥
confirmation bias 确认偏误
consumer 消费者
Contingency hypothesis 权变应急假说
Contingent-Political Warning 偶然性政治预警
Counterterrorism Alert System 反恐警示系统
Counterterrorism Security Group 反恐安全工作组
crowdsourcing 众包
cry wolf syndrome 狼来了综合征
customer 用户
deception checklist 欺骗清单
deception 欺骗
Defense Warning Council 国防预警委员会
Directive No. 21 第21号指令
Directive No.51 第51号指令
dirty bomb 脏弹
duty intelligence officer 值勤情报官
Eco-Innovation Observatory 生态创新观测项目
Egypt-Israel Peace Treaty 《埃以和约》
end-state 终结状态
estimative intelligence 推测情报
Eurasia Group 欧亚集团
European External Action Service 欧洲对外行动服务局
exceptional thinking 例外思维
expected utility 期望效用
Factual-Technical Warning 事实性技术预警
Falklands War 马岛战争
false negatives 漏报
false positives 误报

finder 寻找者
Foreign Armies West 西线外军处
four-part scheme 四象限图表法
fusion center 融合中心
futures cone 未来学圆锥
Genocide Watch 种族灭绝观察组织
Global Trends project 全球趋势项目
Global Trends: Paradox of Progress 《全球趋势：进步的悖论》
Good Judgment Project 判断力优化项目
heuristic reasoning 启发推理
hider 隐藏者
Holocaust Memorial Museum 美国大屠杀纪念馆
horizon scanning 水平扫描
human assets 人力资产
human intelligence 人力情报
Human Rights Watch 人权观察
implementation analysis 实施分析
indications analyst 征候分析师
indications intelligence 征候情报
indications officer 征候情报官
indicator list 指标清单
indicator 指标
Intelligence Assessment Secretariat 加拿大情报评估秘书处
Intelligence Community Directive 201 《第201号情报界指令》
Intelligence Reform and Terrorism Prevention Act 《情报改革与恐怖主义预防法案》
Japanese National Police Agency 日本国家警察厅
Japanese Public Security Intelligence Agency 日本公安调查厅
Joint Chiefs of Staff 参谋长联席会议
Joint Situation Centre 欧盟局势研究中心
lift and strike policy 解除与打击政策
link analysis 链路分析
London Controlling Section 伦敦控制部
maskirovka 伪装原则
mechanical mean 机械性手段
metaphor war 隐喻式战争
Military Committee 北约军事委员会
military warning 军事性预警
mindset 思维定势
Ministry of Defence （日本）防卫省
Ministry of Foreign Affairs （日本）外务省
mirror imaging 镜像思维
misleading variety 误导性变体
Molotov Ribbentrop Accord 《莫洛托夫–里宾特洛甫协定》
mysteries 无解之谜
National Intelligence Strategy of the United States of America 《国家情报战略》
NATO Crisis Response System 北约危机应急响应系统
Naval Postgraduate School 美国海军研究生学院
normal theory 常规理论
Operation Fortitude South 坚韧南方行动
Operation Market Garden 市场花园行动
Operation Sea Lion 海狮行动
operational codes 行为准则
operational early warning 行动性早期预警
Orthodox School 传统学派
Oxford Analytica 牛津分析公司
paradox of warning 预警悖论
Phony War 虚假战争
Plan Barbarossa 巴巴罗萨计划
political warning 政治性预警
Preliminary Draft 预审草案
Preventive war hypothesis 先发制人假说
Privy Council Office 加拿大枢密院办公室
Project Stirling 斯特林项目
Prospect Theory 前景理论
psychological costs 心理成本
puzzles 拼图谜题
Rashomon Effect 罗生门效应
Revisionist School 修正学派
Rote Kapelle 红色乐团
scenario 情境
secrets 秘密
security dilemma 安全困境
self-negating prophesy 自否预言
service mentality 服务心态
signal 信号

Situation Centre　情况中心
stoplight chart　红绿灯图表
Strategic Futures　战略未来学
Strategic Horizons Unit of the Cabinet Office　战略视界工作组
strategic warning　战略预警
Stratfor　斯特拉福公司
Studies in Intelligence　《情报研究》
Suez Crisis　苏伊士运河危机
sunset provisions　日落条款
Surveillance and Protection System　监控防范系统
tacit knowledge　隐性知识
targeting analysis　靶向分析
Terrorist Threat Assessment　恐怖主义威胁评估系统
Tet Offensive　春节攻势
time window　时间窗口
transferred judgment　判断转移
Twenty Committee　双十字委员会
Ultimatum hypothesis　最后通牒假说
Ultra　超级机密
Unilateral war hypothesis　单边战争假说
war as a deliberate act　蓄意战争论
War of Attrition　消耗战
warning advocates　预警专员
Warning Committee　国家预警委员会
warning conundrum　预警双关
Watch Committee of the United States　美国观察委员会
Watch List　《观察清单》
Weekly Review of Current Intelligence　《每周情报综述》
Weekly Survey of Intelligence　《每周情报调查》
Westphalian System　威斯特伐利亚体系
whole of government　整体政府体系
Yom Kippur War　第四次中东战争

[人名]

Abraham Ben-Zvi　亚伯拉罕·本·兹维
Ahmed Ismail Ali　艾哈迈德·伊斯梅尔·阿里
Alan Barnes　阿伦·巴恩斯
Alan Greenspan　艾伦·格林斯潘
Albert Einstein　阿尔伯特·爱因斯坦
Alexander George　亚历山大·乔治
Alexis Freiherr von Rönne　阿历克斯·巴龙·冯·罗恩纳
Alfred Jodl　阿尔弗雷德·约德尔
Alfred Rolington　阿尔弗雷德·雷明顿
Amos Tversky　阿莫斯·特沃斯基
Amy Zegart　艾米·泽加特
Anastasio Somoza DeBayle　安纳斯塔西奥·索摩查·德瓦伊莱
Andrei Gromyko　安德烈·葛罗米柯
Andrew Krepinevich　安德鲁·克雷皮内维奇
Anwar el-Sadat　安瓦尔·萨达特
Ariel Levite　艾利尔·莱维特
Arndt Freytag von Loringhoven　阿恩特·弗赖塔格·冯洛林霍芬
Arthur Honig　亚瑟·霍尼格
Aryeh Shalev　阿里耶·沙莱夫
Ashraf Marwan　阿什拉夫·马尔万
Avi Yaari　阿维·雅里
Barry Watts　巴里·沃茨
Barton Whaley　巴顿·惠利
Ben Gilad　本·杰拉德
Bill Clinton　比尔·克林顿
Binyamin Siman-Tov　本雅明·西曼–托夫
Bjorn Wettermark　比约登·威德马克
Boutros Boutros-Ghali　布特罗斯·布特罗斯–加利
Bowman Miller　鲍曼·米勒
Brian Katell　布莱恩·拉泰尔
Carl Ford　卡尔·福特
Charles E. Allen　查尔斯·艾伦
Christopher Andrew　克里斯多夫·安德鲁
Christopher Kojm　克里斯托弗·科基姆
Cynthia Grabo　辛西娅·格拉博
Cyrus Roberts Vance　赛勒斯·万斯
Dan Coats　丹·科茨
Dani Asher　达尼·亚瑟
Daniel Kahneman　丹尼尔·卡内曼

Daniel Landers　丹尼尔・兰德斯
Dave Snowden　戴夫・斯诺登
David Cameron　戴维・卡梅伦
David Elazar　戴维・埃拉扎尔
David Gdalia　戴维・格达利亚
David Kahn　戴维・卡恩
David MacManus　戴维・麦克马纳斯
David Mandel　戴维・曼德尔
Dean Acheson　迪安・艾奇逊
Dima Adamsky　迪马・亚当斯基
Donald Daniel　唐纳德・丹尼尔
Douglas MacEachin　道格拉斯・麦凯钦
Douglas Nicoll　道格拉斯・尼科尔
Dwight Eisenhower　德怀特・艾森豪威尔
Edward Waltz　爱德华・沃尔兹
Eli Zeira　伊莱・泽拉
Eliot Cohen　艾略特・科恩
Elizabeth Prescott　伊丽莎白・普莱斯考特
Elmo Zumwalt　埃尔默・朱姆沃尔特
Ephraim Kam　伊弗雷姆・卡姆
Erik Dahl　埃里克・达尔
Ernest May　欧内斯特・梅
Erwin Rommel　埃尔温・隆美尔
Ewen Montagu　艾文・蒙塔古
Fidel Castro　菲德尔・卡斯特罗
Filip Ivanovich Golikov　菲利普・伊万诺维奇・戈利科夫
Francis Gary Power　弗朗西斯・加里・鲍尔斯
Franklin Roosevelt　富兰克林・罗斯福
Fritz Ermarth　弗里茨・厄尔斯
Gamal Abdel Nasser　迦玛尔・阿卜杜尔・纳赛尔
Gary Citrenbaum　加里・西特伦鲍姆
Geoffrey Blainey　杰弗里・布莱内
George Allen　乔治・艾伦
George H. W. Bush　乔治・H.W.布什
George Patton　乔治・巴顿
George Tenet　乔治・特尼特
Gerald Ford　杰拉德・福特
Gerd von Rundstedt　格尔德・冯・伦德施泰特
Golda Meir　果尔达・梅厄
Gordon Brown　戈登・布朗
Gregory Stanton　格雷戈里・斯坦顿
Gregory Treverton　格雷戈里・特雷弗顿
Hagai Mann　哈加伊・曼恩
Haim Bar Lev　哈伊姆・巴列夫
Harold Ford　哈罗德・福特
Harry Truman　哈里・杜鲁门
Hugh Trevor-Roper　休・特弗雷–罗珀
Irving Janis　艾文・贾尼斯
Jack Davis　杰克・戴维斯
James Baker　詹姆斯・贝克
James Bruce　詹姆斯・布鲁斯
James Clapper　詹姆斯・克拉珀
James Steinberg　詹姆斯・斯坦伯格
James Woolsey　詹姆斯・伍尔西
Janice Gross Stein　贾尼丝・格罗斯・斯坦
Jared Diamond　贾雷德・戴蒙德
Jean Bertrand Aristide　让・贝特朗・阿里斯蒂德
Jeffrey Busby　杰弗里・巴斯比
Jeh Johnson　杰伊・约翰逊
Jerrold Post　杰罗尔德・普斯特
Jimmy Carter　吉米・卡特
John F. McCreary　约翰・麦克雷里
John Gannon　约翰・加农
John Godfrey　约翰・戈弗雷
John Gooch　约翰・顾奇
John Kennedy　约翰・肯尼迪
John Kriendler　约翰・克林德勒
John Maynard Keynes　约翰・梅纳德・凯恩斯
John McCone　约翰・麦科恩
John McCreary　约翰・麦克雷里
John McLaughlin　约翰・麦克劳林
John Negroponte　约翰・内格罗蓬特
Jon Latimer　乔恩・拉蒂默
Joseph Hovey　约瑟夫・霍维
Josip Broz Tito　约瑟普・布罗兹・铁托
Karl Dönitz　卡尔・邓尼茨
Katherine Herbig　凯瑟琳・赫比格
Keith Clark　基思・克拉克
Klaus Knorr　克劳斯・诺尔
Laurence Steinhardt　劳伦斯・斯坦哈特
Lawrence Gershwin　劳伦斯・格什温
Lyndon Johnson　林登・约翰逊

Madeleine Albright 马德琳·奥尔布赖特
Marshal Georgy Zhukov 朱可夫元帅
Martin Dempsey 马丁·邓普西
Martin Petersen 马丁·皮特森
Mary McCarthy 玛丽·麦卡锡
Matthew Parent 马修·帕伦特
Maurice Gamelin 莫里斯·干末林
Max Weber 马克斯·韦伯
McGeorge Bundy 麦克乔治·邦迪
Melissa Applegate 梅丽莎·阿普尔盖特
Melvin Small 梅尔文·斯莫尔
Menachem Begin 梅纳赫姆·贝京
Micah Zenko 米卡·赞科
Michael Bennet 迈克尔·本内特
Michael Dempsey 迈克尔·邓普西
Michael Handel 迈克尔·汉德尔
Michael Hayden 迈克尔·海登
Michael Warner 迈克尔·华纳
Mike Pompeo 迈克·彭佩奥
Moshe Dayan 摩西·达扬
Nathan Leites 内森·莱茨
Neta Crawford 妮塔·克劳福德
Nicolas Sarkozy 尼古拉斯·萨科齐
Oleg Gordievsky 奥列格·戈德尔维斯基
Otis Pike 欧蒂斯·派克
Patrick Leahy 帕特里克·雷希
Patrick Walsh 帕特里克·沃尔什
Paul Pillar 保罗·皮勒
Paul Wolfowi 保罗·沃尔福威茨
Pavel Mikhailovich Fitin 帕维尔·米哈伊洛维奇·菲京
Philip Davies 菲利普·戴维斯
Randolph Pherson 伦道夫·弗森
Renanah Miles 雷纳亚·迈尔斯
Richard Betts 理查德·贝茨
Richard Cheney 理查德·切尼
Richard Cincotta 理查德·辛克塔
Richard Clarke 理查德·克拉克
Richard Lehman 理查德·雷曼
Richard Shelby 理查德·谢尔比
Richard Shryock 理查德·施赖奥克
Richard Sorge 理查德·佐尔格
Richards Heuer 理查德兹·霍[illegible]
Robert Axelrod 罗伯特·阿克[illegible]罗德
Robert Blackwill 罗伯特·布[illegible]尔
Robert Gates 罗伯特·盖茨
Robert Jevis 罗伯特·杰维斯
Robert Kells 罗伯特·凯尔[illegible]
Robert Vansittart 罗伯特·[illegible]特
Roberta Wohlstetter 罗伯塔[illegible]斯泰特
Roger George 罗杰·乔治
Ronald Burgess 罗纳德·[illegible]
Ronald Reagan 罗纳德·[illegible]
Rose McDermott 罗丝[illegible]特
Ryszard Kukliński 李[illegible]林斯基
Salvador Allende 萨[illegible]德
Sherman Kent 谢尔[illegible]
Shimon Agranat 希[illegible]纳特
Slobodan Miloševi [illegible]米洛舍维奇
Stansfield Turner 斯坦斯菲尔德·特纳
Stéphane Lefebvre 斯蒂芬·列斐伏尔
Stephen Biddle 史蒂芬·比德尔
Stephen Dyson 斯蒂芬·戴森
Steve Chan 陈思德
Steven Brams 史蒂文·布拉姆斯
Stuart Kaufman 斯图尔特·考夫曼
Thomas Fingar 托马斯·芬格
Thomas Mahnken 托马斯·麦肯
Thomas Schelling 托马斯·谢林
Timur Kuran 第默尔·库安
Tony Blair 托尼·布莱尔
Uri Bar-Joseph 乌里·巴尔·约瑟夫
Vasili Mitrokhin 瓦西里·米特罗欣
Vladimir Putin 弗拉基米尔·普京
Walt Rostow 沃尔特·罗斯托
Walter Bedell Smith 沃尔特·比德尔·史密斯
Wayne Michael Hall 韦恩·迈克尔·霍尔
Wilhelm Agrell 威廉·阿格雷尔
Wilhelm Keitel 威廉·凯特尔
Wilhelm Pieck 威廉·皮克
William Colby 威廉·科尔比
William Langer 威廉·兰格
William Raborn 威廉·拉博恩
Winston Churchill 温斯顿·丘吉尔

Yitzhak Hofi　伊扎克·霍菲
Yogi Berra　约吉·贝拉
Yuri Andropov　尤里·安德罗波夫
Zbigniew Brzezinski　兹比格涅夫·布热津斯基
Zusia Kaniazher　朱西亚·卡尼亚泽尔
Zvi Zamir　兹维·扎米尔

国家安全与保密参考书目

情报与反情报丛书

《以目标为中心的网络建模》 [美] 罗伯特·克拉克 [丹] 威廉·米切尔
《情报欺骗：反欺骗与反情报》 [美] 罗伯特·克拉克 [丹] 威廉·米切尔
《情报搜集：技术、方法与思维》 [美] 罗伯特·克拉克
《情报搜集的五大科目》 [美] 马克·洛文塔尔 罗伯特·克拉克
《情报分析：复杂环境下的思维方法》 [美] 韦恩·霍尔 加里·西腾鲍姆
《战略情报：情报人员、管理者和用户手册》 [澳] 唐·麦克道尔
《分析情报：国家安全从业者视角》 [美] 罗杰·乔治 詹姆斯·布鲁斯
《情报分析案例·实操版：结构化分析方法的应用》 [美] 萨拉·毕比 伦道夫·弗森
《情报分析案例：结构化分析方法的应用》 [美] 萨拉·毕比 伦道夫·弗森
《情报分析：结构化分析方法》 [美] 小理查兹·J.霍耶尔 伦道夫·弗森
《情报研究与分析入门》 [美] 杰罗姆·克劳泽 简·戈德曼
《战略情报的批判性思维》 [美] 凯瑟琳·弗森 伦道夫·弗森
《情报搜集技术》 [美] 罗伯特·克拉克
《情报：从秘密到政策》 [美] 马克·洛文塔尔
《情报分析心理学》 [美] 小理查兹·J.霍耶尔
《情报分析：以目标为中心的方法》 [美] 罗伯特·克拉克

国家战略预警研究译丛

（“十三五”“十四五”国家重点图书出版专项规划项目）

《战略预警情报：历史、挑战与展望》 [美] 约翰·金特利 约瑟夫·戈登
《情报与突然袭击：战略预警案例研究》 [美] 埃里克·J.达尔
《减少不确定性：情报分析与国家安全》 [美] 冯稼时
《珍珠港：预警与决策》 [美] 罗伯塔·沃尔斯泰特
《预警情报手册（完整解密版）：国家安全威胁评估》 [美] 辛西娅·格拉博
《先发制人：国际冲突的先制与预防》 [美] 迈克尔·多伊尔
《突然袭击：被袭国的视角》 [以] 伊弗雷姆·卡姆

国家安全译丛

《现代英国保密史：国家秘密与国家治理》 [英] 克里斯托弗·莫兰
《秘密与泄密：美国国家保密的困境》 [美] 拉胡尔·赛加尔
《美国政府保密史：制度的诞生与进化》 [美] 戴维·弗罗斯特
《数据与监控：信息安全的隐形之战》 [美] 布鲁斯·施奈尔
《21世纪犯罪情报：公共安全从业者指南》 [美] 理查德·赖特
《恐怖主义如何终结：恐怖活动的衰退与消亡》 [美] 奥德丽·克罗宁
《国家安全与情报政策研究：美国安全体系的起源、思维和架构》 [美] 伯特·查普曼
《秘密情报与公共政策：保密、民主和决策》 [美] 帕特·霍尔特
《网络战：信息空间攻防历史、案例与未来》 [美] 保罗·沙克瑞恩
《全民监控：大数据时代的安全与隐私困境》 [英] 约翰·帕克
《骗中骗：克格勃与中情局的无声战争》 [美] 爱德华·爱泼斯坦
《情报术：间谍大师杜勒斯论情报的搜集处理》 [美] 艾伦·杜勒斯
《谁来监管泄密者？：国家安全与新闻自由的冲突》 [美] 盖里·罗斯

其 他

《希特勒的间谍：纳粹德国军事情报史》（全译本，上下册） [美] 戴维·卡恩
《破译者：人类密码史》（全译本，上下册） [美] 戴维·卡恩
《偷阅绅士信件的人：美国黑室创始人雅德利传》 [美] 戴维·卡恩
《大西洋密码战："捕获"恩尼格玛》 [美] 戴维·卡恩
《间谍图文史：世界情报战 5000 年》（精装彩印） [美] 欧内斯特·弗克曼
《斯诺登档案：世界头号通缉犯的内幕故事》（修订版） [英] 卢克·哈丁
《二战后的美国对外政策》 [美] 史蒂文·胡克 约翰·斯帕尼尔
《金融情报学》 王幸平

……后续新品，敬请关注……